Die positive Kraft negativen Denkens

Julie K. Norem

Die positive Kraft negativen Denkens

Aus dem Englischen von
Christine Strüh

Scherz

Für meine Eltern Rosalie H. Norem,
Ken Norem und Sandy Magnuson;
für meinen Ehemann Jonathan Cheek
und meine Kinder Nathan und Haley

www.scherzverlag.de

Die Originalausgabe erschien unter dem Titel
«The Positive Power of Negative Thinking»
bei Basic Books, A Member of the Perseus Books Group,
Cambridge, MA.

Erste Auflage 2002

Umschlaggestaltung: Mario Moths, Bern
Umschlagbild (Himmel): Getty Images, München
(Schirm): ProLith AG, Köniz/Bern

ISBN 3-502-14501-6

Inhalt

Kapitel 1
Vorbemerkung zu einer konträren Auffassung

Es ist ratsam, hinter Dinge, die man lange für selbstverständlich gehalten hat, immer mal wieder ein Fragezeichen zu setzen.

Bertrand Russell

Die positive Kraft des *negativen* Denkens? Allein schon der Gedanke erscheint ketzerisch in unserer westlichen Leistungsgesellschaft, dieser Bastion der vollen Gläser, der Silberstreifen am Horizont und der allgegenwärtigen gelben Smileys. Will jemand allen Ernstes behaupten, es gäbe etwas Gutes am Pessimismus? Ja, genau das tue ich in diesem Buch. Der *defensive Pessimismus* ist eine Strategie, die ängstlichen Menschen helfen kann, ihre Angst so in den Griff zu bekommen, dass diese für sie arbeitet und nicht gegen sie.

Defensive Pessimisten erwarten das Schlimmste und verbringen viel Zeit damit, sich in den lebhaftesten Farben auszumalen, was schief gehen könnte. Vor einer Präsentation machen sie sich Sorgen darüber, dass ihr PowerPoint womöglich nicht funktioniert, dass das Mikro ausfällt oder – und das wäre wirklich das Allerschlimmste! – dass sie den totalen Blackout haben und stumm vor dem Publikum stehen. Vor einer Dinnerparty stellen sie sich vor, dass die neuen Nachbarn sich mit den alten nicht vertragen und das Sushi eine kollektive Lebensmittelvergiftung hervorruft.

Wo lässt sich hier denn eine positive Kraft entdecken? Führen diese negativen Grübeleien nicht vielmehr dazu, dass wir nur noch hilflos jammern, wenn wir diesem ganzen Desaster entgegensehen? Warum sind wir stattdessen nicht lieber optimistisch, warum konzentrieren wir uns nicht einfach auf die guten Seiten, denken positiv und geben unser Bestes? Schließlich zeigt doch die Forschung, dass man sich mit ein bisschen Optimismus nicht nur besser fühlt, sondern sogar noch mehr anstrengt.

Das Positive hervorzuheben ist kein schlechter Rat, aber er krankt am gleichen Problem wie Kleidungsstücke in Einheitsgröße: Menschen sind nun mal nicht alle gleich groß. Unterschiedliche Leute müssen sich in unterschiedlichen Situationen zurechtfinden, stoßen auf unterschiedliche Hindernisse und haben unterschiedliche Persönlichkeiten. Der Versuch, jedem eine optimistische Perspektive aufzuzwingen, kann sowohl unangenehm als auch unproduktiv sein – so, als wollte man einen üppigen Hintern in eine Strumpfhose für zierliche Frauen quetschen.

«Entspann dich, es wird schon alles gut gehen» – das ist einfach nicht immer richtig. Wir müssen herausfinden, was für uns funktioniert. Wenn man versucht, eine positive Einstellung anzunehmen, obwohl man in Wirklichkeit angespannt und ängstlich ist, und damit die eigene Angst unberücksichtigt lässt, kann der Schuss leicht nach hinten losgehen. Wenn jemand Angst vor der bevorstehenden Präsentation hat, diese aber leugnet oder ignoriert, erhöht sich die Wahrscheinlichkeit, dass er zu stottern anfängt und vor dem Publikum den Faden verliert; eine nervöse Gastgeberin, die der Möglichkeit einer Lebensmittelvergiftung nicht ins Auge blickt, lässt den Fisch vielleicht zu lange ungekühlt herumliegen und muss am Ende die Gäste samt und sonders ins Krankenhaus chauffieren.

Defensiver Pessimismus ist eine Strategie, die uns hilft, unsere Befürchtungen nicht zu leugnen, sondern uns mit ihnen auseinander zu setzen. In diesem Buch werden wir sehen, wie ängstliche Menschen ihre Angst in produktive Motivation umwandeln und ihre Leistungen dadurch optimieren können. Beim defensiven Pessimismus geht es ganz bestimmt nicht darum, ängstliche Menschen in die Depression zu stürzen, ganz im Gegenteil. Der defensive Pessimismus kann uns sogar mehr Einsicht in uns selbst vermitteln und unsere persönliche Entwicklung fördern.

Mitte der Achtzigerjahre begann ich mich im Rahmen meines Studiums mit dem defensiven Pessimismus zu beschäftigen. Weil die Forschung über die Vorteile des Optimismus damals kolossal «in» war, drängte mich mein angeborener Widerspruchsgeist dazu, lieber einen Blick auf die möglichen Vorteile pessimistischer Standpunkte zu werfen. Außerdem hat es mich schon immer fasziniert, dass verschiedene Teilnehmer eines Gesprächs oder Augenzeugen eines bestimmten Ereignisses so unterschiedliche Erfahrungen wiedergeben. Wie bei meinen Freunden Katherine und Bill, einem Ehepaar, mit deren gegensätzlichen Strategien ich das nächste Kapitel eröffnen möchte.

Damals sah ich mich umgeben von Menschen, die in praktisch jeder Hinsicht ausnehmend erfolgreich, aber trotzdem nicht ausnehmend optimistisch waren. Den Erkenntnissen der Optimismusforschung zufolge dürfte das nicht so sein. Pessimismus müsste zu Misserfolgen führen. Wenn wir niedrige Erwartungen an uns stellen, erhalten wir entsprechende Ergebnisse. Wenn wir uns beispielsweise davon überzeugen, dass wir die Fahrprüfung niemals schaffen, nehmen wir uns auch nicht die Zeit, die Fragebögen zu studieren und das Einparken zu üben. Treten wir dann zur Prüfung an, haben wir keine Ahnung, wie viel Meter Abstand wir bei Nebel zu unserem Vordermann halten müssen. Natürlich schaffen wir die Prüfung dann nicht – genau, wie wir es erwartet haben.

Aber diese düstere Beschreibung passte überhaupt nicht zu all den Pessimisten, die ich kannte. Beispielsweise meine damalige Mentorin, eine dynamische und erfolgreiche Frau: Sie war der Inbegriff des defensiven Pessimismus (und ist Schöpferin des Begriffs), widersprach aber in jeder Hinsicht der Annahme, man müsse unnachgiebig positiv sein, um im Leben voranzukommen. Vor jedem größeren beruflichen Ereignis in ihrem Leben gab sie mir zu meinem Ergötzen eine beeindruckend leidenschaftliche und präzise Beschreibung des Misserfolgs und der Demütigungen, die sie erwarteten («Soundso wird mich bestimmt nach irgendeiner abstrusen Untersuchung fragen, von der ich noch nie etwas gehört habe»; «Hinter dem riesigen Lesepult sehe ich bestimmt aus wie ein kleines Mädchen, und keiner wird mich ernst nehmen»). Aber seltsamerweise trafen ihre Prophezeiungen nie ein. Ein ums andere Mal zeigte sie sich der Herausforderung gewachsen und erreichte, was sie sich vorgenommen hatte; ihre Karrierekurve ging steil nach oben.

Obwohl zahlreiche Forschungsergebnisse damals nahe legten, dass Menschen wie diese Frau deprimiert, kränklich, unmotiviert, hilflos und hoffnungslos sein müssten, war mein Eindruck ein ganz anderer. Die Forscherin in mir spürte den Drang, diese Menschen zu verstehen, die so offensichtlich den etablierten wissenschaftlichen Erkenntnissen trotzten. Warum raubte ihr Pessimismus ihnen nicht die Kraft? Zuerst überlegte ich, warum sie trotz ihres Pessimismus so gut zurechtkamen. Doch schon bald begann mir zu dämmern, dass sie wegen ihres

Pessimismus so erfolgreich waren – und nun wurde es wirklich interessant. Ich begann zu begreifen, dass der Pessimismus dieser Menschen nicht mehr war als einfach nur Pessimismus. Ihr defensiver Pessimismus setzte einen Prozess in Gang, in dessen Verlauf die Angst durch das negative Denken in Aktivität umgewandelt wurde.

Seither sammle ich Informationen über diese Menschen, um zu demonstrieren, wie defensiver Pessimismus als eine Strategie zur Überwindung von Angst funktioniert. Ich habe Laborexperimente konzipiert, in denen ich Strategien auseinander nehmen und wieder zusammensetzen und so herausfinden kann, welche Teile wofür verantwortlich sind. Außerdem habe ich zahlreiche Feldstudien durchgeführt, mit denen ich den Einfluss verschiedener Strategien in realen Situationen messen konnte. Ich habe Dutzende von Versuchspersonen interviewt, sowohl defensive Pessimisten als auch Menschen, die andere Taktiken benutzen. Ihre Lebensgeschichten ergänzen, vertiefen und differenzieren bereits bestehende Forschungsergebnisse.

Im vorliegenden Buch finden Sie Anekdoten der Menschen, die ich interviewt habe (natürlich benutze ich nicht ihre richtigen Namen), empirische Forschungsergebnisse (meine eigenen und die anderer Wissenschaftler) sowie Beobachtungen, die diese Strategien veranschaulichen und lebendiger machen. Nach achtzehn Jahren Forschungsarbeit – in denen ich Hypothesen getestet, Menschen beobachtet, mich mit ihnen unterhalten und versucht habe, Zahlenergebnisse mit Beobachtungsergebnissen unter einen Hut zu bringen – kann ich eine erstaunlich optimistische Geschichte über den defensiven Pessimismus erzählen. Sie zeigt, wie ängstliche Menschen aus ihrem Schneckenhaus hervorkommen, um der Welt und ihren Bedrohungen die Stirn zu bieten. Die Hauptpersonen sind defensive Pessimisten, an deren Persönlichkeit wir sehen, warum sie mit ihrer Strategie so gut zurechtkommen, und deren Erfolg uns zeigt, wie ihre Strategie funktioniert. Außerdem lernen wir einige andere Strategien kennen, einige funktionieren gut, andere weniger.

Ich werde Katherine und Daniel vorstellen, beides defensive Pessimisten, die sich ein erfülltes und erfolgreiches Leben aufgebaut haben, indem sie sich der dunklen Seite gestellt haben. Wir werden sie dabei beobachten, wie sie ein Desaster befürchten, aber paradoxerweise im beruflichen und privaten Leben immer wieder Triumphe feiern. Sie werden uns erklären, wie sie gelernt haben, mit ihren negativen Emotionen umzugehen, statt sie zu verdrängen, und wie ihnen das zu persönlichem Wachstum und einem klareren Gefühl dafür verholfen hat, wer sie sind und wie sie sich auch weiterhin entfalten können.

Ich werde die Vor- und Nachteile des defensiven Pessimismus aufzeigen und ihn mit anderen Strategien vergleichen. Bill – mit Katherine verheiratet und Daniels Geschäftspartner – ist Optimist, und wie wir sehen werden, ist auch sein Optimismus eine Strategie. Sie unterscheidet sich krass vom defensiven Pessimismus und veranschaulicht sowohl die oft gepriesenen Vorteile als auch die versteckten Nachteile einer Haltung, die immer nach dem Silberstreif am Horizont Ausschau hält.

Bills *strategischer Optimismus* funktioniert bei ihm, aber Katherine und Daniel sind mit ihrem defensiven Pessimismus ebenfalls erfolgreich. Beide Strategien können also effektiv sein, sind aber, wie wir sehen werden, durchaus nicht austauschbar. Man kann nicht einfach die Strategie eines anderen übernehmen und dann erwarten, dass sie bei einem selbst genauso gut funktioniert. Schließlich schlüpft man ja auch nicht einfach in die Schuhe eines anderen und erwartet, dass sie einem passen. Wenn eine Strategie erfolgreich sein soll, dann muss sie zu dem Menschen passen, der sie anwendet. Bei Katherine und Daniel wächst die Angst nur, wenn sie versuchen,

Bills strategischen Optimismus anzuwenden; andersherum könnte es bei Bill Angst hervorrufen, wenn er sich zwingen würde, ein defensiver Pessimist zu werden.

Manche Menschen merken vielleicht, dass sie mit dem defensiven Pessimismus besser zurechtkommen als mit ihrer momentanen Strategie, mit der sie immer wieder ins Schwimmen geraten. Ich werde auch auf ängstliche Menschen zu sprechen kommen, deren Strategien ganz offensichtlich schlechter greifen als der defensive Pessimismus. So war Jeff, der Vermeider, in der High School das hoffnungsvolle Wunderkind, jetzt steckt er ständig in einsamen, aussichtslosen Jobs fest, weil er Angst hat, etwas anderes zu versuchen. Und viele von uns werden sich in Mindy wiedererkennen – die sich selbst Steine in den Weg legt und ihre Angst dadurch in den Griff bekommen will, indem sie stets eine Ausrede parat hat («Ich konnte die Akte absolut nicht finden»; «Ich habe erst in letzter Minute damit angefangen und hatte einfach nicht genug Zeit»). Sie schützt sich, indem sie nie das leistet, was sie leisten könnte. Wenn man sich immer auf ein Handicap beruft, fordert das allerdings irgendwann einen allzu hohen Preis. Mindys Karriere und ihre Beziehungen leiden, weil sie der Welt nicht direkt gegenübertreten kann.

Für diejenigen, die Jeff und Mindy ähneln, bietet der defensive Pessimismus eine Alternativstrategie, mit der sie ihren Ängsten ins Gesicht blicken und lernen können, mit ihnen umzugehen. Und obgleich Bills strategischer Optimismus für ihn funktioniert, gibt es auch Optimisten, die bemerkt haben, dass ihre Art von Optimismus – vor allem, wenn er darauf beruht, negative Möglichkeiten zu leugnen – doch nichts für sie ist. Zu oft waren sie nicht genügend vorbereitet und wurden von irgendwelchen unvorhergesehenen Schwierigkeiten kalt erwischt. Sie haben potentielle Verzögerungen nicht in Betracht gezogen und konnten dann ihre Termine nicht einhalten; nach einer Reihe unerwarteter Katastrophen sind sie frustriert und durcheinander. Für alle diese Gruppen ist ein Strategiewechsel leichter, wenn sie lernen, wie und warum der defensive Pessimismus funktionierte. Mancher, der sich bisher immer als Opfer gefühlt hat, kann sein Leben endlich aktiv in die Hand nehmen. Ich werde darlegen, wann es angebracht ist, die Strategie zu wechseln, wie man eine passende Strategie findet, wie man die Hindernisse auf dem Weg der Veränderung erkennt und den richtigen Kurs zu effektiven Veränderungen einschlägt.

Seit meine ersten Forschungsberichte über den defensiven Pessimismus von verschiedenen psychologischen Fachzeitschriften veröffentlicht wurden, habe ich im Kopf dieses Buch geschrieben. Aber erst die Tatsache, dass ich beim Erwähnen des Themas immer wieder auf dieselben Reaktionen stieß, überzeugte mich endlich, es auch zu Papier zu bringen. Viele Menschen, die noch nie etwas Positives über ihr negatives Denken gehört haben, erkennen sich wieder und sind spürbar erleichtert, wenn ich den defensiven Pessimismus beschreibe und erkläre, warum er funktioniert.

Manche sagen mir, sie fühlten sich bestätigt, wenn sie erfahren, dass es sogar einen Namen für ihre Taktik und Beweise für deren Wirksamkeit gibt. Ich erinnere mich vor allem an eine Frau, die nach einem Vortrag auf mich zu stürzte und rief: «Was bin ich froh, dass ich meine Mutter und meine Schwestern mitgebracht habe! Sie haben sich solche Sorgen um mich gemacht. Jetzt kann ich sie immer daran erinnern, dass ich eine defensive Pessimistin bin, und sie müssen sich nicht mehr bemühen, mich zu verändern.»

Menschen, die keine defensiven Pessimisten sind, erzählen oft, dass sie zum ersten Mal das Verhalten von Freunden, Familienmitgliedern oder Kollegen verstehen und dass es sie dadurch viel weniger stört. «Ich habe immer gedacht, ich muss meine Freundin aufmuntern, wenn sie so viel darüber gejammert hat, was alles schief gehen könnte», bemerkte ein junger Mann überrascht. «Meine Versuche haben nie viel gebracht, und sie hat alles andere als positiv reagiert. Ich denke, jetzt werde ich sie einfach auf ihre Art mit ihren Sorgen umgehen lassen. Das ist bestimmt für uns beide eine große Erleichterung.»

Auch Partner und Arbeitskollegen, die unterschiedliche Strategien anwenden, staunen, wie oft ihre Meinungsverschiedenheiten etwas damit zu tun haben. Drei befreundete Krankenschwestern beschrieben, wie schwer es ihnen fiel, mit den Strategien der jeweils anderen umzugehen. «Ich bin eindeutig die defensive Pessimistin in der Gruppe, und die anderen fallen immer über mich her, wenn ich mein negatives Programm abspule – wenn ich mich zum Beispiel sorge, ob die Dosierungen richtig sind, oder die Ärzte wegen ihrer unleserlichen Kritzeleien auf den Krankenblättern anmeckere», meinte die eine. «Vielleicht wissen sie mich jetzt ein bisschen mehr zu schätzen.» Die anderen beiden Frauen lachten und eine bemerkte: «Na ja, ich weiß nicht – aber wenigstens wissen wir jetzt, dass sie uns nicht absichtlich runterziehen will.» Wenn man die Unterschiede beim Namen nennen kann und versteht, wie die Strategie eines anderen funktioniert, dann werden Konflikte weniger schwer wiegend. Wenn man weiß, woher die Reibereien kommen, kann man eher mit Humor reagieren und möglicherweise sogar die Vorteile in der Haltung des anderen erkennen.

Vor mehreren Jahren, als die Erforschung des defensiven Pessimismus noch in den Kinderschuhen steckte und ich noch eine blutige Anfängerin war, hatte ich ein bemerkenswertes Erlebnis. Ich sprach vor einer Gruppe Kollegen, die natürlich alle mehr Erfahrung hatten als ich. Zuerst beschrieb ich einige Experimente, die zeigten, dass der defensive Pessimismus tatsächlich positive Auswirkungen auf die Leistung bestimmter Versuchspersonen zeitigte. Danach ging ich noch näher auf die Vorteile des defensiven Pessimismus ein: Er hilft, uns unseren negativen Gefühlen zu stellen, statt sie zu leugnen; er macht aus der Angst ein Gefühl, das uns aktiv werden lässt, statt uns zu lähmen. Ich beschrieb Menschen, deren Erfolg meine Argumente untermauerte. Schließlich kritisierte ich – ziemlich mutig, wie ich fand – die verbreitete Tendenz, das positive Denken so darzustellen, als wäre es für jeden immer das Beste.

Als ich fertig war, scharten sich zahlreiche erleichterte Pessimisten um das Podium. Fast eine halbe Stunde beantwortete ich Fragen, wurde mit Anekdoten überschüttet und notierte begierig neue Ideen für meine Forschungsarbeit. Als das Gedränge dann etwas nachließ, stieg ich von der Bühne herunter und stand plötzlich vor einem angesehenen älteren Kollegen, der geduldig auf mich gewartet hatte. Mit fast väterlicher Fürsorglichkeit nahm er mich beiseite und erklärte mir behutsam, ich wäre offenbar einem häufigen Syndrom junger Forscher aufgesessen, nämlich der Neigung, die Fehler von Menschen oder Prozessen, an denen man forscht, in Tugenden zu verkehren. Des Weiteren versicherte er mir, dass ich trotz der angeführten Beweise, die aus sorgfältig geplanten Experimenten stammten und mit zuverlässigen statistischen Techniken geprüft worden waren, sicherlich nur dank eines glücklichen Zufalls auf erfolgreiche defensive Pessimisten gestoßen war. Bestimmt würde ich mich nicht ernsthaft zu der Behauptung versteigen, so meinte er (während seine Fürsorglichkeit sich nach und nach in Gereiztheit verwandelte), dass der Pessimismus Vorteile haben könnte – und viel weniger noch der Optimismus Nachteile!

Tatsächlich dachte – und denke – ich genau das. Damit man mir jedoch nicht vorwerfen kann, ich würde die Vorteile übertreiben, sollte ich von Anfang an klarstellen, dass ich keinesfalls glaube, mit dem defensiven Pessimismus könnte ich alle Probleme der Welt oder auch nur alle Probleme eines bestimmten Paars oder Individuums lösen. Defensive Pessimisten sind weder Heilige noch moralische Vorbilder, defensiver Pessimismus hat selbstverständlich Vor- und Nachteile. Menschen sind verschieden, und was für manche Menschen gut ist, kann für andere durchaus schlecht sein – darum geht es mir. (Und was in manchen Situationen gut funktioniert, kann in anderen genau das Falsche sein.) Die Vor- und Nachteile jeder Strategie hängen davon ab, wer die Strategie benutzt und unter welchen Bedingungen.

Der Kommentar meines Kollegen hat mich nicht überzeugt, die Finger von der Forschung über die Verdienste des defensiven Pessimismus zu lassen. Doch der Vorfall zeigt mir, wie schwer es für einen Menschen sein kann, der die Kraft des positiven Denkens verinnerlicht hat, diese Verdienste zur Kenntnis zu nehmen. Das ist eine Lektion, die ich fast jeden Tag von neuem lerne – und ich nehme sie immer noch mit einer leichten Überraschung zur Kenntnis. Für die Vorzüge rassischer, ethnischer, religiöser und sexueller Vielfalt legen wir zumindest Lippenbekenntnisse ab, aber wir haben enorme Schwierigkeiten, die Legitimität – und den potentiellen Nutzen – von Persönlichkeitsunterschieden anzuerkennen.

Die meisten Menschen in der westlichen Zivilisation glauben fest an die Vorzüge des positiven Denkens. In meinem Beruf ist «positive Psychologie» ein Moloch geworden, der sich durch Zeitungen, Zeitschriften, Bücher und das Internet ins Licht der Öffentlichkeit drängt. Sein Einfluss verstärkt die etablierten allgemeinen Überzeugungen, obwohl die führenden Köpfe des positiven Denkens eigentlich eine wesentlich kompliziertere und umfassendere Botschaft verbreiten als «immer die gute Seite sehen» oder «denk gefälligst positiv». Ich werde diese

Botschaft ausführlicher besprechen, wenn ich den defensiven Pessimismus mit positiven Denkstrategien vergleiche und auf die Forschung über die potentiellen Fallstricke verschiedener Strategien eingehe.

Eben weil der Zeitgeist uns das Positive so schmackhaft macht, müssen wir das vereinfachte Bild, das Optimismus mit allem Guten und Pessimismus mit allem Schlechten gleichsetzt, dringend revidieren. Wenn wir die positive Kraft des negativen Denkens analysieren, kommen auch einige Nachteile des Optimismus ans Tageslicht, die wir bisher möglicherweise unterschätzt oder gar nicht bemerkt haben.

Argumente für das negative Denken richten sich immer nur gegen die Annahme, dass Optimismus eine reine Tugend ist. Zu den Zielen der positiven Psychologie gehört ja unter anderem, dem Menschen dabei zu helfen, sein volles Potential auszuschöpfen. Genau genommen ist negatives Denken sogar positive Psychologie, denn innerhalb seiner Strategie unterstützt es den defensiven Pessimisten bei der Verwirklichung seiner Ziele.

Kapitel 2
Das Negative betonen
Eine Strategie, kein Symptom

Pessimisten erleben nur positive Überraschungen …

NERO WOLFE

DER DEFENSIVE PESSIMIST

Katherine ist eine erfolgreiche Soziologieprofessorin an einer Elite-Universität. Sie ist klug, arbeitet hart, sie liebt ihre Arbeit. Es mag überraschen, dass sie oft pessimistisch ist. Ob sie ein Forschungsprojekt plant, ob sie für eine Veranstaltung die Redner zusammenstellt oder das Abschiedsessen für einen pensionierten Kollegen organisiert – sie ist davon überzeugt, dass alles in einem Desaster endet. Wie besessen widmet sie sich jedem Detail und zerbricht sich den Kopf über jede Kleinigkeit, die eventuell schief gehen könnte, obwohl ihre gesamte Umgebung sicher ist, dass alles wunderbar klappen wird: Das Projekt wird der Forschung einen entscheidenden Impuls geben, die Vorträge der Rednergruppe werden höchst interessant ausfallen, das Essen wird ein Riesenerfolg – und in den allermeisten Fällen haben Katherines Bekannte Recht.

Katherine ist mit Bill verheiratet.

Der strategische Optimist

Bill ist Partner in einem erfolgreichen Architekturbüro, ein beschwingter, fröhlicher Mensch. Sowohl bei der Arbeit als auch in seinem Bekanntenkreis ist Bill beliebt; er strahlt Energie aus, sein Selbstvertrauen und seine gute Laune machen ihn sympathisch. Kaum einmal zögert Bill, ehe er bei einem Projekt zusagt, und er macht jedem Mut, der mit einer neuen Idee zu ihm kommt. Für Leute, die an allem herummeckern, hat er jedoch keine Geduld. Wenn seine Frau überlegt, ob sie wirklich noch all die Dinge erledigen können, ehe sie zum Flugplatz fahren, oder ob sie dann womöglich ihre Maschine verpassen, verdreht Bill schon die Augen. Wenn sein Partner Daniel bei den Vorbereitungen für eine Klientenpräsentation mögliche Probleme anspricht, lacht er und spielt zunächst nur den Genervten, aber wenn Daniel auf seinen Einwänden besteht, wird er richtig ärgerlich. Vor der aktuellen Präsentation lenkt sich Bill mit dem Beantworten von E-Mails ab oder er entspannt sich, indem er in irgendwelchen Reiseprospekten blättert.

Strategienvergleich

In vielerlei Hinsicht sind Katherine und Bill sich ähnlich: Beide sind intelligent und hochgebildet, beide haben einen guten Job und ein Netzwerk netter Freunde und Verwandter. Klinische Psychologen würden beide als «hoch funktional» beschreiben. Das bedeutet, dass sie den Tag überstehen, ohne von irgendwelchen psychischen «Problemen» beeinträchtigt zu werden. Im Großen und Ganzen schaffen sie das, was geschafft werden muss – und, was noch wichtiger ist, sie schaffen auch das meiste von dem, was sie schaffen wollen.

Doch in zumindest einem Aspekt sind die beiden absolut

unterschiedlich: Sie nähern sich den Zielen, die für sie wichtig sind, auf völlig unterschiedliche Weise. Vor allem benutzen sie andere Strategien, wie sie mit ihrer Angst umgehen, die verhindern könnte, dass sie das erreichen, was sie wollen. Hier ist ihr Ansatz so verschieden, dass es ihnen schwer fällt, einzusehen, was die Strategie des anderen Sinnvolles an sich haben könnte.

Katherine benutzt den defensiven Pessimismus. Sie erwartet möglichst wenig von der bevorstehenden Situation oder dem bevorstehenden Ereignis. Sie verschafft sich einen Überblick über alle Eventualitäten. Sie verbraucht eine Menge Zeit und Energie dafür, diese in Gedanken durchzuspielen und zu proben, bis sie schließlich eine klare Vorstellung davon hat, was sie tun muss, damit ihre Erfolgschancen möglichst hoch sind.

Warum ist Katherine jedes Mal wieder pessimistisch, warum sinniert sie endlos über jede Einzelheit, die schief gehen könnte? Warum mutet sie sich und ihrer Umgebung immer wieder dieselbe Quälerei zu, statt einfach anzuerkennen, dass die Dinge in der Vergangenheit gut gelaufen sind und deshalb aller Voraussicht nach auch in Zukunft gut laufen werden? Dass also das ganze Theater, die Sorgen schlicht unnötig sind?

Die Antwort lautet, dass Katherine jedes Mal aufs Neue den defensiven Pessimismus einsetzt, weil sie damit gut fährt. Katherine wird nervös, wenn sie beispielsweise ihre Forschungsarbeit veröffentlichen, Verantwortung für öffentliche Veranstaltungen übernehmen und dafür sorgen soll, dass besondere Anlässe auch wirklich etwas Besonderes werden. Sie weiß, dass die Vergangenheit keine Garantie für die Zukunft bietet. Deshalb übernimmt sie die Verantwortung sowohl für ihre Angst als auch für die Situation, die es zu handhaben gilt, indem sie sich auf das Schlimmstmögliche konzentriert. So überlegt sie sich, ob der alternde Professor Smith auch alles versteht, wenn sie ihn beim Festessen an den Mitteltisch setzt; ob sie sich darauf verlassen kann, dass Professor Jones keine zweideutigen

Witze macht, wenn sie ihn einen Toast ausbringen lässt, und ob die zerstrittenen Studenten des in Pension gehenden Professors an einem Tisch sitzen können, ohne während des Festes aufeinander loszugehen. Natürlich kann Katherine das Verhalten der Betreffenden nicht hundertprozentig kontrollieren, aber statt sich während des Essens Sorgen zu machen, tut sie lieber ihr Bestes, um sich auf die Schwierigkeiten einzustellen und die Katastrophen, die sie kommen sieht, abzuwenden.

Manchmal finden andere Menschen Katherines Negativität abstoßend, zumindest bis sie verstehen, welche Funktion ihr zukommt. Katherines Ehemann Bill hat zuzeiten den Eindruck, dass Katherine «absichtlich» negativ ist, nur um ihre Umgebung zu ärgern. Aber so ist es überhaupt nicht. Katherine ist ein ängstlicher Mensch – in einem Woody-Allen-Film würde sie sich sofort zu Hause fühlen. Dank der Strategie des defensiven Pessimismus gelingt es ihr, so mit ihrer Angst umgehen, dass diese sie nicht hindert, das zu tun, was sie tun will.

Wenn Bill Menschen wie Katherine oder seinen Geschäftspartner Daniel (der vielleicht nicht nur zufällig ebenfalls ein defensiver Pessimist ist) an eine Aufgabe – oder ihr Leben im Allgemeinen – herangehen sieht, versteht er oft einfach nicht, wozu die ganze Aufregung gut sein soll. In Bills Augen ist es am besten, einfach zu tun, was getan werden muss, ohne viel nachzudenken und ohne sich in irgendwelchen Ängsten zu suhlen. Bill würde sich selbst nie als ängstlich oder pessimistisch bezeichnen. Am ehesten würde er noch sagen, dass die Bedenken, die Katherine und Daniel vor jedem einigermaßen wichtigen Ereignis so dringend zum Besten geben müssen, ihn «unruhig» machen, was sein Bedürfnis, loszulegen und die Sache hinter sich zu bringen, eher steigert. Wenn bei Bill etwas nicht klappt, besteht seine typische Reaktion in einem Achselzucken. Er tröstet sich, so gut er kann, und freut sich auf den nächsten Versuch. Wenn alles gut geht, gratuliert er sich und feiert seinen Erfolg mit den anderen Beteiligten.

Bill handelt mit einer Taktik, die ich den «strategischen Optimismus» nenne. Er setzt vor wichtigen Situationen oder Ereignissen hohe Erwartungen in sie und vermeidet dann gezielt jedes intensivere Nachdenken darüber, wie die Dinge laufen könnten. Er arbeitet hart und ist im Allgemeinen gut vorbereitet, aber nicht deshalb, weil er vorher im Kopf alles Mögliche ausprobiert. Nein, er lenkt sich sogar absichtlich ab, um genau diese Gedankenspiele zu vermeiden.

Bills Problem besteht nicht darin, mit der Angst vor den bevorstehenden Ereignissen fertig werden zu müssen, bei ihm geht es vielmehr darum, diese Angst von vornherein zu umgehen. Wenn sein Partner darauf besteht, jede Eventualität durchzukauen, wird Bill nervös, denn dadurch wird in ihm eine Angst wachgerufen, die er sonst gar nicht spüren würde. Bill lenkt sich nicht von einer tatsächlichen, sondern von einer potentiellen Angst ab. Wenn er sich in seinem Stuhl zurücklehnt und Reiseprospekte anschaut, dann ist er überzeugt, alles Notwendige getan zu haben, damit die Dinge gut laufen. Für ihn dient weiteres Nachgrübeln keinem positiven Zweck.

Auf den ersten Blick könnte es aussehen, als wäre Bills strategischer Optimismus besser als Katherines defensiver Pessimismus und als sollte ich als verantwortungsbewusster Mensch lieber darüber schreiben, wie man diese Strategie erlernen kann, statt mir irgendwelche Vorzüge des negativen Denkens aus den Fingern zu saugen. Tatsächlich gibt es viele Psychologen, die diese Meinung vertreten und all denen, die ihre Lebenseinstellung verändern wollen, Optimismus «verschreiben». In fast jedem Buchladen und jeder Bibliothek stapeln sich im Ratgeberregal Bücher darüber, wie wir alle noch optimistischer werden können.

Doch wenn man jeden Menschen Optimismus lehren will, lässt man einen ganz wichtigen Punkt außer Acht. Bill und Katherine setzen deshalb verschiedene Strategien ein, weil sie verschiedene Herausforderungen bewältigen müssen. Ihre subjektiven, inneren Probleme sind nicht die gleichen. Ihre Situation ist nicht deshalb anders, weil ihr Beruf andere Anforderungen an sie stellt; ihre Situation ist anders, weil ihre jeweilige Psyche anders strukturiert ist.

Einfacher ausgedrückt: Für Bill ist Ängstlichkeit eher ein Ausnahmezustand, während sie für Katherine zum Alltag gehört. Katherine braucht eine Strategie, wie sie mit ihrer Angst umgehen kann; Bill braucht eine Strategie, die ihm hilft, angstfrei zu bleiben. Beim Vergleich der beiden Strategien müssen wir die psychologische Situation in Betracht ziehen, in der sie jeweils angewandt wird – und bei der Definition der Situation spielt unser Angstpegel eine maßgebliche Rolle. Für Katherine ist der strategische Optimismus ungeeignet, um mit ihrer Angst zurechtzukommen, und ohne ein solches Hilfsmittel ist sie anfällig für all die potentiellen Beeinträchtigungen, die durch Angst hervorgerufen werden (wie wir im nächsten Kapitel sehen werden). Erst wenn wir genau wissen, welches Problem gelöst werden soll – wenn wir Katherines spezifische psychologische Situation verstanden haben –, können wir die verschiedenen Lösungen angemessen miteinander vergleichen.

So gesehen kann man Strategien mit Werkzeugen vergleichen, die für eine bestimmte Aufgabe eingesetzt werden. Bills strategischer Optimismus ist als Werkzeug hervorragend geeignet, um sich zu motivieren und die Entstehung von Angst zu vermeiden. Doch funktioniert strategischer Optimismus genauso wenig in allen Situationen, wie ein Hammer für alle handwerklichen Aufgaben geeignet ist. Einem ängstlichen Menschen strategischen Optimismus zu empfehlen ist etwa so, als wenn man jemandem, der eine Schraube festdrehen will, einen Hammer in die Hand drückt.

Dagegen ist es sinnvoll, die Effizienz verschiedener Werkzeuge zu überprüfen, die für dieselbe Aufgabe gedacht sind, und anhand der Ergebnisse das beste Werkzeug für eine bestimmte Tätigkeit auszuwählen. Wenn Katherines defensiver Pessimismus es ihr ermöglicht, so mit Angst umzugehen, dass die Leistung nicht gehemmt, sondern gesteigert wird, dann erweist er sich auf einmal als eine ziemlich positive Form des negativen Denkens.

Variationen von Pessimismus und Optimismus

Die Begriffe «Optimismus» und «Pessimismus» bezeichnen über ihre alltägliche Bedeutung hinaus mehrere unterschiedliche psychologische Konzepte. Zwar arbeiten wir nicht alle mit denselben Konzepten, doch wir benutzen oft die gleichen Worte zur Definition der Phänomene, die wir erforschen. Wissenschaftler benutzen die Ausdrücke «Optimismus» und «Pessimismus» oft anders als Laien. Deshalb ist es wichtig, den defensiven Pessimismus und den strategischen Optimismus von anderen Definitionen des Optimismus und des Pessimismus zu unterscheiden. Beginnen wir mit der grundlegendsten und allgemein gültigsten Form.

Disposition und Strategie

Manche Menschen sehen die Welt durch eine rosarote Brille, sie erwarten in jeder Situation das Beste. Andere sind felsenfest davon überzeugt, dass hinter jeder Ecke die Katastrophe lauert. Wenn jemand eine stabile Tendenz zu entweder positiven oder negativen Erwartungen aufweist, sagt man, er hat eine «Disposition» oder Veranlagung zu Optimismus oder Pessimismus.

Mit «Disposition» bezeichnet man also eine Eigenschaft, die mit hoher Wahrscheinlichkeit das Verhalten in vielen verschiedenen Situationen beeinflusst und mit relativ hoher Wahrscheinlichkeit über die Jahre hin unverändert bleibt. Optimistisch veranlagte Kinder wachsen zu optimistischen Erwachsenen heran, sie tendieren in ihrem Leben zu positiven Erwartungen hinsichtlich Beziehungen, Arbeit, Freizeit – eben in fast allem, was sie tun. Oft wird unsere Disposition von Erbfaktoren mitbestimmt. Es gibt tatsächlich Beweise, dass die Gene bei der Entwicklung einer optimistischen oder pessimistischen Welteinstellung eine gewisse Rolle spielen. Doch was an genetischen Einflüssen besteht, geht in die Interaktion mit der Umgebung ein. Ein direkter Zusammenhang zwischen einem bestimmten Gen und einer optimistischen oder pessimistischen Disposition besteht nicht.

Die psychologischen Konstrukte sind unserem Alltagsgebrauch von «Optimismus» und «Pessimismus» recht ähnlich. Wenn wir jemanden als Optimisten bezeichnen («Sie findet, das Glas ist halb voll»), dann heißt das nicht, dass der oder die Betreffende in jeder Lebenslange hundertprozentig der Definition entspricht. Gemeint ist vielmehr, dass seine oder ihre Erwartungshaltung im Allgemeinen positiv oder negativ ausfällt.

Die meisten Menschen gehen davon aus, dass Optimismus und Pessimismus Gegenpole auf der gleichen Dimension sind, was bedeuten soll: Je optimistischer man ist, umso weniger pessimistisch ist man und umgekehrt. Doch Menschen sind meist komplexer, als das bei oberflächlicher Beobachtung auffällt. Manchmal haben dieselben Leute sowohl positive als auch negative Haltungen: Beispielsweise erwarten wir, im Lotto zu gewinnen, und gleichzeitig, unseren Job zu verlieren. Manche Leute lassen sich überhaupt nur schwer als optimistisch oder pessimistisch einstufen – sie haben gar keine einheitliche, definierbare Zukunftseinstellung. So zeigt sich, dass Optimismus und Pessimismus nicht Gegenpole auf derselben Skala, sondern zwei unterschiedliche Dimensionen sind.

Mit anderen Worten: Wenn jemand sehr optimistisch ist, bedeutet das nicht unbedingt, dass er oder sie wenig oder kaum pessimistisch ist – und umgekehrt. Eine Frau, die eine Hypothek auf ihr Haus aufnimmt, um auf einen heißen Börsentipp reagieren zu können, kann gleichzeitig überzeugt sein, dass sie nie dem richtigen Mann begegnen wird. Die beiden Dimensionen hängen zusammen, aber sie sind nicht zwei Seiten der gleichen Medaille. Manche Menschen sind sehr optimistisch und sehr pessimistisch («Ich werde brillant sein»; «Jeder wird mich für einen Idioten halten»), andere haben weder vom einen noch vom anderen sonderlich viel. Und dann gibt es natürlich auch noch die Zwischenstufen.

Für die wenigsten Menschen ist es im Alltag interessant, ob Optimismus und Pessimismus eine Dimension darstellen oder zwei. Aber wenn es darum geht, die Konsequenzen der wissenschaftlichen Forschung im täglichen Leben zu verstehen, ist diese Unterscheidung wichtig. Zum Beispiel wurde oft festgestellt, dass optimistische Menschen sich im Allgemeinen einer besseren Gesundheit erfreuen, sodass man auf die Idee kommen könnte, klinische Maßnahmen zu fordern, mit denen man Patienten optimistischer stimmt. Doch wenn Optimismus und Pessimismus unterschiedliche Dimensionen sind, könnte das heißen, dass nur die Abwesenheit von Pessimismus zu einem besseren Gesundheitszustand führt. In Untersuchungen wurde genau das festgestellt: Entgegen der aufgestellten Hypothese gab es keinen Zusammenhang zwischen Optimismus und dem Blutdruck im Allgemeinen, wenn die Optimisten schlecht gelaunt waren, hatten sie genauso hohe Werte wie alle anderen Versuchspersonen. Es war das Niveau des Pessimismus, das mit chronischen Blutdruckproblemen korrelierte – ein größerer Pessimismus stand in Beziehung zu einem höheren Blutdruck. So gesehen wäre es sicherlich effektiver, den Pessimismus zu reduzieren, als den Optimismus zu verstärken.

Doch man darf Optimismus nicht mit dem strategischen Optimismus gleichsetzen und den Pessimismus nicht mit dem defensiven Pessimismus. Obwohl defensive Pessimisten generell pessimistischer und weniger optimistisch sind als strategische Optimisten, kommt ihr Pessimismus keineswegs immer und in jeder Situation zum Tragen. Katherine zum Beispiel ist sehr optimistisch, was ihre Beziehungen zu anderen Menschen und die Welt im Allgemeinen angeht. Insgeheim glaubt sie sogar, dass sie irgendwann im Lotto gewinnt. Ihr Pessimismus entsteht in einem speziellen Kontext, in dem ihre Angst akut wird. Bill – unser prototypischer strategischer Optimist – ist auch nicht ständig optimistisch. Er hat zum Beispiel in Geldangelegenheiten eine negative Einstellung sowie in vielen Situationen, die etwas mit seiner Tochter zu tun haben (sie fängt gerade an, mit Jungen auszugehen).

Betrachten wir verschiedene Situationen im Leben eines Menschen, dann fällt auf, dass Strategien im Gegensatz zu Dispositionen selektiv angewandt werden können. Katherine macht sich in finanzieller Hinsicht keine Sorgen, obwohl Bill das tut und trotz seiner Bemühungen, sie dazu zu bringen, ihre Finanzen ernster zu nehmen. Demzufolge braucht sie bei Geldangelegenheiten ihren defensiven Pessimismus nicht. Unsere Dispositionen sind sehr generell und können unsere allgemeine Lebenseinstellung beeinflussen. Unsere charakteristischen Strategien kommen oft nur als Reaktion auf bestimmte Situationen oder Projekte zum Tragen.

Attributionsstile und Strategien

In der Forschung werden die Begriffe «Optimismus» und «Pessimismus» für komplexe Konstrukte benutzt. Zahlreiche populäre Bücher und Zeitschriftenartikel beschäftigen sich damit, wie Menschen für gewöhnlich ihre positiven und negativen Erfahrungen einordnen. Diese Erklärungen und Kategorisierungen nennt man «Attributionen». Das für uns typische Attributionsmuster kann positiv oder negativ sein, je nach dem, wie wir die Vergangenheit interpretieren und welche Erwartungen wir in die Zukunft setzen.

Strategische Optimisten haben tatsächlich einen optimistischen Attributionsstil, aber defensive Pessimisten haben nicht unbedingt einen pessimistischen. Wenn ein Student in Katherines Vorlesung einschläft oder sein Gesicht Unverständnis signalisiert, zieht sie daraus beispielsweise nicht den Schluss, dass sie keine gute Lehrerin ist – wie ein Mensch mit einem pessimistischen Attributionsstil es leicht tun würde. Stattdessen versucht sie, lebendigere Beispiele aufzutreiben und sich hinsichtlich ihrer visuellen Hilfsmittel Tipps geben lassen, um bei der nächsten Vorlesung die Materie fesselnder und informativer zu gestalten.

Defensive Pessimisten machen Attributionen, aber diese lassen sich nicht in die Kategorien «optimistisch» und «pessimistisch» pressen, denn sie unterscheiden sich von beiden Stilen. Generell sind Strategien auch nicht das Gleiche wie Attributionsstile, weil sie sich darauf beziehen, wie wir uns auf eine Situation vorbereiten, und nicht darauf, wie wir sie nachträglich erklären. Zwar steht Katherine in dem Ruf, zwanghaft zu sein. Doch führt ihr defensiver Pessimismus sie nicht dazu, endlos über die Vergangenheit nachzugrübeln. Wenn sie sich auf neue Situationen vorbereitet, zieht sie dabei sicher Erfahrungen aus der Vergangenheit in Betracht, aber ihre Energien sind ganz auf die Zukunft ausgerichtet.

Positive Illusionen

Die Begriffe «positives Denken» und «positive Illusionen» beziehen sich auf ein Konglomerat von Prozessen. Gelegentlich werden sie in einen Topf geworfen und mit dem Oberbegriff «Optimismus» versehen. Diese Illusionen – leichte Verzerrungen der Realität – helfen Menschen manchmal, eine positive Einstellung zu sich selbst zu bewahren und das Gefühl, das eigene Leben im Griff zu haben, aufrechtzuerhalten. So erinnern wir uns beispielsweise nur an die guten Dinge, die andere uns rückmelden, oder wir überzeugen uns, dass unsere Erfolge eher unsere Fähigkeiten widerspiegeln als unsere Misserfolge. Wissenschaftliche Untersuchungen zeigen, dass nicht-depressive Menschen, wenn sie bei einem Videospiel schlecht abschneiden, die Schuld eher auf widrige Umstände schieben. Wenn man ihnen sagt, dass sie ihre Sache gut gemacht haben, gehen sie hingegen gern davon aus, dass ihr Talent für die gute Leistung verantwortlich ist.

Die gleichen Leute unterschätzen oft ihr tatsächliches persönliches Risiko, eine ernste Krankheit zu bekommen oder im Lauf ihres Lebens in einen Unfall verwickelt zu werden. Außerdem überschätzen sie bei Gruppenprojekten häufig ihren eigenen Beitrag. Sie rauchen, halten es aber für ganz unwahrscheinlich, dass sie an Lungenkrebs erkranken; sie ernten gern die Lorbeeren für die Rekordeinnahmen beim Wohltätigkeitsball, obwohl eigentlich ein achtköpfiges Komitee die Sache organisiert hat. Diese Einschätzung zeigt eine positive Voreingenommenheit sich selbst gegenüber, die als Motivationshilfe und auch als Selbstschutz dienen kann.

Strategische Optimisten neigen zu solchen positiven Illusionen, defensive Pessimisten dagegen nicht – was wichtige Folgen für ihr Selbstkonzept und ihre Beziehung zu anderen Menschen nach sich zieht. Bill beispielsweise geht davon aus, dass es am schlechten Geschmack seiner Klientin liegt, wenn sie seine Pläne für ihr neues Haus nicht gut findet, und nicht etwa an seiner Unfähigkeit, etwas Passendes für sie zu entwerfen. Ihre Einschätzung seiner Arbeit verschlechtert nicht seine Meinung von sich, sondern seine Meinung von ihr. Aber wieder geht es sowohl beim defensiven Pessimismus als auch beim strategischen Optimismus um mehr als nur um die An- oder Abwesenheit solcher Illusionen.

Wie man defensiven Pessimismus und strategischen Optimismus messen kann

Wenn wir uns ansehen, wie der defensive Pessimismus für Forschungszwecke gemessen wird, bekommen wir eine klarere Vorstellung von dieser Strategie. Weiter unten finden Sie die modifizierte Version eines Fragebogens, den ich zur Identifizierung von defensivem Pessimismus beziehungsweise strategischem Optimismus verwende. Die Fragen veranschaulichen einige der Punkte, in denen sich der defensive Pessimismus und der strategische Optimismus von den anderen Konzepten unterscheiden, die ich gerade erwähnt habe.

In unserer Forschung wählen wir Versuchspersonen aus, die an den Extrempolen dieser Skala angesiedelt sind, denn so können wir den Kontrast zwischen den Gruppen stärker hervorheben. In Wirklichkeit sind die meisten von uns natürlich Mischformen aus vielen verschiedenen Strategien, und der Fragebogen misst nur, inwieweit jemand in einer bestimmten Situation entweder ein defensiver Pessimist oder ein strategischer Optimist ist.

Fragebogen zum defensiven Pessimismus

Stellen Sie sich eine Situation vor, in der Sie sich von Ihrer besten Seite zeigen wollen. Sie kann sich auf Ihre Arbeit, auf Ihr Sozialleben oder eines Ihrer Lebensziele beziehen. Wenn Sie die folgenden Fragen beantworten, überlegen Sie bitte, wie Sie sich auf eine solche Situation einstellen. Bitte bewerten Sie auf der angegebenen Skala, wie gut jedes Statement auf Sie zutrifft.

1 2 3 4 5 6 7

Trifft auf mich überhaupt nicht zu — *Trifft genau auf mich zu*

____ Anfangs erwarte ich oft das Schlimmste, selbst wenn ich meine Sache wahrscheinlich gut machen werde.

____ Ich mache mir häufig Sorgen, wie etwas ausgehen könnte.

____ Ich überlege mir genau verschiedene mögliche Ergebnisse.

____ Ich mache mir oft Sorgen, ob ich meine Ziele durchsetzen kann.

____ Ich verbringe viel Zeit damit, mir vorzustellen, was schief gehen könnte.

____ Ich stelle mir vor, wie ich mich fühlen würde, falls etwas nicht klappt.

____ Ich versuche mir vorzustellen, was ich tun könnte, um die Sache wieder ins Lot zu bringen, falls etwas schief geht.

____ Ich achte sehr darauf, dass ich in solchen Situationen nicht übertrieben selbstbewusst werde.

____ Ich verbringe viel Zeit mit Planen, wenn eine solche Situation bevorsteht.

____ Ich stelle mir vor, wie ich mich fühle, wenn alles gut geht.

— In solchen Situationen mache ich mir oft mehr Sorgen darüber, dass ich mich blamiere, und denke weniger daran, dass ich meine Sache gut mache.

— Darüber nachzudenken, was schief gehen könnte, hilft mir, mich auf die Situation einzustellen.

Zählen Sie Ihre Werte für alle Fragen zusammen. Die möglichen Werte liegen zwischen 12 und 84 Punkten, hohe Werte deuten auf eine stärkere Tendenz, defensiven Pessimismus einzusetzen. Wenn Ihr Wert über 50 liegt, würden Sie in meinen Untersuchungen als defensiver Pessimist eingestuft. Wenn Sie weniger als 30 Punkte haben, wären Sie ein strategischer Optimist.

Wenn Ihr Ergebnis zwischen 30 und 50 Punkten liegt, benutzen Sie wahrscheinlich beide oder keine der zwei Strategien durchgängig Ihr Punktwert wird beeinflusst durch die Art der Situation, an die Sie beim Beantworten der Fragen gedacht haben, weil Sie in unterschiedlichen Situationen wohl unterschiedliche Strategien benutzen.

Wir sind nicht einfach entweder Pessimisten oder Optimisten. Wir sind ängstliche, gewissenhafte, sympathische Pessimisten, begabt in Mathematik (oder auch nicht), mit einer langen Geschichte von Beziehungen und Erfahrungen mit Geschwistern, Eltern, Freunden, Liebhabern und Arbeitskollegen. Vielleicht sind wir Pessimisten, die nur pessimistisch sind, wenn es um Beziehungen geht. Oder wir sind in allen Bereichen pessimistisch, außer bei Beziehungen. Menschen zeigen nicht nur zwei einfache, getrennte Eigenschaften. Wir haben komplexe Persönlichkeitsstrukturen, die sich mit unseren Erfahrungen entwickeln und verändern. Ob wir dem Vorstellungsgespräch morgen pessimistisch entgegenblicken, hängt davon ab, wie unsere bisherigen Vorstellungsgespräche gelaufen sind, ob wir in der Vergangenheit schon ähnliche Jobs hatten oder uns auf ein ganz neues Feld vorwagen, ob wir den Job unbedingt brauchen oder uns nur ein bisschen umsehen, ob wir normalerweise aufgeregt sind, wenn wir neue Menschen kennen lernen, oder allgemein eher entspannt sind. Ja, es hängt sogar davon ab, ob wir gerade unserer besten Freundin, unseren Kindern oder der Person, mit der wir den Gesprächstermin vereinbaren, darüber berichten.

Diese gesamte reale, alltägliche Vielschichtigkeit begründet die Komplexität der Terminologie, über die wir soeben gesprochen haben. Doch wenn ich – ganz untypisch für mich – die Dinge von der guten Seite sehe, ist die Überschneidung in der Terminologie durchaus sinnvoll: Alle oben erwähnten Phänomene sind tatsächlich miteinander verwandt, auch wenn sie dadurch noch lange nicht als identisch angesehen werden können. Die Komplexität der Terminologie spiegelt die Komplexität lebendiger Menschen wider und soll uns daran erinnern, dass wir, wenn wir Menschen verstehen wollen, sie nicht in isolierten Begriffen definieren dürfen – als eindimensionale Optimisten oder Pessimisten.

Wenn wir uns Pessimismus und Ängstlichkeit genauer anschauen, erkennen wir sehr schnell, dass wir die Beziehung zwischen verschiedenen Aspekten der Persönlichkeit auf keinen Fall aus den Augen verlieren dürfen. Der defensive Pessimismus wäre wenig sinnvoll, wenn wir nicht wüssten, dass die Menschen, die ihn benutzen, ängstlich sind, und dass diese Angst bestimmte Probleme verursacht.

Kapitel 3
Worum es überhaupt geht
Das Problem mit der Angst

Die fromme Vortäuschung, das Böse existiere nicht, macht es nur vage, gigantisch und bedrohlich.

Aleister Crowley

Warum behindert uns Angst?

Die Art Angst, die Katherine spürt, ist nicht ungewöhnlich, viele Menschen empfinden in ähnlichen Situationen Angst. Tatsächlich sind viele Menschen oft ängstlich. Sogar Leute, die sich selbst nicht als «ängstliche Typen» sehen, haben an irgendeinem Punkt in ihrem Leben schon Angst verspürt. (Erinnern Sie sich beispielsweise an die Pubertät?)

Angst kann uns in unseren Bemühungen, unsere Ziele zu erreichen, stark beeinträchtigen. Sie behindert unsere kognitive Leistungsfähigkeit, weil sie unsere Konzentration auf die vor uns liegende Aufgabe stört – und nicht nur auf sie, sondern eigentlich auf alles außer uns selbst und unseren subjektiven Zustand. Aus Angst vergessen wir, was wir gelernt haben, wir verlieren den Gesprächsfaden oder verpassen genau die Schlüsselinformation, die wir brauchen würden, um eine Situation zu verstehen.

Angst kann sich in physikalischen Reaktionen ausdrücken – wie erhöhte Pulsfrequenz, erhöhter Blutdruck, Schwitzen, Zittern –, die oft für uns selbst und für alle, die uns beobachten, sichtbar sind. Chronische Angstzustände können die Funktion des Immunsystems beeinträchtigen, unsere Gesundheit gefährden und allgemein unsere Lebensqualität mindern. Eine Phobie ist eine extreme Form der Angst. Sie bringt uns dazu, alle Situationen zu meiden, die sie auslösen. Panikattacken treiben manche Menschen in die Flucht, koste es, was es wolle. Klaustrophobiker, die enge Räume fürchten, können sich bei ihren verzweifelten Versuchen, einer beengenden Situation zu entfliehen, sogar selbst verletzen. Agoraphobiker, die auf offenen Plätzen in Panik geraten, können zu Gefangenen ihrer eigenen vier Wände werden, manche wagen kaum, die Zeitung aus dem Briefkasten vor dem Haus zu holen.

Doch wie viele andere negative Emotionen hat auch die Angst ihren Sinn. Der Zustand erhöhter physiologischer Erregung, der durch sie ausgelöst wird, kann in gefährlichen Situationen lebensrettend sein und die Energie zum Flüchten oder Standhalten liefern. Ein gewisses Erregungsniveau dient der Anpassung an eine Situation, denn es hilft uns, die Hinweisreize in unserer Umgebung zu beachten. Für die meisten Anforderungen gibt es ein optimales Erregungsniveau. Bei zu wenig Erregung (man denke nur an einen schlafenden Menschen) ist die Bewältigung jeder Art von Aufgabe praktisch undenkbar. Bei zu viel Erregung (stellen wir uns vor, wie wir uns nach der fünften Tasse Kaffee fühlen) sinkt unsere Leistungsfähigkeit ebenfalls beträchtlich.

Was zu viel oder zu wenig Erregung bedeutet, variiert individuell und von Anforderung zu Anforderung. Subjektiv können wir jedoch fast immer feststellen, wann wir zu aufgeregt sind. Denn dann erleben wir nicht nur einen körperlichen Erregungszustand, nicht nur positive Erwartung und Spannung, sondern auch Gedanken und Gefühle, die wir «Angst» nennen. Der Mann, der darauf brennt, endlich seine Traumreise anzutreten, ist aufgeregt, aber nicht ängstlich, obwohl sein körperliches Erregungsniveau ähnlich hoch sein mag wie das seines Nachbarn, der sich, weil er vor seiner Geschäftsreise Angst hat (und nicht nur aufgeregt ist), dringend ein Beruhigungsmittel wünscht. Für gewöhnlich bemühen wir uns, Angstgefühle möglichst schnell loszuwerden (allerdings nicht immer – beispielsweise dann, wenn wir uns verliebt haben). Wenn wir die Gefühle nicht verbannen können, versuchen wir wenigstens zu verhindern, dass sie unsere Leistungsfähigkeit beeinträchtigen.

Wie behindert uns Angst?

Wie kann sich nun Angst auf die Leistung eines Menschen auswirken? Denken wir an «Flüchten oder Standhalten», indem sie uns vor dem, was uns Angst einflößt, in die Flucht treibt. Manchmal ist das die angemessene Reaktion: einem Lastwagen auszuweichen, der auf uns zu rast. Oder einem geschwätzigen Arbeitskollegen aus dem Weg zu gehen, kann genau das Richtige sein. Ein andermal ist Weglaufen nicht unbedingt die beste Methode: Wenn der Verfolger schneller ist als wir, sind wir wahrscheinlich besser beraten, uns zu ducken, stillzuhalten und zu versuchen, unentdeckt zu bleiben. Aber das Standhalten enthält eine andere Herausforderung: Wir müssen fähig sein, das Angstgefühl zu ertragen, wahrscheinlich noch, wenn der Verfolger sich längst verzogen hat.

Nur wenige Menschen geraten heutzutage noch in eine Situation, in der sie von einem Raubtier bedroht werden. Doch selbst wenn wir mit einer erwiesenermaßen nicht tödlichen Bedrohung konfrontiert sind, wie beispielsweise mit einem unangenehmen Arbeitskollegen oder einem möglichen Misserfolg, ist der Drang zu fliehen, wenn wir Angst bekommen, oft nicht leicht in den Griff zu bekommen. Als Erstes stellt sich die Frage, wie wir uns zum Standhalten bringen können. Wir müssen die Spannung so gut aushalten, dass wir uns einer Situation stellen oder unsere Ziele weiterverfolgen können, obwohl wir Angst empfinden. Zumindest auf ängstliche Menschen trifft Woody Allens Ausspruch zu: «Achtzig Prozent des Erfolgs im Leben bestehen darin, dass man einfach nur aufkreuzt.»

Doch selbst wenn diese Hürde genommen ist und wir standhalten, kann die Angst immer noch unsere Leistung beeinträchtigen. Für einen Redner ist eine zittrige Stimme äußerst peinlich und wird auch von den Zuhörern als unangenehm empfunden. Die unbeholfenen Stolperer und verschütteten Drinks schüchterner Zeitgenossen sind ebenso beschämend wie störend. Manchmal kann eine zu große physiologische Erregung einen Menschen restlos disqualifizieren: Niemand geht zu einem Zahnarzt, dessen Hand beim Bohren zittert.

Angst ruft nicht nur körperliche Reaktionen hervor. Sie mindert auch die mentale Leistungsfähigkeit, denn sie beeinträchtigt unsere Konzentrationsfähigkeit. Ängstliche Schüler versagen bei der Mathematikarbeit nicht, weil ihre Hand so sehr zittert, dass sie die Lösungen nicht zu Papier bringen können, sondern weil sie sich nicht auf die Aufgabe konzentrieren können. Sie können nur daran denken, wie nervös sie sind, wie sehr sie es hassen, Mathematikarbeiten schreiben zu müssen, wie eine verhauene Mathematikarbeit ihren Notendurchschnitt ruiniert und warum alle anderen so verdammt gelassen wirken. Ebenso scheitert ein ängstlicher Schauspieler nicht, weil er die geforderten körperlichen Bewegungen nicht ausführen kann, sondern weil er ständig grübelt, wie viel von dieser Rolle abhängt und wie demütigend es wäre, nach einem Versuch am Broadway wieder nach Hintertupfingen zurückkehren zu müssen – und dabei vor lauter Grübelei seinen Text vergisst.

Außerdem kann Angst auch noch dadurch behindern, dass sie zu einer Art Tunnelblick führt, einer Einengung des kognitiven Horizonts. Dann konzentrieren wir uns so ausschließlich auf ein Problem, dass wir keinen vollständigen Zugriff auf unser Repertoire an Alternativlösungen mehr haben. Unser ängstlicher Mathematikschüler muss also aufpassen, dass er nicht nur einen Lösungsweg für die elenden Textaufgaben zulässt. Eine solche kognitive Einengung kann sich abträglich auswirken auf die Kreativität, das Arbeitstempo und das Erkennen alternativer Möglichkeiten in einer bestimmten Situation.

Nun hat die Angst also eine wahrhaft beeindruckende Batterie von Hindernissen vor unserem Schüler aufgefahren: Um die Arbeit erfolgreich zu überstehen, muss er sich hinsetzen und sich an seine Algebrakenntnisse erinnern, außerdem muss er auch flexibel genug sein, um zu erkennen, wann er Algebra anwenden und wann lieber auf Geometrie zurückgreifen sollte. Darüber hinaus muss er sich noch die Zeit einteilen können, nicht dass schließlich alle anderen schon weg sind und der Hausmeister gleich die Türen abschließt. Und all das, nachdem er sich dazu aufgerafft hat, überhaupt zu der Klausur aufzutauchen!

Wie gehen defensive Pessimisten mit der Angst um?

Katherine war schon immer ein recht nervöser Typ. Situationen, in denen Leistung gefordert ist, setzen sie seit jeher unter Druck – Situationen also, in denen sie ihre Fähigkeiten, ihr Wissen oder ihre Kompetenz unter Beweis stellen muss. Aber sie war auch immer sehr ehrgeizig und stellt hohe Anforderungen an sich. Beruflich hat sie ihren Platz gefunden, aber das bedeutet auch, dass sie sich immer wieder einer Situation stellen muss, die sie ängstlich macht. Sie muss die Ergebnisse ihrer Arbeit auf Konferenzen vorstellen und ihren Kollegen schriftliche Abhandlungen zur Durchsicht vorlegen, damit sie Geldmittel für ihre Forschungsarbeiten bekommt. Außerdem muss sie sich als Lehrende beweisen, und im Hörsaal unterliegt ihre Kompetenz dem Urteil ihrer Studenten ebenso wie ihrem eigenen.

Wenn sie eine dieser Situationen vor sich hat, registriert Katherine vertraute Gefühle im Magen und ist sich sicher, dass alles in einem Debakel enden wird. «Die Zeitschrift wird meinen Artikel nie annehmen. Meine Methodik wird ihnen nicht gefallen.» Und wenn sie bei einer Versammlung eine Rede halten soll, geht ihr die Frage durch den Kopf: «Und wenn ich jetzt alles in den Sand setze?»

Das ist selbstverständlich negatives Denken. Es wäre ganz einfach destruktiv, wenn Katherine ihre Veröffentlichung in den Papierkorb werfen oder als Rednerin nicht antreten würde. Doch mit dieser negativen Art zu denken nimmt sie ihre Angst aufs Korn.

Weil Katherine weiß, dass die Renommierzeitschrift, bei der sie ihren Forschungsbericht einreicht, fast neunzig Prozent aller Artikel unveröffentlicht zurückschickt; weil sie weiß, dass ihre Forschungsmethode umstritten ist und dass Kollegenkritik sehr hart sein kann, bereitet sie sich innerlich auf eine Zurückweisung vor. Das ist der pessimistische Teil des defensiven Pessimismus: Katherine stellt hohe Anforderungen an sich selbst, aber sie hat niedrige Erwartungen.

Natürlich macht es sie nicht sonderlich froh, dass sie sich pessimistisch fühlt. Schließlich wäre es ihr ja viel lieber, wenn ihr Artikel angenommen würde. Aber indem sie ihre Erwartungen zurückschraubt, nimmt Katherine etwas von dem Druck weg, der auf ihr lastet, was wiederum ihre Angst ein wenig verringert.

Angst ist vornehmlich eine antizipatorische Emotion: Wir

sind nervös, weil wir nicht wissen, was die Zukunft uns bringt. Wenn wir unser Gefühl der Unsicherheit reduzieren können, indem wir uns überzeugen, dass wir wissen, was geschehen wird – selbst wenn wir sicher sind, dass alles schlecht ausgehen wird –, dann können wir wie Katherine die Antizipation und damit auch unsere Angst reduzieren.

Die Forschung zeigt – und unsere Erfahrung wird dies bestätigen: Erwartete Enttäuschungen sind zwar unangenehm, aber immer noch leichter zu ertragen als unerwartete. Wenn wir wissen, was uns erwartet, haben wir stärker ein Gefühl von Kontrolle, selbst wenn wir das Schlimmste befürchten. Pessimistisch zu sein, ermöglicht es Katherine, die emotionale Kraft der Ereignisse, die ihr Sorgen machen, zu entschärfen, ohne das, was passieren kann, zu ignorieren oder gar zu leugnen. Ihre niedrigen Erwartungen dienen als kognitives Polster, das sie schützt. Nicht in dem Ausmaß, dass sie sich nicht schlecht fühlt, wenn der Artikel tatsächlich abgelehnt wird, aber doch so weit, dass sie jetzt, in der Gegenwart, weiter daran arbeiten kann. Da dieses Polster es ihr ermöglicht, weiterzumachen und sich zu bemühen, anstatt vor einem potentiellen Misserfolg wegzulaufen, ist ihr Pessimismus der erste Schritt, mit ihrer Angst umzugehen: «Ich weiß, dass es nicht klappen wird. Nachdem das jetzt erst einmal feststeht, kann ich genauso gut weitermachen und daran arbeiten.»

Mehr als nur Pessimismus

Der defensive Pessimismus ist mehr als einfach nur Pessimismus. Wenn wir niedrige Erwartungen haben, wenn wir denken, dass alles schief gehen wird, löst das einen gedanklichen Prozess aus, in dem die bevorstehende Situation durchgespielt wird. Dieses mentale Ausprobieren ist die zweite Komponente der Strategie. Mit anderen Worten: Katherine hört nicht auf zu denken, nachdem sie zu dem Schluss gekommen ist, dass der Artikel sicher nicht angenommen wird. Vielmehr feuert diese pessimistische Vorhersage sie dazu an, über die Gründe nachzudenken, weshalb der Artikel nicht angenommen werden und was sonst noch alles passieren könnte.

Dieses «Durchspielen» ist der Teil der Strategie, weshalb Katherines Freunde und Kollegen sie als Schwarzseherin hinstellen, deren Sorgen sowohl unnötig als auch unproduktiv sind. Wenn Katherine sich nicht entscheiden könnte und nur herumjammern würde, hätten ihre Kritiker natürlich Recht. Aber dieser Prozess ermöglicht es Katherine, im Detail herauszufinden, was getan werden muss, ohne beim Tun ständig von ihrer Angst behindert zu werden. Die Gedankenspiele helfen Katherine, ihre Angst einzudämmen und in positive Motivation umzuwandeln.

Während sie an ihrem Artikel arbeitet, geht sie ein praktisch vollständiges Repertoire möglicher Ereignisse durch. Sie stellt sich vor, dass Wissenschaftler einer Konkurrenzgruppe den Artikel kritisieren und ihre statistische Analyse in der Luft zerfetzen, dass sie womöglich einen ganzen Stapel relevanter Literatur zu ihrem Thema übersehen hat und als Ignorantin gelten wird, dass ihr zentraler Punkt ohnehin viel zu kompliziert ist. Während sie diese Szenarios vor ihrem geistigen Auge erscheinen lässt, fällt ihr ein, dass sie ihre Studenten im höheren Semester die statistischen Berechnungen überprüfen lassen und ein paar Kollegen bitten könnte, ihre Literaturliste auf Vollständigkeit und ihre Argumentation auf Stichhaltigkeit durchzusehen.

Von außen sieht ihre Grübelei vielleicht aus wie eine große Zeit- und Energieverschwendung. Aber jemanden, der ängstlich ist und deshalb unter anderem anfällig für kognitive Einengung, schützt diese Art von Brainstorming davor, sich an einem

Detail festzubeißen und alle anderen, vielleicht wichtigeren außen vor zu lassen. Ohne ihren defensiven Pessimismus würde Katherine womöglich nicht daran denken, dass ihre Argumentation für jeden Leser nachvollziehbar sein sollte, und stattdessen auf viel zu kühne methodische Abwege geraten.

Wenn Katherine die Bandbreite der negativen Ergebnisse, die sie sich vorstellen kann, ausgereizt hat, ist sie intensiver auf die vor ihr liegende Aufgabe ausgerichtet als auf ihre Angst. Sie hat es geschafft, produktiv mit der Angst umzugehen und kann sich nun auf ihre Arbeit konzentrieren. Der defensive Pessimismus hat die diffusen und von abstrakten und unausgegorenen Schreckensszenarios verstärkten Angstgefühle in das wesentlich konkretere und weniger beängstigende Nachdenken darüber verwandelt, was geschehen könnte und was dagegen unternommen werden kann.

Katherines Gedankenspielereien bewegen sich von allgemeinen zu spezifischen Möglichkeiten, von abstrakter Erwartung negativer Ereignisse zu einem disziplinierten Abwägen und Einschätzen, wie sie zustande kommen könnten. Nun schmiedet Katherine Pläne, wie sie die negativen Ereignisse vermeiden und durch positive ersetzen kann. Ihr negatives Denken ist kein passives Grübeln, sondern schafft einen klaren und präzisen Handlungsentwurf. Durch diesen Entwurf hat sie die Situation besser im Griff und ist wiederum weniger anfällig, durch die Angst beeinträchtigt zu werden.

Mehr als nur Planen

Wenn sie weder zwanghaft noch besonders besorgt ist, macht Katherine dann einfach übertrieben ausgiebig Pläne? Geht es beim defensiven Pessimismus vielleicht darum, dass ängstliche Menschen gut vorausplanen sollten? Diese Frage beantworte ich mit einem ganz entschiedenen Nein. Darum geht es nicht. Obwohl sie gut planen sollten, trifft dieses Rezept gegen Ängstlichkeit nicht den springenden Punkt des defensiven Pessimismus.

Angst kann jeden planvollen Gedanken unmöglich machen. Ängstliche Menschen können nicht gut planen, wenn die Angst sie im Griff hat. Sie werden von unwichtigen Dingen und von ihren eigenen Gefühlen abgelenkt, sodass sie oft ausgerechnet das vergessen, was eigentlich maßgeblich gewesen wäre.

Defensive Pessimisten benutzen ihre pessimistischen Erwartungen und ihre Gedankenspiele, um sich in einen Zustand zu versetzen, in dem sie effektiv planen können. Wenn sie das einmal geschafft haben, folgt der Schritt vom Planen zur aktiven Umsetzung. Ohne den defensiven Pessimismus würde unser ängstlicher Gastgeber seiner Angst erliegen und am Ende das Salz für die Quiche vergessen – selbst wenn er daran denkt, alle wichtigen Zutaten vorher auf der Arbeitsplatte aufzureihen, muss er vielleicht mittendrin losrennen, um das Tischtuch aus dem Trockner zu holen oder um seine Freundin wegen des Weins anzurufen, und schon ist seine Zutatenreihe unvollständig. Doch seine schrecklichen Fantasien über alle möglichen katastrophalen Ereignisse der Party erlauben es ihm, seine Gedanken und Energien vorbeugend zu konzentrieren. Wenn er sich die entsetzten Gesichter seiner Gäste vorstellt, wie sie in die fade Pastete beißen, wird erstens seine Angst spezifisch und zielgerichtet und dadurch zweitens auch seine Planung.

Eine junge Mutter, die ich für dieses Buch interviewt habe, erzählte mir eine sehr aufschlussreiche Geschichte, wie ihre Angst vor der Verantwortung es ihr unmöglich machte, ihre Gedanken zu organisieren. Als Teenager und junge Erwachsene hatte sie sich nie für eine ängstliche Person gehalten. Im Gegenteil, ihr Koordinations- und Planungstalent hatte ihr einen guten Job als leitende Angestellte in einer großen Anwaltskanzlei verschafft. Nun war sie regelrecht schockiert, als sie zu Hause so schlecht zurechtkam. Zwar dauerte es eine Weile, aber sie fand schließlich eine Strategie, die ihr wieder ein Gefühl von Kontrolle vermittelte und es ihr ermöglichte, ihr Planungstalent wie früher einzusetzen. Sie wurde eine defensive Pessimistin.

Nach der Geburt ihrer Kinder begriff sie schlagartig: «Ich hatte überhaupt keine Kontrolle. Diese Illusion hat sich für immer verflüchtigt.» An Stelle der Illusion machte sich Angst breit. Auf einmal wurden Dinge, die bislang völlig nebensächlich gewesen waren, bedrückend wichtig. «Ein leerer Kühlschrank, keine sauberen Klamotten im Schrank, ein verpasster Termin – früher war das alles keine große Sache. Aber jetzt sind auf einmal die Kinder davon betroffen. Und dabei habe ich die wirklich großen Angstmacher noch nicht mal aufgezählt, beispielsweise, dass ein Kind krank wird oder dass wir uns um eine andere Betreuung kümmern müssen oder sonst eins von der Million Dinge, die ständig erledigt werden müssen.»

Als Reaktion auf die Lebensumstellung löste sich ihr bisheriger Glaube, dass sich schon alles irgendwie zum Guten wenden würde, in Luft auf. Stattdessen begann sie, sich auf das Schlimmste einzurichten. Besonders ängstlich ist sie, wenn sie mit den Kindern verreist. In einer ihrer Fantasievorstellungen sitzt sie stundenlang im Flugzeug auf der Rollbahn fest, ihre beiden kleinen Kinder toben herum, treten gegen die Sitze, heulen vor Hunger und Durst und bombardieren die ganze Umgebung mit Erdnüssen.

Wenn sie bei den Vorbereitungen für eine Reise mit den Kindern diese Fantasien durchspielt, kann sie sich Gedanken darüber machen, wie man die einzelnen Katastrophen verhindern könnte. Danach legt sie systematisch eine Liste an, was sie einpacken muss. Die gleiche Frau, die in alten Zeiten mit einer kleinen Reisetasche sechs Wochen durch Europa gezogen ist, packt jetzt genügend Lebensmittel ein, um die Familie über Nacht auf einem Flughafen zu ernähren, dazu die halbe Spielkiste und das halbe Bücherregal – natürlich alles in Rucksäcken, damit sie und ihr Mann für je ein Kind die Hände frei haben. Beim Packen macht sie sich ständig Sorgen, aber wenn die Familie dann unterwegs ist, kann sie sich ganz darauf konzentrieren, den Kindern die Reise angenehm zu machen – komme, was da wolle.

Ehe sie Mutter wurde, hatte sie bei allem, was sie tat, von Anfang an das Gefühl, alles im Griff zu haben, egal ob Reisen, Partys oder der Terminkoordination für ihren Chef. Damals plante sie spontan und automatisch, ohne je darüber nachzudenken, wie sie das genau anstellte. Jetzt muss sie planen. Aber sie muss auch herausfinden, wie sie plant, wenn die Angst ihr in die Quere kommt. Solange sie sich ängstlich und hilflos fühlte, fiel ihr das Planen schwer. Aber indem sie ihre Albtraumszenarios durchspielte, wurde sie fähig, ihre Gedanken zu organisieren, um effektiv planen und handeln zu können.

Wenn man sich nur das Ergebnis anschaut, unterscheidet sich die Strategie des defensiven Pessimismus nicht von guter Planung. Aber er spielt eine andere Rolle in dem Prozess, wie man zu diesen Ergebnissen gelangt: Der defensive Pessimismus befähigt ängstliche Menschen dazu, gut zu planen: Sie können erst effektiv nachdenken und organisieren, wenn sie ihre Angst unter Kontrolle haben. Dafür müssen sie mit dem Schlimmsten rechnen, alle Notfälle durchdenken und anstrengende Fantasiespiele machen, um dann in den Prozess der Planung eintreten zu können, diesen effektiv zu bewältigen und schließlich von der Planung zum Handeln überzugehen.

Kapitel 4
Warum kann ein Pessimist nicht ein bisschen mehr wie ein Optimist sein?

Hüte dich davor, ein Pessimist zu werden …
zwar hat er öfter Recht als ein Optimist,
aber ein Optimist hat viel mehr Spaß im Leben.

Robert A. Heinlein

Wenn Sie sich in den Beschreibungen von Katherine oder der jungen Mutter auf Reisen wiedererkannt haben, sind Sie wahrscheinlich bereits überzeugt, dass der defensive Pessimismus eine funktionierende Strategie für Sie ist, und Sie brauchen keine weiteren «Beweise». Doch wenn Sie mehr Ähnlichkeit mit Bill haben, sind Sie vielleicht nach wie vor skeptisch. Menschen, die eher positiv denken und weniger ängstlich sind, fällt es oft schwer zu glauben, dass der defensive Pessimismus tatsächlich positive Auswirkungen haben kann. Doch für sie sind die Daten der empirischen Forschung wie ein Keil, der ihnen die Tür zum Verständnis für den defensiven Pessimisten langsam, aber sicher öffnet.

Von Leuten, denen nicht recht einleuchtet, wie der defensive Pessimismus funktioniert, werde ich oft gefragt, ob defensive Pessimisten denn so negativ sein «müssen» – in ihren Erwartungen, in ihren Fantasien, in ihrer Stimmung allgemein. Wie

Bill es einmal ausgedrückt hat: «Warum kann ein defensiver Pessimist nicht ein bisschen mehr wie ein Optimist sein?»

Einen Forschungsansatz zu finden, der dieser Frage gezielt nachgeht, war eine Herausforderung. Um Beweismaterial zu erhalten, an dem sich die innere Funktionsweise des defensiven Pessimismus zeigen lässt, müssen wir den Prozess aufdecken, wie diese Menschen ihre Angst in Schach halten. Wir können nachträglich feststellen, was Menschen getan haben. Aber womit könnte man messen, wie sie es getan haben?

Unser Forschungsteam beschloss, systematisch jede Komponente des defensiven Pessimismus zu isolieren und experimentiell zu manipulieren. Das heißt, wir griffen an unterschiedlichen Stellen in den Strategieprozess ein und sahen uns an, wie sich das Resultat dadurch veränderte. Was passiert, wenn wir die Erwartungen eines defensiven Pessimisten erhöhen, ihn also optimistischer machen? Was passiert, wenn wir ihn von seinen Gedankenspielen ablenken oder ihn entspannen, damit er weniger ängstlich wird?

Können defensive Pessimisten nicht einfach auch mal die gute Seite sehen?

Wir wissen, dass es zum defensiven Pessimismus gehört, das Glas halb leer zu sehen. Aber vielleicht müssen defensive Pessimisten gar nicht unbedingt so pessimistisch sein. Könnten sie nicht genauso gute Leistungen erbringen oder sogar bessere, wenn wir sie dazu veranlassen könnten, optimistischer zu sein? Ist ihr Pessimismus nur eine Begleiterscheinung und hat nichts mit der Angst oder der Leistung zu tun?

Diese Frage stand im Mittelpunkt unserer frühen Experimente zum defensiven Pessimismus. Sie zeigten, dass der Pessimismus des defensiven Pessimisten wirklich positiv funktioniert. Wir identifizierten defensive Pessimisten und luden defensiv pessimistische sowie strategisch optimistische Versuchspersonen zu einem psychologischen Labortest ein, bei dem sie Aufgaben bearbeiten mussten, die einem standardisierten Intelligenztest ähnelten. Alle Teilnehmer studierten erfolgreich an einer konkurrenzorientierten Universität. Man konnte also von allen «realistischerweise» ein etwa gleich gutes Abschneiden erwarten.

Vor Versuchsbeginn maßen wir, wie viel Angst die Probanden hinsichtlich der bevorstehenden Aufgaben empfanden und inwieweit sie das Gefühl hatten, die Situation unter Kontrolle zu haben. Hier gaben die defensiven Pessimisten wesentlich mehr Angst und weniger Kontrolle an als die strategischen Optimisten – genau wie wir es vermutet hatten. Wir fragten die Hälfte der Versuchspersonen, wie sie ihrer eigenen Meinung nach abschneiden würden. Die defensiven Pessimisten setzten niedrige Erwartungen in ihre Leistungen – signifikant niedriger als die strategischen Optimisten –, obwohl beide Gruppen vergleichbare Fähigkeiten besaßen. Mit anderen Worten: Die defensiven Pessimisten waren unserer Hypothese entsprechend pessimistisch.

Der anderen Hälfte der Teilnehmer wurde gesagt, dass wir ihre Akten durchgesehen hätten und wüssten, dass sie ihre Sache gut machen würden. Auf diese Weise «unterliefen» wir ihre eigenen Erwartungen, hoffend, die Autorität unseres Urteils würde sie dazu bringen, positivere Erwartungen zu setzen, als sie es sonst getan hätten. Die defensiven Pessimisten in dieser Hälfte der Stichprobe setzten tatsächlich höhere Erwartungen als die in der anderen Hälfte, die ihre Erwartungen ohne Einmischung durch das Forschungsteam geäußert hatten.

Bis zu diesem Punkt zeigt die Untersuchung nur, dass defensive Pessimisten zum Pessimismus neigen und nicht immun gegen die Manipulation trickreicher Wissenschaftler sind. Als nächstes kam die eigentliche Leistungsprüfung, das Kernstück unserer Untersuchung. Wir fanden heraus, dass defensive Pessimisten, wenn sie optimistisch waren, schlechtere Leistungen erbrachten, während sie, wenn man sie ihrem Pessimismus überließ, gut abschnitten. Hierbei sollten sie im Gedächtnis behalten, dass die defensiven Pessimisten anfangs ängstlich waren und die zu bewältigenden Aufgaben zu der Art gehören, bei denen sich Angst beeinträchtigend auswirkt. Die ängstlichen defensiven Pessimisten, die ihre übliche pessimistische Strategie anwendeten, machten ihre Sache gut, und ihre Angst beeinträchtigte ihre Leistung nicht. In dem Moment, wenn wir den Pessimismus ausschalteten, verschwand keineswegs mit ihm ihre Angst. Wir setzten nur eine Schlüsselkomponente ihrer Strategie außer Kraft.

Sind defensive Pessimisten einfach nur unfähig, an etwas anderes als an ihre Sorgen zu denken?

Vielleicht «brauchen» defensive Pessimisten ihren Pessimismus, aber brauchen sie auch die ganzen Gedankenspielereien? Könnten sie nicht einfach pessimistisch sein und dann einsehen, dass es nicht nötig ist – ohne all die schlimmen Szenarios und die zwanghafte Vorbereitung?

Um die Rolle des gedanklichen Durchspielens zu ergründen, sagten wir den defensiven Pessimisten, sie sollten Aufgaben im Stil eines Intelligenztests ausführen (wie vorher). Vor Testbeginn baten wir die Hälfte der Gruppe, sich vorzustellen, wie sie abschneiden würden, und alle möglichen Ergebnisse aufzulisten. Die andere Hälfte lenkten wir mit einer leichten Bürotätigkeit ab, die ihre Aufmerksamkeit beanspruchte und sie daran hinderte, sich auf ihren üblichen Gedankenprozess einzulassen.

Wir befragten beide Gruppen, wie ängstlich sie sich fühlten

und wie sehr sie glaubten, die Kontrolle zu haben, wenn sie an die vor ihnen liegenden Aufgaben dachten. Außerdem schlossen wir die Versuchspersonen an ein Gerät an, das verschiedene Aspekte ihrer körperlichen Erregung registrierte, eine verbreitete Methode, den Angstpegel zu messen und Veränderungen im Lauf des Experiments festzustellen.

Wie erwartet berichteten defensive Pessimisten über mehr Angst als strategische Optimisten. Sie gaben an, sich weniger sicher zu fühlen. Doch trotz der Angst waren ihre Leistungen mindestens ebenso gut wie die der Optimisten, wenn man sie ihre typische Strategie anwenden ließ. Allerdings verschlechterte sich die Leistung sofort, wenn die Strategie dadurch gestört worden war, dass sie nicht über die möglichen Ergebnisse nachdenken konnten. Das körperliche Erregungsniveau bei den defensiven Pessimisten war anfangs hoch, erreichte beim mentalen Durchspielen einen Höhepunkt und sank dann vor der eigentlichen Leistungsprüfung ab. So ist es kein Wunder, dass die Angst ihre Leistung nicht beeinträchtigte, denn zu dem Zeitpunkt, an dem sie die Leistung erbringen mussten, fühlten sie sich nicht mehr sehr ängstlich. Das Umgekehrte trifft auf die defensiven Pessimisten zu, die daran gehindert wurden, über mögliche Ergebnisse nachzugrübeln. Ihre Angst war ursprünglich stark, reduzierte sich in der Ablenkungssituation und stieg in der Leistungssituation wiederum beträchtlich an.

Können defensive Pessimisten nicht «einfach entspannen» und «positiv denken»?

Unsere Untersuchungen hatten also bestätigt, dass sowohl Pessimismus als auch das intensive Durchdenken der Möglichkeiten für defensive Pessimisten eine wichtige Rolle beim Eindämmen der Angst spielt. Nun fragten wir uns, ob es vielleicht gar nicht darum geht, die Angst in Schach zu halten. Vorausgesetzt, das Problem liegt in der Angst, wären defensive Pessimisten dann vielleicht besser beraten, aktiv positives Denken oder Entspannungsübungen einzusetzen, um mit ihrer Angst zurechtzukommen?

Die Denkspiele der defensiven Pessimisten ähneln einer Imaginationstechnik, die von Sportpsychologen verwendet wird, um Athleten auf einen bevorstehenden Wettkampf einzustimmen. Beispielsweise wird eine Turnerin aufgefordert, sich jeden einzelnen Schritt ihrer Pflichtübung vorzustellen, mit allem, was passieren und wie sie damit umgehen könnte. Hinter dieser Technik steckt die Überlegung, dass es Sportlern hilft, mit ihrer Angst und auch mit eventuell bei einer Darbietung auftretenden Problemen umzugehen.

Leistungsexperten benutzen auch noch andere, positivere Imaginationstechniken, beispielsweise das «mastery coping», bei dem man sich in allen Farben eine perfekte Leistung ausmalt. Diese Methode kann insofern helfen, als die entsprechenden neuromuskulären Bahnen gestärkt werden, während man in Gedanken probt, wodurch die Bewegungen selbstverständlicher werden und sich die darauf folgende sportliche Leistung verbessert. Außerdem kann durch diese Methode auch das Selbstbewusstsein gestärkt werden, indem man die Leute ermutigt, an sich selbst zu glauben.

Auch Entspannungstechniken können zur Förderung der Leistung eingesetzt werden. Hier konzentriert sich der Übende bewusst auf die Entspannung einer bestimmten Muskelgruppe, indem er beruhigende Musik hört oder sich eine besonders angenehme Umgebung vorstellt und sich beispielsweise in den warmen Sand an einem sonnenbeschienenen tropischen Strand sinken lässt.

Um zu ergründen, ob eine Imaginationstechnik oder eine

Entspannungsübung einem defensiven Pessimisten besser dabei hilft, mit seiner Angst zurechtzukommen, haben wir eine Untersuchung entworfen, in der die Teilnehmer verschiedene Arten von Imaginationsübungen machten und danach gegeneinander Darts spielten. Nach dem Zufallsprinzip wurden die defensiven Pessimisten vor dem Dartspiel in drei Gruppen eingeteilt: Eine Gruppe hörte eine Kassette, auf der sie mit gezielten Hinweisen auf die folgende Leistungssituation eingestimmt wurden – was dem üblichen Vorgehen der defensiven Pessimisten entspricht. Der zweiten Gruppe wurde eine Imaginationskassette vorgespielt, was dem positiven Denken entspricht. Die dritte Gruppe bekam eine Entspannungskassette, was kein Nachdenken über die bevorstehende Leistung beinhaltet.

Vor dem Anhören der Kassetten maßen wir wieder Angst- und Kontrollgefühl und fanden einmal mehr, dass die defensiven Pessimisten ängstlicher waren und sich weniger in Kontrolle fühlten als die strategischen Optimisten. Am meisten jedoch interessierte uns nun die tatsächliche Leistung. Wie sich herausstellte, reagierten die defensiven Pessimisten schlecht auf die Imaginationskassette und auf die Entspannungskassette. Am besten waren sie, wenn sie die erste Kassette gehört hatten, die ihr typisches Vorgehen genau imitierte.

Die Versuchspersonen in dieser Studie waren größtenteils Neulinge beim Dartspiel. Aber das Ergebnismuster war das gleiche, als wir die Studie mit Angehörigen eines Ruderteams der Universität – allesamt erfahrene, hervorragende Sportler –, die zufällig defensive Pessimisten waren, wiederholten. Mit wachsender Erfahrung wird der Einfluss von Gefühl und mentaler Kontrolle auf die Leistung sogar noch wichtiger. Bei olympischen Spielen, wo den Goldmedaillengewinner manchmal nur eine Millisekunde oder ein Zehntelpunkt vom Zweiten trennt, kann es ausschlaggebend sein, wie gut ein Sportler mit dem Druck eines solchen Elitewettkampfs umgehen kann.

Das soll nicht heißen, dass nur defensive Pessimisten in der Lage sind, mit ihrer Angst fertig zu werden, und dass es keine anderen wirksamen Strategien gibt. Aber diese Forschungsergebnisse untermauern die Vermutung, dass es individuelle Unterschiede gibt, wie Menschen am besten mit ihrer Angst umgehen, selbst innerhalb der Crème de la Crème – und vielleicht sogar besonders dort.

Vom Labor ins wirkliche Leben

Da im Alltag weder Darts noch Intelligenztests eine große Rolle spielen, entwarfen wir noch eine Untersuchung: Wir wollten sehen, ob Menschen im «richtigen Leben» den defensiven Pessimismus genauso einsetzen wie im psychologischen Labor. Für den Fall, dass unsere an Studenten gewonnenen Untersuchungsergebnisse für diese Altersgruppe spezifisch sind, testeten wir Erwachsene verschiedener Altersstufen.

Wir beschlossen, Teile von alltäglichen psychologischen Prozessen unter die Lupe zu nehmen. Unsere Versuchspersonen erklärten sich bereit, elektronische Vorrichtungen zu tragen, die nach einem zufälligen Schema darauf programmiert waren zu piepsen, etwa fünfmal am Tag. Jedes Mal, wenn das Piepen ertönte, hatten sie einen kurzen Bericht auszufüllen: Was sie gerade taten, mit wem sie zusammen waren, wie sie sich fühlten und ob die momentane Aktivität für ihre persönlichen Ziele wichtig war.

Defensive Pessimisten und strategische Optimisten bekamen jeweils ein Formular. Die Formulare beider Gruppen waren bis auf eine Frage identisch, bei der die Teilnehmer angeben sollten, wie viel Fortschritt sie zu diesem Zeitpunkt gemacht hatten. Wir erwarteten, dass durch diese Frage die typischen Gedankenspiele der defensiven Pessimisten in Gang gesetzt und die Ablenkungsversuche der strategischen Optimisten verhindert würden.

Alle Versuchspersonen – Schwesternschülerinnen im Alter zwischen dreiundzwanzig und dreiundsechzig Jahren – führten ein aktives, abwechslungsreiches Leben. Ihre Ziele reichten von «auf ein Haus sparen» über «im Krankenhaus zur Oberschwester befördert werden» bis zu «nach einer Scheidung neue Interessen entwickeln». Die Berichte über ihren Alltag zeigten also eine große Bandbreite im Lebenskontext (Geldmittel, soziale Unterstützung, Zeit).

Mitten in der jeweiligen Tätigkeit innezuhalten und über die eigenen Ziele nachzudenken schien den defensiven Pessimisten, und zwar ausschließlich ihnen, zu helfen. Die Unterbrechung richtete den Fokus so auf ihre Ziele, dass sie ihre Bemühungen gezielt einsetzen konnten. Die defensiven Pessimisten, die dazu angehalten wurden, im täglichen Leben öfter einmal eine Denkpause einzulegen, gaben sogar an, sich weniger ängstlich zu fühlen und zufriedener mit den eigenen Anstrengungen zu sein. Außerdem machten sie größere Fortschritte als diejenigen defensiven Pessimisten, die diesen Reiz nicht hatten. Die Ergebnisse der Studie bestätigten uns, dass Strategien auf die Leistung im Labor in gleicher Weise wirken wie im täglichen Leben.

Können defensive Pessimisten nicht einfach glücklich sein?

Optimistisch sein, sich ablenken, positiv denken und sich entspannen scheint den defensiven Pessimisten nicht zu besseren Leistungen zu verhelfen. Vielleicht liegt das daran, dass sich alle diese Dinge zu sehr im Kopf abspielen: Defensive Pessimisten konzentrieren sich womöglich zu sehr aufs Denken. Könnte man den defensiven Pessimisten mit ihrer Angst helfen, indem man sie ein wenig aufheitert? Wenn sie glücklich sind, können sie doch nicht mehr ängstlich sein! Jedem müsste das einleuchten – außer einem defensiven Pessimisten. Unsere Forschungsergebnisse zeigen, dass bei defensiven Pessimisten die Leistungsfähigkeit auch dadurch beeinträchtigt wird, dass sie glücklich sind. Das bedeutet natürlich nicht, dass sie nie glücklich oder normalerweise unglücklich sind – aber darauf kommen wir später noch zu sprechen.

Wie wir denken und was wir fühlen, ist eng miteinander verknüpft, deshalb ist es sinnvoll zu überprüfen, wie die Stimmung der defensiven Pessimisten ihre Strategie und ihre Leistung beeinflusst. Für unsere erste Untersuchung versuchten wir nicht, die Stimmung der Probanden zu verändern, sondern maßen nur die Stimmung, wenn sie zum vereinbarten Termin eintrafen. Defensive Pessimisten waren zu Beginn der Studie auffällig negativer gestimmt als strategische Optimisten. Dann mussten die Teilnehmer verschiedene Aufgaben mit Worten und Zahlen lösen. Bei defensiven Pessimisten gab es einen Zusammenhang zwischen negativer Stimmung und besserer Leistung, während positive Stimmung mit schlechterer Leistung einherging.

Als wir die Stimmung mit Musik manipulierten, fanden wir heraus, dass es möglich war, die Pessimisten in eine positivere Verfassung zu versetzen. Aber wenn sie sich besser fühlten, war ihre Leistung schlechter als bei negativer Stimmungslage. Mit anderen Worten: Wir konnten sie aufheitern, aber nur auf Kosten der nachfolgenden Leistung.

Pfusch mir nicht in meine Strategie!

Diese Untersuchungen verdeutlichen, wie niedrige Erwartungen und mentales Durcharbeiten den defensiven Pessimisten helfen, ihre Angst in Schach zu halten, damit sie die Leistung nicht beeinträchtigt. Andere Forscher haben mit anderen Stimmungssimulationen und anderen Manipulationen der Denkstruktur ähnliche Ergebnisse erzielt. So läuft alles auf eine Bestätigung dessen hinaus, was die defensiven Pessimisten selbst sagen: «Einfach entspannen» oder «die guten Seiten sehen» oder «ein kleines Lächen», das alles ist nicht die richtige Antwort auf ihre Probleme. Dabei müssen sie sich oft genug mit Leuten auseinander setzen, die versuchen, ihnen zu «helfen»!

Bills Partner Daniel ist sowohl in Leistungssituationen als auch im sozialen Kontext ängstlich. Er weiß, dass andere Leute (einschließlich Bill) sich oft wünschen, er wäre optimistischer. Aber er weiß auch, dass für ihn Optimismus aufgesetzt und geradezu gefährlich ist. Daniel beschreibt, wie seine Familie vor wichtigen Ereignissen ständig darum bemüht ist, ihn aufzumuntern:

> *Sie überschütten mich mit Ermutigungen und guten Ratschlägen aller Art, weil sie unbedingt möchten, dass ich mich besser fühle. Die ersten paar Male passierte das, als ich noch auf der Uni war, und ich habe richtig gut darauf angesprochen. Ich ging in Hochstimmung zu meinen Prüfungen und machte mir fast gar keine Sorgen. Ständig haben sie mich angefeuert. Aber als ich dann die Prüfungsfragen beantworten sollte, war mein Kopf plötzlich leer und ich bekam Panik – und jetzt war natürlich niemand da, der mir helfen konnte. Inzwischen habe ich begriffen, dass ich mich auf meine eigenen Gefühle verlassen muss.*
>
> *Manchmal tue ich ganz selbstbewusst, damit sich die anderen besser fühlen, aber hinter dieser Maske mache ich mir immer noch jede Menge Sorgen. Trotzdem möchte ich nicht, dass jemand meine Einstellung «repariert». Ich möchte lediglich auf meine eigene Art mit meinen Sorgen und Ängsten fertig werden und mir Mut machen.*

Katherine trifft ebenfalls einen ganz wichtigen Punkt, wenn sie darauf besteht, dass ihre Methode, mit den Dingen umzugehen, für sie funktioniert und dass sie sich nicht «unnötig», sondern aus guten Gründen sorgt. Um aktiv und leistungsfähig zu bleiben, muss sie ihre Angst regulieren können. Aber sie muss keineswegs von ihrem defensiven Pessimismus «geheilt» werden, ganz im Gegenteil: Der defensive Pessimismus ist ihre Lösung für das Problem mit der Angst.

Strategie als Werkzeug

Ängstliche Menschen, die den defensiven Pessimismus einsetzen, scheinen eine Art kognitive Selbsttherapie durchzuführen – und zwar sehr effizient. Einige professionelle Therapiemethoden funktionieren nach den gleichen Prinzipien. Defensiver Pessimismus ist natürlich nicht die einzige Strategie zur Angstbewältigung, sondern eine von vielen kreativen Techniken. Zunächst sollten wir uns einen Augenblick Zeit nehmen, um zu definieren, was der Begriff der «Strategie» bedeutet oder – was vielleicht noch wichtiger ist – was er *nicht* bedeutet.

Eine Strategie ist ein zusammenhängendes Handlungsmuster aus Erwartung, Bewertung, Planung, Aktivität und Rückblick, das offenbar wird, wenn ein bestimmter Mensch nach ihm persönlich wichtigen Zielen strebt. Sie beschreibt die charakteristische Art und Weise, wie dieser Mensch mit einem bestimmten Problem umgeht oder auf ein bestimmtes Ziel hinarbeitet. Wenn man Strategien als Bestandteil der Persönlichkeit eines Menschen betrachtet, bedeutet das nicht, dass man sich nur ansieht, wie dieser sich in einer Einzelsituation verhält. Man zieht also nicht nur isolierte Erwartungen, Stimmungen, Erklärungen oder Verhaltensweisen in Betracht. Wenn jemand beispielsweise an einem Freitagabend nach der Arbeit in den Supermarkt rast, weil die Kinder eine einmalige Chance wahrnehmen wollen, übers Wochenende zum Campen zu fahren, und jetzt Proviant brauchen, sagt das nicht unbedingt etwas aus über die Erziehungsstrategien oder die Wochenendplanung dieses Menschen.

Selbst wenn in Eile zu sein für jemanden charakteristisch ist, muss das noch lange keine Strategie sein, es ist nichts weiter als eine typische Verhaltensweise. Solange man nicht mehr darüber weiß, was dieser Mensch fühlt oder denkt oder zu erreichen versucht – wozu die Hetze dient oder wer sie ausgelöst hat und ob sich der Betreffende auch normalerweise so verhält –, können wir nicht beurteilen, ob es sich um einen Teil der Strategie, einen Nebeneffekt temporärer Terminschwierigkeiten oder ein stürmisches Temperament handelt. Selbst wenn jemand vier Freitage nacheinander bei der Wochenendplanung in Hektik verfällt, obwohl er schon Tage vorher Bescheid wusste, weist das nicht unbedingt auf eine Strategie hin. Wahrscheinlich bedeutet es nur, dass der Betreffende noch keine zusammenhängende Strategie für solche Situationen gefunden hat – was oft bei Lebensumstellungen der Fall ist, wie die reisende Mutter am eigenen Leib erfahren hat.

Wenn aber jeden Freitag die große Hektik der Wochenendvorbereitungen ausbricht, drängt sich schon das Gefühl auf, dass eine Strategie dahinter stecken könnte. Sollten wir dann auch noch herausfinden, dass der Betreffende es hasst, untätig herumzusitzen, und dass er nur dann glaubt, etwas zu leisten, wenn er in der Gegend herumflitzt, verstärkt sich der Verdacht, dass hier eine Strategie am Werk ist und dass ein Teil dieser Strategie beinhaltet, von einer Erledigung zur nächsten zu hasten. Wenn wir dann noch die Ziele des Hektikers in Erfahrung bringen, kann seine Strategie definiert werden.

Hier wird also der Begriff «Strategie» nahezu analog seiner

Bedeutung außerhalb der Psychologie verwendet. Wenn wir von Strategien sprechen –, also von Techniken, die wir entwickeln, um einem einschüchternden Chef die Stirn zu bieten, um den Zug unseres Gegners beim Schach mit einem Gegenzug zu erwidern oder um einen Markt für ein neues Produkt zu entwickeln –, dann beziehen wir uns auf bewusste Strategien. Man sucht gezielt nach einem Ansatz, um ein Problem zu bewältigen.

Beim Schach lässt sich diese Grundannahme wahrscheinlich beibehalten. Ob wir damit die Meisterstrategien meinen, die in Büchern gefeiert werden, oder die Strategien für Anfänger – immer beschreiben wir hier bewusste Gedanken und Entscheidungen. Außerdem gehen wir davon aus, dass fast jeder Mensch auch verschiedene Schachtaktiken lernen kann, wenn sie ihm einigermaßen gut erklärt werden, jedenfalls wenn er sich genügend anstrengt.

Doch wenn wir von Lebensstrategien sprechen, die Teil einer Persönlichkeit sind – wie der defensive Pessimismus und der strategische Optimismus –, lässt sich die Annahme, dass unsere Strategien bewusst und durchdacht sind, nicht mehr halten. Möglicherweise ist sich ein Mensch darüber im Klaren, welche Strategie er anwendet, vielleicht arbeitet er sogar gezielt daran, eine Strategie zu entwickeln, aber das ist keineswegs immer der Fall.

Die Metapher mit dem Werkzeugkasten ist sehr anschaulich, denn theoretisch hat jeder Mensch viele verschiedene Strategien in seinem Repertoire, so wie es viele Werkzeuge im Werkzeugkasten gibt. Katherine zum Beispiel ist viel optimistischer, wenn es um ihre Beziehung geht, als bezüglich ihrer Arbeit, und in Geldangelegenheiten ist sie so optimistisch, dass man es schon fast «unrealistisch» nennen könnte. Sie ist also nicht immerzu und ausschließlich die defensive Pessimistin. Sie als solche zu bezeichnen ist teilweise eine rhetorische Vereinfachung. Gleichzeitig spiegelt sich darin auch die Realität wider, und zwar insofern, als der defensive Pessimismus ein so hervorstechendes Merkmal ist, dass er zu den definierenden Elementen ihres Lebens gehört. Obwohl er nicht das einzige Werkzeug in ihrem Werkzeugkasten ist, könnte es sein, dass sie ihn in der Öffentlichkeit am häufigsten benutzt, weshalb er den meisten Menschen, die sie kennen lernen, als Erstes ins Auge fällt.

In diesem Sinne «werden» Menschen manchmal ihr Werkzeug. Wenn jemand für gewöhnlich nur eine einzige Strategie benutzt, entwickelt er entweder gar keine Alternativen oder wird mit ihnen weder sonderlich vertraut noch gewandt. Ein Schreinerlehrling, der immer nur Nägel einschlagen darf, lernt nie, richtig mit einer Säge umzugehen, und selbst wenn er es früher einmal gekonnt hat, veranstaltet er die ersten paar Male ein Chaos, weil er inzwischen vollkommen aus der Übung ist. Vor allem weil Katherines defensiver Pessimismus so gut funktioniert, hat sie wenig Ansporn, sich nach einer alternativen Strategie umzuschauen. An diesem Punkt in ihrer Karriere würde es ihr sehr schwer fallen, sich andere Methoden für ihre Arbeit auszudenken. Selbst wenn jemand ihr Vorschläge unterbreiten würde, sähe sie keine Notwendigkeit, die Strategie, die sie kennt und mit der sie gut zurechtkommt, zugunsten von etwas Unbekanntem aufgeben, das sie von der Pike auf lernen müsste.

Der Vergleich mit dem Werkzeugkasten ist auch deshalb nützlich, weil er uns daran erinnert, dass Strategien nur im Kontext mit den Absichten und Zielen derer zu verstehen sind, die sie benutzen. Um zu verstehen – und einordnen zu können, ob unser Schreiner das richtige Werkzeug benutzt, wenn er eine Säge zur Hand nimmt, müssen wir wissen, ob er Nägel einschlagen will oder einen Fünfundvierzig-Grad-Winkel in ein Stück Holz schneiden muss. Erst wenn wir wissen, was er vorhat, können wir beurteilen, ob er das bestmögliche Werkzeug gewählt hat. Auf unser Thema übertragen, heißt das: Für Menschen, die mit Angst fertig werden müssen, bietet der strategische Optimismus keine geeignete Strategie. Ob der defensive Pessimismus für einen bestimmten Menschen die richtige Methode ist, hängt davon ab, ob er sich ängstlich fühlt, und auch davon, welche alternativen Strategien er kennt.

Die Werkzeugkasten-Metapher veranschaulicht im Übrigen auch, wie wichtig es ist, zu berücksichtigen, wie gut jemand aus verschiedenen zur Verfügung stehenden Strategien in einer bestimmten Situation die richtige auswählen kann, anders ausgedrückt: ob er das richtige Werkzeug für die anstehende Aufgabe findet. Selbst wenn unserem gestressten Schreiner ein Hammer und verschiedene Sägen zur Verfügung stehen, muss er wissen, was die einzelnen Werkzeuge am besten können, sowohl theoretisch als auch praktisch. Katherine, unsere Expertin für den defensiven Pessimismus, entdeckt wahrscheinlich, dass ihre Strategie auch einmal versagt, und sie in manchen Situationen besser eine andere Methode hätte anwenden sollen. Wenn jede Vorlesung, jede Besprechung mit einem Studenten, selbst jeder Ausflug in den Supermarkt ausufernde Denkprozesse hervorruft, ist sie und ihre Umgebung bald mit den Kräften am Ende, und das Resultat rechtfertigt nicht die Mühe.

Wenn ich sage, dass der defensive Pessimismus ein gutes Werkzeug ist, um mit Angst umzugehen, dann bedeutet das noch lange nicht, dass er eine perfekte Lösung darstellt. Wie die meisten Strategien hat auch der defensive Pessimismus seine Vor- und Nachteile.

Kapitel 5
In Deckung gehen
Vermeider und Selbstbehinderer

Zweifel sind Verräter,
Die oft ein Gut entziehn, das wir erreichten –
Weil den Versuch wir scheuten.

WILLIAM SHAKESPEARE

Jeff hat einiges mit Katherine und Daniel gemeinsam. Genau wie sie ist auch er gleichermaßen klug und ängstlich. Jeff steht vor dem gleichen Problem wie sie: Er muss eine Methode finden, mit seiner Angst umzugehen. Seine Strategie hat allerdings mit dem defensiven Pessimismus nicht viel gemeinsam. Anders als Daniel und Katherine macht er sich keine Sorgen wegen einer großen Präsentation oder neuen Arbeitsprojekten, denn jedes Mal, wenn eine Beförderung in Aussicht steht, kündigt er seine Stelle und sucht sich eine neue Arbeit, bei der er wieder ganz unten anfangen kann. Jeffs Strategie besteht darin, Situationen, die ihm Angst machen, mit allen erdenklichen Mitteln zu vermeiden.

Jeffs Neigung, ängstigenden Situationen aus dem Weg zu gehen, ist nicht ungewöhnlich, im Gegenteil – die häufigste Reaktion auf Angst ist Vermeiden. Wir laufen vor dem weg, wovor wir uns fürchten. Wie bereits erwähnt, gibt es viele Situationen, in denen es angemessen ist, sich zurückzuziehen oder so schnell wie möglich zu verschwinden. Aber Vermeiden kann neben dem buchstäblichen Weglaufen auch andere Formen annehmen, von denen einige ausgesprochen subtil und nicht leicht zu identifizieren sind. Außerdem schafft Vermeidung auch ihre eigenen Fallstricke, mit denen sie sich selbst aufrechterhält.

Zwei häufige Vermeidungsstrategien – eine deutlicher als die andere, aber beide gleichermaßen Methoden zur Angstbewältigung – sind die tatsächliche Vermeidung und die Selbstbehinderung. Wenn jemand eine dieser Strategien einsetzt, läuft er vor etwas davon. Oft flieht er vor einer konkreten und mächtigen Angstquelle: Durch Versagen in der speziellen Situation wäre das Selbstwertgefühl bedroht.

Vermeider

Nach dem College hat Jeff in der Postabteilung einer Firma und als zweiter Chef in einem Drugstore gearbeitet. Inzwischen ist er zweiunddreißig und bei einer New Yorker Zeitagentur eingestellt. Jeff hat die Schule mit guten Noten abgeschlossen und sich damals überlegt, Arzt zu werden. Aber schon bald begann er zu verschlafen, schwänzte Vorlesungen und wurde allgemein nachlässig. Er belegte einen Einführungskurs in fast jedem Fachbereich, wechselte aber sein Hauptfach, sobald die Kurse etwas anspruchsvoller wurden. Erst als ein kreativer Berater eigens für Jeff ein Studienfach namens «Natur- und Kulturstudien» erfand, konnte er seine Prüfungen ablegen, weil er seine Scheine in so vielen verschiedenen Bereichen gemacht hatte.

Weder im beruflichen noch im persönlichen Leben kann Jeff sich entscheiden, und er ist weit weniger erfolgreich als

Katherine, Daniel oder Bill. Es fällt ihm schwer, seiner Familie und seinen Freunden zu erklären, warum er sich nicht auf etwas einzulassen vermag. Im Grund läuft alles darauf hinaus, dass er Angst hat, vor allem bei Situationen, in denen Leistung gefordert ist. Er weiß, dass er in der Schule und am College gut zurechtgekommen ist, aber er weiß nicht, warum, und es fehlt ihm auch an Vertrauen, wenn er sich anstrengt, vergangene Erfolge wiederholen zu können. Eltern und Lehrer haben ihn oft für seine Klugheit gelobt, aber Jeff konnte nie wirklich verstehen, warum sie von seinen Fähigkeiten so überzeugt waren. Wenn er sich hinsetzte, um eine Hausarbeit zu schreiben, hatte er keine Ahnung, was daraus werden würde. Auf dem College litt er unter Schlaflosigkeit, Kopfschmerzen, Einsamkeit, er zog sich aus dem sozialen Leben zurück. Schließlich entwickelte er ein überwältigendes Bedürfnis, dem ganzen Druck zu entfliehen, während seine Angst vor dem Versagen immer weiter wuchs.

Jeff hat praktisch alle seine Pläne dem übergeordneten Ziel geopfert, diesem Druck aus dem Weg zu gehen, diesem schrecklichen Gefühl der Angst, das auftaucht, sobald er einer Herausforderung oder einem Risiko gegenübersteht. Während seine Freunde auf ihren jeweiligen Gebieten die Erfolgsleiter emporkletterten und eine Familie gründeten, hat Jeff sich einzureden versucht, sein Lebensstil sei frei von dem Stress und der Verantwortung, die manchmal sein Leben zu überrollen drohten. Aber eigentlich fühlt er sich gar nicht frei. Im Gegenteil, er fühlt sich in seinem Alltag gefangen und gestresst, da er ständig kämpfen muss, um seine Rechnungen zu bezahlen. Außerdem glaubt er sich von allen im Stich gelassen. Paradoxerweise hat er sich dadurch, dass er seine Angst zu vermeiden versucht, ein Leben geschaffen, das zutiefst unbefriedigend ist und Angst erzeugt.

Jeffs Methode, mit seiner Angst umzugehen, gibt uns einen Hinweis darauf, wie hoch der Preis ist, wenn man Vermeidung als Strategie benutzt. Jeff versucht, sein Leben auf Situationen zu beschränken, in denen er keinen Druck spürt, aber um Angst erregende Situationen zu vermeiden, muss er ständig nach den Dingen Ausschau halten, die ihm Angst machen. Diese permanente Wachsamkeit ist anstrengend und raubt ihm die Energie für anderes.

Beispielsweise muss Jeff ständig aufpassen, sich nicht zu weit mit seinen Arbeitskollegen einzulassen. Wenn er jemanden sympathisch findet, würde es ihm ja viel schwerer fallen zu gehen. Außerdem muss er dafür sorgen, dass die anderen ihn auch nicht zu gut kennen lernen. Wenn sie ihn nämlich mögen und zu der Überzeugung gelangen, dass er klug und kompetent ist, versuchen sie ihn womöglich zum Bleiben zu überreden, was ihm zu viel Verantwortung bringen würde und zu gefährlich wäre. Dem allem will er sich nicht stellen. Schon der Gedanke, jemand aus der benachbarten Kabine des Großraumbüros könnte sagen: «Hast du Lust, nach der Arbeit einen Kaffee mit uns zu trinken?», ist so bedrohlich, dass Jeff am Freitagnachmittag extra früh Feierabend macht, um diese Möglichkeit zu umgehen.

Mit aller ihm zur Verfügung stehenden Kraft bemüht sich Jeff zu verhindern, dass er mit (kurzfristig) negativen Ereignissen konfrontiert wird. Aber das bedeutet, dass er auch nichts Positives für sich erreicht, weder kurz- noch langfristig. Indem er in seinen Zeitjobs verharrt, sorgt er dafür, dass er sich nie irgendwelchen großen Anforderungen stellen muss, bei denen er womöglich auf Schwierigkeiten stoßen könnte. Sein mangelndes Selbstbewusstsein bezieht sich nicht auf Tippen, Aktenablegen und andere leichte Büroarbeiten. So vermeidet er akute Angstzustände und große Demütigungen. Aber er vermeidet auch, Freundschaften zu schließen und

Freude an einer Arbeit zu entwickeln; ihm fehlen die finanziellen und psychologischen Vorteile einer sicheren Anstellung; er schlägt alle Möglichkeiten, etwas Neues zu lernen, Selbstbewusstsein zu entwickeln und wirkliche Befriedigung zu erleben, in den Wind.

So lange er an der Vermeidung als seiner Hauptstrategie festhält, ist es höchst unwahrscheinlich, dass Jeffs Zukunft rosiger wird als seine Gegenwart. Je länger er alles vermeidet, was sein Selbstbild in Frage stellen könnte, desto schwieriger wird es, die Selbsttäuschung aufrechtzuerhalten, die sein zerbrechliches Selbstkonzept unterstützen soll. Als er mit gerade zweiundzwanzig Jahren seinen Hochschulabschluss machte, konnte er leicht glauben, sein Potential sei noch nicht ausgeschöpft. Eines Tages würde er etwas Großes vollbringen. Mit zweiunddreißig fällt es ihm schon deutlich schwerer, sich mit potentiellen zukünftigen Erfolgen zu trösten, aber er kann sich immer noch einreden, wie schön es ist, jung und ungebunden zu sein. Mit fünfundvierzig wird es ihm wahrscheinlich extrem schwer fallen, weiterhin an sein eigenes Potential zu glauben, wenn er immer noch für fünfunddreißigjährige leitende Angestellte die Korrespondenz erledigt und jede Woche in ein anderes Büro gesteckt wird, ohne Kollegen, ohne Projekte, ohne gute Freunde, die ihn unterstützen.

Wenn er mit dem Vermeiden aufhört und eine realistischere Selbstsicht entwickelt, riskiert er jedoch Hilflosigkeit oder Hoffnungslosigkeit – solange er keine neue Strategie zur Bewältigung seiner Angst lernt. Seine ersten Versuche, seiner Angst zu Leibe zu rücken, werden wie die meisten Anfängerversuche mit hoher Wahrscheinlichkeit fehlschlagen. Dieser anfängliche Misserfolg überzeugt ihn womöglich, dass seine Zweifel begründet waren und er eben tatsächlich ein Versager ist.

Viel von dem, was wir lernen – von spezifischen technischen

Kenntnissen bis hin zu den allgemeineren Lebenstalenten wie beispielsweise der Fähigkeit, Kritik einzustecken –, lernen wir durch Erfahrung, durch Versuch und – gelegentlichen – Irrtum. Wenn wir wie Jeff Situationen vermeiden, die uns Angst machen, vermeiden wir auch die Gelegenheit zu versagen und zu lernen, wie man mit Misserfolgen umgeht. Wir lernen nicht, wie man mit solchen Situationen zurechtkommt, und auch unsere Angst wird nicht geringer. Erfahrung, nämlich zu wissen, was man von einer Situation und von sich selbst zu erwarten hat, ist eine der effektivsten Behandlungsmethoden für die Angst. Nur schließt Jeff genau das aus, indem er alles Neue und jede Herausforderung vermeidet.

Jeffs spezielle Art des Vermeidens ist nicht die einzige, mit der Menschen ihre Angst letztlich verstärken und die Wahrscheinlichkeit negativer Erfahrungen erhöhen, weil sie Strategien einsetzen, die unangenehme Emotionen kurzfristig lindern. Extrem schüchterne Menschen geben sich manchmal die allergrößte Mühe, soziale Interaktionen zu vermeiden, vor allem solche mit Fremden und Angehörigen des anderen Geschlechts. Natürlich bringen sie sich damit selbst um die Chance, Menschen kennen zu lernen, mit denen sie sich anfreunden und warm werden könnten, obwohl sie sich solche Beziehungen eigentlich wünschen. Außerdem bringen sie sich auch noch um die Chance, soziale Fertigkeiten zu entwickeln. Unterdessen bleiben die Kontakte, die sich nicht vermeiden lassen, weiterhin negativ, was den Schüchternen in der Wahrnehmung bestärkt, nicht begehrenswert zu sein. Dadurch wird ein Teufelskreis in Gang gesetzt, der die Angst vor zukünftigen sozialen Interaktionen immer schlimmer macht.

Vermeidung mildert die Angst kurzfristig. Doch zahlt man dafür einen hohen und paradoxen Preis. Jeff nimmt sich selbst jede Möglichkeit, durch Versuch und Irrtum irgendwann zum

Erfolg zu gelangen. Bei einem schüchternen Menschen entwickelt sich durch die Vermeidung sozialer Kontakte eine fortschreitende soziale Isolation.

Selbstbehinderer

Manche Menschen entwickeln Strategien, mit denen sie die Angst erzeugende Situation aushalten können, ohne ihre schlimmsten Befürchtungen bestätigt zu finden. Eine der häufigsten Strategien dieser Art des Umgangs mit der Angst nennt man «Selbstbehinderung», mit anderen Worten: sich selbst im Wege stehen. Vermutlich erkennen sich viele Leser wieder, denn dieses Verhalten, das in den unterschiedlichsten Situationen angewandt wird, ist enorm verbreitet. Wahrscheinlich hat jeder erwachsene Mensch sich irgendwann in seinem Leben schon einmal selbst im Weg gestanden.

Es gibt allerdings Menschen, die sich nicht nur gelegentlich auf die Selbstbehinderung zurückziehen, sondern sich mehr oder weniger durchgängig selbst behindern, auch und vor allem in Situationen, die für ihr Leben von zentraler Bedeutung sind. Genau wie Katherine und Daniel als defensiv pessimistische «Typen» eingestuft werden können, weil der defensive Pessimismus in ihrem Leben eine wichtige Rolle spielt, verkörpern auch Menschen, die, um ihre Angst zu bewältigen, regelmäßig zur Selbstbehinderung greifen, einen bestimmten Typ.

So zum Beispiel Mindy. Sie arbeitet in der Werbebranche. Wie Bill und Katherine hat sie eine gute Ausbildung und einen guten Job, aber im Gegensatz zu den beiden lebt sie unter ständigem Stress und Zeitdruck. Sie nimmt gern neue Projekte an, aber wenn der Termin näher rückt, muss sie meistens die Nächte durcharbeiten und alle Kräfte mobilisieren, um alles rechtzeitig zu schaffen. Ihre Freunde haben sich daran gewöhnt, dass Mindy oft Verabredungen absagt, weil sie mit ihrer

Arbeit im Verzug ist. Nicht nur bei ihren beruflichen Terminen, auch sonst fühlt sich Mindy ständig im Stress. Sie schafft es nie, sich anderen Projekten und Zielen in ihrem Leben zu widmen, beispielsweise mehr Zeit mit ihren Freunden zu verbringen oder endlich ein bisschen Sport zu treiben.

Zunächst kann man sich gar nicht recht erklären, warum Mindy immer so in Verzug ist, denn sie scheint ständig zu arbeiten. Sie verbringt sogar noch mehr Zeit mit ihren E-Mails als Bill, aber irgendwie schafft sie es nie, auch nur auf die wichtigsten Mails pünktlich zu antworten. Jeden Abend trägt sie eine mit Arbeit voll gestopfte Mappe mit nach Hause, ihr Kalender ist gestopft voll mit Terminen, Erledigungslisten und gelben Klebezetteln. Sie sucht noch immer nach einer besseren Methode, sich zu organisieren, weil sie hofft, dann endlich alles bewältigen zu können, was ansteht.

Bei näherer Betrachtung dieses Wirbelsturms zeigt sich bald, dass Mindy tatsächlich meistens mit dem Projekt befasst ist, das als nächstes fällig wird. Reumütig bekennt sie Trödelei und mangelnde Organisation. Sie hat ein Regal voller Ratgeberliteratur, wie man sein Leben systematischer organisiert. Aber irgendwie scheinen die schönen Ablagemappen und farbkodierten Notizen nie den durchschlagenden Erfolg zu bringen, außer dass sie liebend gern Bücher und Artikel über derartige Maßnahmen liest und sich im Schreibwarenladen das entsprechende Zubehör aussucht.

Mindy erkennt nicht, dass es sich bei ihrer Desorganisation und ihrer Trödelei in Wirklichkeit um Strategien handelt, die ihr helfen sollen, mit ihrer Leistungsangst zurechtzukommen. Genau genommen funktioniert Selbstbehinderung sogar nur, wenn einem nicht bewusst ist, dass man sich selbst im Weg steht. Wenn man Mindy fragen würde, ob ihre Arbeit ihr Angst macht, würde sie das bejahen, aber auf die Frage warum, würde sie erklären, sie habe einfach zu viel Arbeit, und keinesfalls, dass sie sich Sorgen macht, ob sie auch tatsächlich gut ist.

Aber Mindy hat ihre Zweifel, ob sie wirklich intelligent, kreativ und tüchtig genug ist, um permanent gute Arbeit zu leisten, und diese Zweifel machen sie ängstlich. Wenn sie an das nächste anstehende Projekt denkt, steigt ihre Angst. Dann lenkt sie sich ab, indem sie E-Mails an ihre Freunde verschickt, alte Notizen ordnet und ihre Adressenkartei neu arrangiert: Sie unternimmt alles nur Erdenkliche, um ihre Gedanken von der anstehenden Aufgabe und dem möglichen Versagen abzulenken. Typisch für sie ist, dass in letzter Minute die Notwendigkeit, einen vorgegebenen Termin einhalten zu müssen, dann doch gegen die Angst gewinnt, die Arbeit könnte nicht gut genug sein. Jetzt reißt Mindy sich zusammen und vollbringt heldenhafte Anstrengungen, die im Normalfall ausreichen würden, um eine Katastrophe abzuwenden.

Mindys Strategie für den Umgang mit ihrer Angst ist nur eine Art der Selbstbehinderung. Auch jemand, der sich und anderen schon im Vorfeld erklärt, weshalb eine anstehende Leistung möglicherweise nicht so gut ausfallen wird, behindert sich selbst. Bei Mindy liefert Trödelei und schlechte Organisation das benötigte Handicap: Wenn ihre Entwürfe den Maßstäben nicht genügen, liegt das nicht an ihrem Mangel an Kreativität oder Talent, sondern daran, dass sie gezwungen war, alles in letzter Minute unter fürchterlichem Zeitdruck zu bewerkstelligen. Ihr ist es lieber, wenn andere Leute sie für vergesslich oder überlastet halten, als wenn sie denken, sie sei unfähig. In ihrem Kopf – und, wie sie hofft, auch im Kopf ihrer Mitarbeiter – dient der Erfolg ihrer Entwürfe, *obwohl* Mindy sie auf den letzten Drücker fertig gestellt hat, als Beweis, wie gut sie tatsächlich ist. Man stelle sich vor, wie brillant ihre Arbeit sein würde, wenn Mindy besser organisiert wäre und sich ganz darauf konzentrieren, wenn sie die

Zeit und Mühe investieren könnte, die das Projekt eigentlich erfordert!

Selbstbehinderung klingt sehr nach Ausrede. Aber sie beinhaltet eine ganz besondere Art der Ausrede, weil diese nämlich nicht nachgeliefert, sondern vorweggenommen wird: Selbstbehinderung arbeitet mit *potentiellen* Ausreden. Wir halten sie schon parat, bevor wir überhaupt wissen, dass und welche wir brauchen.

Attributionen zum Selbstschutz

Als denkende Wesen streben wir von Natur aus danach, die Welt für uns verständlicher und berechenbarer zu machen. Deshalb wollen wir nicht nur herausfinden, was passiert, sondern auch, *warum*. Beispielsweise sagen wir: «Die beiden haben sich getrennt, weil sie sich ständig gestritten haben» oder «Ich habe den Vertrag nicht bekommen, weil kein Mensch für so wenig Geld diese Anforderungen erfüllen kann». Wie ein bestimmtes Ereignis bei uns ankommt und was es für unsere Fähigkeiten, was es für unsere Zukunft bedeutet, hängt zum Teil davon ab, wie wir uns das Ereignis erklären. Die kausalen Zuordnungen oder *Attributionen*, die wir für unsere Erfahrungen entwickeln, sind wichtig, weil sie unsere Gefühle hinsichtlich dieser Erfahrungen und uns selbst gegenüber, außerdem auch unsere Motivation für zukünftige Situationen beeinflussen.

In der westlichen Kultur greifen Menschen meist zu einer von vier Arten allgemeiner Zuordnungen: Wir schreiben ein bestimmtes Ereignis gern entweder der Fähigkeit der Beteiligten, der Anstrengung, der Schwierigkeit der Aufgabe oder dem Zufall zu. Beispielsweise können wir als Grund für eine Beförderung entweder annehmen, dass wir von Natur aus ein Verkaufstalent sind oder dass wir hart gearbeitet haben – oder eine Kombination aus beidem. Möglicherweise denken wir auch, dass wir die Beförderung bekommen haben, weil unser Onkel Harry Vorstandsmitglied des Unternehmens ist. Im ersten Fall schreiben wir unseren Erfolg inneren, im letzten äußeren Gründen zu.

Attributionen unterscheiden sich auch insofern, als sie sich auf Gründe beziehen können, die über die Zeit hinweg stabil bleiben, oder auf Gründe, die sich im Laufe der Zeit verändern können. In der westlichen Welt neigen wir zu der Überzeugung, dass Fähigkeiten – Intelligenz, Sportlichkeit, Musikalität – relativ stabile, einem Individuum angeborene Eigenschaften sind. Wenn wir glauben, dass ein Kind klug ist, gehen wir fest davon aus, dass es zu einem klugen Erwachsenen heranwächst. Anstrengungen andererseits nehmen wir als weit weniger stabil wahr. Leute, die früher einmal hart gearbeitet haben, können irgendwann in der Zukunft durchaus einmal nachlassen – und umgekehrt.

Attributionstheoretiker kategorisieren Zuordnungen außerdem noch danach, wie *spezifisch* oder *generell* sie sind, denn das bestimmt wiederum, wie umfassend die Konsequenzen dieser Attribution sind. Wenn wir einen platten Reifen in Rekordzeit reparieren, kann sich unsere Erklärung auf das Spezifische («Ich war so schnell, weil ich gut platte Reifen reparieren kann») oder auf das Generelle konzentrieren («Ich war so schnell, weil ich in allen mechanischen Bereichen gut bin»).

Selbstbehinderung ermöglicht es uns, Zuordnungen zu machen, die weniger negativ sind, wenn etwas schief geht. Denn Attributionen an äußere, instabile oder spezifische Gründe sind für die eigene Persönlichkeit weniger bedrohlich als Zuordnungen an innere, stabile und generelle Gründe. Wenn Mindy die schlecht vorbereitete Präsentation der Tatsache zuschreiben kann, dass sie sie im Taxi auf dem Weg zum Meeting hinschludern musste, dann ist diese Attribution weniger innerlich, weniger stabil und weniger generell – und damit weniger schmerzhaft – als die Attribution, dass sie zum Entwerfen von Präsentationen einfach kein Talent hat.

In beiden Fällen fühlt sie sich vielleicht mies, weil die Präsentation nicht gut gelaufen ist, aber wenn sie das schlechte Resultat «wegerklären» kann, fühlt sie sich nicht *ganz* so mies, vor allem nicht *sich selbst gegenüber*. Außerdem ist sie das nächste Mal, wenn sie eine Präsentation vorbereiten muss, nicht schon von vornherein demoralisiert, weil sie glaubt, dass sie kein Talent hat. Denn das würde ja beinhalten, dass sie bei zukünftigen Präsentationen womöglich genauso schlecht sein könnte wie bei der letzten. Bei negativen Ereignissen sind Mindys Attributionen also schlicht *Selbstschutzmaßnahmen* – sie bewahren sie vor den schmerzhaften Folgeerscheinungen eines Versagens.

Selbstbehinderung kann auch der *Selbstaufwertung* dienen, das heißt, sie schützt nicht nur unser Selbstwertgefühl, sondern kann sogar unsere positiven Selbstwahrnehmungen steigern. So hat sie eine Doppelfunktion: Im Fall der schlecht geschriebenen Präsentation ermöglichen Mindys Handicaps ihr, dass sie ihr Selbstwertgefühl durch entsprechende Attributionen schützt. Wenn die Präsentation gut geht, kann sie sehr schmeichelhafte Attributionen an stabilere, innere und generelle Gründe machen: «Wenn ich sogar unter diesen Umständen eine erfolgreiche Präsentation durchziehen kann, muss ich wirklich außerordentlich begabt sein!»

Mit Hilfe von Attributionen versetzen sich Selbstbehinderer also in eine Lage, in der sie sich gut fühlen können, ganz gleich, wie die Dinge laufen. Wenn die Sache nicht klappt, machen sie Zuordnungen, mit denen sie sich selbst schützen. Wenn alles gut läuft, können sie sich selbst aufwerten. In diesem Sinne hat die Selbstbehinderung als Strategie durchaus ihre Vorteile.

Wenn Mindy sich bei der Arbeit selbst im Wege steht, möchte sie einen Misserfolg vermeiden, aber was noch wichtiger ist: Sie vermeidet es, sich selbst als Versagerin zu sehen. Mindy ist mit dem gleichen Problem konfrontiert wie Katherine, Daniel und Jeff: Sie muss ihre Angst vor einer Rückmeldung, die ein negatives Selbstbild bestätigen würde, in den Griff bekommen. Ihr Handicap liefert ihr sozusagen ein kognitives Polster. Für den Fall, dass die Sache schief geht, hat sie immer eine Entschuldigung parat, und das ermöglicht es ihr, weiterzumachen.

Weitere Handicaps

Dinge auf die lange Bank zu schieben, zu trödeln und zu chaotisieren sind nicht die einzigen Möglichkeiten, sich selbst zu behindern. Manche Psychologen meinen, dass auch Drogen- und Alkoholkonsum in diese Kategorie gehören. Ein Experiment hat gezeigt, dass ängstliche Studenten mit größerer Wahrscheinlichkeit als nicht ängstliche Studenten vor einer Prüfung eine Pille schluckten, von der sie glaubten, sie würde ihre Leistung in einem Test beeinträchtigen. Wenn sie eine schlechte Leistung erbrachten, konnten sie diese dem Einfluss der Droge zuschreiben.

Auch andere auf den ersten Blick seltsame Verhaltensweisen können das Resultat von Selbstbehinderung sein. Studien haben gezeigt, dass Studenten mit einer hohen Neigung zur Selbstbehinderung eher Musik hörten, von der ihnen gesagt wurde, sie würde ihre Leistung *beeinträchtigen*, statt einer anderen Musik, von der ihnen gesagt wurde, sie würde ihre Leistung unterstützen! Dieses Verhalten war besonders ausgeprägt, wenn die Studenten glaubten, dass die Leistung ihre angeborenen Fähigkeiten widerspiegelte.

Eine andere Form der Selbstbehinderung ist das «Symptomvorschieben». Wenn wir uns selbst und die für uns relevanten

Mitmenschen überzeugen können, unter Beeinträchtigungen zu leiden, die uns daran hindern, unser Bestes zu geben, dann rücken die Symptome – anstelle unserer Fähigkeiten – als Erklärung für unsere Leistung in den Mittelpunkt. Sogar die Angst selbst kann als Symptom herbeizitiert werden: «Ich weiß zwar, dass ich die Rolle spielen kann, aber ich habe das Vorsprechen trotzdem vermasselt, weil ich so nervös war, dass ich kein Wort rausgekriegt habe.»

Forscher, die sich mit der Selbstbehinderung beschäftigen, unterscheiden zwischen vorgeblicher und aktiver Selbstbehinderung. Erstere umfasst Dinge, die wir uns selbst und anderen mitteilen, beispielsweise, dass wir zu nervös oder zu müde sind, um unsere Sache wirklich gut zu machen. Letztere bezieht sich hingegen auf spezifische Verhaltensweisen, die sich mit hoher Wahrscheinlichkeit negativ auf ein Ergebnis auswirken, zum Beispiel dass man Drogen nimmt oder auf eine Prüfung nicht lernt. Darüber nachzudenken, welche verschiedenen Handicaps jemand heranziehen kann, hilft uns, die potentiellen Vor- und Nachteile der Selbstbehinderung zu durchschauen. Im Allgemeinen tragen vorgebliche Selbstbehinderungen verglichen mit aktiven Selbstbehinderungen ein relativ geringes Risiko in sich. Wenn wir unserer Umgebung vor einer Präsentation mitteilen, dass wir Magenschmerzen haben, beeinträchtigt das nicht notwendigerweise unsere tatsächliche Leistung, entschuldigt uns aber schon, falls wir nicht so gut zurechtkommen. Aber wenn wir zu einer Präsentation erscheinen, nachdem wir uns ein paar Drinks genehmigt haben, liefert uns dieses Handicap zwar eine gute Erklärung für eine schlechte Leistung, macht sie aber auch wesentlich wahrscheinlicher.

Außerdem wird uns unsere Umgebung relativ leicht verzeihen, wenn sie denkt, unsere schlechte Leistung sei auf unsere Magenschmerzen zurückzuführen. Das kann doch jedem passieren! Für Alkohol- oder Drogenkonsum macht man uns wahrscheinlich selbst verantwortlich. Ein Schwips bringt vielleicht die Attributionen durcheinander, die andere über unsere Fähigkeit machen. Es besteht allerdings auch eine hohe Wahrscheinlichkeit, dass er zu vorwurfsvollen und negativen Attributionen hinsichtlich unserer Selbstkontrolle, unseres Urteilsvermögens und unserer Professionalität führt.

Wie effektiv ist Mindys allgemein chaotische Art und ihre Tendenz, alles auf die lange Bank zu schieben, im Vergleich mit anderen Arten der Selbstbehinderung? Ganz bestimmt ist ihre Strategie risikoreicher, als wenn sie behaupten würde, sie hätte Magenschmerzen, zum Teil deswegen, weil Desorganisation und Trödelei tatsächlich die Leistung beeinträchtigen können. Doch wie bei allen Strategien müssen wir diese Handicaps im Hinblick auf Mindys Ziel betrachten: Sie will ihre Angst reduzieren, indem sie ihr Selbstwertgefühl schützt. Sie möchte Situationen vermeiden, die das Potential besitzen, unwiderruflich zu «beweisen», dass sie inkompetent, nicht kreativ oder dumm ist, denn das ist die spezifische Quelle ihrer Angst.

Verzögerung und Desorganisation schaffen sozusagen einen Puffer zwischen Mindys Leistung und dem, was man daraus über ihre Kompetenz ableiten könnte. Doch dafür ist es erforderlich, dass die jeweiligen Attributionen persönlich weniger belastend sind, als sie es ohne die Handicaps wären. So befindet sich Mindy ständig auf einer Gratwanderung: Wenn sie weiterhin die Arbeit hinauszögert und so chaotisch und desorganisiert bleibt, besteht die Wahrscheinlichkeit, dass andere sie irgendwann für unzuverlässig, unprofessionell und womöglich sogar für faul halten. Vielleicht kann Mindy trotz dieser negativen Attributionen den Glauben aufrechterhalten, sie sei grundsätzlich intelligent und kreativ. Aber es ist sehr unwahrscheinlich, dass sie sich selbst und ihrer Arbeit gegenüber ein authentisches, stabiles und gutes Gefühl hat.

Im Lauf der Zeit treten wahrscheinlich noch weitere Nachteile der Handicaps in Erscheinung. Das ist bei allen auf Vermeidung beruhenden Strategien der Fall. Weil Mindy ständig unter Zeitdruck steht, kann sie auf unerwartete Chancen nicht reagieren, und es ist auch wenig wahrscheinlich, dass sie loszieht und solche Chancen aktiv sucht. Vermutlich wird sie kaum jemals in der Lage sein, ihre Arbeit richtig gern zu machen und sich voll für sie zu engagieren.

Aus dieser Analyse geht deutlich hervor, dass Mindys Strategie der Selbstbehinderung wenig Empfehlenswertes hat. Wie bei Jeffs Vermeidungsstrategie überwiegen die Nachteile so stark, dass es schwer verständlich erscheint, warum Mindy sich nicht eine andere Strategie sucht. Aber Mindy fehlt fast vollständig die Erfahrung, ruhig und organisiert zu arbeiten, ohne ständiges Aufschieben und Verzögern. Solange ihr keine Alternativen zur Verfügung stehen, hat es relativ wenig Sinn, wenn sie erkennt, dass ihre Werkzeuge mangelhaft sind.

In einer vergleichbaren Situation stecken Studenten, denen ihre Professoren immer wieder einschärfen, ihre Arbeiten sorgfältig vorzubereiten und zu korrigieren. Auf solche Ermahnungen wird oft mit der Behauptung reagiert, man würde unter Druck besser arbeiten, und manche Studenten erbringen tatsächlich schlechtere Leistungen, wenn sie sich ihre Zeit einteilen und ausreichend lange vor dem Abgabetermin beginnen. Die Betreffenden haben kaum Erfahrung und wissen deshalb nicht genau, wie man einen guten Entwurf anfertigt und die eigene Arbeit produktiv korrigiert. Die anfänglichen Versuche verlaufen daher oft enttäuschend im Vergleich zu den von Koffein und Adrenalin angefeuerten und in letzter Minute zusammengeschusterten Arbeiten.

Doch der erste Irrtum besteht nicht in der Annahme, die unter Druck geschriebenen Arbeiten seien besser als diejenigen, die als vorsichtige erste Versuche mit anderen Methoden zustande kommen, sondern darin, sie seien besser als das, was der Betreffende schreiben *könnte*, wenn er eine andere Methode beherrschen würde. Natürlich kann man das nur lernen, indem man Fehlschläge und Enttäuschungen riskiert, die für jeden Anfänger wohl mehr als normal sind. Aber das verlangt, dass man imstande ist, die damit einhergehende Angst auch auszuhalten.

Manchmal bleibt jemand auch bei einer unvollkommenen Strategie, weil sie für die gegebenen Anforderungen ausreicht. Zu den paradoxen Auswirkungen der Selbstbehinderung gehört, dass die Erleichterung darüber, eine Erklärung für eine weniger gute Leistung vorbringen zu können, tatsächlich zu einer besseren Leistung führen kann (was wiederum zu einer Selbstaufwertung führt). Weil Mindy stets eine Attribution zur Hand hat, mit der sie im Notfall das Gesicht wahren kann, erreicht sie die nötige Entspannung, um ihre Arbeit erledigen zu können. Wenn sie mit ihrer Selbstbehinderung ihre Angst kurzfristig lindern kann und wenn für sie momentan außerdem keine Alternative zur Verfügung steht, mit der Angst umzugehen, kann es durchaus sein, dass sie mit ihren Handicaps besser dran ist als ohne sie.

Werkzeuge im Vergleich

Wie bereits gesagt, sollten wir zwar keine Werkzeuge miteinander vergleichen, die für unterschiedliche Arbeiten gemacht sind, aber solche zu vergleichen, die für die gleiche Funktion benutzt werden, ist hilfreich. Jeff und Mindy haben beide eine Strategie – also Werkzeuge – entwickelt, um mit ihrer Angst fertig zu werden, aber anders als Katherine und Daniel benutzen sie beide nicht den defensiven Pessimismus. Wie schneiden ihre Werkzeuge nun im direkten Vergleich ab?

Jeff versucht, mit seiner Angst zurechtzukommen, indem er die Dinge meidet, die ihm Angst machen, was insofern funktioniert, als er vor einer bestimmten Situation weniger akute, intensive Angst erlebt. Trotzdem ist er die meiste Zeit über ängstlich und findet sein Leben recht unbefriedigend. Ständig muss er auf der Hut vor Situationen sein, die möglicherweise ein Risiko in sich tragen. Sobald er in einer Situation dieses Potential wittert, ergreift er die Flucht.

Damit befindet er sich permanent auf dem Sprung, was wiederum Angst erzeugt. Außerdem weiß er kaum, was er mag und was nicht, was er kann und was nicht, denn er vermeidet Situationen, die ihm klare Rückmeldungen verschaffen könnten. So ist es eher unwahrscheinlich, dass er ein stabileres, positives Selbstkonzept entwickelt, hingegen bestehen gute Chancen, dass er immer mehr überzeugt ist, ein Schlappschwanz zu sein, der vor allem kneift.

Mindy scheint ziemlich gut zurechtzukommen, sie hat eine Arbeit, die sie sich gewünscht hat, und ist auch einigermaßen erfolgreich. Obwohl die Selbstbehinderung manchmal gewisse paradoxe Vorteile hat, ist ziemlich klar, dass Mindys Strategie einen hohen Preis fordert. Sicher, manche Leute sind beeindruckt, wie sie unter dem enormen Zeitdruck noch Qualitätsarbeit zustande bringt. Aber ob ihre chronische Verspätung auf Dauer wirklich bei ihren Kollegen, Klienten und Vorgesetzten gut ankommt, ist fraglich. Vielmehr sorgt sie für eine Distanz zwischen Mindy und ihren Freunden, denn die können sich nicht auf Mindy verlassen, und sie kann ihnen nicht so viel Zeit widmen, wie sie es eigentlich gerne möchte.

Obgleich Mindy dank ihrer Handicaps so weit mit ihrer Angst zurechtkommt, dass sie nicht vor den Situationen davonlaufen muss, in denen sie diese Angst spürt, führt Selbstbehinderung auf lange Sicht meist dazu, dass die Angst zunimmt. Außerdem kann Mindy ihr Potential nie voll ausschöpfen. Wenn etwas nicht gut klappt, hat sie kein klares Feedback über die Gründe: Lag das Problem an ihrer Desorganisation oder hat sie einen fundamentalen Schnitzer gemacht? Hat sie die Situation nicht richtig verstanden oder eine Antwort nicht angemessen formuliert? Ihre Handicaps dienen dazu, eine klare Attribution ihrer Leistung zu verhindern. Zwar können die Handicaps durchaus funktionieren. Allerdings erschweren sie aus Erfahrung zu lernen, denn gerade die Handicaps lassen die Erfahrung ja uneindeutig werden.

Für Mindy bedeutet das Einsetzen ihrer Handicaps, dass sie kaum je ein echtes Selbstbewusstsein entwickeln wird. Denn das entsteht, wenn man genau weiß, was man tun muss, um ein bestimmtes Ziel zu erreichen. Vielleicht zieht sie aus ihren Erfolgen den Schluss, dass sie klug ist. Aber diese Folgerung ist weniger zuverlässig als zu erleben, dass sie ihr Bestes gibt und danach genau weiß, welchen Beitrag sie zu einem bestimmten Ergebnis geleistet hat. Solange sie sich auf ihre Handicaps verlässt, wird sie nie wissen, wie gut sie ohne Behinderungen zurechtkommen würde, und diese ständige Unsicherheit kann eine ständige Angst hervorrufen.

Vererbung, Temperament und frühe Erfahrungen tragen alle zum individuellen Angstpegel eines Menschen bei. Die meisten von uns sind mehr oder weniger anfällig für Angst, wenn wir eine Rückmeldung bekommen, die unser Selbstwertgefühl bedroht. Im Allgemeinen sind wir darauf bedacht, ein stabiles und positives Selbstkonzept aufrechtzuerhalten. Wenn dieses Selbstkonzept bedroht wird, bekommen wir Angst und entwickeln Strategien, mit dieser Angst umzugehen.

Durch eklatantes Versagen kann selbst ein robust positives Selbstbild vorübergehend ins Wanken geraten. Aber Angst um unser Selbstkonzept entsteht aus einer wesentlich subtileren Bedrohung, die manchmal sogar vorhanden ist, wenn wir objektiv erfolgreich sind. Wenn wir ein Kind beispielsweise allgemein dafür loben, dass es brav ist, ohne konkret auf etwas Bezug zu nehmen, womit es unsere Anerkennung verdient hat, können wir in ihm damit Angst erzeugen: Denn wie kann das Kind sicher sein, dass wir es auch weiterhin mögen, wenn es doch gar nicht weiß, was es getan hat, um unser Lob zu verdienen? Manche Psychologen vertreten die Ansicht, dass wir genau das falsch machen, wenn wir das Äußere eines Kindes kommentieren, das es bekanntlich nicht unter Kontrolle hat. Sicher, jetzt im Moment finden wir es schön, aber was, wenn das, was es heute schön sein lässt, morgen verschwunden ist? Verschwindet dann auch unsere Zuneigung und unsere Fürsorge?

Auf alles, was ein Kind tut, mit einem automatischen «gut gemacht» zu reagieren, kann ebenfalls Angst erzeugen, denn das Kind hat ständig das Gefühl, beurteilt zu werden, ohne die Grundlage dieser Beurteilung zu kennen. Und wenn es dann anfängt, die eigene Leistung zu beurteilen (Es sieht, dass es nicht alle Legosteine eingesammelt hat, wie kann es dann gut aufgeräumt haben?), wird aus unserer unterschiedslosen Reaktion eine Willkürlichkeit, die bestenfalls irrelevant und schlimmstenfalls beängstigend wirkt.

Unsere Umgebung gibt uns nicht unbedingt immer eine klare und konsistente Rückmeldung unserer Fähigkeiten. Wenn wir keine Verbindung zwischen dem, was wir getan haben, und dem Ergebnis unseres Tuns sehen, fühlen wir keine Kontrolle über dieses Ergebnis, und es «gehört» uns nicht richtig. Psychologisch ausgedrückt nennt man das einen «nichtkontingenten Erfolg»: Positive Ergebnisse werden nicht als klar und direkt – kontingent – mit unseren Handlungen in Verbindung gebracht. In dem Fall ist die Freude und Befriedigung angesichts eines bestimmten Erfolgs kurzlebig und wird rasch durch die Angst ersetzt, was als Nächstes auf uns zukommen mag.

Manche Menschen haben ein konsistent negatives Selbstbild. Ihr geringes Selbstwertgefühl gründet sich auf die feste Überzeugung, sie seien wertlos, unfähig oder Schlimmeres. Ein konsistent negatives Selbstbild bietet den schwachen Trost der Gewissheit, es steht in engem Zusammenhang mit Depressionen. Oft jedoch ist ein Mensch mit einem niedrigen Selbstwertgefühl einfach *unsicher*, weil er das, was er erreicht, nicht als kontingent mit seinem Verhalten erlebt. Er hat Zweifel an seinem Talent, seiner Attraktivität, seiner Intelligenz, an seinen moralischen Werten. Wenn alles gut geht, fühlt er sich eine Weile gut. Aber weil er nicht weiß, *warum* er gerade jetzt erfolgreich ist, weiß er auch nicht, wie er diesen Erfolg wiederholen kann. («Hat sie mich gemocht, weil ich so gut aussehe? Oder weil wir uns so angeregt unterhalten haben? Oder weil ich eine Menge Geld verdiene? Warum hat er nicht angerufen? Habe ich etwas getan, das ihn gestört hat? Hat er Angst vor Verbindlichkeit? Habe ich ihm einfach nicht genug Zeit gelassen?»

Solche Unsicherheiten machen Angst. Schlimmer noch: Für Menschen, die an einer tiefen Selbstunsicherheit leiden, ist jede neue Situation potentiell gefährlich, weil sich in ihr zeigen könnte, dass sie tatsächlich so inkompetent sind, wie sie befürchten. Unsicherheit darüber, wie «gut» man ist, ist ein unangenehmes Gefühl. Aber es kann noch unangenehmer sein, sicher zu wissen, dass man nicht gut (oder nicht klug, nicht attraktiv, nicht talentiert etc.) ist. Menschen mit schweren Selbstzweifeln sind oft stark motiviert, diesen «Beweis» zu vermeiden, weil sie Angst davor haben, etwas Schlechtes zu erfahren. Eine Möglichkeit, dieser Art negativer Sicherheit aus dem Weg zu gehen, besteht darin, jede eindeutige Rückmeldung zu vermeiden. Wenn man es gar nicht erst versucht, kann man auch nicht versagen – diese Lebenseinstellung bildet die

Grundlage sowohl der Vermeidung als auch der selbstbehindernden Strategien.

Der defensive Pessimismus bietet Katherine und Daniel keine Möglichkeit, ihr Selbstwertgefühl ein bisschen aufzupolstern, und er schützt sie auch kurzfristig nicht vor ihren Angstgefühlen. Manchmal ist es tröstlich, wenn sie mit ihren niedrig gesteckten Erwartungen Recht haben und etwas wirklich schief geht. Aber das befreit das Selbst nicht von der Last der Eigenverantwortung. Das gedankliche Durchspielen hilft ihnen, ein Gefühl von Kontrolle zu entwickeln und intensiv mitzuwirken, um ihre Ziele zu erreichen. Aber die Kehrseite der Medaille wird sichtbar, wenn sie im Fall eines Misserfolgs ihr Selbstwertgefühl nicht dadurch schützen können, dass sie die Verantwortung dafür leugnen.

Doch obwohl der defensive Pessimismus das Selbstwertgefühl nicht schützt, bietet er im Vergleich zu den vermeidenden Strategien deutliche Vorteile. Unter anderem wird die Fähigkeit, Angst auszuhalten, kurzfristig dadurch belohnt, dass sich die Erfolgschancen bei konkreten Projekten vergrößern, und langfristig dadurch, dass man die eigenen Fähigkeiten kennen und auf sie vertrauen lernt.

Der defensive Pessimismus konzentriert sich darauf, wie man sich der Angst nähert, nicht wie man ihr ausweicht. Vielleicht lächelt und summt Katherine bei der Arbeit nicht ununterbrochen vor sich hin, aber der defensive Pessimismus hilft ihr, dafür zu sorgen, dass sie tatsächlich an ihren Zielen arbeitet, statt vor ihrer Angst wegzulaufen. In den Situationen zu bleiben, die Angst machen, zahlt sich aus: Nicht nur, weil Katherine eine Menge schafft, sondern weil jeder Erfolg ihr bestätigt, dass sie in den meisten Fällen mit den Problemen fertig wird, die ihr begegnen.

Auf lange Sicht verschwinden auf diese Weise viele von Katherines spezifischen Ängsten. Sie macht sich nicht mehr über *jede* Vorlesung Sorgen, denn ihre positiven Erfahrungen in der Vergangenheit haben ihr gezeigt, dass sie grundsätzlich in der Lage ist, eine gute Vorlesung zu halten. Ihre ausführlichen Gedankenspiele haben ihren Blick dafür geschärft, was dafür notwendig ist und wie sie eventuelle Stolpersteine vermeidet. Sie ist weit davon entfernt, das Leben durch eine rosarote Brille zu betrachten, sie hat durchaus nicht aus den Augen verloren, was alles schief gehen kann. Sie hat sich nicht in eine unängstliche Person verwandelt, und sie verlässt sich immer noch sehr stark auf ihren defensiven Pessimismus, wenn sie Angst bekommt. Aber ihr Vertrauen in ihre eigene Fähigkeit, intensiv und produktiv zu arbeiten und anstehende Herausforderungen zu meistern, hat im Lauf der Jahre deutlich zugenommen. Und noch wichtiger: Ihre Strategie ermöglicht es ihr, sich auch von Fehlschlägen nicht entmutigen zu lassen, sondern aus ihren Fehlern zu lernen.

Kapitel 6
Negatives Denken und positive Illusionen

Optimismus wartet nicht auf Fakten. Er befasst sich mit der Zukunft. Pessimismus ist Zeitverschwendung.

NORMAN COUSINS

Nichts ist Zeitverschwendung, wenn man aus Erfahrung klug wird.

RODIN

Ich bin noch keinem defensiven Pessimisten begegnet, der behauptet, die Angst zu genießen, aber es gehört im Allgemeinen auch nicht zu den obersten Prioritäten der defensiven Pessimisten, negative Gefühle möglichst sofort loszuwerden. Inzwischen bin ich überzeugt, dass sie Recht haben. Zum defensiven Pessimismus gehört es, zu lernen, negative Emotionen auszuhalten, die einen sonst daran hindern könnten, die eigenen Ziele zu verfolgen. Diese Gefühle auszuhalten bedeutet nicht, sich in ihnen zu suhlen. Vielmehr geht es darum, sich ihnen zu stellen, und dass es nicht das oberste Lebensziel eines jeden Menschen ist, sich möglichst immer gut zu fühlen.

Menschen zu befähigen, dass sie negative Gefühle tolerieren und akzeptieren können, ist eine Stärke der Strategie des defensiven Pessimismus und eine Kapazität, die wir oft unterschätzen. Außerdem kann man sie leicht übersehen, weil sie von unserer instinktiven Reaktion auf den defensiven Pessimismus in den Hintergrund gedrängt wird. Wenn wir einem defensiven Pessimisten zusehen, nehmen wir oft hauptsächlich seine Ängstlichkeit wahr. Dann setzen automatisch unsere Abwehrreaktionen auf negative Gefühle ein, und wir spüren vornehmlich den Wunsch, der defensive Pessimist möge sich besser fühlen oder weggehen – und sei es nur, um zu verhindern, dass er uns mit seiner Angst «ansteckt». Wir sind überzeugt, dass das Schlimmste am defensiven Pessimismus die Angst ist, mit der ein defensiver Pessimist leben muss, weil er doch ständig seinen negativen Gedanken nachhängt.

Aber gerade die Fähigkeit, negative Emotionen zu ertragen, kann für sehr viele Lebenssituationen entscheidend sein: wenn es zum Beispiel darum geht, ein Bedürfnis aufzuschieben, aus schlechten Erfahrungen zu lernen; wirklich zu hören, was andere Leute zu sagen haben, und die eigene Situation, das eigene Risiko und die Chancen richtig einzuschätzen. Wenn jemand wissen will, warum er den Job nicht bekommen hat, für den er sich beworben hat – damit er es das nächste Mal besser machen kann –, muss er bereit sein, die Verlegenheit und den Ärger zu erdulden, die er höchstwahrscheinlich empfindet, wenn er erfährt, dass es an seinem schlampigen Erscheinungsbild lag oder an seinen weitschweifigen Antworten, die auf einen Mangel an stringentem Denken schließen lassen. Niemand mag Kritik an der eigenen Person, und es bedarf einer Menge Selbstbeherrschung, damit fertig zu werden oder sich ihr gar absichtlich zu stellen.

Damit «fertig werden» bedeutet, nicht in Depressionen zu verfallen, das eigene Selbstbild nicht unter der Last der Kritik zusammenbrechen zu lassen. Es beinhaltet, wie man die vorgebrachten Punkte zur Selbstverbesserng verwerten kann.

Forschungsergebnisse weisen nach, dass es ein ganzes Arsenal von Techniken gibt, die Optimisten anwenden, um sich vor den negativen Folgen von Kritik zu schützen, aber wie üblich machen defensive Pessimisten auch hier etwas anderes. Laufen sie nicht Gefahr, ihr Selbstwertgefühl zu verlieren und deprimiert zu werden, wenn sie sich nicht wie die Optimisten selbst schützen?

Als meine Kollegen und ich Mitte der Achtzigerjahre unsere Forschungsarbeit über den defensiven Pessimismus begannen, stand die Optimismusforschung in ihrer Blüte, teilweise aufgrund der Aufmerksamkeit, die man in dieser Zeit dem Selbstwertgefühl zu widmen begann. Buchstäblich Tausende Untersuchungen von Psychologen und anderen Sozialwissenschaftlern konzentrieren sich auf das Selbstwertgefühl. Auch in der Öffentlichkeit schiebt man jede Menge persönlicher und sozialer Probleme auf einen Mangel an Selbstwertgefühl oder ein schlechtes Selbstbild: Leistungsverweigerung, Depression, Analphabetismus, Jugendschwangerschaft, Drogenmissbrauch, häusliche Gewalt, Armut. Dementsprechend gibt es auch eine Vielzahl sozialer Programme und Bücher zur Lebenshilfe, mit dem Ziel, den Menschen ein besseres Gefühl von sich selbst zu vermitteln.

Es ist kein Zufall, dass Optimismus- und Selbstwertforschung eng verknüpft sind. Viele Vorteile des positiven Denkens gründen sich spezifisch auf positive Gedanken über das eigene Selbst. Einige prominente Wissenschaftler vertreten die Ansicht, der Schutz eines positiven Selbstkonzepts sei so wichtig, dass es für die psychische Gesundheit durchaus förderlich sein kann, dafür auch einmal die *Realität zu verzerren*. Die einflussreichsten Veröffentlichungen zu diesem Thema behaupten sogar, drei Illusionen seien für eine effektive Anpassung hilfreich und *vielleicht sogar notwendig*: ein illusionäres Gefühl der

Kontrolle, unrealistischer Optimismus und übermäßig positive Selbstbewertungen.

Für den defensiven Pessimisten, der sich für gewöhnlich solchen positiven Illusionen nicht hingibt und dessen Selbstkonzept nicht sonderlich positiv ausfällt, wäre es wenig erfreulich, wenn man nur mit Hilfe solcher Illusionen zu psychischer Gesundheit gelangen könnte. Um zu verstehen, warum das negative Denken des defensiven Pessimisten ein alternativer Weg sein kann, müssen wir uns zunächst das ansehen, was sie *nicht* tun.

Positive Illusionen neu betrachtet

Bei illusionären Kontrollgefühlen glauben wir, eine Situation im Griff zu haben, die sich objektiv unseren Einflussmöglichkeiten entzieht. Wenn wir zum Beispiel lieber selbst unsere Lottozahlen ankreuzen oder eigenhändig würfeln, weil wir glauben, dann das Steuer in der Hand zu haben und unsere Gewinnchancen zu vergrößern. (Unsere Illusionen können so stark sein, dass wir nicht einmal verstehen, warum das eine Illusion sein soll.)

Das *Gefühl*, die Dinge unter Kontrolle zu haben, verstärkt die Motivation, auch wenn es nicht der Wirklichkeit entspricht. Das Gefühl von Kontrollverlust – selbst wenn es Realität ist – erzeugt hingegen Angst und führt dazu, dass wir meinen, hilflos zu sein, und aufgeben. Da es im Allgemeinen besser ist, wenn man etwas wenigstens versucht, als es von vornherein bleiben zu lassen, führt das Gefühl von Kontrolle also normalerweise zu besseren Resultaten als das, hilflos zu sein.

Ähnlich ist es mit positiven Erwartungen: Selbst wenn sie unrealistisch sind, verstärken sie im Allgemeinen die Motivation eines Menschen. Außerdem steigern sie das Kontrollgefühl.

Das wiederum versetzt uns in eine bessere Stimmung. Bills Erwartung, er werde seine Sache schon gut machen, verschafft ihm ein gutes Gefühl und hilft ihm zu glauben, dass seine Anstrengung sich lohnt. Entsprechend steigt die Wahrscheinlichkeit, dass er sich ordentlich ins Zeug legt, was wiederum die Chancen erhöht, dass er gute Ergebnisse erzielt. (Das klingt vielleicht vertraut als Beschreibung einer sich selbst erfüllenden Prophezeiung.)

Ganz gleich, ob unsere Erwartungen realistisch sind oder nicht – Optimismus wirkt sich immer positiv auf die Stimmung eines Menschen aus. Wenn wir erwarten, dass bei unserer nächsten Leistungseinstufung unser Gehalt verdreifacht wird, oder wenn wir sicher sind, dass der Arzt uns bei der jährlichen Vorsorgeuntersuchung als kerngesund einstufen wird, fühlen wir uns gut.

Doch unrealistischer Optimismus trägt immer auch ein Risiko in sich. Wenn Bill zu unrealistisch optimistisch wird, meint er vielleicht sich nicht besonders anstrengen zu müssen, und das wüssten seine Klienten ganz sicher nicht zu schätzen. Wie in zahlreichen Untersuchungen festgestellt wurde, kann unrealistischer Optimismus dazu führen, dass man weniger auf medizinische Verordnungen achtet und sich weniger um Sicherheit und Prävention bemüht. Unrealistische Optimisten vernachlässigen zum Beispiel häufig sportliche Übungsprogramme, weil sie sich darauf verlassen, dass sie gesund sind.

Im Allgemeinen fühlt Bill sich gut, zum Teil deshalb, weil er ein gutes Selbstgefühl hat. Gestärkt von seinem positiven Selbstbild und geneigt, sich Fehlschläge nicht selbst anzukreiden (was wiederum sein Selbstbild schützt), arbeitet er beharrlich weiter und kann auch mal einen Rückschlag einstecken. Positive Erwartungen, positive Stimmung, das Gefühl, die Situation im Griff zu haben, Motivation – das alles ergänzt sich zu einem positiven, sich selbst aufrechterhaltenden Kreislauf. Die erfreulichen Resultate rechtfertigen die positive Sichtweise auf die Welt, wodurch das Selbst geschützt und gestärkt wird, sogar wenn die Sichtweise letztlich nicht der Realität entspricht.

So weit, so gut – für einen Optimisten. Strategische Optimisten haben ein hohes Selbstwertefühl und bedienen sich bei Bedarf positiver Illusionen. Menschen, denen dieses positive Selbstbild fehlt – das ja von positiven Illusionen entwickelt und aufrechterhalten wird –, sind nachweislich anfällig für Depressionen, benutzen oft ineffektive Bewältigungsstrategien und leiden häufiger unter kleinen oder größeren Stressfaktoren. Was bedeutet das nun für die defensiven Pessimisten?

Sind defensive Pessimisten wehrlos?

Welcher Zusammenhang besteht zwischen der Strategie der defensiven Pessimisten und ihrem Selbstkonzept? Gefährdet der defensive Pessimismus das Selbst? Defensive Pessimisten denken nicht nur negativer über das potentielle Ergebnis von Situationen als strategische Optimisten, sondern auch über sich selbst. Sie benutzen im Allgemeinen *keine* positiven Illusionen, um ihr Selbstgefühl aufzuwerten. Obwohl defensive Pessimisten möglicherweise besser dran sind als andere ängstliche Menschen, ist der defensive Pessimismus vielleicht doch eine Gefahr auf dem Weg zu einem starken, positiven Selbstbild.

Eigentlich denkt man bei Menschen wie Daniel und Katherine nicht unbedingt, dass grundsätzlich etwas falsch sein muss, wenn ein Mensch negative Gedanken über sich selbst hegt. Daniel hat das einmal sehr deutlich ausgedrückt: «Warum soll denn jeder Mensch so ein verdammt gutes Gefühl von sich selbst haben? Wir sind doch alle nicht perfekt, und es gibt jede Menge selbstgefälliger, aufgeblasener Leute, denen es ganz gut täte, wenn jemand sie mal so richtig wachrüttelte. Wenn wir immer nur die guten Seiten sehen, wie sollen wir uns dann jemals verbessern?»

Daniel ist nicht der Einzige, der mit der Behauptung zu kämpfen hat, man käme im Leben nur zurecht, wenn man sich um ein superpositives Selbstkonzept bemüht, und eine kleine Verzerrung der Realität sei die billigste Methode, dies zu erreichen. Unter Psychologen ist die Debatte darüber, was echtes Selbstwertgefühl ist und ob es anders funktioniert als ein mit positiven Illusionen aufrechterhaltenes positives Selbstkonzept noch lange nicht beendet. Woher das Selbstwertgefühl kommt, wozu es gut ist, wie es einen Menschen zu Erfolg verhilft und wie man es entwickeln kann – eine Antwort auf diese Fragen zu finden ist offenbar wesentlich komplizierter, als es in Zeitschriftenartikeln und Talkshows gerne dargestellt wird.

Für einen Motivationstrainer ist es nicht schwer, im Lauf eines Nachmittags eine Gruppe Seminarteilnehmer in bessere Stimmung zu versetzen und ihnen dadurch ein besseres Gefühl von sich selbst zu vermitteln. Für fünfzig Dollar und ein bisschen Zeitaufwand können wir uns vom Enthusiasmus eines charismatischen Redners und von seinem Versprechen anstecken lassen, dass es nur «zehn einfacher Schritte zu einem größeren Selbstbewusstsein» bedarf. Voller Energie und hoch motiviert verlassen wir den Seminarraum. Patentrezepte für die Entwicklung des Selbstwertgefühls gehen meistens davon aus, dass zur Lösung des Problems der rosige Abglanz der positiven Gefühle ausreicht, die der Redner hervorgerufen hat.

Leider erkennen wir schon ein, zwei Tage später, dass sich unser Leben (unser Selbst) nicht grundlegend verändert hat. Die Rechnungen stapeln sich immer noch auf unserem Schreibtisch, unser Chef ist immer noch ein Idiot, wir passen immer noch nicht in die Jeans Größe 36. Auch die Menschen in unserer Umgebung kapieren nicht, dass sie uns jetzt eigentlich anders sehen sollten, weil wir doch schließlich ein transformatorisches Erlebnis hinter uns haben. So beginnt der Glanz dieses Nachmittags der Offenbarungen allmählich zu verblassen, und nur in seltenen Ausnahmefällen kommt es zu einer dauerhaften Veränderung des Selbstkonzepts.

Auch Programme, die beitragen sollen, das Selbstwertgefühl bei Kindern aufzubauen, scheinen davon auszugehen, dass man ihnen nur sagen muss, sie seien gute Menschen. Selbstverständlich sollen Kinder sich geliebt und geschätzt fühlen, vor allem von den Menschen, die für sie besonders wichtig sind, und natürlich kann man ihnen das sagen. Doch die Medaille hat auch eine Kehrseite: Früher oder später werden sie fragen: «Woher *wissen* die Leute denn eigentlich, dass ich so ein guter (kluger, wertvoller, talentierter) Mensch bin?» Sie möchten verstehen und nachvollziehen können, *warum* wir sie so positiv bewerten.

Wenn positive Bewertungen, die wir von anderen hören, keine Verbindung zu dem haben, was wir denken oder tun, erleben wir sie als die weiter oben erwähnte Lobhudelei (als Belohnung oder Konsequenz, über die wir keine Kontrolle haben). Statt ein starkes Selbstwertgefühl zu entwickeln, führen nicht kontingente Reaktionen zu einer übermäßigen Abhängigkeit vom Urteil anderer oder sogar zu einer Abwertung der Person, die dieses Urteil abgegeben hat («Was weiß die denn schon?»), und verstärken damit die Unsicherheit.

Um diese Zweifel abzuschwächen und ein zuverlässiges Selbstgefühl zu entwickeln, muss ein Individuum die eigenen Talente und Fähigkeiten erforschen können, das heißt, es muss Erfahrungen machen mit Versuch, Irrtum und erneutem Versuch, und lernen, die Rückmeldungen der Umwelt einigermaßen zutreffend zu interpretieren. Dieser Prozess ist potentiell gefährlich und bedrohlich, vor allem für diejenigen, die eine größere Tendenz zur Ängstlichkeit mitbringen. Um sich auf den Prozess einlassen zu können, muss man die damit verbundenen negativen Gefühle aushalten. Vermeider wie Jeff laufen vor ihnen davon, aber defensive Pessimisten wie Katherine und Daniel stellen sich ihnen – mit der für sie typischen Strategie.

Viele Menschen versuchen, die von einer negativen Rückmeldung ausgehende Bedrohung auf ein Minimum zu beschränken, indem sie mit Hilfe der im letzten Kapitel angesprochenen Attributionen, ihr Selbst schützen und aufwerten. Selbstbehinderer, die wegen ihres instabilen Selbstgefühls unsicher sind, suchen schon im Vorfeld bei einem Handicap Zuflucht: Mindy kann ein Projekt nur dann angehen, wenn sie für ein eventuelles Versagen eine gute Erklärung parat hat.

Strategische Optimisten gehen das Risiko aggressiv an, bewaffnet mit Selbstbewusstsein und einem Selbstkonzept, das die Gefahr minimal erscheinen lässt. Weil Bill fest davon ausgeht, dass er sowieso alles schafft, beachtet er das Risiko meist gar nicht. Sollte die Realität sein positives Selbstbild gefährden, dann kann er sich verteidigen, indem er der negativen Rückmeldung möglichst wenig Aufmerksamkeit schenkt oder sie so erklärt, dass es ihn möglichst wenig tangiert: «Dem Klienten hat die Präsentation nicht gefallen? Na und – was weiß der denn schon? Wichtig ist doch, dass er von meinem Elan beeindruckt war, und insgesamt lief das Meeting doch richtig gut.»

Erklärungsstile

Selbstaufwertende und selbstschützende Strategien funktionieren, weil die Realität vieldeutig und komplex ist. Unser Verhalten wird in großen Teilen davon bestimmt, was wir über die Welt denken, und nicht davon, wie die Welt «wirklich» ist. Unzählige Faktoren können dazu beitragen, wenn ein Klient negativ auf Bills Entwurf reagiert: vielleicht hat der Klient sich vor dem Meeting mit seiner Frau gestritten; vielleicht glaubt er, dass Bill unter Druck besser arbeitet; vielleicht hat er wirklich einen schlechten Geschmack; vielleicht haben sich seine Vorstellungen seit der letzten Besprechung geändert. Natürlich kann Bills Entwurf auch tatsächlich misslungen sein – vielleicht hat er nicht richtig verstanden, was der Klient wollte, vielleicht hat er aber auch technische Fehler gemacht oder war einfach nicht kreativ. Es ist höchst unwahrscheinlich, dass Bill *alle* möglichen Einflüsse kennt, die zu einer bestimmten Kundenreaktion führen, schließlich zeichnet niemand auf, wie er die Welt interpretiert, um das anschließend auf Korrektheit und Vollständigkeit zu überprüfen. Also kann er sich auf die Interpretationen konzentrieren, die ihm am besten in den Kram passen – solange ihn niemand zur Rechenschaft zieht. Wenn er es schafft, die Reaktionen des Klienten als für ihn positiv zu interpretieren, muss er sich nicht schlecht fühlen oder demotivieren lassen – und die Realität gibt ihm ja genügend Freiraum dafür.

Ähnlich gehen Psychologen vor, um ihren Klienten bei der Angstbewältigung zu helfen: Sie sehen sich zunächst den Erklärungs- oder Attributionsstil eines Klienten an, das heißt die für einen Menschen typische und konsistente Art, die Realität zu verstehen und zu erklären.

Ein *optimistischer* und schützender Attributionsstil bezeichnet die Tendenz, schlechte Ereignisse äußeren, instabilen und bestimmten Faktoren zuzuordnen – wie Mindy es tut, wenn etwas schief läuft. Die strategischen Optimisten haben einen optimistischen Attributionsstil, *ohne* im Voraus spezifische Entschuldigungen aufzufahren, wie es bei Selbstbehinderern der Fall ist.

Wenn uns etwas Schlechtes widerfährt, so lautet die Begründung, fühlen wir uns besser, schützen wir unser Selbstkonzept und sind wir in Zukunft motivierter, wenn wir uns sagen können, dass Kräfte, für die wir nicht verantwortlich sind und die sich über die Zeit hinweg ändern können und nur ganz bestimmte Situationen betreffen, dieses Ergebnis bewirkt haben. Auf diese Weise fühlen wir uns weder persönlich verantwortlich noch inkompetent. Wir müssen uns auch keine Sorgen machen, dass dieses eine schlechte Ereignis sich notwendigerweise wiederholen wird und deshalb irgendwann unser ganzes Leben auseinander bricht.

Umgekehrt sollten wir positive Ereignisse inneren, stabilen und globalen Faktoren zuordnen, wenn wir aus ihnen Kapital schlagen wollen. Leider wird an diesem Thema wesentlich weniger geforscht. Wir haben zum Beispiel das Tennismatch aufgrund unserer angeborenen überlegenen Fähigkeiten gewonnen, die sich auch in all uneren sonstigen Aktivitäten zeigen. Genauso «weiß» Bill, dass seine Firma erfolgreich ist, weil er so brillant ist.

Warum sollte jemand mit diesem Weltbild – oder besser gesagt, mit diesem Selbstbild – jemals deprimiert sein? Tatsächlich zeigen Untersuchungen, dass ein optimistischer Attributionsstil Menschen wie Bill schützt: Wenn etwas Schlechtes geschieht, sind sie weniger depressionsgefährdet als Leute mit einem pessimistischen Attributionsstil.

Wenn wir negative Ereignisse inneren, stabilen und übergreifenden Gründen und positive Ereignisse externen, instabilen und spezifischen Gründen zuschreiben, führt dieser *pessimistische* Attributionsstil zu einer entschieden negativeren Meinung von der Welt und der eigenen Person. Attributionen über ein Tennisspiel führen wahrscheinlich nicht zu oft zu Depressionen, aber pessimistische Tendenzen der Zuordnung hinsichtlich wichtigerer Ereignisse in unserem Leben sind dazu durchaus imstande. Wenn ich mir einrede, dass mich mein Freund verlassen hat, weil ich unattraktiv bin, oder dass ich nur befördert wurde, weil niemand wirklich Qualifiziertes zur Verfügung stand, gestalte ich das Bild von meiner Zukunft ziemlich düster.

Bill kann sich also über seinen optimistischen Attributionsstil freuen. Aber was ist mit Katherine und Daniel? Defensive Pessimisten verlassen sich nicht auf positive Illusionen, um ihr Selbstgefühl aufzubessern. Wenn sie den Schutz für das Selbst nicht ausnutzen können, der von positiven Attributionen oder positiven Illusionen ausgeht, bedeutet das etwa, dass sie zu einem negativen Selbstkonzept verdammt sind? Sind sie in Gefahr, depressiv zu werden?

Studien zeigen, dass die Antwort lautet: Nein. Defensive Pessimisten sind zu gar nichts verurteilt. Defensive Pessimisten sind anders als andere Pessimisten, und sie scheinen nicht sonderlich depressionsgefährdet zu sein. Obwohl sie keinen optimistischen Attributionsstil haben, neigen sie doch auch nicht zu einem kontrovers negativen. Wieder einmal sind sie einfach anders.

Natürlich haben auch Daniel und Katherine ihren Attributionsstil, nur passt er nicht in den bisher definierten optimistischen oder pessimistischen Rahmen. Die Forschung über das Selbstkonzept, das Selbstwertgefühl, die Attributionen und die Bewältigungsstrategien der defensiven Pessimisten zeigt ein recht freundliches Selbstbild und eine recht erfreuliche langfristige Perspektive. Der Prozess hinter diesem überraschenden Befund ist ziemlich klar: Die meisten positiven Effekte des positiven Denkens entstehen bei Menschen, die ihr Leben selbst in die Hand nehmen, und genau das tun defensive Pessimisten ebenfalls.

Erinnern wir uns an Katherine, die sich darauf vorbereitet, ein Manuskript bei einer Fachzeitschrift einzureichen: Sie macht sich Sorgen darüber, wer den Artikel wohl begutachten wird, was ja außerhalb ihrer Kontrolle liegt. Aber darüber nachzudenken, was ein Gutachter auszusetzen haben könnte, hilft ihr, das Manuskript besonders gründlich vorzubereiten. Sie ist überzeugt, dass sie die Kritikpunkte pingeliger Redakteure ein wenig abmildern kann, wenn sie sich anstrengt, und dass sie damit zumindest ein bisschen Kontrolle über den Endzustand des Artikels hat.

Wenn der Herausgeber das Manuskript nun ablehnt, lautet eine von Katherines Attributionen möglicherweise, sie habe bei der Begutachtung Pech gehabt. Sie kann auch zu dem Schluss kommen, sie habe sich nicht genügend angestrengt. Wenn der Herausgeber den Artikel veröffentlicht, nimmt sie an, vielleicht ein bisschen Glück bei der Wahl des Gutachters gehabt zu haben, vor allem aber, dass ihre Fähigkeiten und ihre Anstrengung zum Erfolg beigetragen haben. Wenn Katherine das nächste Mal ein Manuskript vorbereitet, was wird sie auf der Grundlage dieser Attributionen dann denken? Sie drückt es so aus: «Der Begutachtungsprozess kann einen wahnsinnig machen, und die einzige mögliche Reaktion darauf ist besonders harte Arbeit.» Dieser Ansatz entspricht nicht gerade positivem Denken, bedeutet aber auf jeden Fall eine aktive Einstellung.

Wie Katherine neigen defensive Pessimisten sowohl bei negativen wie bei positiven Ereignissen zu komplexen Attributionen, die insgesamt weder durchgängig positiv noch durchgängig negativ sind. Da sie im Voraus mehrere mögliche Ergebnisse durchspielen, verschaffen sie sich ein sehr umfassendes Bild davon, was passieren kann. Wenn die ängstliche Mutter, die mit ihren Kleinkindern verreist, sich an die Reise erinnert, sind alle Szenarien, die sie durchdacht hat, mit den anderen Erinnerungen in ihrem Gedächtnis gespeichert. So vergisst sie nicht, dass es eine wirklich gute Idee war, das Stickeralbum mit ein paar neuen Figuren einzupacken, mit dem sich die Kinder auf dem Flug lange beschäftigt haben. Dass nicht alles optimal gelaufen ist, vergisst sie ebenfalls nicht, mit den klebrigen Erdnussbuttersandwiches hat sie weniger gute

Erfahrungen gemacht. Sie sieht sowohl das Gute wie auch das Schlechte, und beides beeinflusst ihre Interpretation und ihre Attributionen insgesamt.

Typischerweise schreiben defensive Pessimisten gute und schlechte Resultate *inneren* Gründen zu, also gleichermaßen Anstrengung (instabil) und Fähigkeit (stabil). Aber sie erkennen auch, dass manche Anforderungen sehr schwierig zu bewältigen sind und dass die Welt manchmal sehr kompliziert und unberechenbar ist. Für defensive Pessimisten beinhalten diese Attributionen nur, dass es für Ängstlichkeit gute Gründe gibt, und dass man aktiv alles in die Hand nehmen sollte, was man kontrollieren kann.

Der Pessimismus des pessimistischen Attributionsstils ist ganz anders. Attributionen über vergangene Ereignisse haben wichtige Konsequenzen für die Zukunft: Innere, stabile und übergreifende Zuschreibungen bei schlechten Ereignissen machen einen Menschen hilflos und hoffnungslos. Er kann sich gar nicht vorstellen, sein Leben jemals wieder in den Griff zu bekommen. Dieser Unterschied verstärkt einen anderen, bereits erwähnten Unterschied: Der defensive Pessimismus entwickelt sich nicht aus negativen Interpretationen *vergangener* Ereignisse, sondern aus der Angst vor zukünftigen. Katherine ist nicht pessimistisch, weil in der Vergangenheit alle ihre Artikel abgelehnt wurden und weil sie jetzt davon überzeugt ist, dass das auch in Zukunft so bleiben wird. Vielmehr ist ihr defensiver Pessimismus eine Reaktion auf eine Angst, die ihre Wurzeln in dem Bewusstsein hat, sie sei zumindest teilweise sowohl für ihre vergangenen Misserfolge als auch für ihre vergangenen Erfolge verantwortlich.

Defensive Pessimisten haben nicht das Gefühl, alles unter Kontrolle zu haben – und ein Teil ihrer Ängstlichkeit entspringt ja aus dem Gefühl, dass sie die Zukunft nicht kontrollieren können. Doch sie spüren, dass sie den Lauf der Dinge aktiv beeinflussen können, wenn sie sich entsprechend bemühen. Ihre Strategie hilft ihnen dabei.

Hoffnung

Die Fähigkeit, sich selbst zu mobilisieren, ist für den defensiven Pessimisten fundamental. Sie steht in engem Zusammenhang mit einer anderen positiven Eigenschaft: Im Gegensatz zu anderen Pessimisten haben die defensiven Pessimisten nämlich *Hoffnung*. Obwohl es im alltäglichen Gebrauch des Wortes manchmal aussieht, als wären Hoffnung und Optimismus synonym, handelt es sich aus psychologischer Sicht um unterschiedliche Konzepte. Ein bekannter Wissenschaftler hat Hoffnung einmal als Kombination von *Tatkraft* und *Methode* beschrieben.

Hoffnungsvolle Menschen können sich selbst zum Handeln bringen, sie zeigen also Tatkraft. Außerdem sind sie in der Lage, sich Methoden auszudenken, wie sie ihre Ziele erreichen. Letzteres ähnelt stark dem gedanklichen Durchspielen von Situationen, das wiederum das Bewusstsein für die eigene Tatkraft unterstützt. Katherines Überzeugung, dass die Antwort auf den Wahnsinn der Welt für sie darin liegt, wie verrückt zu arbeiten, ist ein perfektes Sinnbild für Tatkraft. Katherine bildet sich nicht ein, die ganze Welt unter Kontrolle zu haben. Aber sie kann entscheiden, was sie selbst tun will, und sie sucht nach Methoden, wie sie ihre Ziele erreichen kann.

Wenn wir unsere eigenen Schwächen wahrnehmen, führt das zu einem negativen Gefühl, das als extrem unangenehm empfunden wird. Dies zeigen nicht zuletzt die zahlreichen Selbsttäuschungen, die wir entwickeln, um unsere Schwächen vor uns selbst und vor anderen zu verstecken. Wenn wir uns ein Ziel setzen, bei dem wir uns auf Dinge konzentrieren müssen, die wir an uns nicht mögen («Ich muss abnehmen, weil ich zu dick bin»), lassen wir uns besonders leicht entmutigen. Denn jedes Mal, wenn wir negativ über uns denken, fühlen wir uns wieder mies. Dann geraten wir in Versuchung, Dinge zu tun, durch die wir uns besser fühlen, ohne an die langfristigen Folgen zu denken – so schwer fällt es uns, die schlechten Gefühle auszuhalten.

Dieser Prozess kann unsere Bemühungen zur Selbstverbesserung rasch zunichte machen. Wir finden uns zu dick und möchten abnehmen, aber wir fühlen uns schlecht beim Gedanken ans Dicksein. Nun können wir dies natürlich verdrängen oder wir können leugnen, dick zu sein – eine effektive Selbsttäuschung, sofern wir schlau genug sind, Spiegel und das ehrliche Urteil anderer Menschen zu meiden. Aber dieses Verhalten hilft uns kaum beim Abnehmen.

Wenn wir negative Gefühle nicht leugnen, müssen wir irgendwie anders mit ihnen umgehen. Wenn wir uns in der Vergangenheit dadurch ein besseres Gefühl verschafft haben, dass wir eine große Portion Eis verzehrten, dann rennen wir zur Kühltruhe, sobald es uns schlecht geht. Das macht die Dinge auf lange Sicht natürlich nur schlimmer. Unser rationales Selbst weiß, dass Sport und Bewegung probate Mittel zum Abnehmen sind, und wenn wir erst einmal damit anfangen, kann Bewegung und das damit einhergehende Gefühl, etwas geleistet zu haben, zu einer positiven Stimmung führen. Aber der erste Schritt ist der schwerste, nämlich mit dem Sport anzufangen. Kaum etwas bringt Fettpölsterchen so zur Geltung wie ein flottes Sporttrikot! Außerdem müssen wir uns kurzfristig den negativen Emotionen stellen. Die Fähigkeit, negative Emotionen auszuhalten, ist unabdingbar für unsere Bemühungen, etwas zu verändern.

Der defensive Pessimismus ermöglicht es, negative Emotionen als Teil der Arbeit an wichtigen Zielen zu tolerieren, ohne dass man auf Selbsttäuschungen zurückgreifen muss. Weder schaltet man negative Emotionen deshalb aus, noch unterwirft man sich ihnen oder tut so, als wären sie eigentlich positiv. Es bedeutet nur, dass wir unsere negativen Gefühle zulassen, während wir weiter an dem arbeiten, was wir anstreben.

Defensive Pessimisten unterdrücken ihre Angst nicht, sie lassen sie zu. Manchmal steigert der defensive Pessimismus sogar das unmittelbare Angsterlebnis, nämlich genau dann, wenn ein defensiver Pessimist über alles nachgrübelt, was schief gehen könnte. Wenn ein solcher Mensch abnehmen will, wird ihm wind und weh beim Gedanken daran, wie schwer es sein wird, passende Trainingsklamotten zu finden, sich selbst in den riesigen Spiegeln an den Wänden des Fitnessstudios anzuschauen, und schließlich den Muskelkater auszuhalten. Als Resultat seines Grübelns entscheidet er sich für einen Trainingsanzug, der seine Pölsterchen kaschiert, belegt den viel besuchten Kurs am späten Vormittag, wo er sich ein bisschen zwischen den anderen Teilnehmern verstecken kann, und nimmt sich nach all der Mühe Zeit für ein heißes Bad. Vor allem aber bringt sein Planen ihn erst einmal dazu, sich auf den Weg ins Studio zu machen. Die Selbstbehinderer suchen unterdessen weiterhin nach Ausreden, warum sie keine Zeit für Sport haben. Und die Vermeider verschanzen sich hinter irgendwelchen Seifenopern und fragen sich, warum ihre Kleider beim Waschen ständig eingehen.

Nicht trotz, sondern wegen ihres negativen Denkens gewinnen defensive Pessimisten ebenso viel Kontrolle und Motivation wie strategische Optimisten mit Hilfe ihrer selbstschützenden und selbstaufwertenden Strategien. Defensive Pessimisten reagieren ebenso flexibel und erholen sich von Fehlschlägen ebenso schnell wie strategische Optimisten. Hingegen laufen Menschen mit pessimistischen Attributionsstilen Gefahr, aufzugeben, sobald sie auf die ersten Hindernisse stoßen.

Eine defensive Pessimistin, die ein Trainingsprogramm beginnt, erlebt wahrscheinlich die gleichen Schwierigkeiten wie die meisten anderen Menschen: Gelegentlich lässt sie einen Termin ausfallen und verfällt irgendeiner geistlosen Ablenkung. Andere Pessimisten geraten häufig in eine «Alles oder nichts»-Situation und kommen zu dem Schluss, dass sie Versager sind, weil sie nicht ganz und gar auf Eiscreme verzichten können – und werfen die Flinte ins Korn. Doch die defensive Pessimistin weiß, dass sie sich auf eine schwierige Reise begeben hat und ihre Anstrengungen verdoppeln muss, wenn sie ihr Ziel erreichen will. Sie wirft den Rest der Eispackung in den Müll und sieht zu, dass in Zukunft immer genug fettarmer gefrorener Joghurt in der Kühltruhe ist. Ihr Pessimismus hilft ihr zu begreifen, dass sie damit rechnen muss, in Versuchung zu geraten, und ihr mentales Durchspielen hilft ihr, sich für den Kampf zu wappnen.

Ziele setzen

In seiner Anfangszeit auf dem College hatte Daniel Angst vor den akademischen Herausforderungen. Doch noch mehr Angst machten ihm die sozialen Kontakte. Jedes Mal, wenn die Tutoren und Berater die Studenten im ersten Semester ermunterten: «Geht einfach raus und unternehmt etwas mit den anderen», zuckte er innerlich zurück.

Daniel erinnert sich noch gut, wie es ihm fast ein bisschen sadistisch vorkam, als man ihn immer wieder ermutigte, «rauszugehen». Das «Draußen» war doch genau das, wovor er eine Höllenangst hatte. Wie sollte das klappen? Er wusste, dass er kein gewandter Gesellschafter war, leicht rot wurde, stotterte und dass ihm oft nichts einfiel, was er sagen sollte. Sein Äußeres schien ihm ebenfalls wenig geeignet, um ihn zum gesellschaftlichen Mittelpunkt zu machen.

Aus dieser Einschätzung seiner Person zog Daniel nun aber nicht den Schluss, ein wertloser Mensch zu sein oder dass der Versuch, soziale Kontakte aufzubauen, sich sowieso nicht lohnte. Als guter defensiver Pessimist identifizierte er seine Schwächen und spielte die von ihm befürchteten Konsequenzen in der Fantasie durch, um über Lösungsmöglichkeiten und konkrete Handlungsentwürfe nachzudenken.

Natürlich machte es ihm keinen Spaß, seinen Schwächen ins Gesicht zu blicken und sich alle möglichen peinlichen Begegnungen auszumalen. Sein Zimmergenosse lachte ihn aus. Er fand es schon seltsam genug, dass Daniel in jeder Jackentasche Pfefferminzpastillen mit sich herumtrug und dass er versuchte, mit gezielten Sprechübungen das Stottern in den Griff zu bekommen, aber völlig absurd erschien ihm, wenn Daniel jeden Samstagabend vor dem Ausgehen seine Liste durchging, auf der er sich alle möglichen aktuellen Themen notiert hatte.

Absurd oder nicht – der defensive Pessimismus half Daniel, seine Angst vor sozialen Situationen so weit in den Griff zu bekommen, dass sie ihn nicht beeinträchtigte. Obwohl sein Mitbewohner ihn albern fand, hielt Daniel seine Maßnahmen durch. Das befähigte ihn, soziale Kontakte zu knüpfen, obwohl es ihm schwer fiel. Im Lauf der Zeit lernte er viele Leute kennen, und mit einigen freundete er sich an. Natürlich musste er einen Teil langweiliger Partys und katastrophaler Verabredungen überstehen, aber es gab durchaus auch schöne Erlebnisse und romantische Beziehungen.

Seine Erfahrung, neue Leute kennen lernen und neue Beziehungen aufbauen zu können, stärkte sein soziales Selbstbewusstsein. Seine Gedankenspiele verwandelten ihn nicht etwa in einen wortgewandten, entspannten Partylöwen, und seine Freunde neckten ihn auch weiterhin, wenn sie ihn dabei erwischten, wie er sich auf eine Party oder eine Verabredung vorbereitete. Aber der defensive Pessimismus half Daniel, sich mehr als Herr der Lage zu empfinden, und dies wiederum erleichterte es ihm, auf Leute zuzugehen und sich auf sie zu konzentrieren, statt ständig an seine verschwitzten Hände zu denken und Angst zu haben, er könnte etwas Dummes sagen.

Daniels Pläne für den Umgang mit seiner Angst sind ziemlich typisch. In den meisten Ratgebern und Seminaren zu sozialen Fertigkeiten werden ähnliche Techniken empfohlen. Doch gute Ratschläge allein reichen nicht, sie müssen auch angewandt werden. Als defensiver Pessimist ist Daniel befähigt, seine Pläne konsequent und über lange Zeit hinweg durchzuziehen, selbst wenn er nicht gleich zu Anfang fabelhafte Ergebnisse erzielt.

Ängstliche Menschen, die – anders als Daniel – auf nichts zurückgreifen können außer auf die Attribution, dass sie irgendwann sowieso endgültig versagen, geraten oft ins Schleudern, wenn sie versuchen, gute Ratschläge hinsichtlich ihres Sozialverhaltens anzunehmen. Mit einem hastig aufgeblasenen Selbstbewusstsein preschen sie vor, nachdem sie beispielsweise «aktives Zuhören» gelernt haben. Sie werden entdecken, wie schwer es ist, diese Technik so anzuwenden, dass sie nicht als herablassend ankommt. Manchmal sind Leute davon irritiert und reagieren sogar feindselig. Ein ohnehin schüchterner Mensch verfällt nach einem solchen Misserfolg in seinen üblichen pessimistischen Attributionsstil und findet in ihm einmal mehr die Bestätigung für seine mangelnde Attraktivität oder für die Gefühllosigkeit der Welt oder die allgemeine Hoffnungslosigkeit. Daniel hingegen setzt den defensiven Pessimismus ein, um sich auf eventuelle Misserfolge einzurichten und sich zu überlegen, wie er damit fertig werden könnte. Weil er sich von anfänglichen Fehlschlägen nicht entmutigen ließ, hat er sich so weit verbessert, dass seine tatsächlichen Erfahrungen positiver wurden – auch wenn die Angst natürlich nicht ganz verschwunden war.

Daniels Erfahrungen mit dem defensiven Pessimismus als Methode, um sich persönlich weiterzuentwickeln, lassen sich durchaus verallgemeinern. Ich habe Studenten über mehrere Jahre hinweg periodisch Fragebogen ausfüllen lassen, in denen sie ihre Erfahrungen mitteilten. Die Ergebnisse zeigen, dass sozial ängstliche Studenten wie Daniel, die den defensiven Pessimismus einsetzten, besser in der Lage waren, in der Studentenzeit ein soziales Netz aufzubauen, als sozial ängstliche Kommilitonen, die das nicht taten. Vor ihrem Studienabschluss verfügten defensive Pessimisten über einen engen, unterstützenden Freundeskreis, auf dessen Verständnis und Ermutigung sie sich verlassen konnten und dessen Gesellschaft sie als sehr angenehm empfanden.

Wie andere ängstliche Menschen beginnen auch defensive Pessimisten ihr Studium mit einem niedrigeren Selbstwertgefühl als strategische Optimisten, doch im Lauf der Studentenzeit steigt es stetig an. Das ist kein Zufall, sie arbeiten hart an seiner Entwicklung. Auf die Frage nach ihren Zielen geben defensive Pessimisten mehr Ziele an, die mit persönlichem Wachstum und Veränderung zu tun haben, als ihre ängstlichen Kommilitonen, und diese Ziele sind ihnen wichtiger als den strategischen Optimisten. Das beeindruckendste Ergebnis aber ist, dass defensive Pessimisten – wie Daniel – im Lauf der Zeit substantielle Fortschritte machen.

Durchhalten

Um dieses Untersuchungsergebnis in die richtige Perspektive zu rücken, sollte man sich ins Gedächtnis rufen, wie oft Sie oder Ihre Bekannten an Neujahr gute Vorsätze gefasst haben, die am Valentinstag schon wieder vergessen waren. Jedes Jahr findet man Anfang Januar in Zeitungen und Zeitschriften Artikel, in denen Motivationsexperten schildern, wie man seine Ziele so steckt, dass die Chancen auf Erfolg möglichst groß sind. Zielesetzen an sich ist leicht, die eigenen Ziele nicht aus den Augen zu verlieren ist weit schwieriger.

Es gibt eine Menge Forschungsliteratur zu diesem Thema, aber letztlich läuft der Rat der Experten auf drei Punkte hinaus: Setzen Sie sich keine abstrakten, allgemeinen Ziele, sondern bleiben Sie konkret und äußerst genau. Unterteilen Sie große Ziele in kleine, klar definierte Zwischenschritte. Überlegen Sie sich bei jedem einzelnen Teilziel genau, wie Sie es erreichen können.

Sie müssen kein defensiver Pessimist sein, um sich an diese Ratschläge zu halten, aber beachten Sie, wie ähnlich die Methoden des defensiven Pessimismus sind. Indem der defensive Pessimist in Gedanken verschiedene Ergebnisse durchspielt, verwandelt er abstrakte Ideen in konkrete, spezifische Szenarios, für die schrittweise verschiedene Lösungsmöglichkeiten ausgearbeitet werden. Als Daniel seine Sozialkontakte verbessern wollte, steckte er sich nicht nur das Ziel, Freunde zu gewinnen. Als Teil seiner Fantasien, was alles schief gehen könnte, formulierte er konkrete kleinere Ziele: das Stottern reduzieren, um sich nicht durch unzusammenhängendes Gestammel in Verlegenheit zu bringen; für frischen Atem sorgen, um nicht abstoßend zu wirken; ein Repertoire von Gesprächsthemen parat haben, um das Gespräch nicht ins Stocken geraten zu lassen.

Diese kleinen Ziele sind selbst für einen ängstlichen Menschen relativ leicht anzugehen – und genau darin liegt das Wunderbare. Wenn Daniel sein Ziel allgemeiner definiert hätte («Freunde finden»), wäre er womöglich halb erstickt unter einem Wust von Sorgen in seinem Zimmer im Wohnheim sitzen geblieben. «Babyschritte» – losziehen, um Pfefferminzpastillen zu kaufen – können einen Riesenunterschied bewirken, vor allem bei ängstlichen Menschen, und sei es nur, dass es sie ein klein wenig näher an ihr Ziel bringt, statt dass sie davor zurückweichen.

Negative Selbsterkenntnis und Ansätze zur Verbesserung

Der Schlüssel zum Verständnis der negativen Teile im Selbstkonzept der defensiven Pessimisten liegt ebenfalls im Kleinen und Konkreten. Statt sich nur das Ausmaß des Selbstwertgefühls anzusehen, das jemand angibt, haben meine Kollegen und ich mehrere Untersuchungen durchgeführt, in denen wir nach dem *Inhalt* der Überzeugungen forschten, die unsere Teilnehmer hinsichtlich ihrer eigenen Person hegten.

Defensive Pessimisten benutzen durchaus auch positive Charakteristiken, wenn sie sich selbst beschreiben; sie sehen sich nicht ausschließlich negativ. So weiß Katherine beispielsweise sehr genau, dass sie eine innovative und bemerkenswert gründliche Wissenschaftlerin ist, eine liebevolle Ehefrau und eine zuverlässige Freundin. Daniel weiß, dass er Humor hat und dass ihm bei Dingen, die etwas mit Architekturdesign zu tun haben, keiner so schnell etwas vormachen kann.

Zwar geben defensive Pessimisten mehr negative Eigenschaften an als strategische Optimisten, aber auch ihre negativen Beschreibungen unterscheiden sie von anderen ängstlichen Menschen. Wenn defensive Pessimisten ihre Fehler beschreiben, sind sie meist sehr präzise, während vermeidende Pessimisten häufig bei übergreifenden und allgemeinen Charakterisierungen Zuflucht suchen. Daniel könnte zum Beispiel von sich sagen, dass er leicht vom Thema abkommt, wenn er einen Artikel verfasst, und dass er seine Untergebenen zu wenig lobt. Mindy dagegen meint, dass sie schlecht schreibt und allen anderen Menschen viel zu kritisch gegenübersteht.

Daniel und Mindy haben mit ihren Beobachtungen möglicherweise beide Recht und sind sich vielleicht in diesen relativ negativen Eigenschaften sehr ähnlich. Aber genau wie übergreifende Attributionen andere Konsequenzen für die Zukunft haben als spezifische Zuschreibungen, so beeinflusst es uns auch, wie abstrakt oder konkret wir uns selbst sehen. Wenn ich morgens aufwache und denke, ich bin ein fauler Mensch, dann ist mir überhaupt nicht klar, wie ich mich verändern könnte, auch wenn ich es unbedingt will. Was ist der erste Schritt, um weniger faul zu werden? Wenn ich mich selbst dagegen nicht für grundsätzlich faul halte, sondern erkannt habe, dass ich Dinge gern auf die lange Bank schiebe, dann kann ich aus dieser konkreteren Einschätzung einen Plan entwickeln. Zwar wird das Problem nicht unbedingt einfacher, aber entschieden leichter zu handhaben.

In der kognitiven Verhaltenstherapie geht es darum, wie unser Denken unsere Gefühle, Motivationen und unser Verhalten beeinflusst. Therapeuten dieser Richtung drängen ihre Klienten oft dazu, negative Selbstwahrnehmungen klarer und spezifischer zu formulieren, statt von einer schlechten Eigenschaft auf ihren Wert als Mensch an sich zu schließen. Als Hilfe zur Veränderung geht diese therapeutische oder Problemlösungstechnik davon aus, dass man ein Problem erst einmal erkennen muss, um es beheben zu können. Beispielsweise reicht es nicht aus zu wissen, dass ein Klient sich als Versager fühlt. Es ist wichtig zu erfahren, ob er sich schon als Kind so gefühlt hat oder erst neuerdings, weil er ein-, zweimal für seine Bemühungen kritisiert worden ist. Oder ob er nacheinander sechzehn Jobs verloren und zwei Scheidungen hinter sich gebracht hat. Therapeut und Klient müssen gemeinsam herausfinden, welche speziellen Ereignisse oder Annahmen einer Schlussfolgerung zu Grunde liegen und welche Ereignisse und Denkmuster für eine Veränderung notwendig sind.

Ein Problem genauer zu fassen, einzugrenzen, hilft nicht nur, einen Plan zur Lösung auszuarbeiten, sondern auch, die eigenen Fortschritte einzuschätzen. Je breiter und allgemeiner das Ziel, desto mehrdeutiger werden die potentiellen Rückmeldungen und desto mehr Raum entsteht für individuelle Interpretationen. Depressive oder ängstliche Menschen konzentrieren sich oft ganz auf den negativsten Aspekt ihrer Veränderung und sehen sich schon von einem einzelnen Fehlschlag als Versager abgestempelt. Oder eine wichtige Rückmeldung kommt einfach nicht bei ihnen an, weil sie von ihren negativen Gefühlen so abgelenkt sind.

Wenn Mindy immer wieder ihr Ziel propagiert, dass sie «besser organisiert» sein will, ist es sehr schwer, ihre Fortschritte klar zu bestimmen. Ist sie gut gelaunt, zeigt sie wahrscheinlich jedem voller Stolz ihren sorgfältig alphabetisierten Rezeptindex und redet sich ein, dass der Rest ihres Lebens bald ebenso systematisch geordnet sein wird. Dabei hat sie überhaupt keinen genauen Plan, was als Nächstes zu tun ist. Ist sie schlechter Stimmung, spendet ihr die Rezeptsammlung wenig Trost, denn sie denkt ständig nur daran, dass ihre Kochrezepte wirklich das *Einzige* in ihrem Leben sind, was sie einigermaßen auf die Reihe bekommt und dass sie sich damit nur so viel Mühe gegeben hat, weil sie ihren anderen Problemen aus dem Weg gehen wollte.

Natürlich wären Mindys Probleme nicht alle gelöst, wenn sie sich konkrete Ziele setzen würde. Aber wenn sie sich entschließen könnte, sich statt eines allgemeinen und einschüchternden «Ich muss mich besser organisieren» beispielsweise vornehmen würde: «In Zukunft lege ich alle Akten gleich wieder in den Schrank zurück, sobald ich damit fertig bin» und «Ich schreibe mir ab heute alle Termine sofort in mein Notizbuch», dann ließe sich ihr Fortschritt leicht veranschaulichen. Eventuelle Ausrutscher wären schwerer zu vertuschen.

Die zentralen Eigenschaften des sorgfältigen gedanklichen Durchprobierens, das defensive Pessimisten anwenden, wenn sie sich einer Leistungssituation nähern, charakterisieren auch ihr Selbstverständnis. Allem Anschein nach wenden defensive Pessimisten ihre Strategie auch auf sich selbst an: Sie sehen sich als konkretes Problem, das sie zwar beim Erreichen eines Ziels behindern kann, was aber mit ausreichender Anstrengung und Planung zu bewältigen ist. Daniel wusste, dass er leicht stottert und dass Stottern auf andere Menschen keinen guten Eindruck macht. Da man mit entsprechender Übung das Stottern oft überwinden kann, machte sich Daniel daran, dieses Problem auf die gleiche Art zu lösen, wie er heute als Architekt schwierige Designs angeht. Im Grunde sehen sich defensive Pessimisten selbst genauso, wie sie auch die Welt sehen: Sie sind nicht perfekt, haben aber ein großes Potential, und deshalb lohnt es sich, eine Verbesserung anzustreben.

Defensive Pessimisten scheinen noch eine andere Technik geborgt zu haben, die in der kognitiven Verhaltenstherapie bei ängstlichen Klienten angewandt wird: Man analysiert genau, was im schlimmsten Fall passieren kann, und diese Methode ähnelt in Form und Funktion sehr stark dem mentalen Durchprobieren.

In der kognitiven Verhaltenstherapie wird der Klient ermutigt, über all das zu sprechen, was seiner Meinung nach passieren könnte. Beispielsweise schleppt ein Mensch vielleicht eine enorme Angst vor öffentlichen Auftritten mit sich herum, verbunden mit dem grässlichen Bild eines riesigen Publikums, das ihn auslacht und mit dem Finger auf ihn zeigt, ohne sich je Gedanken darüber gemacht zu haben, was möglicherweise zu so einer fürchterlichen Situation führen könnte.

In der kognitiven Verhaltenstherapie werden solche Menschen ermutigt, ihre Ängste zu «konkretisieren», ihre Befürchtungen detailliert auszuführen. Mit sanftem Druck versucht der Therapeut herauszufinden, worin die Angst des Klienten steckt: Ob er fürchtet, mit seinen Notizen durcheinander zu kommen oder zu vergessen, was er sagen wollte, oder auf dem Weg zum Podium zu stolpern und hinzufallen. Wenn die Angst auf diese Weise und konkret fassbar geworden ist, wird der Klient ermuntert sich vorzustellen, was als Nächstes passieren könnte: Wenn er seine Notizen fallen lässt, lacht dann jemand? Lachen alle? Und wenn alle lachen, was passiert dann?

In der kognitiven Verhaltenstherapie hat man herausgefunden, dass das Durchspielen bestimmter Szenarios bei den ängstlichen Klienten genau das bewirkt, was auch der defensive Pessimismus erreichen möchte: Die Aufmerksamkeit wird von den Gefühlen auf die Tatsachen der betreffenden Situation gelenkt. Nun kann für verschiedene Eventualitäten geplant und geprobt werden. Sich das Schlimmste vorzustellen kann sogar motivierend sein, denn man erkennt, das Ergebnis mag zwar enttäuschend sein, aber man wird es überleben – statt es ständig vermeiden zu müssen. Mit anderen Worten: Es ist unwahrscheinlich, dass es zu Selbstmord, Scheidung, Entfremdung von der Familie und endgültigem finanziellem Ruin führt, wenn man bei einer kirchlichen Spendenveranstaltung eine langweilige Rede hält.

Wessen Realität ist die richtige?

Wenn die defensiven Pessimisten nun nicht wie die strategischen Optimisten bei Illusionen Zuflucht nehmen, um ihr Selbstbild aufrechtzuerhalten; wenn sie bereit sind, bei sich selbst auch negative Dinge zu sehen – folgt dann daraus, dass defensive Pessimisten realistischer sind? Wie oft bei Diskussionen über die Realität, zieht diese Frage eine lange Debatte nach sich. Wie soll man Realität und Wahrheit definieren? Da es dafür aber leider keine absoluten Maßstäbe gibt, müssen wir uns wohl mit der Erkenntnis zufrieden geben, dass beide, sowohl der defensive Pessimist als auch der strategische Optimist die Realität ein wenig verzerren – nur eben auf unterschiedliche Art. Beide Arten haben Vorteile, sind aber auch für bestimmte Fehler und deren Folgen anfällig.

Bei defensiven Pessimisten kann leicht die Lebensfreude leiden, wenn sie die Welt ständig negativ interpretieren und positive Rückmeldungen ebenso verpassen wie die Chance, zufrieden zu sein. Ganz bestimmt glaubt Bill, dass Katherine um jeden kleinen Fehler viel zu viel Theater macht und dass sie viel weniger ängstlich wäre, wenn sie endlich erkennen würde, wie gut sie in ihrem Leben zurechtkommt. Katherine kontert natürlich, dass sie weniger Fehler macht, weil sie alle möglichen Eventualitäten vorher genau durchdenkt, und sie hält lieber ein bisschen schlechte Stimmung aus, wenn sie dafür meint, eine Situation in den Griff zu bekommen.

Da defensive Pessimisten – anders als strategische Optimisten – nicht dazu neigen, sich selbst auf einen Sockel zu stellen, sind sie eher bereit, Fehler zuzugeben, und demzufolge vielleicht auch eher in der Lage, aus ihnen zu lernen. Schließlich führt Daniel im Architekturbüro eine Liste, welche Klienten gut auf Hightech-Präsentationen reagieren und welche weniger auf Technik stehen. Er hat diese Liste angelegt, weil er die negativen Reaktionen seiner Klienten bei einer Präsentation registriert, und er ist entschlossen, den gleichen Fehler nicht zweimal zu machen. Bills scheinbare Blindheit für solche Signale frustriert ihn oft. Im Gegensatz dazu hat Bill vielleicht eine zu gute Meinung von sich, die dazu führt, dass er manchmal ein negatives Feedback nicht richtig mitbekommt. Aber diese Schwäche könnte durch den positiven Eindruck kompensiert werden, den er durch sein Selbstvertrauen und seine ungetrübte Begeisterung erweckt.

Letztlich ist es vom *Ausmaß* unserer Verzerrungen und von der Flexibilität unserer Perspektive abhängig, ob unsere Wahrnehmungen und die mit ihnen einhergehenden Verfälschungen der Realität uns helfen oder schaden. Beispiele für schlecht angepasste Wahrnehmungen zu finden ist einfach: Glücksspieler verlieren ein Vermögen und ruinieren ihr Leben aufgrund ihres unrealistischen Optimismus und ihrer illusionären Kontrollgefühle. Wenn sich andererseits jemand vollkommen hilflos fühlt, sind seine Wahrnehmungen sicher fast ebenso unrealistisch – und ebenso unzutreffend – wie die des Glücksspielers.

Defensive Pessimisten und strategische Optimisten scheinen beide ihre leicht verfälschten Realitätswahrnehmungen *einzu-*

setzen, um ihre Motivation zu steigern und eine bessere Leistung zu erzielen. Wenn Leute ihre Strategie nicht angemessen oder in den falschen Situationen benutzen (ohne auf den Kontext zu achten), dann dürften die Verzerrungen keine Vorteile einbringen, oder sogar einen Tribut fordern, der die eventuellen Vorteile übersteigt.

Die wissenschaftliche Forschung scheint dieses allgemeine Bild der typischen Realitätskorrekturen und deren Konsequenzen zu bestätigen. In einer Studie setzten wir eine Gruppe von defensiven Pessimisten und strategischen Optimisten dadurch unter Druck, dass wir ihnen sagten, sie sollten sich vor der Kamera möglichst treffend präsentieren – beispielsweise für eine Heiratsvermittlung. Außerdem würde ihr Auftritt von zwei Beobachtern hinter dem Einwegspiegel bewertet.

Sowohl die strategischen Optimisten als auch die defensiven Pessimisten sollten ihre Leistung zusätzlich auch selbst einstufen. Dann taten wir so, als zeigten wir jedem Teilnehmer die Beurteilungen der Beobachter, aber in Wirklichkeit erhielt jeder identische Beurteilungen: eine relativ positive, eine relativ negative. Nach einer kurzen Pause baten wir die Versuchspersonen, sich so präzise wie möglich an das Feedback zu erinnern, das sie bekommen hatten.

Als Maß für die «Realität» konnten wir die Einschätzungen nun mit den Bewertungen der Beobachter vergleichen. Natürlich ist ein einzelner Mensch in seiner Wahrnehmung nie absolut akkurat oder hundertprozentig sicher, aber der Durchschnittswert aller Beobachter, die das Gleiche gesehen haben, liefert zumindest einen Anhaltspunkt.

Danach überprüften wir, wie jeder Versuchsteilnehmer sich selbst eingeschätzt hatte und verglichen diese Einschätzung mit den Bewertungen der Beobachter. Hierbei zeigte sich einerseits, dass sowohl defensive Pessimisten als auch strategische

Optimisten ziemlich gut mit den Bewertungen der Beobachter übereinstimmten: Die gleichen Leute, deren Leistung von den Beobachtern gut bewertet wurde, hatten sich auch selbst so wahrgenommen, wer schlecht beurteilt worden war, hatte sich meist auch als schlecht wahrgenommen.

Andererseits gab es signifikante – und unterschiedliche – Verzerrungen. Die strategischen Optimisten schätzten sich durchgängig positiver ein als die Beobachter, während die defensiven Pessimisten sich konsistent negativer bewerteten als diese. So zeigten beide Gruppen kleine Abweichungen von den Beobachterurteilen, aber jeweils in einer anderen Richtung.

Die größten Unterschiede ergaben sich in der Einschätzung, wie viel jemand sich verbessern sollte: Defensive Pessimisten fanden, dass sie ihre Präsentation deutlich verbessern müssten, während die strategischen Optimisten der Meinung waren, dass sie eigentlich keine Verbesserung nötig hätten. Die Beobachter sahen unterdessen nicht mehr Grund zur Verbesserung bei den defensiven Pessimisten als bei den strategischen Optimisten, sondern erkannten gleichermaßen Verbesserungsmöglichkeiten für beide Gruppen.

Die defensiven Pessimisten zeigten durchgängig die Tendenz, die Rückmeldungen als negativer im Gedächtnis zu behalten, als sie tatsächlich gewesen waren, während strategische Optimisten deutlich positivere Bewertungen im Kopf behielten. In dieser Studie verfügten wir über einen objektiven Maßstab, mit dem wir die Erinnerungen der defensiven Pessimisten und der strategischen Optimisten vergleichen konnten, denn man hatte ihnen allen ja die gleichen Bewertungen gezeigt.

Weder die strategischen Optimisten noch die defensiven Pessimisten sind ganz realitätsfremd, das beweist die Korrelation zwischen ihrer Selbsteinschätzung und den Beobachterbewertungen. Diese Ergebnisse legen nahe, dass die potentiellen Vor- und Nachteile des defensiven Pessimismus und des strategischen Optimismus verschieden sind. Es wäre fruchtlos, festlegen zu wollen, welche Strategie in einem absoluten Sinne zu einer korrekteren Wahrnehmung der Realität führt.

Selbst wenn wir uns auf bestimmte Kriterien für ein solches Urteil einigen könnten, ist noch lange nicht klar, dass ein Vergleich für die alltäglichen Bedingungen derer, die die jeweilige Strategie anwenden, wirklich relevant sind. Wenn wir Strategien vergleichen, als könnten wir einen Sieger bestimmen, gehen wir von der falschen Annahme aus, dass es sich um Werkzeuge für dieselbe Aufgabe handelt, wo doch alles darauf hindeutet, dass dies nicht der Fall ist.

Die Strategien, die wir im Alltag anwenden, sind uns nicht nach dem Zufallsprinzip zugeteilt worden. Vielmehr entwickeln wir sie als Reaktion auf die Situationen, in die wir geraten. Diese befinden sich ihrerseits wiederum in einer Wechselbeziehung mit dem Rest unserer Persönlichkeit, unseren Gefühlen und unserem Gedächtnis. Unterschiedliche Situationen erfordern unterschiedliche Herangehensweisen. Ein eingehenderer Vergleich zwischen dem defensiven Pessimismus und dem strategischen Optimismus klärt die Stärken und Schwächen beider Strategien.

Kapitel 7
Es gibt keine Einheitslösung
Andere Menschen, andere Strategien

Es gibt keinen Schuh, der allen passt.

C. G. Jung

Die meisten Leute denken mehr mit ihren Hoffnungen, ihren Ängsten oder ihren Wünschen als mit dem Verstand. Das ist ein Problem.

Will Durant

Der Vergleich mit den vermeidenden Strategien bringt einige Aspekte des defensiven Pessimismus recht gut ans Licht, aber einen besseren Eindruck von den potentiellen Nachteilen verschafft uns der Vergleich mit dem strategischen Optimismus. Erinnern wir uns, dass strategische Optimisten unter normalen Umständen nicht ängstlich sind und Positives erwarten. Statt gedanklich verschiedene Eventualitäten durchzuspielen, lenken sie sich vor einer potentiell Angst erregenden Situation ab, um nicht ängstlich zu werden. Die Unterschiede im Denken und Fühlen der strategischen Optimisten und der defensiven Pessimisten veranschaulichen, dass Strategien ganz direkt mit den anderen Aspekten unserer Persönlichkeit zusammenhängen.

Sogar in Situationen, die eigentlich jeden ängstigen, fühlen sich strategische Optimisten weniger ängstlich als andere. Ihre Strategie zur Angstbewältigung besteht darin, der Angst auszuweichen und sie auszublenden. Natürlich sind strategische Optimisten nicht vollständig blind gegenüber Angst machenden Faktoren. Sie wissen durchaus, dass eine Prüfung oder eine Präsentation vor einem neuen Kunden oder die Kontaktsuche in einer Single-Bar jeweils Situationen sind, in denen man von den anderen bewertet wird, und die das Potential für Misserfolge und Demütigungen besitzen. Aber die strategischen Optimisten sind überzeugt, die Lage unter Kontrolle zu haben und reiten nicht darauf herum, was alles schief gehen könnte. Ihre Erwartungen sind hoch, und sie lenken sich aktiv von irgendwelchen Zukunftsgrübeleien ab.

Bill beschäftigt sich vor einer großen Präsentation mit E-Mails, Reiseprospekten und dem kleinen Basketballkorb an seiner Bürotür. Er ist ein perfektes Beispiel für diese Taktik. Wenn er bei der Präsentation in Hochform sein will, muss er die Aufregung abblocken. Unterdessen rennt sein defensiv pessimistischer Partner Daniel durch die Gegend, macht zusätzliche Kopien der Handzettel und organisiert Ausweichmöglichkeiten, falls die PowerPoint-Präsentation nicht hinhaut.

Wenn Katherine ihren Mann Bill dazu bringen will, sich Gedanken darüber zu machen, dass sie auf dem Weg zum Flughafen in einen Stau geraten könnten, und deshalb lieber ein paar Erledigungen streichen und sich eine halbe Stunde als Pufferzone lassen sollten, dann ist er verärgert, weil diese Gedanken seine gewohnte Strategie beeinträchtigen. Wenn Katherine sich durchsetzt und Bill tatsächlich anfängt nachzudenken, fühlt er sich am Ende womöglich ängstlich, und genau das will er um jeden Preis vermeiden.

An etwas Bestimmtes nicht zu denken ist schwieriger, als man vielleicht annimmt. Um sich das vor Augen zu führen, setzen Sie sich bitte eine Minute lang still hin und versuchen Sie, nicht an tanzende weiße Bären zu denken. Sagen Sie sich, Sie werden sich unter keinen Umständen tanzende weiße Bären vorstellen. Vor allem keine tanzenden weißen Bären mit rosaroten Schleifen. Wenn Sie versuchen, «nicht an X zu denken», müssen Sie erst einmal an X denken, damit Sie wissen, was dieses X ist, an das sie nicht denken wollen!

Diese Art zu denken nennt man «ironisches Verarbeiten». Die Forschung in diesem interessanten Bereich hat ergeben, dass wir unsere Diät eher durchhalten, wenn wir uns auf das gesunde, kalorienarme Essen konzentrieren, auf das wir umsteigen wollen, statt ständig über die Lebensmittel nachzudenken, die wir gern vermeiden möchten. Wenn wir uns nämlich darauf konzentrieren, dass wir «keine Schokolade mehr kriegen», denken wir ständig an Schokolade, entsprechend werden wir wahrscheinlich irgendwann dem Wunsch nachgeben, sie auch zu essen!

Strategische Optimisten arbeiten mit einem Prinzip, das auf das ironische Verarbeiten zurückgeht. Natürlich sind sie sich dessen sicher nicht bewusst: Man muss aktiv an etwas anderes denken, wenn man an etwas Bestimmtes nicht denken will. Wenn ihnen eine Situation Angst macht, lenken sie sich gezielt ab, indem sie an andere Dinge denken. Wenn eine strategische Optimistin eine Prüfung vor sich hat, dann grübelt sie nicht darüber nach, welche Note sie bekommen könnte, wie viele Fragen sie womöglich nicht beantworten kann oder ob sie vielleicht freiwillig noch etwas Zusätzliches über das Thema lesen sollte. Sie konzentriert sich darauf, was sie in den Ferien nach der Prüfung alles unternehmen könnte; wie schön es sein wird, am Strand zu liegen und sich zu entspannen, oder sogar, was für eine scheußliche Krawatte sich ihr Professor wohl diesmal umbinden wird. An andere Dinge zu denken, vor allem an positive, hilft der strategischen Optimistin, keine Angst vor der Zukunft zu empfinden.

Strategie und Leistung

Strategische Optimisten brauchen ihre Strategie zur Angstbewältigung genauso wie die defensiven Pessimisten. In unserer Forschungsarbeit griffen wir gezielt in die Strategien unserer Versuchspersonen ein, um zu sehen, wie sie funktionieren. Unsere Manipulationen beeinträchtigten die strategischen Optimisten nicht weniger als die defensiven Pessimisten. Letztere schnitten schlechter ab, wenn wir sie dazu brachten, das zu tun, was strategische Optimisten tun, aber auch die strategischen Optimisten zeigten schlechtere Leistungen, wenn sie gezwungen waren, auf die Strategie der defensiven Pessimisten zurückzugreifen.

Eine Gruppe wurde abgelenkt, die andere dazu ermuntert, die bevorstehende Leistungsanforderung in Gedanken durchzuspielen. Die Leistung der strategischen Optimisten war schwächer und sie gaben an, mehr Angst zu empfinden, wenn wir sie hinderten, ihre übliche Strategie einzusetzen. Nach den unterschiedlichen Manipulationen waren strategische Optimisten dann am besten, wenn sie Entspannungskassetten anhörten oder sich vorstellten, wie erfolgreich sie sein würden.

Für sie funktionierte das «positive Denken» genauso wenig wie das «negative Denken». Jede Art Nachdenken wirkt sich abträglich aus, wenn die eigentliche Strategie darauf abzielt, gar nicht zu denken. Deshalb sind Katherines Versuche, Bill zum Nachdenken über die Dinge zu bringen, die ihr Sorgen machen, für ihn irritierend – nicht nur, weil er nicht gern an solche

Dinge denkt, sondern weil sie sein Bemühen um Selbstregulierung behindern.

In praktisch jeder Untersuchung, die ich durchgeführt habe, stieß ich auf dasselbe Muster: Wenn die experimentielle Manipulation verlangt, dass strategische Optimisten sich verhalten wie defensive Pessimisten, kommen sie schlecht zurecht, und wenn defensive Pessimisten gezwungen werden, wie strategische Optimisten zu handeln, tut das ihrer Leistungsfähigkeit nicht gut. Diese experimentiellen Manipulationen schaffen eine Situation, in der das jeweilige Verhaltensmuster nicht passt. Wenn die entsprechende Strategie der Situation nicht angemessen ist, leidet die Leistung darunter – sowohl bei defensiven Pessimisten als auch bei strategischen Optimisten. Wenn sich jemand in einer Situation befindet, die zu seiner Strategie passt, oder zumindest ihre Anwendung zulässt, dann kommt er gut zurecht, ganz egal, zu welcher der beiden Richtungen er gehört.

Stimmung und Motivation

Wie ein Spiegelbild der wissenschaftlichen Forschung unterscheiden sich Bill und Katherine in ihren charakteristischen Strategien, aber nicht in ihrer Gesamtleistung, beide sind sehr erfolgreich. Das Gleiche trifft auch auf Bill und Daniel zu, deren Partnerschaft ihren vollkommen unterschiedlichen, aber gleichermaßen effektiven Ansatz veranschaulicht.

Selbst in unserer leistungsorientierten Gesellschaft glauben die meisten Menschen, dass im Leben nicht nur der berufliche Erfolg oder die Schulleistung zählt. Auf die Frage, was für sie im Leben das Wichtigste ist, geben manche Menschen Gesundheit und Reichtum an, aber die meisten würden sich damit zufrieden geben, einfach nur glücklich zu sein. Glück ist offensichtlich erstrebenswert.

Strategische Optimisten scheinen hier einen gewissen Vorteil zu haben. Beispielsweise hat Bill oft bessere Laune als Katherine. Andere Leute beschreiben ihn als «ausgeglichen» und «nicht so leicht aus der Fassung zu bringen», was von Katherine niemand behaupten würde. Es ist ganz eindeutig angenehmer, nicht ängstlich zu sein. Und wenn man von vornherein nicht ängstlich ist, dann muss man auch nicht dafür sorgen, dass die Angst einem in die Quere kommt. Bills Strategie funktioniert gut, wenn es darum geht, ihn vor seiner Angst zu schützen, und die Vermeidung der Angst hilft ihm, seine positive Grundeinstellung und seine im Großen und Ganzen gute Stimmung aufrechtzuerhalten.

Katherine dagegen durchlebt oft schlechte Stimmungen. Für gewöhnlich bekommt sie keinen Wutanfall und schleicht auch nicht durch die Gegend, als schwebe eine schwarze Wolke über ihrem Kopf (sie leidet ganz eindeutig nicht unter Depressionen). Aber wie wir wissen, ist sie ängstlich, und manchmal wirkt sie unzufriedener als Bill, selbst wenn gerade alles gut läuft. Der defensive Pessimismus sorgt dafür, dass sie zurechtkommt. Würde sie ihn aufgeben, weil sie trotzdem noch Angst hat und nicht so glücklich ist, wie sie es vielleicht sein könnte?

Zahllose Studien dokumentieren, dass Optimismus mit einer besseren Stimmung einhergeht und Pessimismus mit einer schlechteren. An sich brauchen die meisten keine wissenschaftlichen Daten, um bei dieser Schlussfolgerung zu landen: Sie scheint uns selbstverständlich. Doch bei näherem Hinsehen tut sich eine Anzahl von Fragen auf. Um zu verstehen, wie der defensive Pessimismus mit wichtigen Lebensthemen zusammenhängt, muss man auch das komplexe Zusammenspiel von Stimmung, Leistung und Reaktion der Menschen durchschauen, die noch dazu unterschiedliche Vorbedingungen mitbringen.

Ist Katherines negative Stimmung Folge oder Ursache ihres defensiven Pessimismus? Nur weil Bills strategischer Optimismus seine positive Stimmung unterstützt, bedeutet das noch lange nicht, dass Katherines defensiver Pessimismus für ihre negative Stimmung verantwortlich ist. Katherine fühlt sich von vornherein ängstlich. Angst war praktisch schon immer Teil ihres Lebens. Ihr defensiver Pessimismus ist eine Reaktion auf diese Angst, nicht aber ihr Auslöser.

Angst ist ein großer Teil dessen, was Forscher messen, wenn sie negative Stimmungen bewerten. Fast immer gibt es eine positive Korrelation zwischen defensivem Pessimismus (ängstlicher Menschen) und negativer Stimmung (mit Angst als eine der Hauptkomponenten), denn das, was gemessen wird, überschneidet sich.

Stimmung, Persönlichkeit und Strategie

Das Temperament bildet die Grundlage für andere, komplexere Persönlichkeitsmerkmale. Es zeigt sich schon sehr früh im kindlichen Verhalten, beeinflusst die Reaktionen in einer Vielzahl von Situationen und bleibt über die gesamte Lebenszeit relativ stabil. Emotionalität gehört zu diesen Anlagen, die als Bausteine der Persönlichkeitsentwicklung dienen. Säuglinge mit hoher Emotionalität weinen länger, lauter und häufiger als andere. Mit großer Wahrscheinlichkeit weisen sie auch als Erwachsene starke emotionale Reaktionen auf – sie sind immer schnell sehr aufgeregt, furchtbar wütend oder unglaublich deprimiert.

Nun vertreten Psychologen die Ansicht, dass zwei Anlagen die Struktur emotionaler Erfahrungen beeinflussen, und zwar die Anlage zu einer positiven beziehungsweisse negativen Grundstimmung. Das eine ist nicht einfach das Gegenteil des anderen, Emotionen sind wesentlich komplizierter. Wir können durchaus gemischte Gefühle haben, beispielsweise können wir glücklich sein, weil wir ein Spiel gewonnen haben, und gleichzeitig traurig, weil jemand anderes verloren hat. Auch widersprüchliche Gefühle sind möglich: Wenn ein herausforderndes Erlebnis bewältigt ist, verspüren wir gleichzeitig Erleichterung und Bedauern. Sobald wir uns unsere eigenen komplexen emotionalen Erfahrungen vor Augen führen, wird uns klar, dass positive und negative Gefühle sich gegenseitig nicht ausschließen.

Wenn aber positive und negative Emotionen nun tatsächlich separate Konstrukte sind, dann haben manche Leute sowohl die Anlage für positive als auch für negative Emotionen, manche sind bei beiden im mittleren oder unteren Bereich und andere beim einen im oberen und beim anderen im unteren. Immer mehr Hinweise sprechen dafür, dass diesen emotionalen Anlagen bestimmte neurophysiologische Strukturen zugrunde liegen, die wiederum mit zwei motivationalen Anlagen zusammenhängen: mit der Tendenz, Belohnung zu suchen (einer Annäherungsmotivation) und der Tendenz, Gefahr oder Strafe zu vermeiden (einer Vermeidungsmotivation). Einfacher ausgedrückt bedeutet das, manche Leute erleben von Natur aus angenehme Dinge angenehmer als andere. Der eine mag Schokolade und genießt sie, wenn sie ihm jemand anbietet, aber der andere ist so wild darauf, dass er an keinem Süßwarenladen vorbeikommt, ohne sich eine Tafel zu kaufen. Entsprechend finden manche Leute unangenehme Dinge besonders unangenehm. Der eine mag keinen Lärm, aber der andere empfindet Lärm körperlich regelrecht schmerzhaft und setzt alles daran, dieser Erfahrung aus dem Weg zu gehen.

Jedes dieser Motivationssysteme beeinflusst unsere persönlichen Vorlieben und unser Erleben im Allgemeinen. Menschen, die eine hohe Annäherungsmotivation und eine niedrige Vermeidungsmotivation haben, sind eher Draufgänger und Abenteurer: Sie suchen den Nervenkitzel beim Fallschirmspringen und stürzen sich auf fremdfinanzierte Aufkäufe, ohne groß darüber nachzudenken, dass der Fallschirm sich womöglich nicht öffnet oder der Markt zusammenbricht. Umgekehrt führen Menschen mit einer hohen Vermeidungsmotivation wahrscheinlich ein ruhiges, konservatives Leben, weil sie Risiken vermeiden und die fabelhaften Gewinne gar nicht so prickelnd finden.

Ein Mensch kann insgesamt stark motiviert sein, auf Gutes zuzugehen und Schlechtes zu vermeiden, was wahrscheinlich bedeutet, dass seine oder ihre Lebenserfahrung recht intensiv ausfällt. Ein anderer Mensch ist vielleicht in beiden Richtungen nicht sonderlich hoch motiviert: Weder Furcht noch Aufregung bringt ihn so leicht dazu, vom Sofa aufzustehen.

Das immer wiederkehrende Thema «Angst» verbindet Emotionalität mit defensivem Pessimismus und strategischem Optimismus. Wenn verschiedene Menschen von Natur aus dazu neigen, Emotionen unterschiedlich zu empfinden, dann müssen sie auch unterschiedliche Strategien für den Umgang mit diesen Emotionen entwickeln. Menschen, die eine starke Anlage für negative Emotionen haben, fühlen sich im Allgemeinen ängstlicher als diejenigen, die hier eine eher schwache Anlage aufweisen, und sie reagieren möglicherweise besonders empfindlich auf Bedrohungen. Das bedeutet, dass sie nicht nur in Situationen ängstlicher sind, die allgemein als bedrohlich eingestuft werden (ein Vorstellungsgespräch oder ein Blind Date zum Beispiel), sondern sich wahrscheinlich auch in Situationen bedroht fühlen, die andere ganz harmlos finden. Für Menschen, die auf Bedrohungen empfindlich reagieren, löst eine Brainstorming-Sitzung unter netten Kollegen oder ein amüsantes Gesellschaftsspiel auf einer Party womöglich ähnliche Gefühle aus, als müssten sie ein Minenfeld überqueren, wo jede Reaktion vernichtend sein kann.

Defensive Pessimisten weisen vor allem in jenen Kategorien

höhere Werte auf als strategische Optimisten, von denen man annimmt, dass sie mit einer Disposition zum Erleben negativer Emotionen zusammenhängen. Angesichts der starken Rolle der Angst bei negativen Gefühlen erscheint dies durchaus einleuchtend. In jeder objektiven Situation reagieren die defensiven Pessimisten mit höherer Wahrscheinlichkeit auf das Potential für negative Emotionen: Sie bemerken, dass ihr Chef einen zerstreuten Eindruck macht und zerbrechen sich sofort den Kopf darüber, was das für ihr Teamprojekt bedeuten mag. Währenddessen nimmt der strategische Optimist die negativen Hinweisreize nicht einmal wahr.

Diese Empfänglichkeit für negative Hinweise entsteht weit früher als unsere Strategien, ist chronisch und bestimmend. Die Angst, die dadurch entsteht, liegt tief in unserem Wesen verankert und kann nicht einfach durch einen Perspektivenwechsel aufgelöst werden. Defensive Pessimisten verlieren also ihre Angst nicht, wenn sie ihre Strategie einsetzen: Sie haben die Angst nicht «weggemanagt».

Doch sie können sie kontrollieren und so verwandeln sie eine potentiell negative Emotion in eine positive (effektive und produktive) Motivation. Behauptet man, ihre Strategie könnte nur dann als erfolgreich gelten, wenn die defensiven Pessimisten imstande sind, ebenso positiv zu empfinden wie strategische Optimisten, vergisst man, dass strategische Optimisten und defensive Pessimisten von einem anderen Ausgangspunkt kommen und andere Tendenzen besitzen.

In Interviews habe ich des Öfteren erlebt, dass defensive Pessimisten auf die Frage: «Sind Sie unglücklich?» überrascht reagieren. Für sie besteht meist keine klare Verbindung zwischen ihrem defensiven Pessimismus und ihrer Zufriedenheit mit dem Leben im Allgemeinen. Die Annahme, dass sie unglücklich sein müssen, nur weil sie mehr an negative Dinge denken, amüsiert oder frustriert sie. Wie sollen sie *nicht* an negative

Dinge denken, wenn doch sonnenklar ist, dass negative Dinge passieren können, und wenn es, wie Daniel es ausdrückt, ihre Aufgabe ist, diese zu verhindern? Aus der Perspektive des defensiven Pessimismus macht es die defensiven Pessimisten nicht unglücklich, an negative Dinge zu denken; das Gefühl, keine Kontrolle zu haben über das, was passiert, steigert ihre Angst – das macht sie unglücklich.

Der Zusammenhang zwischen positiver Stimmung und dem Gefühl, die Kontrolle zu haben – ein Gefühl persönlicher Tatkraft – ist in der psychologischen Forschung beinahe so allgegenwärtig wie die Verbindung zwischen positiver Stimmung und Optimismus. Da die spezielle Art des negativen Denkens, die wir «defensiven Pessimismus» nennen, eine Methode ist, mehr Kontrolle zu übernehmen, hat sie eine paradox positive Wirkung auf die Menschen, die sie einsetzen.

Gefahren der positiven Stimmung

Denken und Fühlen sind eng miteinander verbunden. Für defensive Pessimisten kann es sogar Angst erregend sein, in guter Stimmung zu sein, weil sie spüren, dass dies vielleicht ihre Leistungsfähigkeit beeinträchtigt. Defensive Pessimisten können, wenn man ihnen eine positive Stimmung überstülpt (wie wir es in unseren Experimenten getan haben), ihre gewohnte Strategie zur Angstbewältigung nicht einsetzen und ihre Gefühle nicht unter Kontrolle bekommen, was wiederum ihre Leistung beeinträchtigt.

Allgemein gesagt verstärkt eine positive Stimmung unsere Tendenzen, uns auf die Essenz einer Situation zu konzentrieren und die unwichtigeren Dinge nicht so stark zur Kenntnis zu nehmen. Wenn wir dagegen in einer negativen Verfassung sind, neigen wir eher dazu, uns um Details zu sorgen und uns gründlich den Kopf zu zermartern. Forschungsergebnisse über den Zusammenhang zwischen Stimmung und Kreativität bestätigen diese Unterschiede: Positive Stimmung verstärkt die Kreativität, wenn wir mit Kreativität die Anzahl der Ideen meinen, die jemand hervorbringt, oder wie schnell dies geschieht. Negative Stimmung steigert die Kreativität, wenn wir mit Kreativität die Anzahl der ausführbaren, hochwertigen Einfälle meinen.

Negative Stimmung beeinflusst unser Denken auch, weil wir es als Informationsquelle benutzen: Sie dient als Hinweis darauf, dass nicht alles in Ordnung ist und wir noch daran arbeiten müssen. Wenn wir uns schlecht fühlen, wenden wir Zeit und Energie auf, um herauszufinden, warum wir uns so fühlen und was wir dagegen unternehmen können, schließlich fühlt sich niemand gerne schlecht. Diese Gefühle motivieren uns, den Haufen ungebügelter Wäsche zu sortieren, um eine bequeme Hose zu finden, oder das Büro zu wechseln, um von dem Mitarbeiter wegzukommen, der uns auf die Palme bringt, oder unseren Kontostand noch einmal zu überprüfen, in der Hoffnung, dass endlich das Richtige herauskommt.

Negative Stimmung kann uns auf Informationen in der Umgebung aufmerksam machen und uns in Problemlösebereitschaft versetzen. Sie kann uns auch dazu bringen, einen höheren Leistungsmaßstab an uns anzulegen. Wir betrachten entsprechend genau, was vorgeht, und lassen nicht locker – eine maßgeschneiderte Beschreibung für einen defensiven Pessimisten. Wie Bill über Katherine sagt: «Sie ist immer auf Fehlersuche, selbst wenn alles stimmt.»

Auch positive Stimmung ist natürlich eine Informationsquelle. Wenn wir uns glücklich fühlen, signalisiert das, dass alles gut läuft. Vielleicht haben wir dann keine Lust mehr, uns anzustrengen und aufzupassen. Aber wenn defensive Pessimisten zufrieden sind, dann hören sie wahrscheinlich auf, daran zu denken, was alles schief gehen könnte – mit anderen Worten: Sie benutzen ihre Strategie nicht mehr.

Sich in einer Leistungsanforderung glücklich zu fühlen ist für defensive Pessimisten potentiell eine Falle. Daniels Beschreibung seiner Reaktion auf Ermutigung vonseiten seiner Familie trifft dieses Phänomen sehr gut.

In einer guten Stimmung zu sein motiviert uns, darin zu verharren. Aber unsere Angst wird dadurch nicht unbedingt vertrieben, weil negative und positive Stimungen zumindest bis zu einem gewissen Grad unabhängig voneinander sind. So können defensive Pessimisten, die zufrieden sind, gleichzeitig fröhlich und ängstlich sein. Die Verstärkung der guten Stimmung löscht den ängstlichen Teil der negativen Stimmung nicht aus. Aber weil Zufriedenheit das Erregungsniveau hebt, ohne die Auswirkungen der Angst zu neutralisieren, steigt bei einem zufriedenen defensiven Pessimisten die Erregung über das für ihn optimale Niveau. Es fällt ihm schwerer, sich zu konzentrieren und sich angemessen auf eine Situation einzustellen. Das bedeutet, dass die Angst trotz der Zufriedenheit in den Vordergrund rückt, wenn eine Leistungssituation eintritt, und die Leistung beeinträchtigt.

Für viele Menschen, die die Strategie des defensiven Pessimismus anwenden, führen ein paar Erfahrungen wie die von Daniel beschriebene (in der er «unvorbereitet» oder «allzu zufrieden» war) zu einer fast abergläubischen Überzeugung, dass es zur Katastrophe führen kann, wenn man zu positiv eingestellt ist. Dann klopfen wir schnell auf Holz oder ermahnen uns, den Tag nicht vor dem Abend zu loben.

Der defensive Pessimismus und der strategische Optimismus beschreiben unterschiedliche Arten, wie sich Menschen auf bevorstehende Ereignisse einstellen. Doch auch die Art, wie Menschen das, was ihnen passiert ist, interpretieren, wie sie darauf reagieren und sich daran erinnern, ist unterschiedlich. Zu den Dingen, die Katherine an Bills Lebenseinstellung gleichzeitig bewundert und hasst, gehört nicht zuletzt, dass er sich nur selten wirklich über sich ärgert, selbst wenn etwas schief geht. Als die beiden ihren Flug nach San Francisco tatsächlich verpassten, weil sie auf dem Weg zum Flugplatz in einen Stau gerieten – wie Katherine es befürchtet hatte –, verbiss Katherine sich ein «Siehste!» Sie ging davon aus, dass Bill sich vor lauter Frust, nicht sorgfältiger geplant zu haben und früher aufgebrochen zu sein, selbst schon genug schelten würde. Doch dann merkte sie, dass es ihrem Mann überhaupt nicht in den Sinn kam, sich die Schuld zu geben.

Natürlich war Bill nicht gerade erfreut darüber, dass sie den Flug verpasst hatten, was sich unter anderem daran zeigte, dass er wie ein Rohrspatz auf die anderen Autofahrer schimpfte und seine Ungeduld am Ticketschalter keineswegs verhehlte. Aber schon wenige Minuten später schüttelte er den Ärger achselzuckend mit einem Hinweis auf die Macht des Schicksals ab und ging zum Schalter zurück, um einen späteren Flug zu buchen. Dann berichtete er Katherine voller Stolz, dass es ihm gelungen war, den Tag doch noch zu retten. Dank seiner Hartnäckigkeit und seiner Überredungskunst hatten sie Plätze in einer Maschine ergattert, die nur zwei Stunden später startete als ursprünglich geplant.

Bills Reaktion auf den verpassten Flug ist ein hervorragendes Beispiel für das Attributionsmuster des strategischen Optimisten. Bill machte sich keine Vorwürfe, denn er verschwendete keinen Gedanken daran, welche Rolle er selbst beim Zuspätkommen gespielt hatte. Stattdessen schob er das Missgeschick dem Schicksal in die Schuhe, das sich bekanntlich menschlicher Kontrolle entzieht. Zwar war Bill enttäuscht, aber aus seiner Perspektive gab es keinen Grund, warum ihn das in seinem Gefühl zu sich selbst beeinträchtigen sollte. Er schaffte es sogar, die Situation so zu drehen, dass er sein ohnehin gutes Selbstgefühl noch aufwerten konnte: Er konzentrierte sich darauf, wie gekonnt er sich und seine Frau aus der Notlage befreit hatte.

Doch wenn die Dinge gut laufen, wenn er und sein Partner zum Beispiel einen Vertrag für den Entwurf eines neuen Gebäudes abschließen, sieht Bill durchaus einen Zusammenhang zwischen seinem Verhalten und dem Ergebnis. Mit großer Befriedigung weist Bill darauf hin, wie viel Mühe und Kreativität er in Entwürfe und Präsentation steckt. Er sonnt sich im Bewusstsein seiner Intelligenz, die er in jedem neuen Auftrag bestätigt sieht. Obwohl er sofort zugibt, dass er und sein Partner gut zusammenarbeiten, denkt er hauptsächlich an seinen eigenen Beitrag, wenn es um den Erfolg der Firma geht.

Dieses Attributionsmuster kann dazu dienen, dass wir uns selbst gut finden oder eben vermeiden helfen, uns schlecht zu finden. Es hilft außerdem, positive Ziele zu verfolgen, und verleiht uns die Flexibilität, auch negative Ergebnisse wegzustecken. Bill weiß, dass er ein talentierter Architekt ist, und er glaubt, dass er selbst am meisten zu seinem Erfolg beiträgt. Wenn er ein neues Projekt beginnt, ist er deshalb voller Vertrauen, dass alles gut laufen wird, denn er bringt ja dieselben Fähigkeiten mit, die schon in der Vergangenheit zum Erfolg geführt haben. Falls ihm doch ein misslungenes Projekt aus der Vergangenheit in den Sinn kommt, war das eben Pech oder der Fehler eines anderen. Für das neue Projekt hat das nun rein gar nichts zu bedeuten.

Katherines Attributionen über das, was ihre Erfahrungen bedingt, sind ganz anders als die von Bill, was wichtige Folgen für ihr Erleben, ihre Stimmung und ihre Motivation hat. Wenn alles gut läuft, schreibt Katherine ihren Erfolg, ebenso wie Bill, inneren Gründen zu, nämlich ihrer Fähigkeit und ihrer Anstrengung. Anders als Bill neigt sie jedoch dazu, nicht nur über ihre Fähigkeiten nachzudenken, sondern genauso viel – wenn nicht mehr – darüber, wie intensiv sie gearbeitet hat. Überdies hat sie häufig das Gefühl, dass auch Glück eine gewisse Rolle gespielt hat. Nach einem Erfolg ist Katherine glücklich und stolz, aber sie erinnert sich stets, wie schwer sie gearbeitet hat und wie ängstlich sie gewesen ist.

Auch wenn das Ergebnis nicht so gut ausfällt, unterscheiden sich Katherines und Bills Attributionen. Statt sich hauptsächlich auf äußere Gründe zu konzentrieren, ist Katherine davon überzeugt, dass auch innere Gründe beteiligt waren. So kann es gut sein, dass sie ein negatives Ergebnis auf ihre eigene mangelnde Anstrengung schiebt, selbst wenn sie auch andere Gründe sieht: Trotz des Verkehrs, den sie ja vorhergesehen hat, hätten sie den Flug noch erwischt, wenn sie früher in Gang gekommen wären.

Wie die meisten defensiven Pessimisten reitet Katherine auf solchen Gedanken nicht herum, aber sie beeinflussen durchaus ihre Sicht auf vergangene Ereignisse. Ihre Erinnerung wirkt sich dann darauf aus, wie sie neue Situationen einschätzt. Zu diesen Erinnerungen zählt auch ihre Angst, die genauso zu ihrer Erfahrung gehört wie das Bestreben, mit ihr umzugehen. Bills Sicht der Zukunft ist zumindest teilweise deshalb positiver, weil seine Interpretation der Vergangenheit hervorhebt, wie gut er seine Sache gemacht hat. Die von Katherine ist weniger rosig, weil sie von der Erfahrung der Angst beeinflusst ist.

Sowohl die Forschungsergebnisse als auch die Berichte defensiver Pessimisten machen klar, dass es für ihre Probleme keine einfache Lösung wäre, einfach ein bisschen optimistischer oder fröhlicher zu werden. Der strategische Optimismus kann für diejenigen, die ohnehin wenig Angst erleben, durchaus eine vernünftige Strategie sein, um ihr Angstniveau weiterhin niedrig zu halten. Aber die Menschen, die aus in ihrem Temperament oder in der Situation liegenden Gründen ängstlich und anfällig für Bedrohungen sind – müssen mit dieser Angst fertig werden. Es funktioniert nicht, wenn sie den Ansatz der strategischen Optimisten übernehmen, sie können ihre Angst nicht wegzaubern. Vielleicht können sie sich besser fühlen, wenn sie irgendwelchen Tagträumen vom Faulenzen am Strand nachhängen. Aber die Angst kommt wie eine Flutwelle zurück, sobald wir eine Leistung erbringen müssen. Dann ist alles womöglich schlimmer, als wenn wir uns nicht vorher abgelenkt hätten.

Defensive Pessimisten brauchen ihre Strategie, und deshalb sind sie in Situationen verletzlich, in denen etwas ihre Angstbewältigung stört. Wenn sie nicht die Zeit haben, ihr ausgiebiges mentales Gedankenspiel durchzuführen, erbringen sie höchstwahrscheinlich keine Höchstleistungen. Im Chaos der Wertpapierbörse müsste ein defensiver Pessimist beispielsweise ständig unter Druck und vom Fleck weg Entscheidungen treffen und widerrufen, ohne Zeit für langes, nachdenkliches Durchprobieren. Kaum auszudenken!

Nicht nur defensive Pessimisten sind verletzlich in Situationen, in denen sie ihre Strategie nicht anwenden können. Auch strategische Optimisten sind manchmal schutzlos. Wenn sie gezwungen sind, sich auf das zu konzentrieren, was schief gehen könnte – sagen wir, dass ihr Chef sie zur Fehlersuche zwingt, bevor sie einen Entwurf einreichen –, leidet ihre Leistung höchstwahrscheinlich auch. Schlechte Stimmung insgesamt kann sie ebenfalls aus dem Gleichgewicht bringen.

Verletzlich sind defensive Pessimisten beziehungsweise strategische Optimisten auch in Situationen, in denen die eine oder andere Strategie besonders angemessen erscheint. Wo es sich auszahlt, dass man jedes Detail sorgsam abwägt, sind die defensiven Pessimisten wahrscheinlich in ihrem Element. Wo es eher darum geht, die Sache schnell und entschlossen auf den Punkt zu bringen, sind strategische Optimisten besonders kompetent. Natürlich beschränkt keine der beiden Strategien einen Menschen von vornherein auf eine bestimmte berufliche oder private Umgebung, genauso wenig, wie das bei jeder anderen Persönlichkeitsanlage der Fall ist. Anpassungsfähigkeit und Flexibilität der Menschen ist bemerkenswert.

Beispielsweise gaben wir in einer Untersuchung defensiven Pessimisten und strategischen Optimisten eine Reihe schwieriger Situationen vor (aus dem Leben anderer Versuchsteilnehmer) und ließen sie Lösungen ausdenken, die sie dann einem Interviewer mitteilten. Ganz gleich, was die Versuchsperson vorschlug, der Interviewer brachte einen triftigen Grund vor, warum die Lösung nicht funktionieren würde, sodass der Teilnehmer rasch mit einer Alternativlösung aufwarten musste. Beide Gruppen reagierten recht gut und flexibel auf den unerwarteten Einwand. Es stellte sich sogar heraus, dass das gewohnte mentale Durchspielen der defensiven Pessimisten sie dazu befähigte, auch auf Anhieb effektiv nachzudenken. Beobachter bewerteten ihre Antworten sogar positiver als die der strategischen Optimisten. (Vielleicht würden sie sich an der Börse doch gar nicht so schlecht machen.) Andere Studien wiesen nach, dass sich sowohl defensive Pessimisten als auch strategische Optimisten nach einem Misserfolg rasch wieder aufrappeln – was zeigt, dass beide aus Erfahrung lernen und sich entsprechend anpassen.

Dennoch erwachsen Strategien aus der Persönlichkeit und sind ein Teil von ihr. Um zu verstehen, wie unsere Strategien funktionieren und welche Folgen sie für unser Leben haben, dürfen wir nicht vergessen, dass sie nicht getrennt von der restlichen Person existieren. Sie sind durch unsere Erinnerungen und unsere Erfahrungen mit der Welt untrennbar verknüpft.

Als optimistischer und nicht sehr nachdenklicher Mensch ist Bill irritiert von Katherines Pessimismus und ihrer Grübelei. Er findet seinen Erfolg und seine optimistische Weltsicht absolut gerechtfertigt und Katherines negative Einstellung wäre ihrer tatsächlichen Lage überhaupt nicht angemessen. Er hält sie nicht nur für klug und tüchtig, sondern er glaubt auch, dass Klugheit und Tüchtigkeit plus einer Prise Anstrengung darüber bestimmen, ob ein Mensch erfolgreich ist oder nicht. Wenn Katherine nun erwähnt, wie ängstlich sie ist und was alles schief gehen könnte, dann erscheint Bill das Ganze als Getue und reichlich unnötig.

Von außen sieht Bill nicht, wie Katherines defensiver Pessimismus ihr dabei hilft, mit ihrer Angst fertig zu werden. Aus seiner Perspektive muss das ganze negative Denken ihre Angst eigentlich sogar anstacheln. Soweit er ihre niedrigen Erwartungen und ihre Gedankenspiele überhaupt als Strategie wahrnimmt, ist er überzeugt, dass diese mangelhaft ist. Er glaubt, sie müsste nur ein bisschen ruhiger werden. Mit ihrem negativen Gerede sucht sie seiner Meinung nach doch nur eine Bestätigung dafür, dass alles in Ordnung ist.

Ihrerseits fällt es Katherine sehr schwer, Verständnis für Bill aufzubringen, denn sein Verhalten kommt ihr vor, als wäre er blind und nur darauf aus, die Realität zu leugnen. Ihre eigenen Erfahrungen machen es ihr fast unmöglich zu glauben, dass irgendjemand, der auch nur annäherungsweise seine fünf Sinne beisammen hat, nicht ängstlich sein kann. Demzufolge vermutet sie häufig, dass Bill seine Gefühle entweder verbirgt oder unglaublich unsensibel ist für das, was um ihn herum vorgeht.

Wenn wir mit Leuten zusammen sind, die eine andere Strategie benutzen, ist der enge Zusammenhang zwischen Strategie, Persönlichkeit und Erfahrung manchmal nicht unmittelbar zu erkennen. Im Allgemeinen fällt es uns schwer, zu akzeptieren, dass Menschen, die Dinge anders sehen als wir, nicht grundlegend Unrecht haben, auch wenn wir manche Aspekte in ihrer Erfahrung einfach nicht verstehen. Wenn es um die Strategien anderer Menschen geht, fällt vor allem der Unterschied im Standpunkt auf. Schwieriger zu begreifen ist, *warum* jemand eine andere Sicht der Dinge hat und was es ihm oder ihr bringt.

Kapitel 8

Zusammenprall der Strategien

Gleiches Boot, verschieden gerudert

Optimismus vervielfacht die Kraft.

COLIN POWELL

Was als Optimismus gilt, ist oft nur die Auswirkung eines intellektuellen Irrtums.

RAYMOND ARON

«Manchmal verdirbt sie mir einfach den Spaß», beklagt sich Bill. Er meint damit Katherine und seine Beschwerde bringt das größte Risiko des defensiven Pessimismus auf den Punkt: Er kann andere Leute nerven.

Stimmung – positiv oder negativ – ist ansteckend, und unsere sozialen Normen bevorzugen ganz entschieden den Optimismus. Jeder weiß, dass erfolgreiche Menschen extrovertiert, gut gelaunt und optimistisch sind. Weil wir darauf bauen, dass andere sich an die Normen halten, stößt uns Pessimismus vor den Kopf. Wir müssen uns anstrengen, ihn zu ignorieren, oder innehalten, um ihn genauer zu betrachten, das heißt, wir können in beiden Fällen nicht einfach in unseren gewohnten Bahnen weiterlaufen, und das ist irritierend.

Unsere gesellschaftlichen Normen drängen uns, die optimistische Perspektive auf soziale Interaktionen anzuwenden, und damit offenbaren wir die «Missetaten» der Pessimisten. Doch soziale Interaktionen beinhalten mehr als *eine* Perspektive, und wir sollten nicht vergessen, dass auch strategische Optimisten nicht immer die ideale Gesellschaft sind. Sowohl Katherine als auch Daniel waren schon so oft kurz davor, Bill zu erwürgen, es gibt also durchaus Ärger mit dem Optimismus.

Selbstverständlich beeinflussen Strategien unsere sozialen Beziehungen. Um diesen Einfluss zu untersuchen, können wir uns ansehen, welche sozialen Folgen ein Mensch mit dem Einsatz seiner Strategie auslöst. Welchen Eindruck macht er auf andere? Hängt unsere Reaktion auf defensive Pessimisten und strategische Optimisten davon ab, wie lange wir sie kennen und in welchem Kontext? Können defensive Pessimisten Freunde gewinnen, beliebt und einflussreich werden?

Der erste Eindruck

Unsere Mütter hatten Recht: Der erste Eindruck ist wirklich sehr wichtig. Aber es gibt keine allgemein gültige Formel, wie man einen guten Eindruck macht, weil das von Situation zu Situation und von Mensch zu Mensch ganz unterschiedlich ist.

Wenn wir uns von jemandem ein erstes Bild machen, vergleichen wir meist die hervorstechendsten Merkmale dieses Menschen mit unserer Vorstellung davon, wie Leute in einer bestimmten Situation sein sollten – unseren eigenen Prototypen und Stereotypen entsprechend. Unser Eindruck hängt wahrscheinlich davon ab, ob wir jemanden in einer Singles-Bar kennen lernen und in dem Zusammenhang eher seine romantischen Qualitäten taxieren, oder ob wir einen Babysitter für unsere Kinder suchen. Je nach Kontext beinhalten unsere

Wünsche und Aversionen vollkommen unterschiedliche Aspekte, selbst wenn sich unser Bild des idealen Partners und des idealen Babysitters teilweise überschneiden mag.

Im Allgemeinen hinterlassen strategische Optimisten einen guten ersten Eindruck. Dafür gibt es eine Reihe von Gründen. Sie treten selbstsicher auf, haben eine positive Ausstrahlung und verbreiten gute Stimmung. Ohne andere Informationen – was den ersten Eindruck ja definiert – glauben wir erst einmal, was jemand uns über sich erzählt, und Selbstsicherheit ist ein starkes soziales Signal. Wenn wir keinen triftigen Grund haben, etwas anderes zu vermuten, gehen wir davon aus, dass der strategische Optimist deshalb so selbstsicher auftritt, weil er kompetent ist. Das wiederum überzeugt uns, dass sein Optimismus gerechtfertigt ist.

Normalerweise reagieren wir auf die positive Stimmung anderer Menschen, indem wir uns selbst gleich munterer fühlen. Also mögen wir strategische Optimisten auch deshalb, weil sie uns ein angenehmes Gefühl verschaffen. In Bills Gesellschaft fühlen sich andere Menschen gleich viel energischer, sie lächeln öfter, weil er enthusiastisch ist – es ist leicht, Bill auf Anhieb zu mögen.

Bei einem defensiven Pessimisten ist der erste Eindruck schwieriger zu analysieren. Unsere Reaktion hängt unter anderem davon ab, wie viel wir von seiner Strategie sehen und wann sie zum Einsatz kommt. Wenn wir einem defensiven Pessimisten zum ersten Mal begegnen, während er gerade mit seiner Angst kämpft und versucht, sie unter Kontrolle zu bekommen, sehen wir ihn wahrscheinlich als ängstlichen, eher negativen Menschen. Ein potentieller Klient, der zu früh zum vereinbarten Meeting mit Bill und Daniel im Büro eintrifft, findet es womöglich beunruhigend, wie Daniel herumsaust, alles dreimal kontrolliert und dabei alle möglichen Katastrophen prophezeit. Obwohl es einen Beobachter möglicherweise auch nicht inspirieren würde, Bill dabei zuzuschauen, wie er versucht, seinen Basketballkorb zu treffen.

Genauso wie wir annehmen, dass die positive Ausstrahlung des strategischen Optimisten ihre Gründe hat, gehen wir auch davon aus, dass die Negativität des defensiven Pessimisten gerechtfertigt ist: dass er deshalb pessimistisch ist, weil er in der Vergangenheit schon oft versagt hat, und aus diesem Grund sind wir auf der Hut vor ihm. Ebenso ansteckend wie die positive Stimmung sind also auch die Angst und der Negativismus der defensiven Pessimisten. Wenn wir einen anderen Menschen lachen sehen, fangen wir unwillkürlich ebenfalls an zu lächeln, aber wenn wir die Nervosität eines anderen mitbekommen, fühlen wir uns leicht unbehaglich.

Diese negative Reaktion ist jedoch keineswegs unausweichlich. Defensive Pessimisten können oft einen selbstsicheren, positiven Eindruck machen. Sowohl Daniel als auch Katherine sind mit ihrem defensiven Pessimismus beruflich sehr erfolgreich, denn ihre ausgiebige Vorbereitung unterstützt ihr Gefühl, die Situation in der Hand zu haben, und lindert ihre Angst. Wenn Katherine zum Podium geht, um einen Vortrag zu halten, wirkt sie ruhig und souverän. In diesen Situationen ist ihre Strategie kaum sichtbar; je nach Kontext wird sie vielleicht gar nicht bemerkt.

Im oben bereits erwähnten Versuch filmten wir defensive Pessimisten und strategische Optimisten bei dem Versuch, einen guten ersten Eindruck zu machen (die «Heiratsvermittlungs»-Untersuchung, in der wir die Erinnerung an positive und negative Rückmeldung betrachteten). Danach sahen sich andere Versuchspersonen die Videobänder an und bewerteten beide Gruppen gleich gut. Da die defensiven Pessimisten ihre Angst unter Kontrolle hatten, als sie auf Video aufgenommen wurden, war sie für die Beobachter nicht sichtbar – die jeweiligen Vorbereitungen hatten sie nicht mitbekommen.

Der Eindruck der Beobachter basierte also nicht darauf, dass sie die Verkörperung einer Strategie, sondern dass sie eine ganze Person gesehen hatten. Beispielsweise machten einige der defensiven Pessimisten Witze darüber, dass sie sich ängstlich fühlten, worauf die Beobachter positiv reagierten. Wie die Beobachter in unserer Studie, so reagieren auch Menschen außerhalb des Labors auf mehr als nur auf unsere Strategien. Strategien sind nicht allein für den Eindruck verantwortlich, den wir auf andere Menschen machen. Wenn wir nur hören, dass Daniel ins Stottern gerät, nehmen wir vielleicht an, dass an seiner sozialen Präsenz gar nichts Positives ist. Doch wenn wir ihn persönlich kennen lernen, sind Daniels Schüchternheit und sein Ernst Teil eines Gesamteindrucks und können durchaus liebenswert wirken.

Strategie und Interaktion

Interessanterweise machen strategische Optimisten zwar im Allgemeinen einen guten ersten Eindruck, aber manchmal hält dieser Eindruck nicht an. Zu den überraschendsten Forschungsergebnissen der letzten Jahre gehört, dass oft eine negative Korrelation zwischen Selbstsicherheit und Kompetenz besteht. Das bedeutet, dass manche der Menschen, die sich am meisten auf ihre Fähigkeiten verlassen und deshalb einen positiven ersten Eindruck hervorrufen, tatsächlich am *wenigsten* Kompetenz besitzen. Wir alle kennen irgendeine Abwandlung des Schwagers, der uns selbstbewusst versichert, den verstopften Abfluss in fünfzehn Minuten zu reparieren. Mehrere Stunden später deutet das kaputte Abflussrohr und eine überschwemmte Küche darauf hin, dass wir seine Behauptung doch besser hätten hinterfragen sollen.

Menschen, die nicht wissen, was sie tun, wissen auch nicht,

was sie falsch machen, deshalb überschätzen sie ihre Fähigkeiten oft und trauen sich zu viel zu. Diejenigen, die am meisten wissen und können, sind sich auch ihrer Schwächen bewusst, und dieses Bewusstsein macht authentische Selbstsicherheit nuancierter. Ein wirklich kompetenter Klempner sichert uns vielleicht überstürzt zu, dass er uns mit unserem verstopften Abfluss helfen kann. Er weiß aus Erfahrung, dass unter einem Spülbecken voller Schmutzwasser jede Menge Probleme lauern können, von denen einige leicht zu beheben, andere aber wesentlich schwieriger in den Griff zu bekommen sind.

Anfänglich nicht gerechtfertigte Selbstsicherheit kann durchaus ihre Vorteile haben, beispielsweise, wenn selbstsichere Menschen so motiviert sind, dass sie auf produktive Weise eine Anforderung angehen und sich so das Expertentum aneignen, das ihnen fehlt. Aber wenn das Selbstbewusstsein des strategischen Optimisten nicht in wirklicher Kompetenz verwurzelt ist und sich im Lauf der Zeit seine Inkompetenz offenbart, reagieren seine Mitmenschen desillusioniert oder enttäuscht.

Natürlich sind nicht alle strategischen Optimisten unangemessen selbstsicher oder weniger kompetent als defensive Pessimisten. Bill beispielsweise ist wirklich ein sehr guter Architekt. Selbstverständlich sind auch nicht alle defensiven Pessimisten kompetent. Die Strategie lässt nur ihre gesamte Kompetenz ans Tageslicht treten, ohne dass die Angst sie beeinträchtigt. Vielmehr lautet die Schlussfolgerung so, wie sie Ihnen sicher auch Ihre Mutter schon eingeimpft hat: Der erste Eindruck von einem Menschen kann irreführend sein.

Defensive Pessimisten können unseren ersten Eindruck Lügen strafen, indem sie entweder kompetenter oder ängstlicher sind, als wir dachten. Auch wenn sie sich anfangs selbstbewusst präsentiert haben, offenbaren längere und häufigere Interaktionen mit defensiven Pessimisten in den allermeisten Fällen ihre

Angst, vor allem, wenn sie vor eine unbekannte Situation gestellt werden. Wenn Daniel einem neuen Klienten ein Angebot macht, zeigt sich zwangsweise, dass sowohl das Baudesign als auch sein Verhalten Produkt ausführlicher Vorbereitung sind. Wenn er jedoch als Architekt für ein bestimmtes Gebäude ausgewählt wird, verändert sich seine Beziehung zu seinen Klienten grundlegend. Jetzt müssen sie gemeinsam Probleme angehen, Meinungsverschiedenheiten klären, Kompromisse aushandeln. Hier zeigt sich unter Garantie sowohl seine Ängstlichkeit als auch sein defensiver Pessimismus, denn er benutzt natürlich seine altbewährte Strategie, um die Angst unter Kontrolle zu bekommen. Aber während Daniel seine Katastrophenszenarios durcharbeitet und für jedes von ihm wahrgenommene Problem eine Lösung zu finden, gewinnt seine Kompetenz die Oberhand über die eventuell durch seine negative Ausstrahlung hervorgerufenen Zweifel, und im Normalfall reagieren seine Klienten positiv.

Soziale Interaktionen sind von Natur aus nicht statisch, trotz durch Konventionen und soziale Normen festgelegte Strukturen. Wenn wir an Daniels Angst vor sozialen Interaktionen denken und wie er sie in seiner Studentenzeit bewältigt hat, erinnern wir uns, dass sein defensiver Pessimismus das Gefühl der Kontrolle verstärkte. Natürlich verwandelte er sich nicht in jemanden, der jede soziale Interaktion ganz locker angeht oder jeden Gesprächspartner einfach um den Finger wickelt. Er ist immer noch ängstlich und vor allem bei neuen sozialen Kontakten sehr auf seinen defensiven Pessimismus angewiesen.

Doch eine ganze Anzahl von Studien zeigen, dass defensive Pessimisten ein enges, zuverlässiges soziales Netzwerk knüpfen – genau wie auch Daniel es getan hat. Sie sind damit zufriedener als andere sozial ängstliche Menschen. Meine Untersuchungen mit Erfahrungsbeispielen, bei denen die Teilnehmer periodisch über ihren Alltag berichten, bestätigen, dass defensive Pessimisten in einer Vielzahl von sozialen Situationen das Zusammensein mit Partnern, Freunden und Familie genießen. Längssschnittstudien, in denen wir die Teilnehmer über längere Zeit jedes Jahr umfassende Fragebogen ausfüllen ließen, zeigen ähnliche Ergebnisse. Sie machen es möglich, die einzelnen Schritte zu beoachten, mit denen die Teilnehmer sich ihre soziale Welt aufbauen.

Defensive Pessimisten und ihre Freunde ermutigen einander, sie haben ein emotional enges Verhältnis, unterstützen einander materiell und ideell. Im Allgemeinen erleben sie eine etwas andere Freundschaftsdynamik als die strategischen Optimisten. So haben defensive Pessimisten normalerweise weniger Freunde, beschreiben die Freundschaft aber als enger und vertrauter. Ein Grund könnte sein, dass wir, wenn wir einen defensiven Pessimisten näher kennen lernen, auch seine Ängste und seine Strategie in der Praxis erleben. Zu wissen, was in einem anderen Menschen vorgeht, baut die Verbindung auf und bereichert sie. Für diejenigen, die sich anfangs von der Negativität des defensiven Pessimisten abgestoßen fühlten, kann es zu einer größeren Vertrautheit führen, wenn sie seine Sorgen und Nöte erfahren.

Im Allgemeinen geben strategische Optimisten eine größere Anzahl von Freunden an, betrachten diese Freundschaften aber als eher oberflächlich und weniger eng. Da den strategischen Optimisten ihre Mitmenschen häufig positiv begegnen, haben sie leicht einen angenehmen Kontakt zu anderen, sogar wenn sie sich nicht sonderlich gut kennen. Der generell positive Umgangston kann strategische Optimisten dazu bringen, auch eher flüchtige Bekanntschaften zum Freundeskreis zu rechnen.

Ein Fazit über die sozialen Beziehungen müsste folgendermaßen lauten: Sowohl defensive Pessimisten als auch strategische Optimisten können befriedigende Beziehungen zu anderen Menschen aufbauen. Wie stellen sich aber ihre jeweiligen Interaktionen dar? Wie sieht die Dynamik der Beziehungen mit defensiven Pessimisten aus? Wie ist es, einen defensiven Pessimisten zu lieben, mit ihm zu arbeiten oder sein Kind zu sein? Können defensive Pessimisten und strategische Optimisten miteinander auskommen? Arbeiten Menschen mit ähnlichen oder mit gegenläufigen Strategien besser zusammen?

Defensive Pessimisten und strategische Optimisten: der Zusammenprall

Bill und Katherine haben genau über diese Dynamik schon so oft nachgedacht, geredet und gestritten, dass sie inzwischen ein Codewort benutzen, um sie zu beschreiben – sie sprechen vom «Zusammenprall». Stellen Sie sich dieses Wort zusätzlich umgeben von Neonblitzen vor, denn genauso ist es für die beiden. Bills Bemerkung, dass Katherine ihm oft den Spaß verdirbt, liefert einen guten Anhaltspunkt über die Natur des Zusammenpralls.

Bill beschreibt aus seiner Sicht einen typischen Vorfall, der ihn sehr frustriert:

An einem wunderschönen Sonntagnachmittag komme ich nach meinem Fitnesstraining gut gelaunt die Treppe heruntergepoltert. Ich schlage Katherine vor, wir könnten in die Stadt fahren, uns die neue Ausstellung im Museum anschauen und dann in dem Restaurant, das gestern in der Zeitung so hervorragend besprochen wurde, essen gehen. Noch bevor ich ganz fertig bin, sehe ich, wie sich die Rädchen in Katherines Kopf zu drehen beginnen. Kurz darauf geht die Litanei los: «Aber wo sollen wir parken? Ist es nicht sehr unwahrscheinlich, dass wir ohne Reservierung einen Platz in dem Restaurant kriegen? Sind wir rechtzeitig zurück, wenn Sarah von ihrer Freundin kommt?» Wenn sie dann alles durchgekaut hat, ist mir die gute Laune vergangen. Ich hatte einfach Lust, einen netten Sonntagnachmittag zu verbringen, und sie macht daraus einen groß angelegten militärischen Feldzug.

Inzwischen beginnt Katherine unruhig zu werden, weil sie unbedingt auch ihre Sicht der Geschichte anbringen will: Sie möchte darauf hinweisen, dass es immer noch besser ist, genau zu planen, als sich den ganzen Nachmittag zu sorgen und das gute Essen hastig in sich reinzustopfen. Bill rollt die Augen und verzieht das Gesicht, und sie schiebt schmollend die Unterlippe vor. Nach ein paar Sekunden jedoch fangen sie beide an zu lachen, denn sie haben diese Diskussion schon so oft erlebt, dass sie eigentlich die Rolle des jeweils anderen übernehmen können. Sicher, es war nicht leicht, aber Katherine und Bill haben den chronischen Konflikt zwischen ihren Strategien in den Griff bekommen. Sie wissen, dass ihre Strategien zwar für sie individuell funktionieren, in der Beziehung aber manchmal gegeneinander arbeiten. Sich anzusehen, wie die Strategie des anderen funktioniert und warum beide ihre jeweilige Strategie brauchen, hat dabei viel geholfen.

Katherine meint: «Bill glaubt, wenn ich mir vorstelle, was alles schief gehen könnte, dann ist das ein Vorwurf an ihn. Wenn ich ein potentielles Problem an seinem Plan entdecke, bedeutet das für ihn, dass ich etwas gegen seine Idee habe und nicht mitmachen will.» Inzwischen ist Bill durchaus klar, dass «Katherine nicht mir gegenüber so negativ eingestellt ist. Wenn sie ihre ganzen Katastrophen durchgespielt hat, kann sie sich durchaus amüsieren – und genau genommen sorgt ihre Detailbesessenheit ja oft auch dafür, dass alles glatt läuft.»

Katherine reagiert ebenfalls verständnisvoll:

Mir ist klar geworden, dass ich Bill nicht unbedingt mit all den Dingen belästigen muss, die mir durch den Kopf gehen – vor allem nicht, wenn das Gedankenrad gerade erst in Schwung kommt. Ich muss planen, damit keine Katastrophe passiert, aber ich muss nicht unbedingt jeden Gedanken über jedes Detail zur Sprache bringen. Stattdessen versuche ich, Bill ein, zwei von den anstehenden Dingen erledigen zu lassen, damit er bei der Stange bleibt. Wenn wir dann losziehen, sind die immerhin schon aus dem Weg geräumt und ich fange bereits an, mich zu entspannen.

Eine befreundete Familientherapeutin erzählte mir, dass sie regelmäßig mit Paaren wie Katherine und Bill arbeitet. Ihrer Meinung nach hilft es den Paaren oft aus der Sackgasse jahrelanger Konflikte, wenn jeder seine Strategie benennt und dem anderen erklärt. Wenn man erkennt, was los ist, ist die Situation vielleicht nicht unbedingt weniger problematisch, aber man nimmt sie nicht mehr so persönlich. Bill beschreibt das folgendermaßen: «Wenn ich sagen kann: ‹Jetzt zieht Katherine also wieder ihren defensiven Pessimismus ab›, dann erinnere ich mich daran, dass das ihre Art ist, mit der Welt umzugehen, und keineswegs ein Vorwurf gegen mich.» Auch Katherine versteht inzwischen, dass Bill sich nicht absichtlich blind stellt: «Er braucht nicht ängstlich und besorgt zu werden wie ich. Er hasst Ängstlichkeit sogar, genau deshalb macht ihn meine Strategie ja auch so verrückt.»

Die manifesten Gefühle anderer Menschen zu erkennen ist nicht so schwierig. Aber es gibt innere Aspekte der individuellen Strategie, die weit weniger offensichtlich sind. In einer Untersuchung haben wir beispielsweise herausgefunden, dass

Schüler eindeutig die Angst ihrer defensiv-pessimistischen Klassenkameraden bemerkten, ihr mentales Ausprobieren jedoch nicht. Ähnlich bekommen wir auch in engeren Beziehungen nur einen Teil dessen mit, was ein defensiver Pessimist denkt. Wir erfahren nicht, wie Negativität und mentales Durchprobieren seine/ihre Agst verwandelt und zu einem größeren Gefühl von Kontrolle führt. Bill hört Katherines schreckliche Prophezeiungen, aber er fragt sie nicht, ob sie sich danach besser fühlt, und er spürt natürlich auch nicht, wie ihr Blutdruck im Lauf des Prozesses fällt. Wie soll er wissen, dass das, was ihm so bedrohlich erscheint, diesen paradoxen Effekt hat?

Doch für Bill und die Klienten meiner Freundin kann es zu einem Aha-Erlebnis führen, wenn sie die Funktion der Negativität begreifen. Auf einmal ist ihnen klar, was ihr Partner da macht, und warum. Sie lernen die Vorteile des defensiven Pessimismus schätzen und sie lernen auch, einen Schritt zurückzutreten und dem Prozess seinen Lauf zu lassen. Sie verlieren das Gefühl, sie müssten die negative Perspektive des Partners korrigieren oder ihn von seinen negativen Gefühlen «heilen».

Für defensive Pessimisten kann es ein großer Schritt sein zu akzeptieren, dass strategische Optimisten ihre Angst nicht teilen, und ein weiterer, dass es in Ordnung ist, wenn sie das nicht tun. Sie dürfen nicht länger glauben, es sei ihre Verantwortung, einem strategischen Optimisten zu erklären, wie gefährlich die Lage wirklich ist, damit er/sie die Situation richtig versteht und angemessen darauf reagieren kann. Wenn sie dieses Hindernis überwunden haben, beginnen sie allmählich zu verstehen, dass ihre Haltung auf andere einen negativen Einfluss haben kann.

Auch Daniel teilt die Ansicht: Es hilft, wenn man versteht, dass Menschen einen unterschiedlichen Angstpegel haben und deshalb auch unterschiedliche Methoden, ihre Ziele zu verfolgen. Er erinnert sich noch gut, wie man ihn auf der Universität immer geneckt hat: «Obwohl meine Freunde oft ziemlich an mir herumgenörgelt haben, konnten sie nach einer Weile doch verstehen, was ich machte und warum. Und ich glaube, weil sie mitbekommen haben, dass ich mich wie ein Depp benahm, fiel es ihnen leichter einzugestehen, dass auch sie sich manchmal ängstlich fühlten. Wenn man sich so gut kennt – mit allen Ecken und Kanten und so –, fühlt man sich miteinander sicher und vertraut.»

Immer noch fühlt Daniel sich in Gesellschaft anderer defensiver Pessimisten am wohlsten. Bei ihnen muss er nicht ständig erklären, warum er gerade wieder einmal Katastrophenplanung betreibt, und er muss diese Angewohnheit auch nicht verstecken. Genauso wichtig ist, dass die anderen nicht dauernd versuchen, ihn aufzumuntern – eine große Erleichterung für ihn. «Aber wir müssen vorsichtig sein», lacht er, «denn manchmal denkt sich einer immer noch etwas Schlimmeres aus. Dann steigern wir uns in grässliche Katastrophenszenarios hinein. Einmal habe ich gerade ein Modell für einen Designwettbewerb fertig gemacht, als meine Freundin Li Min vorbeikam. Sie hat angefangen, laut darüber nachzudenken, was das Komitee wohl an meinem Entwurf auszusetzen haben könnte. Es war allerdings viel zu spät für mich, noch etwas zu verändern. Obwohl die meisten Dinge, die sie zur Sprache brachte, viel zu extrem und äußerst unwahrscheinlich waren, war ich bei dem gesamten Wettbewerb das reinste Nervenbündel.»

Für strategische Optimisten kann das Zusammensein mit defensiven Pessimisten stressig sein. Sie finden es wahrscheinlich entspannender, Zeit mit nicht ängstlichen Leuten zu verbringen, deren Strategie nicht mit ihrer eigenen zusammenprallt. Manchmal jedoch ergänzen sich unterschiedliche Strategien recht gut. Vielleicht ist es kein Zufall, dass sowohl Bills Frau als auch sein Geschäftspartner defensive Pessimisten sind. Im Lauf der Zeit hat Bill ihren defensiven Pessimismus als nützliche Bremse für seine eigene Tendenz, sich allzu schnell mitreißen zu lassen, schätzen gelernt. Über die Arbeit sagt er:

> *Ich stürze mich kopfüber in jedes neue Projekt und bin überzeugt, dass ich mit allem fertig werde. Ich denke gern hauptsächlich an den «größeren Zusammenhang». Mir kommt Dan oft vor wie ein Korinthenkacker, aber ich muss zugeben, dass er uns im Lauf der Jahre aus ein paar echt blöden Situationen gerettet hat. Und ehrlich gesagt entlastet mich die Tatsache, dass ich weiß, er macht sich diese ganzen Sorgen. Dann kann ich mich nämlich um die Dinge kümmern, die mir leicht von der Hand gehen – für gute Stimmung sorgen, Klienten an Land ziehen –, während Dan sich um die i-Pünktchen sorgt und mir allgemein den Rücken freihält.*

Auch Daniel findet, dass ihre Strategien sich ergänzen, aber ganz in Einklang mit seinem Hang zum Grübeln ist er sich auch der potentiellen Fallstricke seiner Rolle in der Arbeitsbeziehung zwischen ihm und Bill bewusst. Ein Nachteil, derjenige zu sein, der mögliche Probleme beim Namen nennt, ist zum Beispiel, dass er meist dazu auserkoren wird, diese Probleme auch zu lösen. Die anderen gehen oft davon aus, dass derjenige, der eine Schwierigkeit erkennt, auch über besondere Kenntnisse zu ihrer Lösung verfügt. Das kommt manchmal aber fast wie eine Strafe an. Daniel meint: «Ich möchte nicht immer derjenige sein, der den Finger in das Loch im Deich steckt, um das Desaster abzuwenden. Zum einen ist es nicht fair, wenn man mehr Arbeit aufgebrummt bekommt als alle anderen. Zum anderen ist es dem Betrieb gegenüber nicht verantwortlich. Jeder sollte sich über mögliche Schwierigkeiten Gedanken machen.»

Daniel spricht hier die gleichen Themen an, die von vielen defensiven Pessimisten erwähnt werden, wenn sie von ihrer beruflichen Situation berichten. Vor allem defensive Pessimisten machen sich Sorgen, dass ihre Ängste und ihre Negativität – statt des Inhalts ihrer Diskussionsbeiträge – zum Thema werden, wenn sie negative Szenarios ansprechen. Katherine bemerkt hierzu: «Die Leute hören das Negative nicht gern, vor allem dann nicht, wenn es um ihre eigenen Ideen geht. Wenn sie es so hindrehen können, dass die negative Bemerkung nur ein Beweis ist, dass der- oder diejenige, die sie gemacht hat, neurotisch ist und sowieso immer nur schwarz sieht, dann fühlen sie sich besser. Frauen sind angeblich sowieso emotionaler, deshalb ist es noch leichter, ihre Sorgen einfach abzuschmettern.» Andere defensive Pessimisten machen sich Gedanken darüber, dass man sie als dem Team gegenüber unloyal einschätzt, wenn sie ihre Katastrophenanalyse abgeben. Eine Gruppe könne ihren Enthusiasmus verlieren, wenn man negative Eventualitäten anspricht, heißt es.

Eine Frau in einer hohen Führungsposition erklärte, dass zwar die Resultate ihrer mentalen Gedankenspiele andere Menschen überzeugten, aber den Prozess müsste sie für sich behalten. Ihre Regel lautet deshalb: «Niemals die Strategie des defensiven Pessimismus in der Öffentlichkeit anwenden.» Und sie erläutert weiter: «Die Leute sehen dann oft nur die Angst, und manchmal gilt die Tendenz, Dinge in Frage zu stellen oder ausführlich über etwas nachzudenken, schon als Zeichen von Schwäche oder Unentschlossenheit. Die Leute verlangen von einer Führungspersönlichkeit, dass sie selbstbewusst, optimistisch und risikofreudig ist. Und sie wünschen sich einfache, direkte Botschaften. Das ist inspirierender.» Die wissenschaftliche Forschung unterstützt diese Beobachtung ebenso wie ein rascher Blick in die Handbücher über Führungstraining. Selbstbewusstsein und Optimismus gehören bei jeder entsprechenden Umfrage zu den zehn wichtigsten Führungsqualitäten.

Frauen in der westlichen Welt beschreiben sich im Durchschnitt ängstlicher als Männer und können mit einer größeren Wahrscheinlichkeit als defensive Pessimisten eingestuft werden. Dabei sind die Differenzen innerhalb des jeweiligen Geschlechts größer als die Differenzen zwischen den Geschlechtern. Es ist schwer zu beurteilen, ob Frauen mehr Angst angeben, weil sie eher bereit sind, sie einzugestehen. Das Gleiche gilt auch für den defensiven Pessimismus. Obgleich wir Selbstsicherheit bei Männern und Frauen gleichermaßen schätzen, betonen unsere Geschlechtsstereotypen ihre Bedeutung bei Männern deutlich mehr. Männer nehmen den defensiven Pessimismus vielleicht als Ausdruck eines mangelnden Selbstbewusstseins wahr und damit als Eingeständnis von Schwäche.

Sicher hat auch die traditionelle Frauenrolle die Tendenz unterstützt, dass vor allem Frauen den defensiven Pessimismus als Strategie für den Umgang mit der Angst anwenden. Weil dabei großes Gewicht auf Details gelegt wird, passt er gut zu der konventionellen weiblichen Pflicht, für andere aufzuräumen – im wörtlichen Sinne, wenn Frauen sich um Heim und Familie kümmern, oder etwas übertragener, wenn sie als Krankenschwestern oder Sekretärinnen arbeiten.

In nicht traditionellen Rollen merken Frauen oft, dass ihr persönlicher defensiver Pessimismus mit dem Rollenanspruch von Optimismus und Selbstbewusstsein in Konflikt gerät. Doch trotz des Konfliktpotentials kann er ihnen auch hier weiterhelfen. «Der defensive Pessimismus ist für mich unverzichtbar», bemerkt eine erfolgreiche Unternehmensberaterin. Sie ist der Ansicht, dass Frauen in Führungspositionen weniger Fehler zugestanden werden als Männern in vergleichbaren Positionen. «Ich vermittle den Leuten, dass ich optimistisch bin, aber tatsächlich vergewissere ich mich immer extra gründlich, dass ich auch wirklich an alles gedacht habe, was schief gehen könnte.

Denn mir verzeiht es keiner, wenn ich allzu zuversichtlich bin und etwas dann nicht klappt. Wenn ich unter Druck stehe, ist der defensive Pessimismus mein Sicherheitsnetz, egal, wie stressig und umständlich er sein mag.»

Doch es ist auch nicht immer ratsam, den defensiven Pessimismus zu verbergen. Eine Frau erzählte mir, sie sei für ihre jetzige Position als Vizepräsidentin eines renommierten Unternehmens eben deshalb ausgewählt worden, weil sie bereit war, das Negative anzusprechen. Auf ihrer vorherigen Stelle hatte sie als Beraterin für einen Chef der Organisation gearbeitet. Dieser hatte auf die harte Tour gelernt, ihr Gehör zu schenken, wenn sie auf potentielle Probleme bei neuen Plänen und Projekten hinwies. Obgleich dieser Mann heute zugibt, dass er ihren Negativismus anfangs abstoßend fand, hat er ihre Beförderung am meisten unterstützt. Als der Posten besetzt werden sollte, argumentierte er, dass die Firma jemanden brauchte, der den «Pflichtoptimismus» des Arbeitslebens, wie er es nannte, ausglich.

Beziehungen aushandeln

Katherine, Daniel und andere defensive Pessimisten haben unterschiedliche Methoden entwickelt, wie sie mit dem potentiellen Zusammenprall zwischen ihrer Strategie und den Erwartungen anderer Menschen umgehen können. Daniel und Bill teilen die Pflichten in der Firma so untereinander auf, dass Bill sich mehr um die Mitarbeiter und die Betreuung der Klienten kümmert. Das sind Bereiche, in denen sein ansteckender Optimismus und seine ausgeglichene Grundstimmung besonders gut zum Tragen kommen. Katherine, die Studenten im fortgeschrittenen Semester und Forschungsassistenten anweisen muss, hat gelernt, ihr Team nicht mit den negativen Szenarios zu bombardieren, die ihr durch den Kopf gehen. Die arbeitet sie für sich alleine durch. Sie nimmt sich Zeit zum Nachdenken und bringt dann die negativen Eventualitäten, die sie nach ihren Gedankenspielen noch für Besorgnis erregend erachtet, behutsam zur Sprache. So versucht sie, die Vorteile ihres negativen Denkens weiterzugeben, ohne die anderen mit ihrer Angst anzustecken.

Viele unserer Beziehungen werden von ähnlichen Verhaltensweisen beeinflusst. Die Beziehung zwischen Kindern und ihren Eltern, zwischen Studenten und Professoren oder Angestellten und ihren Chefs beinhalten allesamt Teile derselben Dynamik. Vor allem wenn ein Partner eines solchen Paares Autorität über den anderen besitzt, kann es einen dramatischen Unterschied bedeuten, ob wir etwas privat in unseren Köpfen durchspielen oder laut und unverhohlen äußern.

Für ein ängstliches Kind kann ein Vorbild in der Strategie des defensiven Pessimismus sehr hilfreich sein und allemal hilfreicher, als wenn seine Gefühle ignoriert oder lächerlich gemacht werden oder man sie mit ein bisschen guter Laune unter den Tisch zu kehren versucht. Sich genau anzusehen, welche Katastrophen und Eventualitäten man sich ausmalt, kann für Kinder genauso gut funktionieren wie für Erwachsene. Normalerweise kann man ein Kind dann beruhigen, dass die eher fantastischen Vorstellungen, all die «Was wäre, wenn»-Geschichten, entweder nicht passieren können oder von einem Erwachsenen geregelt werden. «Ich halte dich fest, dann fällst du nicht ins Klo». Indem man sich der konkreten Ängste eines Kindes annimmt und mit ihm alternative Verhaltensweisen einübt, kann man ihm auch beibringen, wie man mit Angst erregenden Situationen umgeht. Dadurch kann man dem Kind das Gefühl vermitteln, dass es fähig ist, zu handeln und eigene Bewältigungsmethoden zu finden. Mit anderen Worten, wir können einem Kind Hoffnung machen.

Als in der Vorschule meines Sohnes die Berufe der Eltern vorgestellt werden sollten, musste ich einer Gruppe von Fünfjährigen meine Arbeit erklären – das einzige Mal in meinem Leben, dass ich Feuerwehrleute beneidet habe. Zur Veranschaulichung verteilte ich Aufkleber mit lächelnden und traurigen Gesichtern. Dann erzählte ich den Kindern kurze Geschichten, die verschiedene Situationen illustrierten: «Es ist wolkig, und Mary geht in den Park. Was glaubst du, was passieren wird?» Wenn die Kinder der Meinung waren, es würde regnen, klebten sie einen traurigen Aufkleber auf ihr Papier, wenn sie glaubten, dass die Sonne doch noch herauskommen würde, einen fröhlichen. Als wir fertig waren, zählte jedes Kind, wie viele lächelnde und wie viele traurige Gesichter es aufgeklebt hatte. Danach unterhielten wir uns, was es wohl bedeutete, dass manche mehr lächelnde und andere mehr traurige Gesichter verwendet hatten. Dabei erklärte ein Junge: «Manchmal ist es gut, wenn man daran denkt, dass es vielleicht regnet, weil man dann den Regenmantel und die Gummistiefel mitnimmt und trotzdem draußen spielen kann. Dann geht es Mary besser, auch wenn es wolkig ist.» Sogar in diesem Alter war den Kindern klar, welche Vorteile es hat, wenn man negative Gedanken zulässt.

Etwas anderes ist es allerdings, einem Kind gegenüber defensiv pessimistische Gedanken auszudrücken: «Ich mache mir Sorgen, dass du dich verirrst oder entführt wirst, wenn du das erste Mal alleine in die Schule gehst.» Wenn wir unsere schlimmsten Ängste äußern, kann das ein Kind erschrecken und entmutigen, genau wie bei Erwachsenen. Obwohl wir uns alle Gründe vorstellen können, warum die Idee, im Wohnzimmer eine Burg zu bauen, nicht gut ist, wirken unsere Ausführungen über zertrampelte Teppiche und zerfetzte Sofas eher abweisend als instruktiv. Defensive Pessimisten sollten also vorsichtig sein, damit ihr negatives Denken ihre Mitmenschen nicht entfremdet, entmutigt oder deprimiert.

Bedrohter Egoismus: Die dunkle Seite des positiven Selbstkonzepts

Strategische Optimisten riskieren andere unerwünschte Nebeneffekte. Erinnern wir uns an die Prozesse, mit denen strategische Optimisten sich oft selbst aufwerten und schützen – für Erfolge sind sie gern verantwortlich, während sie für Misserfolge nie etwas können. Sie sind unangemessen optimistisch, heben ihre eigenen Leistungen zu stark hervor, ignorieren Kritik oder tun sie als unmaßgeblich ab. Diese Maßnahmen helfen den strategischen Optimisten, ein starkes, positives Selbstkonzept aufrechtzuerhalten, und sind eine Quelle emotionaler und sogar körperlicher Kraft. Nur sehr selten stellen wir die Quelle oder den Wert eines starken Selbstwertgefühls in Frage.

Aber ein aufgeblasenes oder übermäßig positives Selbstgefühl, das zu sehr auf Selbsterhöhung und Selbstschutz angewiesen ist, kann von der Außenwelt leicht verletzt werden. Diese Anfälligkeit geht über die normalen Gefahren von übermäßigem Selbstbewusstsein hinaus, das meist eher auf einem Irrtum als auf einer gezielten Verfälschung beruht. Je mehr das eigene Selbstgefühl davon abhängt, dass man die Rückmeldungen aus der Umgebung positiv verzerrt – das heißt, je weniger Realitätsbezug es hat –, desto bedrohlicher wird jede Art von Rückmeldung. Alles muss auf einen möglichen negativen Inhalt hin überprüft werden, und selbst positives Feedback ist vielleicht nicht positiv genug, um die zerbrechliche Selbststruktur aufrechtzuerhalten. Wenn man einmal keine

Sonderbehandlung bekommt – den besten Tisch im Restaurant, das meiste Lob vom Chef –, fühlt man sich schon schlecht behandelt.

Menschen mit einem großen Ego und dünner Haut, manchmal auch «Narzissten» genannt, gehen davon aus, der Nabel der Welt zu sein. In der neueren Forschung hat sich gezeigt, dass Menschen mit schlecht angepasstem und aufgeblasenem Selbstkonzept eher Zuflucht bei Aggressionen suchen, bis hin zu Gewalt, wenn ihr Selbstgefühl bedroht ist, weil etwas nicht nach ihrer Nase geht. Sogar Frustrationen, die von den meisten Menschen nicht persönlich genommen werden, beispielsweise wenn der Autofahrer vor uns bei Grün nicht gleich losfährt und wir deshalb auf die nächste Ampelphase warten müssen, werden von narzisstischen Persönlichkeiten als persönlicher Affront angesehen. Selbst wenn sie nicht die Fassung verlieren, entfremden ihre übertriebenen selbstaufwertenden Tendenzen ihre Freunde und schrecken Fremde ab.

Nicht alle strategischen Optimisten sind narzisstisch. Aber viele Psychologen vertreten die Meinung, mildere Ausprägungen der positiven Illusionen, auf die der Narzissmus angewiesen ist, seien für die Aufrechterhaltung eines starken Selbstwertgefühls notwendig. Wenn strategische Optimisten diese Techniken nicht flexibel oder kritisch genug anwenden, können sie und ihre Beziehungen für die gleichen Konsequenzen anfällig werden wie Narzissten. Defensive Pessimisten müssen sich der Risiken ihrer Strategie bewusst sein, aber sie scheinen dieser Gefahr nicht ausgesetzt zu sein.

Strategische Optimisten verzerren nicht einfach jede Rückmeldung, sodass sie positiv ausgelegt werden kann. Zum Beispiel, indem sie diese positiver wahrnehmen, als sie ist; indem sie sich selektiv nur an positive Rückmeldungen erinnern; indem sie annehmen, dass positive Rückmeldungen wichtiger sind als negative. Außerdem vergleichen sie sich gern mit anderen Leuten, denen es schlechter geht, damit sie sich besser fühlen können.

Das ist eine Strategie, um mit den eigenen Gefühlen umzugehen, jedenfalls eine gute Methode, die eigene Stimmung zu verbessern. Aber es ist nicht gerade ideal für unsere Beziehungen, da es zu unangebrachtem Mitleid oder sogar Verachtung für unsere Mitmenschen führen kann. Wenn wir davon ausgehen, dass wir allgemein besser sind als der Durchschnitt unserer Mitmenschen, wirft das kein schmeichelhaftes Licht auf die anderen und ist keine gute Voraussetzung, mit ihnen eine Beziehung einzugehen oder uns eine unvoreingenommene Meinung von ihren Fähigkeiten und Leistungen zu bilden.

Auch indem wir andere Leute aktiv abwerten, können wir ein positives Selbstbild erhalten. Negative Vorstellungen von anderen Menschen, zu denen man sich vor allem deshalb versteigt, damit man selbst besser dasteht, können als Rechtfertigung dienen, sie schlecht zu behandeln – genau wie es bei Außenseitern oder Minderheiten nur allzu oft geschieht.

Zum Glück für ihre Familien und Freunde schließt ein strategischer Optimist seine Umgebung meist in seine positive Voreingenommenheit mit ein, denn er fühlt sich natürlich besonders gut, wenn er von lauter wunderbaren Menschen umgeben ist: Jemand, der so großartige Freunde und Familienmitglieder hat, muss selbst ja mindestens genauso großartig sein. Und wenn der Optimist alle, die ihm nahe stehen, stillschweigend als großartig einstuft, kann das die negativen Auswirkungen seines Egoismus mildern, schießlich sind fast alle Menschen gern etwas Besonderes.

Doch auch ohne andere Menschen abzuwerten, kann die für die positive Stimmung so charakteristische Tendenz, nur den großen Zusammenhang zu sehen, den Optimisten dazu verleiten, andere sehr schematisch, stereotyp und undifferenziert zu sehen. Und da er ungern grübelt, ist es wenig wahrscheinlich, dass er seinen rasch gefassten Eindruck von einem anderen Menschen im Lauf der Zeit modifiziert.

In manchen Fällen kann diese Perspektive dazu führen, dass die Beziehungen eines Optimisten einen seltsam oberflächlichen Beigeschmack haben. Manche verwenden sehr wenig Zeit und Energie darauf, sich ein vielfältiges, individuelles Bild von anderen Menschen zu machen. Obwohl ein Optimist seine Mitmenschen allgemein positiv behandelt, sieht er in ihnen oft keine wirklichen Individuen mit einem ganz eigenen Geschmack, mit besonderen Wünschen und Gefühlen. Stattdessen werden neue Bekanntschaften gleich in eine Schublade gesteckt und innerhalb dieser Kategorie fast als austauschbar behandelt. Denken wir an den selbstbezogenen Schürzenjäger, der annimmt, dass alle Frauen vor Sehnsucht dahinschmelzen, wenn er ihnen eine Rose überreicht, oder die vergnügt geschäftige Tante, die für ihre drei grundverschiedenen Neffen identische Pullover kauft.

Wenn wir einer Klischeevorstellung verfallen, beruht diese natürlich auf dem gleichen Schubladendenken. Wir alle tun das gelegentlich. Aber bei Menschen, die sehr stark darauf bedacht sind, ihren eigenen Selbstwert zu schützen, kommt es häufiger vor. Erstens, weil damit ein positives Selbstbild unterstützt wird, und zweitens, weil es kognitiv effizient ist und mehr Aufmerksamkeit für Selbstschutz und Selbstaufwertung abgezweigt werden kann.

Defensive Pessimisten verfahren anders. Das für sie typische angestrengte Nachdenken hilft ihnen normalerweise, ihren ersten Eindruck von einem anderen Menschen zu erweitern und ein komplexeres und differenzierteres Gefühl für ihn zu entwickeln. Das bedeutet nicht, dass defensive Pessimisten jeden mögen oder alle gleichermaßen nett behandeln. Defensive Pessimisten können genauso gehässig und gemein sein wie alle anderen Menschen auch. Oft neigen sie sogar dazu, anfänglich negative Informationen über jemanden höher zu bewerten als Optimisten das tun.

Wenn wir uns ansehen, wie der defensive Pessimismus und der strategische Optimismus unsere Wahrnehmung von anderen Menschen und unseren Umgang mit ihnen beeinflusst, sehen wir rasch, dass dieser Einfluss sowohl positiv als auch negativ sein kann. Doch die negativen Effekte sind keineswegs *notwendige* Folge einer Strategie. Allerdings sensibilisiert uns das Wissen um die unterschiedlichen Strategien dafür, wie sich unsere Strategien auf unsere Beziehungen auswirken.

Kultur, Strategie und Zusammenprall

Bestimmte Situationen können die spezifischen Folgen unserer Strategien verstärken oder abschwächen. So trägt beispielsweise der ausgeprägte amerikanische Individualismus zu einer starken Betonung des Selbstwertgefühls bei und führt dazu, dass wir es gut finden, wenn ein Mensch sich in der Konkurrenz mit anderen durchsetzt und «besser» wird. Ob der kulturelle Wert, der in der westlichen Welt dem Optimismus und dem Selbstbewusstsein beigemessen wird, angesichts der Nachteile angemessen ist, die sie – vor allem sozial gesehen – mit sich bringen, bleibt fraglich. Ebenso sollte man überlegen, ob die Verachtung gerechtfertigt ist, die dem Pessimismus hier allenthalben entgegenschlägt.

In vielen traditionellen Kulturen Asiens wird Selbstvertauen und Aufstiegsstreben weit weniger hoch bewertet, ja sogar eher mit einem gewissen Misstrauen betrachtet. Vergleichen wir den Spruch «Das Rad, das quietscht, wird auch geölt» mit «Der Nagel, der vorsteht, wird in die Wand gehauen». Unterschiede in der kulturellen Bewertung weisen immer auch auf ein Potential für interkulturelle Zusammenstöße hin. Stellen wir uns einen stereotyp leistungsbesessenen, amerikanischen strategischen Optimisten vor, der mit einem stereotyp zurückhaltenden asiatischen defensiven Pessimisten zusammenarbeitet. Der amerikanische Optimist ist frustriert, weil seine herzliche Begrüßung kein entsprechendes Echo findet, er ärgert sich, dass sein Schwung den anderen nicht ebenfalls zu umtriebiger Aktivität mitreißt und dass es nicht zu einer freundlichen und produktiven Konkurrenz führt, wenn er seine bisherigen Leistungen ein bisschen hervorhebt. Vielleicht fängt er sogar an, sich Sorgen zu machen, ob sein neuer Mitarbeiter, der bereitwillig Selbstkritik übt, vielleicht an einer Depression leidet.

Der asiatische Pessimist seinerseits ist vielleicht gekränkt, weil der Amerikaner seine eigene Leistung so herausstreicht und ihre gemeinsamen Errungenschaften nicht einmal erwähnt. Außerdem fühlt er sich der Anstrengung, ständig gute Stimmung verbreiten zu müssen, nicht gewachsen, und er ist misstrauisch oder verwirrt, weil sein Kollege so selbstbewusst agiert, obwohl die gemeinsamen Aufgaben doch noch gar nicht erledigt sind. Bestenfalls findet jeder Kollege das Verhalten des anderen rätselhaft, schlimmstenfalls hält einer den anderen für unangemessen oder sogar störend.

Natürlich ähneln nicht alle interkulturellen Paarungen diesem extremen Beispiel, und auch so stark unterschiedliche Strategien können sich irgendwann ergänzen. Doch wenn wir uns unterschiedliche kulturelle Stereotypen ansehen, müssen wir auch unsere eigenen typischen Annahmen neu überdenken. Wenn solche Klischees in unsere Psyche und unsere sozialen Konventionen eingebunden sind, können sie darüber bestimmen, inwieweit wir unsere zwischenmenschlichen Beziehungen verstehen oder missverstehen.

Kapitel 9
Dunkle Seite, helle Seite, meine Seite
Möglichkeiten zur Veränderung

Ich bin ebenso wenig bereit, mich eines unangemessenen Pessimismus zu befleißigen wie eines unangemessenen und arroganten Optimismus. Es sollten immer unsere Stärken und Schwächen mit in Erwägung gezogen werden.

Theodore Roosevelt

Ein Mensch ist dann erfolgreich, wenn er morgens aufsteht, abends ins Bett geht und dazwischen das tut, was er will.

Bob Dylan

Mindy kämpft mit den Konsequenzen ihrer selbstbehindernden Strategie. Ihre Angst hält sie damit so weit in Schach, dass sie einigermaßen zurechtkommt – und im Büro wird sie durchaus geschätzt, allerdings ist ihr Chef doch etwas irritiert, weil sie fast immer zu spät dran ist und manchmal auch schlampige Arbeit abliefert. Obwohl er ihr Talent bewundert, ist es ihm zu riskant, sie zu befördern. Unterdessen stellt Mindys Angst ihr immer wieder ein Bein: Selbst wenn sie Besserung schwört und versucht, ihr Leben besser zu organisieren, ist sie zerstreut, vergisst alles Mögliche und nimmt sich einfach nicht genug Zeit für ihre Projekte. Sollte man sie ermuntern, es mit einer anderen Strategie zu versuchen? Sollte sie beispielsweise versuchen, eine defensive Pessimistin zu werden?

Und was ist mit Jeff, dem Vermeider? Sollte er sich damit abfinden, dass sein Leben immer jämmerlicher wird? Oder sollte er seinen Arzt um eines der neuen Angst reduzierenden Medikamente bitten, damit er sie besser verkraftet? Oder könnte auch er den defensiven Pessimismus in sein Repertoire aufnehmen, als eine Strategie, die sein Leben erweitert, statt ihn daran zu hindern, es zu leben?

Gefahren und Möglichkeiten einer Strategie

Defensiver Pessimismus und strategischer Optimismus entwickeln sich als Reaktion auf bestimmte Erfahrungen. Ihre Stärke liegt in der Art, wie sie bestimmte Probleme angehen. Der defensive Pessimismus hilft, mit Angst umzugehen und mehr Kontrolle zu gewinnen, während der strategische Optimismus die Angst eher weghält und das Selbstwertgefühl schützt. In beiden Fällen motiviert die Strategie zu effektivem Handeln und führt für den Benutzer oft zu guten Ergebnissen.

Übertriebene Stärken können sich jedoch blitzschnell in Schwächen verwandeln. Wenn wir uns die Strategien ansehen, die Menschen benutzen, erkennen wir, dass sowohl defensive Pessimisten wie auch strategische Optimisten für bestimmte Probleme anfällig sind.

Defensive Pessimisten könnten ihre gesamte Zeit damit verbringen, sich auf höchst unwahrscheinliche Katastrophen vorzubereiten. Sie könnten bei ihren Vorbereitungen einen solchen Perfektionismus entwickeln, dass sie nie fertig werden. Wer sich jedes Mal, wenn er das Haus verlässt, für den Fall rüstet, tagelang in einem Schneesturm festzusitzen, geht mit seiner

Zeit und Energie nicht gut um. Und wenn Katherine zu viele mögliche kritische Reaktionen auf ihr Manuskript in Betracht zieht und sich jeden Einwand jedes Kollegen detailliert vor Augen führt, dann wird sie es vielleicht nie fertigschreiben und einschicken.

Strategische Optimisten sind hinsichtlich ihrer Leistung unter Umständen so selbstsicher, dass sie sich an unmöglichen Aufgaben festbeißen. Oder ihre Motivation, unangenehme Rückmeldungen zu vermeiden, ist so stark, dass sie echte Gefahren ignorieren. Investoren, die übermäßig selbstsicher sind, übersehen vielleicht ein Signal, dass die Börse zusammenzubrechen droht. In einer unserer Untersuchungen unterschätzten die strategischen Optimisten tatsächlich das Risiko ihres Sexualverhaltens und setzten damit sich und ihre Partner der Gefahr aus, Aids zu bekommen.

Die Nachteile unserer Strategien können sich ausweiten, wenn wir sie in unpassenden Situationen einsetzen, oder wenn wir nicht merken, welche Wirkung sie auf andere Menschen haben. Strategische Optimisten, die versuchen, ihre Strategie bei einem Termin im Finanzamt anzuwenden, müssen vielleicht erkennen, dass ihre Art, sich nur um die größeren Zusammenhänge zu kümmern, nicht so ganz zur Denkweise der Finanzbeamten passt, für die jedes kleine Detail zählt. Defensive Pessimisten, die ihre Katastrophenanalysen bei einem Vorstellungsgespräch durchführen, werden sich einem potentiellen Arbeitgeber damit wahrscheinlich nicht gerade empfehlen. Eine Strategie kann also nicht nur mit der Strategie eines anderen zusammenstoßen, sondern auch mit einem bestimmten Kontext oder einer bestimmten Situation.

Nichts wie weg hier – defensiver Pessimist im Anmarsch!

Für defensive Pessimisten stehen viele der Risiken ihrer Strategie direkt im Zusammenhang mit ihrer Wirkung auf andere Menschen. Als ich bei meiner Forschungsarbeit Versuchspersonen fragte, welche Eigenschaft sie an sich am fürchterlichsten finden würden, gaben defensive Pessimisten häufiger «langweilig» und «irritierend» an als strategische Optimisten. Sie beschrieben damit die Kehrseite ihrer Strategie sehr zutreffend. Wie Bill es bereits sehr deutlich ausgedrückt hat, kann es fraglos nervtötend sein, wenn ein defensiver Pessimist seine negativen Gedanken in aller Ausführlichkeit ausbreitet.

Außerdem nehmen andere Menschen oft an, dass die Negativität des defensiven Pessimisten von ihrer Strategie *verursacht* wird, und versuchen, sie ihm auszureden: Das kann für einen defensiven Pessimismus nicht nur emotional anstrengend sein, sondern außerdem noch die Anwendung der Strategie beeinträchtigen. Wahrscheinlich ist jedoch der größte Nachteil ihrer Strategie, dass andere Leute manchmal glauben, die Negativität der defensiven Pessimisten entspringe aus einer realistischen Einschätzung ihrer Kompetenz und sie seien schwierigen Aufgaben nicht gewachsen.

Vor allem Arbeitgeber, Studenten oder Kinder könnten zu dem Schluss kommen, das negative Denken der defensiven Pessimisten würde negative Dinge über sie beinhalten. Wenn defensive Pessimisten ein bestimmtes Ziel zu bedrohlich beschreiben, reagieren sie womöglich entmutigt oder sie folgern, dass ihre eigene Kompetenz in Frage gestellt wird. Wenn ein Kind gern für seinen Vater einmal kochen möchte, aber dieser sofort alles aufzählt, was schief gehen könnte, könnte das Kind denken, dass es für schwierige Dinge wie Essenkochen zu dumm ist, und wiederholt vielleicht sein Angebot nie wieder.

Wenn defensive Pessimisten sich nicht bewusst sind, wie sich ihre Negativität auswirkt, kann es passieren, dass sie am Ende den zwischenmenschlichen Teil des negativen Szenarios verursachen, das sie befürchten. Ihr Boss weiß ihre Stärken nicht zu schätzen, weil die Negativität alles andere überwiegt, die Untergebenen ziehen sich zurück, weil sie sich kritisiert fühlen.

Aber all das sind nur mögliche, keinesfalls unabwendbare Konsequenzen. Zum Glück gibt es für die defensiven Pessimisten sogar eine relativ einfache Methode, die meisten abzuwenden: Sie sollten ihre Strategie nicht vor anderen Leuten «ausüben». Der Hauptzweck des defensiven Pessimismus liegt schließlich darin, persönliche Gefühle unter Kontrolle zu bekommen. Warum sollte das nicht allein im Kopf des Betreffenden stattfinden? Wenn Sie Ihren defensiven Pessimismus für sich behalten, mögen manche Ihrer Mitmenschen das Gefühl haben, Sie nicht wirklich zu kennen. Aber wirklich guten Freunden bleiben unsere Strategien sowieso nicht lange verborgen. Da ist das Risiko, dass wir nur nach dem äußeren Eindruck beurteilt werden, verschwindend gering.

Gelegentlich lassen sich defensive Pessimisten dazu hinreißen, ihre Strategie in Situationen anzuwenden, in denen es sich einfach nicht lohnt. Defensiver Pessimismus erfordert Energie und kann Angst vorübergehend verstärken. Wenn wir ihn so automatisch oder gewohnheitsmäßig einsetzen, dass wir für die Waschmaschinenladung, die wir am Nachmittag waschen wollen, oder für ein kurzes Memo am Arbeitsplatz Katastrophenplanung betreiben, dann sollten wir unseren Gebrauch der Strategie überdenken und etwas weniger aufwändige Methoden entwickeln.

Ängstliche Menschen fürchten sich vor dem Wald, deshalb wagen sie sich vielleicht erst gar nicht nahe genug heran, um sich Sorgen über einen einzelnen Baum zu machen. Der defensive Pessimismus hilft, sich dem Wald zu nähern, indem man zunächst den einzelnen Baum ins Auge fasst und dann von einem zum andern geht. Weil Daniel Angst vor neuen sozialen Kontakten hatte, nahm er sich zunächst weniger einschüchternde «einzelne Bäume» vor – nämlich Pfefferminzbonbons und Konversationsthemen.

Idealerweise und in den meisten Fällen verliert ein defensiver Pessimist irgendwann seine Angst vor einem bestimmten Baum, und er wird fähig, durch den Wald zu gehen. Zwar stolpert er unter Umständen hier und dort über eine Wurzel, aber er genießt die frische Luft und die Bewegung und tritt danach zufrieden den Rückweg an. Schließlich hat sich Daniel trotz ein paar unangenehmer Erlebnisse einen festen Freundeskreis aufgebaut.

Dennoch riskieren defensive Pessimisten, sich im Wald zu verlaufen, wenn sie es nicht schaffen, das Augenmerk vor potentiellen Katastrophen darauf zu richten, wie sie sich verhindern lassen. Um im Bild zu bleiben: Sie müssen es schaffen, aufzublicken und dem Weg zu folgen. Möglicherweise bekommen sie nicht einmal mit, wie schön der Wald ist, weil sie ständig befürchten, über irgendwelche Wurzeln zu stolpern.

Wenn wir uns bei den Vorbereitungen für eine Verabredung völlig verausgaben, indem wir uns in unsere engsten Klamotten quetschen, die ganze Wohnung putzen und in der Stadt herumrennen, um in letzter Minute noch Karten für das angesagteste Theaterstück zu kriegen, schlafen wir am Ende beim ersten Akt ein und machen uns damit selbst einen Strich durch die Rechnung.

«Erfahrene» defensive Pessimisten, die diese Strategie schon lange Zeit anwenden, tappen nicht in solche Fallen. Doch ein Mensch, der mit dem mentalen Durchprobieren noch nicht vertraut ist, mag es an sich schon verführerisch finden, sich in die Einzelheiten möglicher negativer Vorkommnisse zu vertiefen. Um auf ein früheres Beispiel zurückzukommen: Ein ängstlicher Mensch, der sich davon überzeugt hat, dass es wirklich zu Scheidung, Bankrott und Selbstmord führen würde, wenn er bei der kirchlichen Wohltätigkeitsveranstaltung eine langweilige Rede hält, hat sein negatives Denken Amok laufen lassen. Er muss seine Anwendung der Strategie dringend überprüfen.

Neulingen fällt es anfangs häufig schwer, den Schritt von immer neuen Fantasien möglicher Katastrophen dahin zu tun, wie sie sich verhindern lassen. Wenn wir die Anweisung, uns den schlimmsten Fall vorzustellen, allzu wörtlich nehmen, verfallen wir vielleicht auf Situationen, für die es keine effektive Präventivmaßnahme gibt, außer diese Situation zu vermeiden. Wenn wir uns einreden, das Dach des Saales wird während unserer Rede einstürzen und uns und unsere Zuhörer unter sich begraben, motiviert das kaum dazu, eine bessere Rede zu schreiben.

Der strategische Wert des negativen Denkens beim defensiven Pessimismus rührt daher, dass man ihn *vor* der Situation einsetzt, die uns Angst macht. Negatives Denken nach einer solchen Situation artet schnell in unproduktives Grübeln aus. Wenn es nicht mehr darum geht, wie sich Angst handhaben lässt, nützt es nicht, peinliche Verabredungen oder verpatzte Vorstellungsgespräche immer und immer wieder durchzukauen. Der defensive Pessimismus ist auf vorausschauendes Denken angewiesen. Deshalb ist es wichtig, danach die Negativität abzuschalten!

Strategische Optimisten: Sehen sie die Bäume nicht, weil sie nur sich selbst sehen?

Zumindest kurzfristig haben strategische Optimisten beim Einsatz ihrer Strategie kaum soziale Risiken zu befürchten. Strategischer Optimismus funktioniert gut, um positive Stimmung und Selbstbewusstsein aufrechtzuerhalten. Beides macht den Weg frei für angenehme soziale Interaktionen. Aber strategische Optimisten können Probleme bekommen, wenn sie negative Gefühle so unerträglich und negative Informationen so bedrohlich finden, dass sie diese mit viel Energie unterdrücken. Verdrängen, also Gedanken und Gefühle nicht bewusst werden lassen, hat direkte und schädliche Auswirkungen auf die emotionale und körperliche Gesundheit eines Menschen. Menschen, die ihre negativen Gefühle leugnen, werden eher krank und brauchen länger, um sich nach einem traumatischen Erlebnis oder einem Verlust zu erholen. Wenn wir versuchen, nach einem Erdbeben, das unser Heim zerstört hat, oder nach dem Tod unseres Ehepartners, so zu tun, als würde uns das alles nicht erschüttern, fordert das von unseren Gefühlen und unserem Körper einen hohen Tribut.

Das Ausmaß der Verzerrung, die eingesetzt werden muss, um über lange Zeit das Leugnen aufrechtzuerhalten, kann zu zwischenmenschlicher Defensivität – oder gar Aggression – und Erstarrung führen. Wenn wir die Information, die wir an uns heranlassen, auf Dinge beschränken, die unserem Selbstgefühl in den Kram passen, müssen wir uns anstrengen, Menschen und Situationen zu meiden, die uns eine andere Sichtweise aufzwingen würden. Wir bekommen unweigerlich Probleme, wenn unsere Scheuklappen die bedrohlichen Informationen nicht ganz ausschalten können. Unser Bekanntenkreis ist höchstwahrscheinlich sehr klein (und langweilig), wenn wir uns nur mit Leuten abgeben, die uns ständig loben, und wenn wir jeden abwehren, der es auch nur wagt, uns zu kritisieren.

Wenn strategische Optimisten sich zu heftig gegen negative Rückmeldungen wehren, verpassen oder verzerren sie vermutlich wichtige Hinweise, die ihnen helfen könnten, besser zurechtzukommen und künftig Fehler zu vermeiden. Wenn wir nach einer Präsentation nur das im Gedächtnis behalten, was unsere Chefin gelobt hat (unsere guten Dias), während wir die Kritik lieber vergessen («aber die Gesamtorganisation ließ einiges zu wünschen übrig»), ist unsere Feier am Abend vielleicht fröhlicher. Aber das hilft uns nicht bei der nächsten Präsentation. Sie wird bestimmt nicht davon besser, dass wir konstruktive Kritik ignorieren. Außerdem verärgern wir wahrscheinlich auch die Chefin, die es sicher nicht schätzt, wenn ihre Hinweise einfach unter den Tisch fallen.

Genauso gefährdet es sowohl die Aussichten auf einen schönen Abend zu zweit als auch die Zukunft der Beziehung, wenn jemand nur das «Danke, Schatz» hört und den angewiderten Ausdruck auf dem Gesicht seiner Freundin beim Auspacken des Geschenks nicht zur Kenntnis nimmt. Wenn jemand unsensibel, herrschsüchtig und unempfindlich ist, macht ihn das nicht gerade liebenswert.

Langzeitbeziehungen leiden unweigerlich, wenn unser Selbstbild stark davon abhängt, dass wir uns selbst aufwerten und glauben müssen, besser zu sein als andere. Untergebene, denen nichts anderes übrig bleibt, als sich damit abzufinden, sabotieren uns möglicherweise ganz subtil. Oder sie verschwenden ihre Energien, die sie anderswo viel produktiver einsetzen könnten. Wer über größere Entscheidungsfreiheit verfügt, kommt vielleicht zu dem Schluss, dass sich eine solche Beziehung nicht lohnt.

Selbst wenn strategische Optimisten einfach nur übermäßig optimistisch und nicht rigide defensiv sind, treffen sie unter

Umständen trotzdem keine angemessenen Präventivmaßnahmen. Wie die Raucher, die nicht glauben, dass das Rauchen auch sie krank machen kann, oder die Leute, die ihr Haus direkt am Meer bauen, obwohl die Wahrscheinlichkeit groß ist, dass sie es beim nächsten schlimmen Sturm verlieren, oder der Computerbesitzer, der für den unvermeidlichen Festplattenzusammenbruch keine Sicherheitskopien anfertigt.

Genau wie fröhlich-unbeschwerte Kollegen für defensive Pessimisten ein Problem darstellen können, kann auch der strategische Optimist Schwierigkeiten mit seiner Umgebung bekommen. Wenn der Arzt Ihnen in Anwesenheit Ihrer Frau sagt, dass Sie fettes Essen meiden und dreißig Pfund abnehmen müssen, weil Ihr Herzinfarktrisiko zu hoch ist, dann macht sie es Ihnen wahrscheinlich schwer, nur an den Teil des Besuchs zu denken, bei dem der Arzt meinte, Ihre Reflexe seien noch ziemlich gut und Ihr Blutzucker vollkommen in Ordnung. (Das ist einer der Gründe, warum Gesundheitsexperten empfehlen, sich bei Arztbesuchen von jemandem begleiten zu lassen.)

In Extremfällen sind strategische Optimisten gezwungen, andere Menschen auf Distanz zu halten. Denn ein enger Kontakt trägt immer die Bedrohung in sich, dass die negativen Dinge, die man lieber nicht wissen und über die man nicht nachdenken möchte, von jemandem, der einen gut kennt, ausgesprochen werden. Natürlich ist dies auch für Vermeider und Selbstbehinderer wie Jeff und Mindy ein potentielles Problem. Auch sie müssen sich vor Freunden und Verwandten in Acht nehmen, die ihre Tarnung auffliegen lassen könnten.

Strategische Optimisten können die Risiken ihrer Strategie abwenden, wenn sie flexibel bleiben, sich weniger ausschließlich auf die eigene Aufwertung und den Selbstschutz konzentieren und auch auf die Rückmeldungen von anderen hören. «Erfahrene» strategische Optimisten lassen sich im Allgemeinen nicht auf extreme Verzerrungen von Rückmeldungen ein. Aber es gibt einen potentiellen Fallstrick für strategische Optimisten, die bei der Anwendung ihrer Strategie flexibel bleiben wollen: In Situationen, in denen es für sie wichtig ist, Rückmeldungen richtig zu interpretieren oder nicht von vornherein abwehrend darauf zu reagieren, müssen sie sensibel sein, selbst wenn sie sich dabei schlecht fühlen. Diese Sensibilität jedoch macht sie gleichzeitig anfälliger für ihre Angst, und um damit fertig zu werden, ist ihre Strategie nicht gut geeignet.

Wenn ein strategischer Optimist offen genug ist, um negative Informationen zuzulassen, ist er vielleicht auch offen genug, um die Angst zuzulassen. Aber dann weiß er nicht mehr weiter. Wenn unser positives Selbstkonzept sehr stark davon abhängt, dass wir uns für beispielhafte Eltern halten, kann es bedrohlich sein, uns eingestehen zu müssen, dass wir mit unserem Teenager überhaupt nicht zurechtkommen. Womöglich verlieren wir das Vertrauen in unser Urteilsvermögen und fühlen uns zu hilflos, um neue Ansatzmöglichkeiten zu entwickeln.

Karikatur, Charakter und Strategie

Wenn wir uns die Vor- und Nachteile des defensiven Pessimismus und des strategischen Optimismus vor Augen führen, kann es ganz amüsant sein, sich Extremfälle auszudenken. Beispielsweise den detailbesessenen defensiven Pessimisten, der seine Mitmenschen zur Verzweiflung treibt, weil er ständig eine Litanei von Katastrophen herunterleiert. Dieser Mensch wird irgendwann auf ein Leben zurückblicken, das nur aus in letzter Sekunde abgewendeten Desastern und verheerenden Strapazen bestand, und jeder Erfolg war von grässlichen Ängsten und zermürbender Anstrengung begleitet.

Narzisstische strategische Optimisten dagegen verdrängen fleißig, trampeln blind und rücksichtslos durch jede Situation, legen sich mit anderen Menschen an, weil diese leise Kritik durchblicken lassen, und verursachen Chaos, weil sie handeln, ohne vorher nachzudenken. Im Rückblick sehen sie ein Leben voller immenser Erfolge, nur verunziert dadurch, dass gewisse andere Menschen dies nicht hinreichend anerkennen, und dadurch, dass sie so seltsam wenig einfühlsame Freunde und Verwandte haben.

Natürlich sind auch die positiven Extreme einen Blick wert. Es gibt außergewöhnlich rücksichtsvolle defensive Pessimisten, die rational und systematisch die schrecklichsten Szenarios heraufbeschwören und sich edelmütig und bescheiden weigern, das Universum mit Zuckerguss zu überziehen. Gleichzeitig strengen sie sich nach Kräften an, ein stabiles Selbstgefühl zu entwickeln und die Welt vor dem sicheren Untergang zu bewahren. Man vergleiche einen solchen Menschen mit dem fröhlichen strategischen Optimisten, der darauf besteht, in sich und anderen nur das Gute zu sehen. (Was ist schon damit gewonnen, dass man immer nur auf der dunklen Seite herumreitet?) Sein Mut, Selbstvertrauen und Enthusiasmus inspiriert seine Mitmenschen dazu, gigantische Hindernisse zu überwinden und unbeirrt ihren Weg zu gehen, selbst wenn alles verloren scheint.

Zum Glück kann man lebendige Menschen nicht so leicht in Schubladen packen. Aber es kann gut sein, dass uns irgendwann ein, zwei Leute über den Weg laufen, auf die diese Beschreibungen beunruhigend gut passen. Meist sind wir uns dessen bewusst, was wir tun, und lernen aus den Rückmeldungen unserer Umgebung, was funktioniert und was nicht. Defensive Pessimisten lassen ihre Strategie zu Hause, wenn sie in den Supermarkt gehen, sodass sie nicht ständig Hamsterkäufe für den Fall einer feindlichen Invasion machen, wenn sie eigentlich nur eine Packung Milch brauchen. Auch strategische Optimisten schaffen es, der Welt um sie herum Aufmerksamkeit zu schenken, und merken sich, dass Tante Ruth am liebsten Steak isst, während Onkel Fred sich seit Jahren vegetarisch ernährt.

Oft benutzen wir mehr als eine Strategie und deshalb ist es besonders unwahrscheinlich, dass wir den eindimensionalen Charakteren ähneln, die ich gerade beschrieben habe. Ihre Einseitigkeit wird noch deutlicher, wenn wir bedenken, dass Angst nicht das einzige Thema ist, mit dem wir uns im Leben herumschlagen. Ganz sicher geht unser Repertoire über defensiven Pessimismus und strategischen Optimismus hinaus, wenn wir uns Gedanken machen, wie wir unsere Kinder erziehen, welchen Beruf wir ergreifen oder welcher Lebensstil uns glücklich macht. Und wenn wir einen Partner suchen, wollen wir zweifellos nicht nur wissen, ob er ein defensiver Pessimist oder ein strategischer Optimist ist!

Wir sind mehr als unsere Strategien, diese sind eingebettet in die Gesamtstruktur unserer Persönlichkeit, unsere stabilen Eigenschaften und Anlagen, unser Selbstkonzept, unsere Erinnerungen und Erfahrungen. Temperament und Erbe, familiäres Umfeld, unsere Kindheitserfahrungen außerhalb der Familie, unsere erwachsenen Entscheidungen, all das beeinflusst die Entwicklung einer Strategie und ihre Anwendung im Alltag.

Dennoch wird unser Charakter im Lauf der Zeit auch von den Strategien geformt, die wir am häufigsten und am zuverlässigsten benutzen. Defensiver Pessimismus ist eine strategische Reaktion, aber nicht die einzig mögliche. Wenn wir beginnen, sie anzuwenden, beeinflusst sie unsere Erfahrung in anderer Weise als beispielsweise die Selbstbehinderung, und unser Weg in die Zukunft nimmt einen anderen Verlauf. Wenn wir den defensiven Pessimismus über lange Zeit zum Einsatz bringen, beeinflusst er gleichermaßen unsere Sicht auf die Welt und die Art, wie die Welt uns sieht. Nicht indem wir eine Strategie einoder zweimal benutzen, werden wir zu einem defensiven Pessimisten oder einem strategischen Optimisten (oder einem

Selbstbehinderer oder Vermeider), sondern erst durch wiederholten und konsequenten Gebrauch.

Wie steht es nun mit der Werkzeug-Metapher? Deutet sie nicht darauf hin, dass wir eine Strategie aussuchen und einsetzen können, wie es uns gerade passt? Können defensive Pessimisten aufhören, diese Strategie anzuwenden, wenn sie sich in einer bestimmten Art von Situation nicht mehr ängstlich und hilflos fühlen? Jetzt, wo Katherine als Lehrerin selbstbewusster auftreten kann, spart sie da eine Menge Zeit und Mühe, indem sie den defensiven Pessimismus sausen lässt? Sollten strategische Optimisten den defensiven Pessimismus anwenden, wenn sie sich in einer unbekannten Situation befinden, die ihnen Angst macht? Wenn Daniel aus der Firma ausscheiden würde, könnte Bill den Wechsel damit kompensieren, dass er Daniels Rolle als Schwarzseher übernimmt? Wäre es für Selbstbehinderer und Vermeider gut, auf den defensiven Pessimismus umzusteigen? Könnte Mindy lernen, frühzeitig mit der Arbeit an ihren Projekten zu beginnen, indem sie die Techniken der defensiven Pessimisten annimmt?

Theoretisch lautet die Antwort auf alle obigen Fragen: Ja. Strategien können – vor allem im Vergleich mit Charakterzügen wie beispielsweise Introversion/Extraversion – relativ leicht gewechselt werden. Vom rationalen Standpunkt aus sollten wir unsere aktuelle Strategie dann verändern, wenn wir sie nicht mehr brauchen oder wenn sie nicht gut funktioniert. Genauso sollten wir in der Lage sein, neue Strategien zu lernen.

Man darf nicht aus den Augen verlieren, dass der defensive Pessimismus mit den gleichen Techniken arbeitet, mit denen Therapeuten ängstlichen Klienten helfen, mit ihrer Angst umzugehen. In der kognitiven Verhaltenstherpaie hat man die Erfahrung gemacht, dass Klienten tatsächlich lernen können zu erkennen, wann ihre Strategie nicht angemessen ist, um dann auf eine neue Strategie umzusteigen. Die Therapeuten können mit ihren Klienten auch daran arbeiten herauszufinden, welche Strategien zu welchen Situationen passen.

Die kognitive Verhaltenstherapie wäre wahrscheinlich in der Lage, Mindy zu helfen, ihre Selbstbehinderung zu erkennen. Wenn Mindy die Funktion ihrer Strategie durchschaut, würde ihr Bedürfnis nachlassen, die Dinge auf die lange Bank zu schieben, und sie könnte sich daran machen, eine neue Strategie zu erlernen, beispielsweise den defensiven Pessimismus. Auch Katherine, Bill und Jeff können ihrem Repertoire neue Strategien hinzufügen und diejenigen aussortieren, die nicht mehr passen oder zu viele Nachteile haben. Wie in der Therapie sind auch hier Motivation, Einsicht, das Vorhandensein von Alternativen und der Kontext, in dem die Bemühungen stattfinden, für das Gelingen sehr wichtig.

Wenn diese Techniken in einem therapeutischen Kontext erfolgreich eingesetzt werden, müsste auch ein Wechsel der Strategie möglich sein – immerhin geht man ja zur Therapie, um sich zu ändern. Aber aus den Erfahrungen mit der Therapie wissen wir auch, dass für eine Veränderung oft gigantische Hindernisse überwunden werden müssen. Häufig gehen Leute zum Therapeuten, weil sie nicht wissen, auf welche Weise sie die Probleme in ihrem Leben anders angehen könnten: Wir bekommen bei der Geburt kein Handbuch mit Tipps für alle möglichen Lebenslagen in die Hand gedrückt. Und so praktisch das vielleicht auch wäre, nicht einmal das würde dafür sorgen, dass ein Mensch fähig wäre, die beste Strategie für sich zu wählen und anzuwenden. Um gut zu funktionieren, muss eine Strategie ebenso zum Individuum passen wie zur Situation.

Andere Prozesse tragen ebenfalls dazu bei, dass ein Wechseln der Strategie komplizierter ist, als den Hammer fallen zu lassen und einen Schraubenzieher in die Hand zu nehmen. Defensive Pessimisten halten vielleicht an ihrer Strategie noch fest, obwohl sie längst aufgehört haben, in einer bestimmten Situation akut ängstlich zu sein. Ein Grund kann sein, dass sie geradezu abergläubisch davon überzeugt sind, dass positives Denken bestimmt ins Auge gehen wird – als würden sie bestraft, wenn sie es wagen, das Ritual des negativen Denkens aufzugeben. Die Angst davor, «den Mund zu voll genommen zu haben», wird von defensiven Pessimisten recht häufig angesprochen. Ihre Angst mag insofern gerechtfertigt sein, als jeder Strategiewechsel das Ablegen alter Gewohnheiten und das Erlernen neuer Verhaltensweisen verlangt – ein Prozess, der immer beunruhigend und schwierig ist. Wenn ein defensiver Pessimist seine Strategie ändern möchte, weil er in einer bestimmten Situation nicht mehr ängstlich ist, muss er sich womöglich mit der Angst vor dem Anwenden einer neuen Strategie auseinander setzen. Diese Angst stammt zwar aus einer anderen Quelle, kann aber genauso beeinträchtigend wirken wie die Leistungsangst, die er überwunden hat.

Ähnliche Schwierigkeiten können auch beim Wechsel *zum* defensiven Pessimismus hin auftreten. Selbstbehinderer, die sich im negativen Denken üben, werden plötzlich von einer Angst überwältigt, auf die sie nicht vorbereitet sind. Die Ergebnisse der Forschung zeigen deutlich, dass es in den meisten Fällen anfangs zu Problemen führt, wenn jemand auf eine alternative Strategie umsteigt. In der kognitiven Verhaltenstherapie werden deshalb oft Hausaufgaben aufgegeben. Es wird immer betont, wie wichtig es ist, neue Strategien zu üben. Außerdem bietet man den Klienten detaillierte Rückmeldung. Solche Supervisionen erleichtern die Veränderung. Aber es kann schwierig werden, wenn wir auf uns selbst angewiesen sind.

Dies gehört auch zu den Gründen, warum in manchen Fällen bei Angstpatienten zum Einsatz von Medikamente geraten wird. Wenn ein Medikament die Angst direkt beseitigen kann, bekommt der Patient Raum für das Erlernen neuer Verhaltensweisen und zum Aufbau seines Selbstvertrauens, ohne dass die Angst ihn lähmt. Der Nachteil bei einer ausschießlich medikamentösen Behandlung der Angst liegt darin, dass die Patienten nicht lernen, mit den ängstlichen Gefühlen umzugehen, die leicht zurückkommen, wenn das Medikament abgesetzt wird. Natürlich hofft man, dass im Lauf der Zeit effektivere Verhaltensweisen und positivere Erfahrungen die Angst auf ein weniger problematisches Niveau reduzieren, und dass der Patient an diesem Punkt bereit ist, die Angst strategisch und ohne Tabletten zu kontrollieren.

Selbst mit Medikamenten oder Therapie (oder beidem) wissen wir, dass wir nicht frei von Angst leben können. Selbst wenn wir uns bemühen, sie weniger häufig und weniger stark zu erleben, selbst wenn wir im Vergleich zu anderen nicht so stark darunter leiden. Deshalb ist das Entwickeln und Ausarbeiten von Strategien zur Angstbewältigung so wichtig – es lohnt sich sogar, ein ganzes Buch über den defensiven Pessimismus zu schreiben!

Letztlich läuft die Diskussion über den Strategiewechsel darauf hinaus, dass wir unter bestimmten Bedingungen unsere Strategie ändern sollten. Aber einen Menschen überhaupt zu der Einsicht zu bringen, dass er mit seiner Strategie Probleme verursacht, kann schon ein erhebliches Hindernis für eine Veränderung darstellen. Mindy und Jeff sehen sich selbst und ihre Strategien nicht so, wie ich sie beschrieben habe. (Das ist einer der Gründe, warum in diesem Buch ein Fragebogen zur Identifizierung Ihrer Strategie enthalten ist.) Und natürlich finden die defensiven Pessimisten, dass ihre Strategie doch hervorragend funktioniert – wozu sie verändern? Das Gleiche trifft auch auf die strategischen Optimisten zu, wenn auch aus anderen Gründen.

Selbst wenn es einen guten Grund gibt, eine Strategie zu verändern – was nur nach einer eingehenden Überprüfung ihrer

Vor- und Nachteile und der aktuellen Ziele geschehen sollte –, ist viel Entschlossenheit notwendig, um die Übergangsphase durchzustehen. Noch mehr Sand gerät oft dadurch ins Getriebe, dass unsere Mitmenschen von unseren Ansätzen zur Veränderung alles andere als begeistert sind. Solange wir berechenbar bleiben (ganz gleich, ob positiv oder negativ), sind wir bequem für andere – dann nämlich, wenn wir unsere bekannte Strategie benutzen.

Selbst wenn wir bereit sind, uns zu verändern, wehrt sich unsere Umgebung manchmal gegen unsere Bemühungen, indem sie uns so behandelt, als wären wir noch ganz die Alten. Wenn Mindy mit einem Mal anfängt, all die Möglichkeiten durchzuspielen, die ihrer Beförderung im Weg stehen, sind ihre Freunde höchstwahrscheinlich erst einmal verdutzt. Wenn sie hören, wie Mindy plötzlich ihrer Angst Ausdruck verleiht, erscheint das ihrer Umgebung zunächst nicht wie eine Verbesserung. Selbst wenn sie ihre Entwürfe von nun an rechtzeitig fertig hat und dafür sorgt, dass ihre nächste Präsentation ordentlich vorbereitet ist. Auch ihr Chef unterstützt sie unter Umständen nicht, vor allem, wenn sie bei dem Versuch, ihre Angst auszuhalten, noch mehr Chaos anrichtet.

Es gibt bestimmte Bedingungen, unter denen ein Strategiewechsel meistens stattfindet. Eine Therapie ist der häufigste und einleuchtendste Kontext, wobei die Bedeutung der Motivation, der Einsicht und der Unterstützung durch andere allerdings manchmal unterschätzt wird. Auch wenn eine Person in einen neuen Lebensabschnitt eintritt, wenn sich jemand an neue Situationen, Anforderungen und Menschen anpassen muss, kommt es oft zu einem Strategiewechsel. Erinnern wir uns nur an die ängstliche Mutter auf Reisen, die entdeckte, dass sie die Dinge nicht mehr unter Kontrolle hatte, und zum defensiven Pessimismus «konvertierte», um ihre Organisationsfähigkeit zurückzugewinnen.

Defensive Pessimisten benutzen den defensiven Pessimismus im Allgemeinen weniger, wenn sie neue Situationen besser in den Griff bekommen. In einer Untersuchung zu diesem Thema berichteten Studenten regelmäßig während der gesamten Studienzeit und im ersten Jahr nach dem Examen über ihre Strategien und ihr Kontrollgefühl. In den ersten Monaten des Studiums hielten sie am engsten an ihren vertrauten Strategien fest. Sie wurden lockerer, je mehr sie sich an die neue Umgebung gewöhnten.

In einer anderen Studie gaben Versuchspersonen in einer Umgebung, in der sie das Gefühl haben, mehr Kontrolle zu haben, weniger defensiven Pessimismus an als diejenigen in einer konträren Situation. Diese Ergebnisse bestätigen die Werkzeug-Metapher insofern, als die Studenten den defensiven Pessimismus nicht ablegten, sondern nur beiseite schoben, sodass er bei Bedarf verfügbar blieb.

Andere Menschen können unsere Strategien nicht nur durch ihre Reaktionen beeinflussen. Die wissenschaftliche Forschung zur familiären Umgebung zeigt, dass im Familienzusammenhang für gewöhnlich die Unterschiede zwischen den Geschwistern verstärkt werden, obwohl Vererbung und andere allgemeine Einflüsse dazu führen, dass sie außerhalb der Familie ähnlich eingeschätzt werden. Beispielsweise betonen Eltern zu Hause die Unterschiede zwischen ihren beiden Söhnen: Einer wird der erfolgreiche Akademiker, der andere der gute Mensch. Dieser Unterschied spielt eine viel größere Rolle, solange die Brüder mit der übrigen Familie zusammen sind (wo jeder die ihm zugedachte Rolle spielt), als wenn sie sich mit ihren Freunden treffen (wo sie freier sind, sich selbst eine Rolle auszusuchen). Vielleicht sind beide Brüder sehr sozial engagiert, aber das wird nur im Kontext ihrer außerfamiliären Beziehungen deutlich.

Eine solche Dynamik kann unsere Strategie unmittelbar beeinflussen. Falls die Rolle des strategischen Optimisten oder des defensiven Pessimisten schon vergeben ist, wenn wir die Familienszene betreten, nehmen wir vielleicht kampflos die gegenteilige Strategie an, zumindest solange wir im Schoß der Familie verweilen. Selbst wenn zwei Kinder vom Temperament her vergleichbare Tendenzen zur Ängstlichkeit haben, die ältere Schwester aber den defensiven Pessimismus entwickelt hat («die Vorsichtige»), wird die jüngere womöglich in eine andere Strategie gedrängt, weil die Eltern meinen, dass sie anders sein muss. Beispielsweise greift sie zur Strategie der Selbstbehinderung und wird nun «die Unverantwortliche».

Das Kind, das sich zu Hause als Reaktion auf die Erwartungen der Eltern selbst im Weg steht, entwickelt vielleicht den defensiven Pessimismus, wenn es sich von zu Hause löst. Die Frage, wer von den ängstlichen Menschen am wahrscheinlichsten den defensiven Pessimismus entwickelt, ist eine der wichtigsten für zukünftige Forschungen. Wenn wir andere Rollen übernehmen, wenn unsere Erfahrungen, Pflichten und Ressourcen sich verändern, verändert sich meist auch das Angstniveau. Und dadurch kann natürlich auch unsere Strategie eine entsprechende Anpassung gebrauchen.

Menschen benutzen eine Strategie also unterschiedlich häufig, je nach der Beziehung, in der sie sich befinden. Das zeigt sich am deutlichsten, wenn wir uns die Paarung strategischer Optimist – defensiver Pessimist anschauen. Mit Daniel in der Rolle des defensiven Pessimisten kann Bill seinem Optimismus freien Lauf lassen. Wäre Daniel ebenfalls ein strategischer Optimist, müsste Bill seine eigene Strategie womöglich modifizieren, um dafür zu sorgen, dass die Partnerschaft als Ganzes optimal funktioniert.

Eine ähnliche Dynamik herrscht auch in Bills Beziehung zu Katherine. Im krassen Gegensatz zu ihrem Verhalten auf anderen Gebieten ist sie beispielsweise in Geldsachen dermaßen sorglos und verlässt sich so auf Bills Kompetenz, dass sie sich benimmt wie eine strategische Optimistin. Sie zerbricht sich nicht den Kopf über Kleinigkeiten, sie ist grundsätzlich sicher, dass alles in Ordnung ist, und scheint ihren eigenen Gewohnheiten beim Geldausgeben etwas unrealistisch gegenüberzustehen. Bill seinerseits wird zum defensiven Pessimisten beim Umgang mit seiner Tochter, weil sie angeblich einfach nicht einsehen will, welche schrecklichen Unfälle ihr zustoßen könnten, wenn sie nicht supervorsichtig ist. Also wird er an ihrer Stelle supervorsichtig, ob ihr das nun gefällt oder nicht. Weil die Tochter diese Überwachung hasst, steigt wiederum die Wahrscheinlichkeit, dass sie genau die gegenteilige Strategie entwickelt und ganz bestimmt keine defensive Pessimistin wird, sondern sich nur noch stärker zum strategischen Optimismus bekennt, als er es befürchtet.

Wir können uns den Stärken, Schwächen, Bedürfnissen und Wünschen anderer Menschen anpassen. Also sollten wir uns nicht allzu sehr wundern, dass wir verschiedene Strategien einsetzen, wenn wir innerhalb einer Beziehung von einem Bereich in einen anderen überwechseln oder von einer Beziehung zur nächsten.

Die positive Kraft des negativen Denkens

In einem Interview wurde ich einmal gefragt, ob ich glaube, dass die gesellschaftliche Haltung dem Pessimismus gegenüber ähnlich ist wie den Linkshändern gegenüber. Das ist in vielerlei Hinsicht eine hervorragende Analogie. Genau wie in der Vergangenheit der Frage der «richtigen» Hand fast eine moralische Bedeutung beigemessen wurde, geschieht es – aktuell und auch historisch – mit dem Pessimismus und dem Optimismus:

Der Pessimismus ist finster im Vergleich zur wohltuenden Einfachheit des Optimismus. Pessimismus spiegelt immer einen höchst verdächtigen Mangel an Vertrauen.

Als Ergebnis falscher Annahmen über die Linkshändigkeit unternahmen Lehrer und Eltern jahrelang ausgiebige, schädliche und größtenteils fruchtlose Versuche, linkshändige Kinder zu Rechtshändern umzuerziehen. Heute sind wir bei diesem Thema klüger geworden. Manchmal haben es Linkshänder in einer im Großen und Ganzen für Rechtshänder eingerichteten Welt noch schwer. Aber wir wissen, dass es weder effektiv noch wünschenswert ist, sie zu Rechtshändern zu machen: Linkshänder können so ziemlich alles, was Rechtshänder können, sie machen es nur anders. Wenn man Linkshänder akzeptiert, bedeutet das noch lange nicht, dass man Rechtshänder ablehnt oder gering schätzt. Wir sind nur gezwungen zuzugeben, dass manche unserer früheren Annahmen falsch waren.

Genauso ist es etwas anderes, ob man unter bestimmten Umständen *für* das negative Denken argumentiert oder *dagegen*. Auch die defensiven Pessimisten machen es einfach anders – selbst wenn es manchmal schwerer für sie ist, können sie das, was sie sich vornehmen, genauso gut erreichen wie die strategischen Optimisten. Niemand muss vom defensiven Pessimismus geheilt werden, denn der defensive Pessimismus ist bereits die Behandlungsmethode für die Angst, die den defensiven Pessimisten zu schaffen macht.

Ausgewählte Literatur

Seligman, Martin E. P.: *Pessimisten küsst man nicht: Optimismus kann man lernen.* Droemer Knaur, München 1991.

Seligman, Martin E. P.: *Kinder brauchen Optimismus.* Rowohlt, Reinbek bei Hamburg 1999.

Taylor, Shelley E.: *Positive Illusionen – Produktive Selbsttäuschung und seelische Gesundheit.* Rowohlt, Reinbek bei Hamburg 1993.

Wegner, Daniel M.: *Die Spirale im Kopf. Von der Hartnäckigkeit unerwünschter Gedanken – die Psychologie der mentalen Kontrolle.* Kabel, Hamburg 1992.

Mehr Informationen zum defensiven Pessimismus lassen sich im Internet finden unter: *www.defensivepessimism.com*

Danksagung

Ich könnte ein zweites Buch über die Hilfe und Unterstützung schreiben, die mir bei der Arbeit an diesem hier zuteil geworden ist, aber ich werde versuchen, mich kurz zu fassen: Nancy Cantor war eine wunderbare Ratgeberin; sie hat das Programm zur Erforschung des defensiven Pessimismus begründet. Ohne sie würde es dieses Buch nicht geben, und das ist ganz wörtlich zu nehmen. Darrin Lehman und Carolin Showers haben zur Beschreibung der Strategie einen unschätzbaren Beitrag geleistet, außerdem hat Carolin Showers einen großen Teil der systematischen Forschung über den defensiven Pessimismus beigesteuert.

Meine Dankbarkeit gilt meinen Kollegen, mit denen ich im Lauf der Jahre zusammengearbeitet habe, allen voran Lisa Feldman Barrett, Chris Langston, Bill Fleeson, Steve Harkins, Rob Sellars, Carolin Showers, Elissa Wurf, Sabrina Zirkel, die meinem lauten Nachdenken noch zugehört haben, als die meisten anderen längst eingeschlafen waren. Auch William Dember, Edward C. Chang und Lawrence Sanna, deren Arbeit mir neue Inspiration schenkte, habe ich viel zu verdanken. Mit seinem Drängen auf eine abgerundete Darstellung von Optimismus und Pessimismus hat Ed meine Überzeugung gefestigt, dass der defensive Pessimismus ein ernst zu nehmendes wissenschaftliches Thema ist. Auch meine Studenten waren eine unbezahlbare Hilfe bei meiner Forschung und haben mein Denken immer wieder klarer gemacht. Ein spezieller Dank geht an meine Mitarbeiter Shaun Illingworth, Stacie Spencer-Perna, Eliza McCardle und Sonia Worcel. Regan Bernhard, Amy Gower, Shannon Smith und die Teilnehmer an meinem Seminar über Optimismus und Pessimismus haben alle ihren Humor, ihre Unterstützung, ihr Wissen und ihre Ermutigung zur Entstehung dieses Buches beigesteuert.

Patricia Byrne, Blythe Clinchy, Gale Empey, David Pillemer und Diana Chapman Walsh haben mir ihre Zeit und Energie geschenkt, und ich bin für ihre Hilfe sehr dankbar. Elizabeth Knoll, Tim Bartlett und David Pillemer haben mir den Glauben gegeben, dass Interesse am defensiven Pessimismus besteht und dass ich fähig bin, ein Buch zu schreiben. Cindy Hyden, Lektorin, Therapeutin und Freundin, hat mir vorbehaltlos ihre Erfahrung und ihr Wissen zur Verfügung gestellt und mitgeholfen, dieses Buch viel ausgereifter zu gestalten, als ich es ohne sie je hätte schaffen können (wofür auch die Leser dankbar sein sollten). Auch Jo Ann Miller, der Lektorin von «Basic Books», bin ich zu Dank verpflichtet; sie hat auf das Projekt vertraut und es so unterstützt, dass aufgrund von einfachen Gesprächen ein Buch entstehen konnte; ich danke auch Jessica Callaway, ihrer Assistentin, für ihre sanften Ermahnungen während des gesamten Prozesses, und Wesley Weisberg für die Analogie, mit der das Buch endet.

Meine Familie war für mich immer ein Ort der Inspiration und der Zuflucht, und das war auch der Fall, während ich dieses Buch schrieb. Nikki Schall, Aaron Kopf, Amy Gower, Megan Kross, Stella Kakavouli, Takis Metaxas (die eigentlich auch alle zur Familie gehören) und die wundervollen Lehrer am WCCC halten mein Leben zusammen. Meine ganze Dankbarkeit und Liebe gelten meinem Sohn Nathan – mit seinen acht Jahren bereits ein echter Schriftsteller – für sein mitfühlendes Interesse, meiner Tochter Haley für den Überschwang einer Zweijährigen, der die beste Zerstreuung der Welt ist, und meinem Mann Jonathan Cheek für sein Vertrauen, dass dies möglich sein würde, für sein Wissen und seine Erfahrung als Psychologe und für die Unterstützung, die es mir ermöglicht hat, durchzuhalten.

Über die Autorin

Julie K. Norem, Jahrgang 1960, ist Professorin für Psychologie am Wellesley College in Massachusetts/USA. Als Spezialistin auf dem Gebiet «Sozialverhalten und Persönlichkeit» hat sie zahlreiche Beiträge in der Fach- und Publikumspresse veröffentlicht und ist Mitherausgeberin einer Reihe wissenschaftlicher Magazine. Mit ihren bahnbrechenden Arbeiten zum Defensiven Pessimismus stößt Julie K. Norem weltweit auf breite Resonanz und unterhält unter *www.defensivepessimism.com* auch eine Website.

Erich Keller

Das große Praxisbuch der Aromalehre

Erich Keller, geboren 1949, war zunächst als Betriebswirt in verschiedenen Wirtschaftszweigen tätig, bevor er sich der Ausübung seiner spirituellen und heilerischen Fähigkeiten zuwandte. Er verbrachte sechs Jahre in Zentren für Sozial- und Individualtherapie und Meditation in Deutschland, den USA und Indien, machte sich mit humanistischer Psychotherapie, Energie- und Körperarbeit vertraut und wirkt nun seit sieben Jahren als Aromatherapeut, Seminarleiter und Trainer für Aromatologie; er berät Unternehmen beim Einsatz von ätherischen Ölen und Aquaromen und veröffentlicht Bücher zu vielen Aspekten dieser Thematik.

Erich Keller

Das große Praxisbuch der Aromalehre

Ganzheitliche Aromatherapie für Wohlbefinden und Heilung

Ariston Verlag · Genf/München

Die Deutsche Bibliothek – CIP-Einheitsaufnahme

Keller, Erich:
Das große Praxisbuch der Aromalehre: ganzheitliche Aromatherapie für Wohlbefinden und Heilung / Erich Keller. –
Erstaufl. – Genf; München: Ariston Verlag, 1995
ISBN 3-7205-1843-4

Gestaltung des Einbandes:
Studio Höpfner-Thoma, GraphicDesign BDG, München
Umschlagmotiv: Bildagentur ZEFA
Satz: FotoSatz Pfeifer, Gräfelfing/München
Gesamtherstellung: Ebner, Ulm

Erstauflage März 1995
Printed in Germany 1995

ISBN 3-7205-1843-4

Inhalt

DRITTER TEIL
ANWENDUNGEN IN DER PRAXIS

VIERTER TEIL
DIE ÄTHERISCHEN ÖLE UND AQUAROME

FÜNFTER TEIL
AUSWÄHLEN UND MISCHEN

Sechster Teil
Symptomregister: Ätherische Öle helfen heilen

Anhang

Vorwort

Es gibt nichts Neues, alles war bereits da. Auch der Umgang mit Duftstoffen ist so alt wie die Menschheit. Doch plötzlich nehmen ätherische Öle und Aromatherapie an Popularität zu. Offenbar suchen wir nach sanften, natürlichen Methoden, um uns zu heilen und zu schützen. Anscheinend haben wir den Punkt erreicht, an dem synthetische Duftstoffe »uns stinken«, wir der seelenlosen Stoffe aus den Labors müde und überdrüssig sind und uns Düften aus der Natur zuwenden. Ist dies ein letzter Versuch, noch einmal einen Hauch Natürlichkeit zu erhaschen? Ätherische Öle, die wir für unser Wohlbefinden selbst anwenden können und die uns individuelle Duftmischungen ermöglichen, vermitteln uns das Gefühl, unser Wohlergehen in die eigenen Hände zu nehmen und es nicht anderen zu überlassen. Wir entdecken wieder das Feine, Lebendige, Sinnliche und Individuelle und entwickeln eine gesunde Selbstverantwortung.

Eines ist allen Düften der Natur gemein: Sie lösen nicht nur hormonelle und funktionelle Veränderungen in unserem Körper aus, sondern sprechen unser Innerstes auch auf einer anderen Ebene an. Der feine Hauch des ätherischen Öls, das den Duft der Pflanze in sich trägt, berührt unsere Seele wie der Flügelschlag eines Schmetterlings. Alle, die einmal an einer Flasche wohlriechenden ätherischen Öls gerochen haben, kennen die Reaktion der Freude und Entspannung. Diese Reaktion ist die fundamentale Wirkung der ätherischen Öle, etwas, das wir dringend brauchen und immer seltener finden.

Offenbar sehen viele Menschen wieder mehr nach innen, dorthin, wo eine große Sehnsucht sich ausbreitet, die sich wie ein großes, schwarzes Loch anfühlt – die Sehnsucht nach Stille, Freude, Liebe und Einfachheit. Eben dort berühren uns die Düfte mit ihrer Natürlichkeit. Ihre Schwingung überträgt sich auf unser Wesen, und wie der Bogen die Saiten streicht, beginnen unser Körper, unser Geist und unsere Psyche sich auf eine andere Ebene einzuschwingen. Diese feine Berührung im Innersten, die stille Freude, das Innehalten der Gedanken, das Loslassen der Ängste und Sorgen, wenn wir den Duft von Rose, Jasmin, Lavendel oder Bergamotte wahrnehmen – darin liegt der Zauber der natürlichen Aromen.

Mit diesem Buch möchte ich allen, die unser Leben nicht nur als von Technik, Ökonomie und synthetischen Herstellungsmöglichkeiten bestimmt sehen wollen und sich für Aromen und ätherische Öle interessieren, einen Leitfaden für die sinnvolle Anwendung dieser Kostbarkeit der Natur und ein Nachschlagewerk über die Wirkungen geben. Das Wort »Aromalehre« habe ich als Überbegriff gewählt, damit die mit vielen Vorurteilen und Erwartungen belegte Bezeichnung »Aromatherapie« relativiert wird. Düfte für Ihr körperliches, mentales oder emotionales Wohlbefinden zu nutzen, um Freude am Sein zu haben, sich eine wohlriechende Bademischung zu bereiten, den Arbeitsplatz zu »beduften« oder einige Tropfen Sandelholz in Ihr Gesichtsöl zu geben hat nichts mit Therapie gemeinsam. Neben der umfangreichen Betrachtung der Heilung mit Düften aus ganzheitlicher Sicht, die nicht nur die Behandlung von Symptomen, sondern auch deren Ursachen beschreibt, bilden Aromapflege, Raumbeduftung, Raumklima und ätherische Öle im Haushalt weitere Themen.

Allein Ihre Sichtweise ist entscheidend dafür, unter welchem Aspekt Sie dieses Buch lesen und Ihren persönlichen oder beruflichen Nutzen daraus ziehen. Ich habe hier meine

Erfahrungen aus zahlreichen Seminaren und Sitzungen, ergänzt durch wissenschaftliche Veröffentlichungen, zusammengefaßt und mich einer allgemeinverständlichen Sprache bedient, damit das Thema nicht einigen wenigen vorbehalten bleibt. Um den Lesefluß nicht ständig zu unterbrechen, habe ich bewußt nicht auf Veröffentlichungen hingewiesen.

Ich wünsche Ihnen viel Freude beim Lesen und ebenso, daß Sie viele angenehme Dufterlebnisse haben. Vielleicht geben Sie jetzt einige Tropfen eines ätherischen Öls in Ihre Duftlampe und fangen gleich an …

Erster Teil
Grundlagen

Beginnen wir mit dem Riechen, ohne das unser Leben eintöniger wäre (und ich kein Buch zu schreiben hätte). Dem Thema der Duftwahrnehmung und Duftwirkung ist hier breiter Raum gegeben, da dies die Grundlage der Aromatologie und Aromatherapie ist. Selbst wenn Sie ätherische Öle nur kosmetisch oder medizinisch anwenden, ist es wertvoll zu wissen, warum Sie oder Ihre Klienten auf Düfte so oder anders reagieren. Wer sich für den Bereich der Raumbeduftung interessiert, muß um die Riechfunktionen und Wirkungen wissen, um sinn- und verantwortungsvoll mit Duftstoffen und Duftgeräten umzugehen.

Aus der Welt der Düfte

Etwa 300000 Düfte sollen uns ständig umgeben, von denen wir wesentlich weniger wahrnehmen und nur etwa 200 benennen können. Sie ziehen wie Rauchfäden lange Zeit durch die Luft, bis sie sich auflösen. Durchkreuzen Sie einen dieser Duftfäden und atmen ein, nehmen Sie wahr: Hier hat jemand Kuchen gebacken, dort ist eine Tankstelle, eben bin ich an einer Parfümerie vorbeigegangen, diese Frau trägt Chanel No. 5, er hat sich heute noch nicht geduscht, unser Hund ist naß geworden, jetzt liegt die Großstadt hinter uns, heute gibt es Sauerkraut in der Kantine, hier hat jemand geraucht, die Pizza muß viel Knoblauch enthalten …

Sie riechen an dem Gemüse, das Sie kaufen, dem Wein, den Sie eingeschenkt bekommen, beurteilen die Qualität des

Kaffees nach seinem Duft. Wenn Sie vorher nur wenig Hunger verspürten, werden Sie nach einer Weile des Wartens im Restaurant durch die appetitstimulierenden Aromen aus der Küche starken Hunger spüren. Und dann kommt endlich die Pasta Genovese, welch sinnlicher Genuß für Gaumen, Nase und Auge! Für das Genießen eines Essens sorgt hauptsächlich die Nase. Schmecken können Sie nämlich nur vier verschiedene Geschmacksrichtungen: sauer, süß, salzig, bitter. Ein Schnupfen führt Ihnen die Eintönigkeit einer Welt ohne Düfte gut vor.

Täglich ereignet sich dies morgens im Bad: Duschen mit Duschgel, Haare waschen, Haarspülung, Zähne putzen, Gesicht eincremen, Rasierwasser einreiben, Parfüm auftragen (welches nehme ich denn heute?) – und immer sind Düfte dabei. Nach dem Verlassen des Bades haben Sie bereits eine Vielzahl von Duftsensationen erlebt.

Düfte können die übrigen Sinne verwirren. Ein eindeutiger herber, moosiger, lederartiger Duft läßt Sie das Material der Synthetiktasche als wertvolles Leder beurteilen. Der mit Moschus beduftete Gebrauchtwagen, eigentlich ein altes Stück, wird plötzlich zum begehrenswerten, ja lebensnotwendigen Fahrzeug. Die dezente Zeder-Moschus-Note in der Herrenboutique läßt Sie die teurere Jacke kaufen, während Ihre Freundin im Damengeschäft daneben dem Jasminduft erliegt und sich noch den wunderschönen Sweater einpacken läßt.

Ihre Wohnung hat einen ganz speziellen Duft. Diesen Duft müssen Sie mögen, sonst werden Sie sich dort nie wohl fühlen. Sie erkennen sofort, wenn ein Fremder seine Duftspuren hinterlassen hat. Stellen Sie sich vor, ein Fremder hätte in Ihrem Bett übernachtet. Ihr Auto riecht nach Ihrem Auto. Alle Duftstoffe, die Sie abgeben, hinterlassen eine Duftspur, die sich nur sehr langsam auflöst.

Verliebte strömen den köstlichsten Duft aus, den wir kennen: Liebe. Für sie ist der Körperduft des Partners pure

Wonne, der sie immer wieder in Verzückung und Lust versetzt. Und nach einiger Zeit des Zusammenseins, wenn wir uns an unsere Körperdüfte gewöhnt haben, läßt die Lust langsam nach und bietet uns ein Bild des Partners, das vielleicht ganz anders ist.

Den Bleistift, mit dem ich meine Notizen niederschreibe, habe ich aus purer Nostalgie. Aber er duftet so gut nach Holz und nach damals in der Schule und nach der Einfachheit der Kindheit. Und wie damals beiße ich in sein ungespitztes Ende, wenn ich nachdenke.

Ein Hauch von Minze weckt die Lebensgeister, Rosmarin stärkt die Konzentration, Basilikum fördert die Verdauung. Der Duft von Rose läßt Sie sich entspannen, *Moschuskörneröl* regt Ihre Libido an, Zitronenduft bewirkt genau das Gegenteil – im Spülmittel erweckt es das Gefühl von Frische und Reinheit.

Naseweis nennt man einen jungen Menschen, der schon weiß, was er – im Hinblick auf sein Alter – noch nicht wissen dürfte. Eigentlich wird damit das Wissen (der Nase) um Düfte beschrieben, die wir noch gar nicht kennen können.

Was Düfte bedeuten

Düfte sind eine Information. Sie vermitteln Ihnen ein Bild von der Welt, die Sie umgibt. Düfte ermöglichen es uns, etwas wahrzunehmen, bevor wir es sehen, fühlen, schmekken müssen. Mit geschlossenen Augen können wir durch Riechen verschiedene Speisen, Getränke, Pflanzen, Möbel, Räume, Landschaften, die Jahreszeiten und selbst die Verfassung eines Menschen beurteilen. Mit Duftstoffen assoziieren wir Farben (gelbe *Zitrone*, lila *Lavendel*), Temperaturen (wärmendes *Zimt*, kühlende *Minze*) und Räumlichkeit (*Lavendel* = Weite, *Patchouli* = Enge).

Wie das Riechen funktioniert

Der Riechprozeß beginnt damit, daß ein Duftstoff durch die Atemluft in die Nase gelangt. Im oberen Teil der Nase befindet sich auf beiden Seiten der Nasenscheidewand eine etwa 2,5 Quadratzentimeter große Riechzone (Regio olfactoria). Sie ist von einer gelblichbraunen Schleimhaut (Locus luteus) bedeckt. Diese Schleimhaut muß feucht sein, sonst ist keine Riechwahrnehmung möglich. Die ankommenden Riechstoffe müssen diese Schleimhaut durchdringen, um an die Riechhärchen (Cilien) zu gelangen. Diese feinen Fortsätze ragen wie Antennen als eigentliche Riechrezeptoren der Riechzellen in die Schleimhaut. Die Riechzellen (Riechneuronen) werden ständig erneuert und haben eine Lebensdauer von etwa fünf bis sechs Wochen. Damit unterscheiden sie sich deutlich von den meisten anderen Nervenzellen.

Trifft ein Duftstoff auf ein Riechhärchen, so muß die Form des Duftmoleküls nach einem Schlüssel-Schloß-Prinzip in die angebotene Einbuchtung passen, um eine chemische Reaktion auszulösen, die zur zellulären Duftwahrnehmung führt.

Gegenwärtig teilt die Forschung die Düfte in die in Abbildung 1 genannten Gruppen ein.

Die Riechrezeptoren sind tolerant und gestatten auch geringfügig abweichenden Molekülen »anzudocken«. Kommt also ein drachenförmiges Molekül, wird es als blumig identifiziert (siehe Abbildung 1c = »blumig«). Eine hohe Übereinstimmung in der Form (Symmetrie) reicht aus, um das Gefälle der elektrischen Ladung an der Sinneszellmembran zu verändern und die Duftwahrnehmung zu ermöglichen. Daher erkennen wir eigentlich verschiedene Düfte auch als ähnlich und reagieren ent-

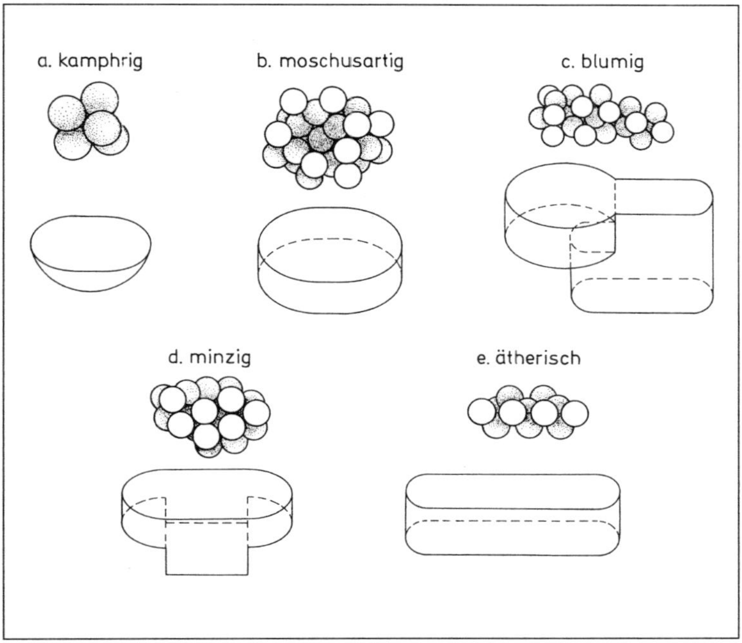

Abb. 1: Die 5 Rezeptorformen des Riechnervs mit entsprechenden Molekülmodellen der Primärgerüche
(Quelle: G. Ohloff, Riechstoffe und Geruchssinn, Springer)

sprechend. Erstaunlich ist, daß die Riechzellen Substanzen, die uns völlig fremd sind, erkennen und sehr genau unterscheiden können. Ändert sich die molekulare Struktur des Duftstoffes auch nur geringfügig und paßt das Molekül in keines der »Schlösser«, riechen wir nichts. Das geschieht häufiger, als wir annehmen, gibt es doch Tausende von Duftstoffen, die wir nicht wahrnehmen!

Mischgerüche entstehen, wenn sich die Moleküle desselben Duftstoffes an mehrere Rezeptoren anlegen können. Das kennen wir: Es riecht einerseits nach einer zarten Blüte, aber auch nach Minze, also was ist es nun? Diese Reize werden auch als besonders *intensiv* empfunden.

Verantwortlich für die Erkennung und Unterscheidung scheinen die bis zu tausend Rezeptorproteine zu sein, die sich je nach Duftstoffmolekül in charakteristischer Weise miteinander verbinden und das Duftsignal »umsetzen«. Jedenfalls löst der Duftstoff bei der empfangenden Riechzelle eine Veränderung des Ionenflusses und dadurch eine Veränderung des Ladungsgefälles aus, welches das elektrochemische Signal darstellt. Nach etwa zweihundert Millisekunden wird das Duftstoffmolekül zerstört, damit wieder Platz für neue Duftstoffmoleküle entsteht.

Nun reicht ein einzelner Impuls nicht für eine Reaktion aus. Bis hierhin bleibt es bei einer zellulären Erregung. Der Schmetterling braucht etwa fünfhundert Duftstoffmoleküle pro Sekunde, um zu reagieren. Es bedarf also schon einer Reihe von Duftstoffmolekülen, die *kontinuierlich* in die Nase eintreten, um den Duft »wahrzunehmen«.

Stufen des Riechens:

Erregung der Riechzelle
⇓
Wahrnehmung
⇓
Erkennung
⇓
Reaktion

Abb. 2

Die Impulse werden über die Riechfasern (Fila olfactoria) durch die Siebbeinplatte an die Riechknoten (als erstes Bündeln von Informationen), dann an den Riechkolben (Bulbus olfactorius) im Gehirn geleitet. Dieser sammelt alle eingehenden kodierten Informationen und schickt sie, ganz traditionell, per »Draht« über etwa zwanzig Millionen Riechnervenbahnen zur Empfangsstation Riechhirn (Rhinenzephalon) im limbischen System im Mittelhirn (zur Formatio reticularis). Unterwegs gehen einige Nebenleitungen von der Hauptleitung in weitere Teile des Gehirns und verlaufen sich dort. Dort »verstreuen« sie natürlich ihre Informationen.
Im Riechhirn angelangt, werden die kodierten Informationen entschlüsselt. Ein Beispiel: Aus dem fiktiven Wert 2310 wird aufgrund seiner Zusammensetzung (2 = sauer, 3 = süß, 1 = würzig, 0 = stechend) ein bestimmter Duft erkannt, nämlich der des Essigs.

Die Information »stechend« stammt nicht von den Riechnerven, sondern vom Trigeminus (Nervus trigeminus), dem fünften Hirnnerv, der in die Nase und in die Zunge zieht und vielen Neuralgikern schmerzlich bekannt sein dürfte. Der Trigeminus ist ein Warnnerv, der uns vor schädigenden Stoffen schützen soll. Er meldet Informationen über sein eigenes Netz an das Mittelhirn, die als »kalt«, »heiß«, »stechend«, »brennend« empfunden werden.

Etwa siebzig Prozent aller Duftstoffe »reizen« den Trigeminus, daher ist selbst bei Menschen, die Düfte nicht wahrnehmen, eine Riech*wirkung* feststellbar. Das dürfte all jene interessieren, die sich mit dem Gebiet der Raumbeduftung beschäftigen, oder jene, die nichts riechen und sich wundern, doch etwas wahrzunehmen. Im Vergleich mit den Riechzellen braucht der Trigeminus aber schon eine kräftige Dosis stechender, kalter, heißer oder brennender Substanzen, um im Gehirn eine entsprechende Empfindung auszulösen.

Da das Mittelhirn die Erinnerungen speichert und steuert, kann die Duftinformation aufgrund von Erfahrungen erkannt und benannt werden, wenn sie eine gedächtnisanstoßende Komponente hat. Dies geschieht in Zusammenarbeit mit höheren Gehirnbereichen und bringt den Duft in unser Bewußtsein. Am stärksten wirken demnach Düfte mit einer gedächtnisanstoßenden Komponente, also Düfte, die wir kennen (etwa Wald- und Wiesendüfte, der Geruch von Heu, Kaffee, frischen Backwaren) beziehungsweise an die wir uns erinnern.

Düfte rufen auch Wirkungen hervor, ohne daß sie die Wahrnehmungsschwelle überschreiten müssen, wie EEG-Messungen zeigen. Dann lösen sie aber keine vielseitigen Prozesse aus, wie dies beim Bewußtwerden oder Erkennen auftritt, das eine zellulär wahrnehmende Wirkung erheblich intensivieren kann.

Eine ständige Reizung mit einem gleichbleibenden Duftstoff führt zur Ermüdung der Riechzellen. Sie schalten gleichsam ihre elektrochemische Empfangsanlage ab.

Erkennung

Alle Duftinformationen werden von den Erinnerungszentren des Gehirns überprüft. Haben Sie einen Duft schon einmal erfahren, so können Sie ihm bei einem neuerlichen Kontakt eine Bezeichnung oder einen Namen geben.

Erinnerung

Alle Situationen Ihres Lebens sind untrennbar mit einem Duft verknüpft, so daß sie durch Wahrnehmung auch eines nur ähnlichen Duftstoffes wieder wachgerufen werden. Dabei muß es sich nicht um genau denselben Duft handeln, sondern es genügt ein Bestandteil, wie zum Beispiel die *Rosenöl*-Komponente in einem Parfüm eines Menschen, den Sie liebten oder nicht mochten. Längst vergangene Erinnerungen tauchen wieder auf: meistens an die Kindheit, deren Dufterlebnisse am prägendsten sind und nie vergessen werden – der Duft der Mutter, der Tankstelle um die Ecke, der Kreide für die Schultafel, des Putzwassers im Treppenhaus, des frisch gemähten Heus auf dem Feld, der Kartoffelernte, der ersten Tanzstunde. Später kommen der Lavendelduft des Urlaubs in der Provence, der Geruch der salzig-teerigen Luft des Hafens, der des Fischmarktes in Paris, der Körperduft der ersten Liebe hinzu.

Dabei werden die mit dieser Situation verbundenen Gefühle wieder belebt. Während eines Seminars wurde eine Teilnehmerin beim Riechen eines *Rosenöls* plötzlich sehr traurig, alle anderen zeigten hingegen die übliche entspannt-freudige Reaktion. Die Ursache lag weit zurück: Der Rosenduft erinnerte die Teilnehmerin an das Parfüm ihrer schon lange verstorbenen Mutter.

Sie reagieren aber auch auf Düfte, die Sie nicht kennen können. Anscheinend bringen Menschen als Neugeborene bereits zahlreiche Dufterfahrungen mit. So reagieren alle Menschen auf einige Düfte, die sie noch nie gerochen haben konnten, mit einer ähnlichen Sympathie oder Antipathie, also mit Freude oder Ablehnung. Man führt dies auf pränatale Erfahrungen und die durch den Trigeminus ausgelösten Reflexe zurück.

Bewertung

Aufgrund der mit dem Duft verbundenen Erlebnisse wird jeder Duftstoff von jedem Menschen individuell anders – positiv, neutral oder negativ – bewertet. Eine emotionale Reaktion läßt sich nie völlig sicher vorherbestimmen. Unser Verstand nimmt die Bewertung der erhaltenen Duftinformation vor. Sie muß aber nicht unabänderlich so bestehen bleiben. Weitere Erfahrungen mit einem Duft können die einmal so empfundene negative Erfahrung schrittweise ins Positive umkehren. Wer Duftstoffe therapeutisch anwendet, muß die vorgesehenen Aromen daher vorher durch Riechproben mit dem Klienten »abstimmen«.

Die verschiedenen Völker und Rassen tendieren zu speziellen Düften. Das ist durch die heimischen Pflanzen, Speisen und das Klima bedingt. Südeuropäer neigen zu blütigsüßen Düften, Nordeuropäer zu harzig-frischen Düften, Japaner sind mit *Bergamotte* zu begeistern, einem Engländer behagt *Sandelholz* (in Erinnerung an die gute alte Kolonialzeit) besonders. Franzosen und Spanier mögen das Öl von *Rosmarin*, *Lavendel* oder *Jasmin*. Brasilianer bevorzugen *Lavendelöl*, Asiaten dagegen eher *Patchouliöl*. Holländer freuen sich über die Düfte von Gewürzen, obwohl die Gewürzpflanzen in ihrem Land nicht angebaut werden. Es liegt wohl an ihren Erfahrungen mit den in ihren ehemaligen Kolonien vorkommenden Gewürzen, die Reichtum und Wohlstand bedeuteten.

Die Beurteilung eines Riechstoffes kann sich ändern: Was Ihnen gestern behagte, kann heute unangenehm riechen. Ein Beispiel, das die Veränderung der Beurteilung von dem, was gut oder nicht gut duftet, deutlich zeigt, ist die Geschichte der Parfüms. Denken Sie nur an die Speisen, die Sie bevorzugen. Sie mögen auch nicht jeden Morgen Spiegeleier mit Speck, nach einigen Tagen wird es Ihnen wahrscheinlich schon vom Geruch allein übel. Der einstmals so verführerische Duft Ihres Partners stößt Sie jetzt ab. Der nette Kollege Ihnen gegenüber »stinkt Ihnen« heute, weil er so aggressiv ist. Bisher fühlten Sie sich in Ihrer Wohnung wohl, aber nachdem sich Ihre Frau von Ihnen im Streit getrennt hat, riecht es dort gar nicht mehr gut.

Wie Studien belegen, erzeugen als angenehm oder gut beurteilte Düfte eine positive Sichtweise und Wahrnehmung sowie positive Gedanken; sie heben das allgemeine Wohlbefinden, erhöhen die Kreativität und lösen angenehme Erinnerungen aus. Der Mensch fühlt sich glücklich, entspannt, sinnlich und angeregt. Jeder angenehme Duft fördert Ihre Gesundheit. Unangenehme Düfte verursachen das Gegenteil – Streß, Irritation, Depression und Apathie. »Riechen« Sie sich einmal an Ihrem Arbeitsplatz oder in dem Supermarkt, in dem Sie am häufigsten einkaufen, »um« …

Konditionierung

Unsere Duftkonditionierung beginnt bereits im Mutterleib. Versuche zeigten, daß Mäuse, deren Mütter während der Schwangerschaft mit bestimmten aromatischen Beeren gefüttert wurden, genau die Futtermischungen bevorzugten, die diese Beeren enthielten. Menschen ergeht es nicht anders. Schließlich nimmt der Fötus alles wahr, was die Mutter an Aromen einatmet, auf die Haut aufträgt und mit den Speisen und Getränken aufnimmt.

Nach der Geburt leben wir in einem Raum, einem Haus, einer Stadt, einer Landschaft, die ganz spezifische Düfte haben und uns als der »Duft der Heimat« oder des »Zuhauses« unvergeßlich bleiben. Dieser Geruch zählt zu den prägendsten Düften, ist er doch mit unserem fundamentalen Gefühl der Zugehörigkeit zu einer Gruppe oder einer schützenden, liebenden Bezugsperson verbunden.

Die in unserem Land üblichen Speisen, Getränke, die natürlichen heimischen Pflanzen, das Rasierwasser unseres Vaters und das Eau de Toilette unserer Mutter üben soziokulturelle, uns konditionierende Einflüsse aus. Sie zeigen uns, was gut riecht und wie man zu duften hat.

Auch das Klima prägt. In warmen Ländern bevorzugt man aufgrund der Temperaturen schwere, lang anhaltende Düfte, sonst wäre die Freude zu schnell verflogen.

Grenzen der Duftwahrnehmung

Adaption

Sie kennen es von tickenden Uhren und dem Verkehrslärm, der duftenden Rose und dem Druck der engen Kleidung – irgendwann spüren Sie nichts mehr. Wenn das Nervensystem einem andauernden Reiz ausgesetzt ist, schalten die Gehirnabteilungen für Beurteilung und Unterscheidung von »bedeutsam« auf »unwichtig«, und schon sind Sie sich der Geräusche, Empfindungen, Bilder und Düfte nicht mehr bewußt. Das bedeutet aber nicht, daß Lärm oder Farben oder Düfte nichts mehr in Ihnen bewirkten. Sie beeinflussen Sie weiterhin. Wie erwähnt, ermüden die Riechzellen ebenso im Laufe der Zeit. Doch mit jeglicher feinsten Veränderung des Duftes werden die Riechzellen wieder belebt. Daher sollten Räume in Intervallen mit Düften versehen und ausreichende Pausen eingehalten werden. Auch in der Natur werden Düfte in Schüben verbreitet, und zwar durch Pulsieren. Pflanzen »pulsen« ihre Düfte, um ihre Botschaften immer neu und frisch zu senden. Insekten wie auch Menschen reagieren auf den Duftstreifen in der Luft und geraten aus ihm hinaus und wieder hinein. Durch das Bewegen in einen anders duftenden Bereich wird die Wahrnehmung für den gesuchten Duft geschärft. Das läßt sich beim Arbeiten in einem geschlossenen Raum kaum ermöglichen, wir müßten schon regelmäßig aus dem Raum gehen.

Die Ermüdung der Rezeptoren ist stark vom Duftstoff und seiner Konzentration abhängig. So werden die Düfte von *Absolues* (siehe Ätherische Öle, Bezeichnungen), *kampfer-*, *moschus-* und *ambra*artigen Riechstoffen als trigeminuswirksame Düfte (wie Ammoniak, Essig, frischer *Knoblauch*, *Minze*, *Zimt*) besonders lange wahrgenommen. Intensitätsschätzungen sagen aus, daß wir uns an Riechstoffe, die den Trigeminus nicht reizen, schneller gewöhnen.

Die Adaption verhindert, daß wir angenehme, aber auch ebenso unangenehme Düfte nicht ständig wahrnehmen, sie läßt Sie als Verkäuferin in der Fleischabteilung oder Parfümerie oder als Bewohner im frisch gestrichenen Appartement oder beim Einkaufsbummel in der Innenstadt »überleben«. So kommt es auch, daß Ihnen Ihr Parfüm schon als schal erscheint und Sie ständig mehr davon benutzen, während andere in Ihrer Nähe kaum mehr zu atmen wagen. Den Geruch Ihrer Wohnung, Ihren Körpergeruch, den Körpergeruch Ihrer Partnerin, den Gestank der Abgase, den Mief im Kaufhaus, die herrlichen Düfte der Pizzeria nebenan nehmen Sie aufgrund der Adaption nach einer Weile also nicht mehr bewußt wahr – glücklicherweise oder leider, je nachdem.

Kompensation oder Verdeckung

Werden mehrere Duftstoffe gemischt, wie das bei einem Parfüm mit bis zu dreihundert verschiedenen Duftstoffen geschieht, kann ein Duftstoff das Wahrnehmen eines anderen Duftstoffes verhindern. Verflüchtigt sich nun der überdeckende Duftstoff früher als der blockierte, wird letzterer plötzlich wahrgenommen. Da die ätherischen Öle aber miteinander chemisch reagieren, läßt sich das einzelne Öl nicht mehr identifizieren. Lediglich die für das Öl typische Duftkomponente wird »ermittelt«. Die klassische Einteilung einer Duftmischung in Kopf-, Herz- und Fußnote entspricht diesem Effekt bis zu einem gewissen Maß.

Moleküle bestimmter Duftstoffe können das »Andokken« anderer Duftstoffe an den Riechrezeptoren verhindern. Auf diese Weise werden vorhandene Düfte nicht wahrgenommen. Ein Beispiel ist die teilweise penetrante Beduftung von Toiletten mit synthetischen Zitrusdüften. Bei sinnvollem Einsatz von *natürlichen* Duftstoffen läßt sich eine Beeinträchtigung des Wohlbefindens und der Gesundheit nahezu oder ganz vermeiden.

Unterschiede und Veränderungen des Riechvermögens

Neugeborene, Kleinkinder

Wir können, im Gegensatz zum Sehen, bereits von Anbeginn unseres Lebens an riechen und diese Düfte identifizieren. Daher steht dem Geruchssinn und den gesammelten Riecherfahrungen eine besondere Bedeutung zu, die bislang häufig unterschätzt wurde.

Neugeborene können Düfte sehr gut wahrnehmen und unterscheiden. Das ergaben Versuche, in denen man die Brüste der Mütter mit dem Parfüm Chanel No. 5 bestrich. Die Neugeborenen bevorzugten nach einigen Tagen des Säugens jegliche Brust mit diesem Parfüm, gleichgültig ob von der Mutter oder einer Fremden, wollten aber die Brust der Mutter nicht, wenn sie das Parfüm nicht trug.

Neugeborenen wurden, während sie schliefen, stark riechende Duftstoffe angeboten, und die Düfte weckten sie. Oder die Babys zeigten eindeutige Abwehrreaktionen, wenn die Brustwarzen der stillenden Mütter mit übelriechenden Duftstoffen bestrichen waren.

Bei anderen Versuchen wurden Kleinkindern Kleidungsstücke zum Spielen angeboten, die entweder ohne Duft oder mit dem Parfüm der Mutter versehen waren. Eine signifikante Zahl von Kleinkindern suchte sich die Kleidungsstücke mit dem Parfüm der Mutter aus.

Mütter

Mütter lernen sehr schnell, den Duft ihres Kindes von dem anderer Kinder zu unterscheiden. Frauen sind auch grundsätzlich begabter, Düfte von Menschen zu erinnern und sie zu unterscheiden. Versuche mit Frauen, die gerade Mutter wurden, und solchen, die es noch nie waren, ergaben, daß Mütter sowohl das Baby als auch Kleidungsstücke aufgrund des Duftes sehr viel treffsicherer identifizieren konnten.

Kindheit und Alter

Der Geruchssinn des Neugeborenen ist nach Messungen ab dem vierten Tag bereits zu neunzig Prozent funktionsfähig und entwickelt. Ab dem sechsten Lebensjahr steigt die Geruchsempfindlichkeit stark an, um dann langsam abzuklingen. Mit zunehmendem Alter erhöht sich das Erkennungs- und Unterscheidungsvermögen deutlich. Die Riechschwellen liegen bei den über Vierzigjährigen mit zunehmendem Alter immer höher, doch kann auch bei senilen Personen eine völlig normale Riechfunktion vorliegen. Der Trigeminus verhält sich analog dem übrigen Nervensystem und kann mit hohem Alter seine Funktion stark reduzieren.

Männer und Frauen

Einige Veröffentlichungen und auch meine Tests ergaben, daß Frauen grundsätzlich eine niedrigere *Riechschwelle* und – wie schon gesagt – bessere Unterscheidungsfähigkeit haben. Dies hängt aber oft damit zusammen, daß Männer mehr rauchen.

Blinde

Nicht sehen zu können heißt nicht, über einen besseren Geruchssinn zu verfügen, im Gegenteil. Doch haben Blinde diesbezüglich eine geschärfte und daher bessere Unterscheidungs- oder Beurteilungsfähigkeit.

Menstruation, Schwangerschaft und Menopause

Während der Menstruation, der Schwangerschaft und der Menopause ist eine *Verfeinerung* der Riechleistung zu beobachten, auch schwankt die Riechschwelle während des menstruellen Zyklus. Während der Menstruation ist sie am niedrigsten, das heißt, eine Frau riecht mehr. Untersuchungen beweisen, daß während des ersten Drittels der Schwangerschaft eine deutliche Steigerung der Riechfähigkeit eintritt, während sich ab dem zweiten Drittel Unterscheidungsfähigkeit und Riechvermögen stark reduzieren.

Tageszeiten
Sie riechen vormittags weniger als nachmittags und abends.

Körpergewicht
Korpulente (stark »fetthaltige«) Personen haben ein besseres Riechvermögen als Normalgewichtige.

Klima, Temperatur
Bei niedrigen Temperaturen werden Düfte weniger intensiv wahrgenommen als bei hohen Temperaturen. Kurz vor einem Gewitter steigt die Geruchsempfindlichkeit stark an. Bei hoher Luftfeuchte nimmt das Riechvermögen zu. Letztere Fakten dürften vor allem jene interessieren, die sich mit dem Thema »Raumbeduftung« befassen.

Krank durch Düfte

Hohe Duftkonzentrationen oder ständiger Kontakt mit intensiven Düften (etwa von *Ylang-Ylang-Öl*, *Hyazinthenöl*, *Jasminöl*, *Moschuskörneröl*) oder reizstarken Düften (die den Trigeminus ansprechen, da kalt, stechend, brennend) ätherischer Öle können zu einer Reizung des Nervensystems führen. Symptome wie Konzentrationsmangel, Desorientierung, Gleichgewichtsstörungen, Übelkeit und Kopfschmerzen wurden in diesem Zusammenhang beobachtet. Wenn es sich um als unangenehm bewertete Düfte (von verrottenden Lebensmitteln, faulendem Fleisch, Fäkalien und zahlreichen Chemikalien) handelt, entsteht Streß.

Der unvermeidbare Hormonschub führt primär zu Agitation und Aggression, die sich nach langer Unterdrückung sekundär als Pseudoemotion in Form von Depressionen äußern kann.

Bekannt ist Ihnen sicherlich aus eigener Erfahrung, daß angenehme Düfte Ihr körperliches Leistungsvermögen steigern und unangenehme es verringern. Wer ist fit und will schon in einer stinkenden Umgebung bleiben?

Wird der Umgang mit Aromen übertrieben, zum Beispiel wenn in jedem Wohnraum eine Duftlampe mit verschiedenen Düften steht, sind die eben genannten Symptome ebenfalls zu beobachten. Hier setzt die Adaption aus, die uns vor der Unerträglichkeit schützt, alles immer zu riechen. Auch Körperdüfte können psychische oder psychosomatische Wirkungen hervorrufen.

Das sogenannte »Sick-Building-Syndrom« beruht auf einer Zusammenwirkung reizstarker, schädlicher Duftstoffe und Emissionen, welche die erwähnten Reaktionen zur Folge haben. Hervorzuheben ist, daß solche Symptome selten durch natürliche, sondern meistens durch synthetische Substanzen in Baustoffen, Bodenbelägen, Klebern, Konservierungsmitteln, Farben und Lacken und sonstigen technischen Gebrauchsgegenständen oder Einrichtungen verursacht werden. Aufgrund der »Nebenwirkungen« von Duftstoffen und Emissionen mußten in den USA mehrere Gebäude geschlossen oder abgerissen werden.

Wirkungen der Duftstoffe

Körper, Geist und Psyche

Die Duftinformationen, welche die zelluläre Barriere überwinden, gelangen gleichzeitig in das limbische System und andere Bereiche des Gehirns. Welche Information in welchem Bereich zuerst und warum eingeht, ist für das Resultat insofern ziemlich belanglos, da die Weiterleitung in Sekundenbruchteilen geschieht. In ebenso kurzer Zeit erfahren Sie die Wirkungen: Sie atmen schneller, Ihr Blutdruck steigt, Sie fühlen sich erfrischt, Sie fühlen sich leicht, Sie entspannen sich, Sie lächeln. Was ist geschehen?

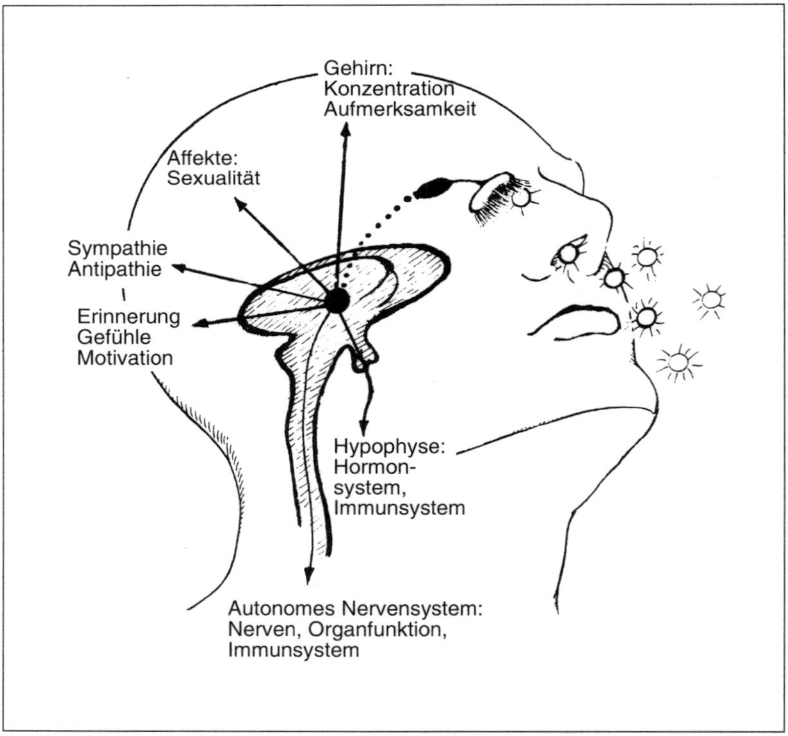

Abb. 3: Duftwirkungen

Das limbische System übersetzt und verarbeitet alle chemischen Reize. Üblich ist, die zum »limbischen System« zusammengefaßten anatomischen Strukturen und den Thalamus als entwicklungsgeschichtlich älteste Teile des Gehirns zu bezeichnen, die unsere Instinkte (Furcht, Angriff,

Abwehr, Sexualität), Emotionen (Angst, Freude, Mitgefühl, Empathie), Harmoniegefühl, Sympathie oder Antipathie, allgemeines Wohlbefinden und die autonomen Lebensprozesse steuern: Fortpflanzung, Verdauung, Ausscheidung, Herzfunktion, Blutdruck, Atmung, Stoffwechsel, Immunabwehr, Müdigkeit und Wachen, Appetit und anderes mehr. Über die Steuerung der Hypophyse durch den Thalamus wird auch die Hormonproduktion beeinflußt.

Die Ausschüttung von Neurotransmittern, wie der euphorisierenden Enkephaline, des beruhigenden Serotonins oder der anregenden Noradrenaline sowie vieler anderer körperlich wirksamer Hormone, wird durch die Duftwahrnehmung ausgelöst. (Näheres dazu erfahren Sie im Abschnitt über die Anwendungsbereiche.)

Wenn wir etwas fühlen, beruht dies physiologisch gesehen auf einer minimalen Veränderung des Hormonspiegels. Dieser wird durch das Denken (etwa die bildhafte Vorstellung von Gewalt, Sex, einem freudigen Ereignis), durch ein »reales« Erleben oder einen Sinnesreiz (wie Berührung, Bild, Ton, Duft) verändert und löst *Gefühle* aus. Der Duft von *Kamille* wirkt beispielsweise nervenberuhigend und verändert die Stimmungslage vom Negativen zum Positiven. Gleichzeitig beschleunigt er die Zeit, in der wir negative oder positive Vorstellungen beziehungsweise Bilder erzeugen.

Das führt uns zu den Wirkungen der Düfte auf unseren Verstand. In Verbindung mit einer realen Begebenheit oder einem Sinnesreiz (Berührung bei Massage, Sehen einer Farbe) können Düfte für eine erhebliche Verstärkung der jeweiligen Empfindung sorgen. Die ausgelösten „Gefühlshormone“ verändern körperliche und mentale Zustände, zum Beispiel wirken Endorphine euphorisierend und schmerzhemmend, Noradrenalin wirkt anregend und konzentrationsfördernd.

Von vielen Aromen wissen wir, daß sie unsere Selbst- und Fremdwahrnehmung stark manipulieren können: Der Duft *Zitrone* vermittelt uns das Gefühl, unsere Umgebung und wir selbst seien rein, sauber und gesund, und führt so zu einer heiteren, positiven Grundeinstellung. In dieser Umgebung und mit solchem Körpergefühl haben Infektionen, Negativität oder Depressionen wenig Gelegenheit, uns heimzusuchen.

Aus meiner therapeutischen Arbeit und vielen Seminaren kenne ich die Wirkungen auf das Unterbewußtsein. Einige Duftstoffe, wie die der *Immortelle*, des *Muskatellersalbeis* oder der *Muskatnuß*, sprechen das Unterbewußte an und können uns mit tiefsitzenden Bildern und Gefühlen konfrontieren. Dies scheint ein »Nebeneffekt« vieler Düfte zu sein, der bei schwacher Dosierung und kurzer Aufnahme jedoch nicht sehr intensiv ist. Aus therapeutischer Sicht stellen solche Duftstoffe ein wertvolles Mittel dar, die verborgenen, unser Leben bestimmenden Glaubenssätze zu entdekken – und nötigenfalls aufzulösen.

In diesem Zusammenhang sind die harmonisierenden Wirkungen von Düften auf den seelischen Bereich zu nennen. Dem Flügelschlag eines Schmetterlings gleich, berührt uns die Schwingung eines Duftes in unserem tiefsten Inneren, in unserer Essenz. Um das Wortspiel zu vollenden: Essenz reagiert auf Essenz (gemeint ist ein ätherisches Öl). Das durch einen Duft ausgelöste Stimmungsbild überträgt sich auf Sie, ohne daß Sie es kontrollieren können. Dies ist nur durch die Rhythmisierung zweier feinstofflicher Körper erklärbar: Wenn wir davon ausgehen, daß die »Seele« ein uns umgebendes oder innewohnendes feinstoffliches Gebilde ist und eine entsprechend hohe Schwingung von Duftstoffen dieses Gebilde in eine gleiche Schwingung versetzen kann, vermag uns ein Duft dort zu treffen.

Da die Formatio reticularis auch eine Steuerung des gesamten restlichen Gehirns übernimmt, können wir sie als höchst einflußreiche Schaltzentrale betrachten. Nachgewiesen sind Veränderungen der Aktivitäten des Gehirns, wobei bestimmte Düfte die rechte (für Emotionen und Intuition zuständige) und/oder linke Seite (der das logische, pragmatische Denken zugeordnet wird) aktivieren. Eine Veränderung der Gehirnwellen bis hin zum Theta-Bereich konnte beobachtet werden, so zum Beispiel durch den Duft von *Lavendel*. Dies mag das durch Duftstoffe hervorgerufene Empfinden tiefer Entspannung, innerer Ruhe oder von Anspannung, Aufregung und hoher Aufmerksamkeit erklären. Eine Harmonisierung der Aktivität beider Gehirnhälften, wie es bei der tiefen Meditation, diesem überaus heilsamen, entspannenden und bewußtseinserweiternden Zustand, geschieht, konnte mit Hilfe von Düften erreicht werden. Die verschiedenartigsten Wirkungen der Aromen auf das limbische System berühren unser Gemüt, unsere Psyche und unser affektives Verhalten und können zu starken, individuellen Veränderungen führen.

Versuche haben gezeigt, daß ähnliche Zustände auch bei Personen zu beobachten waren, die keine Düfte wahrnehmen konnten. Bisher hatte man angenommen, daß Düfte nur durch die bewußt getroffene Beurteilung »angenehmer Duft« oder »erinnert mich an eine schöne Begebenheit« eine emotionale Reaktion verursachen. Wenn eine solche Beurteilung hinzukommt, *verstärkt* sich meiner Ansicht nach lediglich die Duftwirkung.

Für viele Aromatherapeuten oder Freunde der Düfte ist eine weitere Reaktion von hoher Bedeutung. Beim Betreten eines Raumes, den eine harmonische Duftmischung aromatisiert, erleben die meisten Menschen, daß sie tief durchatmen und sich freuen. Diese Freude bei der Wahrnehmung natürlicher Düfte ist eine wichtige »Nebenwirkung«. Freude ist das Gegenteil von Depression, Traurigkeit, Negativität, Gewalt. Diese Freude wird einerseits durch die hormonellen Wirkungen, andererseits durch Assoziationen des

Verstandes, etwa Vergleiche mit früheren, angenehmen Erlebnissen, ausgelöst. Der Grad der Freude ist daher individuell und läßt sich nur bei einigen Aromen (wie dem Duft von *Rose*, *Bergamotte* oder *Orange*) verallgemeinern. »Un-Freude« oder Unfreundlichkeit ist in unserer Welt heute dominant und verhindert jeglichen Genuß, Entspannung, Zufriedenheit und innere Ruhe. Wir wissen mittlerweile, daß sich Immunzellen entsprechend unserem Gemütszustand auch »freuen« oder »leiden«. Eine »freudige« Immunzelle leistet, so lautet das Resultat von psychoneuroimmunologischen Forschungen, bessere Abwehrarbeit als eine »traurige, depressive« Zelle.

Bekannt ist Ihnen sicherlich die sekretionsfördernde Wirkung von Düften auf die Speicheldrüsen (wem läuft nicht schon beim Kochen das Wasser im Mund zusammen?). Allein beim Riechen einer Speise werden sowohl der Speichelfluß als auch die Verdauungssäfte in Menge und Enzymgehalt entsprechend dem sich durch den Duft ankündigenden Gänsebraten oder Käsefondue verändert. Erwartungsvoll harren Gaumen und Magen der Köstlichkeiten, bereit, sie aufzunehmen und in ihre kleinsten Bestandteile zu zerlegen. Hier besteht ein Rückkopplungssystem, das die neuralen und endokrinen Drüsen einschließt. Darüber hinaus wirken die Düfte reflektorisch auf Speichel- und Verdauungsdrüsen.

Abschließend sei noch die wechselseitige Wirkung von Duft und Gemüt erwähnt. Die Gemütsverfassung vermag die Beurteilung und Wahrnehmung eines Duftes zu beeinflussen (»Ich habe Kopfschmerzen, ich mag kein *Jasmin* riechen«), umgekehrt läßt sie sich durch einen Duft verändern oder steigern (»Mir geht es gut, der Duft von *Jasmin* macht mich ganz lebendig«). So können Düfte bei allgemeinem Wohlbefinden oder freudiger Stimmung eine verstärkende Wirkung haben. Damit werden auch die körperliche Befindlichkeit und hormonelle Situation positiv beeinflußt.

> Düfte übertragen gleichsam ihre Stimmungsbilder auf unser Wesen, ohne vom Verstand kontrolliert zu werden. Düfte aus der Natur lösen dabei eine Steigerung des allgemeinen Wohlbefindens aus, da sie uns in Kontakt mit der Natur bringen.

Körperduft

Früher war es die Grotte der Lust, der Platz der Erquickung, wo sich die Sexualität entzündete, voller anregender Düfte: die Achselhöhle und der Schambereich des Partners. So bat Napoleon seine Geliebte, nicht mehr zu baden, da er in zwei Wochen aus Rußland zurückkehre.

Heute ist Körperduft für die meisten Menschen mit einem negativen Prädikat versehen. Man(n oder Frau) riecht nicht mehr nach Körper. Unser Schweiß enthält zahlreiche Duftstoffe, die Signale für unsere Mitmenschen sind. Die Zusammensetzung des Körperduftes ändert sich mit jedem körperlichen (hormonell verursachten) und emotionalen Befinden. Was Nasen im allgemeinen registrieren, sind nicht nur die sagenhaften Sexualpheromone (Sexualbotenstoffe), sondern auch Knoblauch, Alkohol, Curry und anderes. Feine Nasen können bestimmte Krankheiten aufgrund der Körperausdünstung diagnostizieren, so jedenfalls wird es früheren chinesischen und hinduistischen Ärzten nachgesagt, die ohne Labor und Computeranalyse sehr treffsicher beurteilten. Viele Ärzte wissen auch heute, daß Krebs, Hepatitis, eine Magenverstimmung, mangelhafte Verdauung, schlechter Stoffwechsel, Skorbut, Lungenentzündung, ja sogar Schizophrenie einen ganz spezifischen Körperduft zur Folge haben. Er wird von Mitmenschen wahrgenommen und führt oft zu einer unbewußten Ablehnung.

Nicht zu unterschätzen sind die Duftbotschaften unseres Körpers im zwischenmenschlichen Bereich, denn sie entkleiden uns der Masken, die wir schützend tragen. Ein depressiver Mensch duftet anders als ein verliebter. Ein schwacher Mann strahlt über seinen Duft seine Schwäche aus. Das Verdecken mit Deos oder Parfüms hilft da nur bedingt, denn irgendwann läßt deren Wirkung nach, und unsere wahre Natur tritt zutage.

Parfüms sind eigentlich dazu gedacht, unsere Natur oder Persönlichkeit zu unterstreichen. Daher sollten sie, was bei einigen Parfüms auch der Fall ist, den natürlichen Duft des Körpers unterstützen. Ein befremdender Gedanke? Reine natürliche Substanzen lassen dies ohne weiteres zu. Die Natur gibt uns Duftstoffe, die von *Karottensamen* oder *Zypresse*, die dem Körperduft Rothaariger entsprechen, oder den Duft von *Sandelholz*, das eine starke Ähnlichkeit mit Androsteron, einem männlichen Pheromon, hat und daher auch in vielen Herrenparfüms zu finden ist.

Ein angenehmer Körperduft läßt uns attraktiv erscheinen. Und hinter dem Wunsch, attraktiv zu sein, steht der Urwunsch, geliebt und akzeptiert zu werden. Und wir nehmen an, daß attraktive Personen mehr geliebt werden.

Studien haben unterstrichen, daß man attraktiven, angenehm duftenden Menschen ein höheres Maß an Fertigkeiten, Intelligenz, Erfolgschancen und sozialen Erfahrungen unterstellt. So werden Einstellungsentscheidungen von Personalmanagern häufig nicht nur von den Zeugnissen, der Kleidung, dem Auftreten, sondern auch von der Dufterscheinung beeinflußt.

Das gilt auch bei Gesellschaften, Konferenzen, Partys – riechen Sie einmal bewußt, was der Duft, den Sie tragen, aussagt. Ungünstig wäre es, als Frau bei einem Vorstellungsgespräch mit einem weiblichen Personalchef eine orientalisch-blumige, erotische Duftnote zu tragen oder als Mann, der sich bei einem Mann vorstellt, eine sehr maskulin-herbe Note. Beide würden den Konkurrenzkampf zwischen den gleichgeschlechtlichen Gesprächspartnern einleiten. Besser wäre die umgekehrte Wahl.

In der Partnerschaft übernehmen Düfte eine wichtige Rolle, wie eingangs schon beschrieben. Grundsätzlich müssen wir den Körperduft eines Menschen akzeptieren, wenn nicht gar lieben, um eine intime Beziehung eingehen zu können. Nicht selten ist zu beobachten, daß der Körperduft eines Partners negativ beurteilt wird, wenn mangelnde Liebe, Zuneigung, Zärtlichkeit und Partnerschaft von ihm oder ihr empfunden werden. Paare, die sich trennen wollen oder müssen, können Anzeichen dafür sehr früh daran erkennen, wie sie den Körperduft des Partners empfinden. Es hilft nicht, mit Deos und Parfüms die wahren Gefühle zu überdecken, die sich durch die Ausstrahlung des Körpers in einer intimen Beziehung offenbaren. Solange Liebe vorhanden ist, wird selbst der Geruch des kranken Körpers des Partners nicht als unerträglich empfunden.

Um einige Grade geringer sind die Voraussetzungen für Freundschaften und das ständige Zusammensein am Arbeitsplatz. Nicht selten ist unangenehmer Körpergeruch (stets subjektiv als solcher wahrgenommen beziehungsweise bewertet) Grund für dauernde Streitigkeiten und massive Ablehnung. Ebenso verursacht sehr starker Körpergeruch, der lange auf andere Menschen wirkt, Streß.

Die Körperdüfte negativer, angstvoller, bösartiger und abgelehnter Menschen können über das Maß der Streßauslösung hinausgehen und schwere psychische Störungen verursachen. Bei Versuchen mit Affen, die in einem Raum leben mußten, in dem sie ständig dem Pheromonduft des herrschenden Affen ausgesetzt waren, starben fast alle nach einer langen Streßphase. Wenn Sie den Körperdüften oder diesen *ähnlichen* Düften eines Sie dominierenden, beherrschenden oder Sie körperlich oder psychisch quälenden Menschen unausweichlich ausgesetzt sind (etwa des Beziehungspartners, des Vaters, der Mutter, des Vorgesetzten), kann dies Sie zusätzlich schwer peinigen. Bei Beziehungskonflikten ist es also sinnvoll, auch nach der Beurteilung der Körperdüfte zu fragen.

Sexualität
Von den zwölf Signalstoffen, die wir Menschen aussenden, hat das Sexualpheromon die wohl faszinierendste Wirkung. Übertriebene Reinlichkeit und Verdeckung von Körperdüften beruhen stark auf dem unbewußten Wunsch, die Signale unserer Sexualpheromone zu tarnen und unsere wahre Sexualität zu verstecken.

Interessant wird es mit den typisch weiblichen und männlichen Körperdüften, wenn die Sexualpheromone während der Pubertät produziert werden. Dann treten wir aus der Kindheit in die Teenagerphase. Ab jetzt senden wir fleißig wirkungsvolle Duftbotschaften. Frauen strömen östrogenartige, Männer testosteron- und androsteronartige Düfte aus, wenn sie sexuell erregt sind oder nur eine leichte Bereitschaft zu sexueller Aktivität vorhanden ist. Frauen nehmen Pheromone von Männern allerdings stärker wahr als Männer selbst. Bei Frauen ist die Pheromon-Ausschüttung an den fruchtbaren Tagen sehr hoch, und dies duftet für Männer besonders angenehm. Bei Einnahme der Pille treten diese Schwankungen nicht auf. Vor und während der Menstruation verändert sich der Körperduft gegenteilig. Durch die Benutzung aphrodisischer Düfte in Parfüms (die meisten Parfüms enthalten solche Düfte) kann das natürliche Desinteresse des anderen Geschlechts an solchen Tagen »überwunden« werden. Es mag sogar geschehen, daß mehrere Frauen, die ständig im selben Raum zusammenarbeiten, durch diese Duftsignale gleichzeitig ihre Periode bekommen. Das führt uns auf die Spur, daß Pheromone nicht nur Sexuallockstoffe sind, sondern viel mehr über uns aussagen und dies auf einer unbewußten Ebene verstanden wird.

Bei sozialen Ereignissen wie Partys, Betriebsfeiern und ähnlichem werden durch heftiges Bewegen (Tanzen) die Pheromondüfte gut gestreut und gemischt. So ist es nicht verwunderlich, daß unser »vomeronasales Organ« in der vorderen Nasenscheidewand und der Geruchssinn durch die Stimulation der sexuellen Lockstoffe und aphrodisierenden Duftstoffe in den Parfüms in einer gemeinsamen Aktion den Hypothalamus zu eiliger Tätigkeit anregen. Der schüttet daraufhin massenweise Hormone aus, was wir als äußerst angenehmen Zustand und sexuelle Erregung erleben. Die Folge kann eine heftige Liebesnacht oder ein heißer Flirt sein – aber nicht zwingend, denn der Verstand läßt sich dadurch nicht ganz überlisten.

> Pheromone sind Träger von Duftbotschaften des Körpers, die unser wahres Befinden offenbaren und mit denen wir auf unbewußten Ebenen kommunizieren.

Wirkungen ätherischer Öle

Die Vertreter der systemischen Aromatherapie glauben, daß die Duftstoffe der ätherischen Öle durch eine direkte molekulare Interaktion mit den entsprechenden Rezeptoren des Zentralnervensystems wirken. Nach anderer Auffassung begründet erst die schon vorhandene Empfindung des Wohlbefindens, der Entspannung, der angenehmen Gefühlslage oder der angeregten Sexualität die Wirkungen der ätherischen Öle. Plausibler ist die Kombination beider Wirkungsrichtungen.

Die folgenden Betrachtungen gelten für die Aufnahme ätherischer Öle in Lunge, Haut und Magen. Substanzen des ätherischen Öls erreichen die Blutbahnen und werden mit dem Blut durch den gesamten Körper transportiert. In diesem Fall können seine Wirkungen wesentlich stärker und langanhaltender sein, verbleibt doch das ätherische Öl unter

Umständen stundenlang in unserem Körper, bis es verarbeitet und ausgeschieden wird.

Der Einfluß von Düften bei aromatherapeutischen oder kosmetischen Anwendungen läßt sich von den allgemeinen Duftwirkungen nicht trennen. Denn wir riechen, was wir uns in das Badewasser oder in das Gesichtsöl tropfen. Betrachten wir die Aufgaben ätherischer Öle in der Natur und unterstellen wir, daß der menschliche Organismus die hormon- und vitaminartigen Substanzen der Pflanzen als körpereigene einstuft, werden sie auch gleichartige Funktionen ausüben. Hat ein ätherisches Öl bei einer Pflanze etwa den Zweck der Ausscheidung von Giftstoffen, so erklärt sich dadurch die entgiftende Wirkung einzelner Öle (zum Beispiel *Lavendel*) beim Menschen. Einige Öle enthalten Substanzen, die dem Östrogen ähnlich sind (zum Beispiel *Fenchel*) und demzufolge östrogenähnliche Einflüsse zeigen. Über den Geruchssinn üben viele Öle die gleiche Wirkung aus, indem sie den Hypothalamus und die Hypophyse zur Ausschüttung von Hormonen anregen.

Fast alle ätherischen Öle sind antiseptisch, bakteriostatisch oder antiviral und helfen dem Körper, seine Selbstheilungskräfte zu stärken oder zu aktivieren. Man sagt einigen Ölen (etwa dem *Weihrauchöl*) eine stark antibiotische Wirkung nach und hat sie bereits als Antibiotika eingesetzt.

Dabei muß in Betracht gezogen werden, daß nicht das Öl selbst heilt. Es erfüllt vielmehr eine Informationsfunktion, indem es den Organismus stimuliert und seine Aufmerksamkeit auf den disharmonischen Zustand lenkt. Wenn wir wissen, daß Zitronenöl die Produktion weißer Blutkörperchen anregt, so verhält es sich in diesem Fall ebenso: Das Öl beziehungsweise seine Inhaltsstoffe geben lediglich eine Information an ein System, ein Organ beziehungsweise letztlich an eine Zelle weiter. Diese Information sorgt für eine Veränderung, sie regt den Informationsfluß der Zellen an oder unterbricht ihn. Tatsache ist, daß ein ätherisches Öl selbst zum Beispiel keine schmerzstillende Wirkung hat, sondern die körpereigenen Morphine aktiviert.

Die ätherischen Öle sind fettlöslich und haben dadurch eine hohe Affinität zu Zellen, insbesondere den fettreichen Zellen des Zentralnervensystems. Dort können sie die Ionenkonzentration in den Zellen, die Produktion von Enzymen, Proteinen und elektrische Ladungszustände beeinflussen: anregen, verlangsamen, blockieren. Ergebnis dieses Zusammenspiels sind Schmerzfreiheit, Entzündungshemmung, Krampflösung und dergleichen. Das ätherische Öl heilt also nur scheinbar. Es ist der Körper selbst, der Funktionen ändert.

Auf mentaler Ebene können ätherische Öle Gehirnfunktionen anregen oder dämpfen, dies geschieht lediglich durch das Wahrnehmen von Aromen. Bestimmte Inhaltsstoffe »docken« mit Vorliebe an Gehirnzellen der rechten oder linken Hirnhälfte an und versetzen sie so in Erregung. Damit werden Bewußtheit, Logik, Aufmerksamkeit, Konzentration oder Intuition beeinflußt. Können wir die Bewußtheit erhöhen oder einen desorientierten Verstand zum Fokussieren und Ruhen bringen, schaffen wir die Voraussetzung zum Erleben von Glück und Zufriedenheit. Letztere sind wesentliche Komponenten für ganzheitliches Wohlbefinden und Heilung.

Was über die Wirkungen von Düften auf das limbische System und seine Steuerung unserer autonomen Lebensprozesse, Emotionen und des affektiven Verhaltens gesagt wurde, trifft auch für die Inhaltsstoffe der ätherischen Öle zu, wenn sie über die Blutbahn in das Gehirn gelangen. Ebenso wirken hochverdünnte ätherische Öle sehr lange und intensiv auf emotional-geistige Zustände – ein weites Feld liegt hier offen und harrt der Wiederbelebung. Aber es bietet sich kaum Neues, denn alle alten Kulturen hatten ihre Aromen, die durch Inhalation oder Einnahme »böse Geister« austrieben, »das Höchste« erleben und »Gott« sehen ließen.

Ihre dominante Wirkung haben ätherische Öle auf das Nervensystem des zivilisierten, ständig angespannten Menschen, vor allem auf das vegetative Nervensystem. Spezielle Substanzen in bestimmten Ölen stimulieren den Sympathikus oder den Parasympathikus oder harmonisieren beide. Das versetzt Körper, Geist und Psyche in die Lage, Energien für die Selbstheilung zu aktivieren. Wie erwähnt, gehen einige Studien über ätherische Öle davon aus, daß deren Inhaltsstoffe über die direkte molekulare Interaktion mit Rezeptoren des Nervensystems wirken. So seien sie in der Lage, der Zelle verschiedenste Informationen zukommen zu lassen. Wichtig ist die Anregung von Hormonbildung und Neurotransmittern, wie des Serotonins, die unsere Körperfunktionen, unsere Gefühle und allgemeines Wohlbefinden steuern. Auch hier dient das ätherische Öl als Informationsträger (Transmitter).

Die Lockfunktion der pflanzlichen Duftstoffe haben wir schon genannt. Jeder von uns hat bereits ein solches Lockmittel benutzt: ein betörendes Parfüm, ein Rasierwasser, eine duftende Bodylotion. Ätherische Öle bieten uns eine Vielfalt von Düften, die unsere Libido anregen oder beruhigen und die Organe stimulieren können. Das kann uns zum Beispiel bei Impotenz oder Frigidität bedingt helfen. Wesentlich wichtiger ist die Tatsache, daß nur ein entspanntes, liebevolles Wesen Sexualität erleben und genießen kann. Hier helfen ätherische Öle durch ihre ganzheitlichen Wirkungen auf alle Bereiche, insbesondere das Nervensystem und die Psyche.

Ätherische Öle versorgen uns mit feinstofflichen »Energien«, die auf entsprechend feinstoffliche Energiezentren und Körper wirken. Erklärbar ist bis heute lediglich, daß die Schwingungen der Öle beziehungsweise ihrer Düfte unterschiedlich sind und die uns umgebenden Schwingungskörper oder -zentren beeinflussen. Der Körper ist ein Resonanzkörper, der auf die von ätherischen Ölen ausgehenden

Schwingungen reagiert. Auch die Qualitäten von Yin und Yang sowie der Elemente Feuer, Wasser, Luft und Erde in den Pflanzen übertragen sich auf uns, wenn wir ihre ätherischen Öle benutzen. Damit werden unser ganzheitliches Wohlbefinden und unsere Entwicklung gefördert. Wenn wir davon ausgehen, daß körperliche und mentale Krankheiten ihren Ursprung im feinstofflichen Bereich unseres Wesens haben, erscheint es angebracht, diesen zu behandeln. Spätestens hier wenden sich die Wissenschaftler – in einem Jahrhundert technischer Errungenschaften, dem Zerlegen von Natur und auch Mensch in ihre Einzelteile, aber auch völliger Entmystifizierung, Entseelung und Verlust des Blickes auf das Ganze – kopfschüttelnd ab. Mir scheint es aber nicht so, daß etwa die alten Ägypter und Babylonier einem Aberglauben erlagen, wenn sie Räucherungsriten mit Aromen zur Heilung des kranken Geistes vollzogen oder Pflanzensäfte zur Genesung des Körpers nutzten oder den Rauch von *Weihrauch* und *Elemi* zur Meditation (Bewußtseinserweiterung) einatmeten.

Bei einigen der ältesten Anwendungen ätherischer Öle, nämlich der Massage und der Körperpflege mit Cremes, Salben oder Aromabädern, gelangen die Düfte auf die Haut. Da die Haut von einem fetthaltigen Film überzogen ist und ätherische Öle fettlöslich sind, können sie die Hautbarriere überwinden und in den Körper eindringen. Dabei entfalten sie vielfältige Wirkungen: Hautfunktionen werden reguliert oder angeregt, beispielsweise die Zellerneuerung oder die Abstoßung abgestorbener Zellen oder die Talgdrüsenproduktion. Bei solchen Gebrauchsformen beeinflussen ätherische Öle die Haut, den gesamten Organismus, den Geruchssinn und die Energiebahnen oder Meridiane.

Zweiter Teil
Anwendungsbereiche

Hinsichtlich der Anwendung von Düften beziehungsweise aromatischen Stoffen unterscheide ich therapeutische, kosmetische und nichttherapeutische Möglichkeiten. Die Aromatherapie oder Psychoaromatherapie als therapeutische Behandlung einzusetzen erfordert umfassende Kenntnisse, möglichst eine medizinische, psychotherapeutische oder sonstige Ausbildung und Erfahrung in einem Heilberuf. Doch für viele kleine Beschwerden und emotionale Disharmonien benötigen Sie das nicht – durch sorgfältige Wahl der ätherischen Öle und richtige Dosierung können Sie sich selbst helfen. Das gilt auch für die Pflege mit Aromastoffen – Cremes, Salben und Hautöle können Sie selbst herstellen und individuell auf Ihren Haut- oder Haartyp abstimmen. Angenehme Düfte für den Raum oder ein Aromabad bedürfen ebenfalls keiner qualifizierten Ausbildung. Wenn Sie mit Therapien für den feinstofflichen Bereich arbeiten, wissen Sie ohnedies, daß es dafür mehr der Intuition als des Wissens bedarf.

Aromatherapie

Beginnen wir mit der Aromatherapie, dem Einsatz von Düften oder ätherischen Ölen zur Harmonisierung des Menschen. Die klassische Aromatherapie betrachtet und nutzt ätherische Öle oder ihre Düfte vornehmlich zur Harmonisierung der Psyche und Linderung von Leiden. Wegen der vielschichtigen Wirkungen der ätherischen Öle auf den Chemismus im menschlichen Körper ist sie qualifizierten Heilkundigen (dem Arzt, Heilpraktiker, Aromatherapeuten) vorbehalten. Trotzdem steht einer verantwortungsvollen und reduzierten Anwendung durch Laien nichts im Wege, solange die Dosierungen eingehalten werden und man keine Einnahme oder langfristige, hochdosierte Behandlung einer schweren Erkrankung versucht. Aromatherapie versteht sich als Begleittherapie und ersetzt die Schulmedizin nicht.

Die ganzheitliche Aromatherapie zielt auf die Behandlung von Körper, Geist und Psyche ab, da nicht jeder dieser Bereiche, vom anderen getrennt, ein Eigenleben führt, sondern sie einander beeinflussen. Daß Emotionen – also die Psyche – einen starken Einfluß auf das körperliche Befinden haben, ist inzwischen weitgehend bekannt und wieder akzeptiert. Durch Erziehung, Gesellschaft und wirtschaftliche Zwänge unterdrückte Gefühle und Wünsche können im allgemeinen nach einer individuell langen Zeit zu einer körperlichen Erkrankung führen, sie werden »somatisiert«. Der Anteil der psychosomatischen Erkrankungen ist sehr hoch, vor allem sind es Ängste, die zu Anspannung oder Verspannung führen. Danach folgen die unterdrückten Gefühle (Wut, Ärger, Enttäuschung, emotionale Verletzungen, Trauer – aber auch Freude) und Wünsche. An dritter Stelle steht das Unvermögen, loszulassen und sich veränderten Lebensumständen anzupassen.

Die Ursache für fast alle Beschwerden oder Disharmonien liegt in einem Bedarf, ansonsten würde ein natürliches System wie unser Körper sich nicht selbst schwächen oder gar zerstören. Wut oder Zorn manifestieren sich häufig in Form von Tumoren oder Krebs, langanhaltende Selbstkritik wird oft als Ursache von Arthritis gesehen, mangelnde Selbstliebe und Selbstakzeptanz oder unbefriedigte Sexualität führen zu Herzerkrankungen, Ärger fördert Entzündungen. Mangelndes Selbstwertgefühl (»Ich bin zu klein, zu dumm, zu schwach, nicht schön genug«) hat eine Schwächung des Körpers mit vielfältigen Krankheiten zur Folge. Schuldgefühle (»Ich habe etwas falsch gemacht, ich bin schlecht, undankbar«) fordern eine Selbstbestrafung durch körperliche, emotionale oder mentale Symptome. Beziehungs- oder Eheprobleme, vor allem mit sexuellem Hintergrund, schwächen die Blase. Streß ist häufig eine Folge der Angst zu versagen, nicht erfolgreich zu sein, zu verlieren, was wiederum auf irrigen Glaubenssätzen beruht. Angst blockiert den Atem und schnürt das Herz ein, indem sie die Herz- und Brustmuskulatur zusammenzieht. Wenn sich die Gefühle oder geistigen Einstellungen nicht geändert haben, werden die Symptome bleiben oder sich ein neues Ventil suchen. Wenn Sie nicht Ihrer Natur folgen, Ihre Gefühle ausdrücken und sich Ihre Wünsche erfüllen, schneiden Sie sich Ihre Wurzeln ab – eine Pflanze würde das nicht überleben.

Wenn Sie also ein körperliches Symptom behandeln wollen, sollten Sie auch seine geistig-seelische Ursache betrachten. Oftmals ist es sinnvoll, eine verletzte Psyche oder den verwirrten Geist mit Düften zu harmonisieren. Optimal ist es, alle Bereiche gleichzeitig zu behandeln. Zahlreiche ätherische Öle werden diesem Anspruch gerecht.

Gehen wir davon aus, daß ätherische Öle, äußerlich angewandt (in der Duftlampe, durch Inhalation, als Badezusatz, bei der Massage, in Körperölen), zu einer emotionalen Harmonisierung beitragen können, da viele von ihnen angstlösend, stimmungsaufhellend, beruhigend und entspannend wirken, können wir durch Aromatherapie – bei der Behandlung der Psyche – einer Vielfalt von körperlichen Symptomen ihre wahren Ursachen nehmen. Werden diese ätherischen Öle noch durch jene ergänzt, die zur Linderung des körperlichen Symptoms beitragen, sprechen wir von ganzheitlicher Aromatherapie.

Fallbeispiel:
Eine Frau – verheiratet, kinderlos, 38 Jahre, blaß, mittelgroß, Angestellte – leidet unter einer chronischen Blaseninfektion und fühlt sich körperlich geschwächt. Sie berichtet, ihr Geschlechtsleben deswegen fast völlig aufgegeben zu haben. Auf den ersten Blick erscheint eine Behandlung der Blaseninfektion mit *Wacholderöl*, *Tea-Tree-Öl* und *Zedernholzöl* in Form von Sitzbädern, zusätzlichen Aromabinden oder -tampons angebracht. Nach näherem Befragen ihrer emotionalen Situation berichtet sie, depressive Phasen zu haben, die von mangelndem Appetit und Schlaflosigkeit begleitet sind. (Appetitmangel und Schlaflosigkeit sind übliche Begleiterscheinungen einer Depression.)

Sinnvoll ist hier die Auflösung der Depression, um Schlaf und Appetit wiederherzustellen, und die gleichzeitige Behandlung der Infektion. Sie erhält über mehrere Wochen regelmäßig Massagen mit *Bergamottöl* (appetitfördernd, antidepressiv, infektionshemmend), *Rosenöl* (antidepressiv, infektionshemmend, entspannend) und *Zedernholzöl* (entspannend, blasenwirksam, emotional stabilisierend). Diese Öle wird sie außerdem zweimal wöchentlich in ihrem abendlichen Bad nehmen (8 Tropfen einer Mischung aus einem Teil *Rosenöl*, sechs Teilen *Bergamottöl* und sechs Teilen *Zedernholzöl*). Somit ermöglichen drei Öle eine ganzheitliche Behandlung von Blase, Nerven und Psyche.

Nach einigen Wochen ist die Blaseninfektion abgeklungen, die Frau schläft wieder ruhiger, der Appetit hat sich leicht gebessert. Doch sie erscheint immer noch depressiv. Auf Nachfragen hinsichtlich ihres Ehelebens berichtet sie, daß ihr Ehemann nicht mehr liebevoll und rücksichtsvoll sei. Seit vielen Monaten würden sie oft streiten. Sie fühlt sich nicht geliebt und möchte mit ihrem Mann daher keinen sexuellen Kontakt haben. Also dient ihr die Blaseninfektion als Entschuldigung. Die Blase ist das Organ, welches bei Beziehungsproblemen – Zurückweisung, Liebesentzug,

Unterdrückung und dergleichen – am ehesten reagiert. Somit haben wir die tiefere Ursache gefunden. Die Behandlung des körperlichen Zustands allein hätte nur eine vorübergehende Erleichterung bedeutet. Die Psyche ist stärker – sie hätte die Blase nicht gesunden lassen, der Appetit hätte sich nicht gebessert, der Schlaf wäre unruhig und die Beziehung weiter unbefriedigend geblieben. An diesem Punkt muß diese Frau ihre Beziehung selbst klären oder mit Hilfe eines Therapeuten eine Partnertherapie durchführen.

Ich werde Ihnen anschließend für viele Organe oder Systeme die Emotionen oder Einstellungen nennen, die häufig für körperliche Fehlfunktionen oder Beeinträchtigungen verantwortlich sind. (Die entsprechenden ätherischen Öle zur Harmonisierung der Emotionen finden Sie im »Symptomregister«.)

Was uns der Körper sagt

Atemwege: Luftröhre, Bronchien, Lungen

Unsicherheit und Angst, vor allem Angst vor dem Leben und die Angst davor, sich zu nehmen, was einem zusteht, verursacht flaches, kurzes Atmen. Emotionale Enge (übermäßiges Bemuttern, Einschränkung der persönlichen Freiheiten) verursacht Krämpfe oder Lähmungen (Asthma). Bei unvollständigem Ausatmen liegt die Vermutung nahe, daß das Loslassen Probleme bereitet. Mit dem Ausatmen lassen wir auch negative Gedanken, Gefühle und Vergangenes los. Hinter Kehlkopferkrankungen verbirgt sich häufig die Angst, etwas auszusprechen, oder ein des vielen Redens Überdrüssigsein.

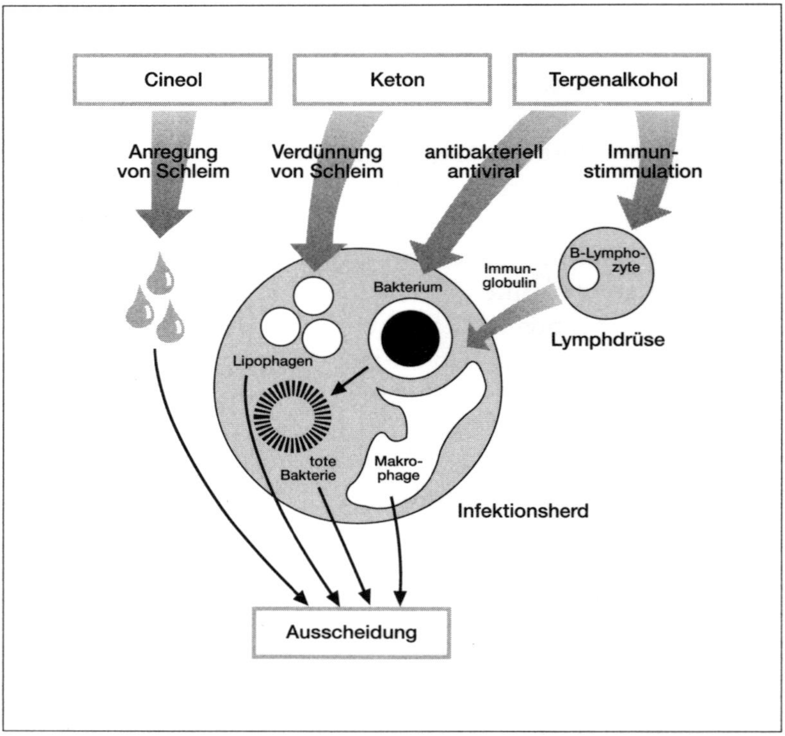

Abb. 4: Beispiel der synergetischen Wirkung von Inhaltsstoffen ätherischer Öle bei einer Bronchialerkrankung

Verdauung: Mund, Magen, Milz, Dünn-, Dickdarm

Ärger, Sorgen, Probleme, Depressionen beeinträchtigen die Verdauung und den Appetit. Übermäßiges Essen soll Frustration, Enttäuschung und das Gefühl, zu kurz zu kommen, kompensieren. Vielfach soll ein Mangel an Liebe und Zuwendung damit ausgeglichen werden. Mundgeruch und übelriechendes Aufstoßen sind nicht nur die Folge schlechter Verdauung und von Magenproblemen, sondern können auch das »Aufstoßen« von unangenehmen Erlebnissen oder Gedanken der Wut sein. Unausgetragene Konflikte bleiben im Magen liegen. Ängste lassen die Nahrung unverwertet den Darm passieren, rasch wird sie ausgeschieden (als »Durchfall«). Die Unfähigkeit loszulassen und das Festhalten an Altem, sogar Schmerzhaftem oder an Geld manifestiert sich in Ausscheidungsproblemen. Verschleimter Stuhl deutet auf nicht losgelassene, nicht verdaute Überbleibsel verworrener Gedanken hin, auf ein Schwelgen in der Vergangenheit. Ängste und Ich-Schwäche führen schließlich zu Krampfadern in Darm oder After (Hämorrhoiden).

Harnwege: Nieren, Blase

Ist Ihnen schon einmal »etwas an die Nieren gegangen«? Dieses Organ fängt Kritik, Versagen, Enttäuschung und Schamgefühle auf und speichert alle kleinen Ärgernisse Ihres Lebens, wenn Sie diese nicht loslassen. Die Nieren sind ein Teil des Ausscheidungssystems und stehen auch in starkem Bezug zu Ihren intimen oder sozialen Beziehungen. Sind diese problembeladen und nicht harmonisch, reagieren die Nieren nach einer Weile. Sexuelle und Beziehungsprobleme beeinflussen die Funktionen der Blase. Auch Trauer über längst vergangene Ereignisse wirkt störend. Geringer Harnfluß deutet auf das Festhalten von vielleicht längst überholten Vorstellungen und Ängsten hin.

Leber, Gallenblase

Die Leber leidet, wenn Bosheit, Wut, Ärger und Aggression (sogenannte »rohe Emotionen«) nicht ausgedrückt, unterdrückt oder nicht losgelassen werden.

Herz, Kreislauf, Blut

Viele Menschen haben ihren Körper durch »Verengungen« in drei Bereiche getrennt: Denken, Fühlen und Sexualität. Hals und Taille bilden Verengungen, die ein Zusammenfließen verhindern sollen. Dabei kommt es zu dem häufig anzutreffenden Symptom, daß das Herz und die mit ihm verbundenen Gefühle isoliert werden. Das hat einen zweifelhaften Vorteil: Das Herz kann nun nicht verletzt werden. Die tiefe Angst vor den eigenen Gefühlen, vor dem Verlust der Kontrolle über sie und den Auswirkungen auf partnerschaftliche und soziale Beziehungen ist eine weitere Ursache.

Angst ist das Gegenteil von Liebe, sie schadet dem Herzen und dem Kreislauf. Aufzulösen ist bei Herzproblemen in erster Linie die Angst. Mit Herzrhythmusstörungen erinnert Sie das Herz an sein Vorhandensein und daran, daß es gehört werden möchte – Kopf und Herz befinden sich nicht in einem harmonischen Rhythmus.

Ein träger Kreislauf und wenig Blut sind oft Folgen der Einstellung, das Leben sei schwer und man müßte »sein Brot im Schweiße des Angesichts« verdienen. Einem Bluthochdruck liegen häufig starke Nervosität und Anspannung (im parasympathischen Bereich), aber auch unterdrückte starke Gefühle zugrunde. Nur durch Anspannung kann ihr Ausbrechen verhindert werden. Zu niedriger Blutdruck entspricht einer Zurücknahme oder einem Aufgeben: Ich schaffe es sowieso nicht. Je weniger ich investiere, desto weniger verliere ich. Krampfadern und Ablagerungen in den Adern können ein Zeichen des Festhaltens und Anklammerns an Materielles sein.

Immunsystem (Lymphe, Milz, Thymusdrüse)

Der Begriff »Immunsystem« umfaßt alle Aktivitäten des Körpers, sich vor infektiösen Einflüssen aus der Umwelt (Pilzen, Bakterien, Viren) zu schützen, indem es diese eliminiert und ausscheidet. In ganzheitlicher Betrachtung bieten sich hier die Erkenntnisse der Psychoimmunologie und der Hirnforschung an, die beinhalten, daß Stimmungen und Gefühle einen sehr deutlichen Einfluß auf die Immunabwehr haben. Negative Stimmungen oder Gedanken, die lange anhalten, beeinflussen das Immunsystem in der Weise, daß die Immunzellen die Stimmung gleichsam übernehmen und weniger leistungsfähig sind. Freude, Liebe und innere Ausgeglichenheit übertragen sich, so betrachtet, ebenfalls auf die Immunzellen beziehungsweise beeinflussen ihre Effizienz.

Fortpflanzungsorgane, Libido

Besonders die weiblichen Fortpflanzungsorgane werden häufig von Störungen betroffen, denn ihr Aufbau und ihre Funktionen sind weitaus komplizierter, vielfältiger und von Emotionen abhängiger als die des Mannes. Traumatische Kindheitserlebnisse, gesellschaftliche und religiöse Gebote und Verbote bilden oft den wahren Hintergrund lebenslanger Störungen bei Frauen, die in das Bewußtsein geholt und aufgelöst werden können. Ohne diesen Schritt erzielt auch das beste ätherische Öl keine *dauerhafte* Linderung oder Besserung. Aktuelle Beziehungsprobleme und ein unerfülltes oder unterdrücktes Sexualleben wirken verstärkend auf latente Probleme des Unterleibs.

Einige geistig-seelische Ursachen: Allgemeine Schwächen oder Störungen der Geschlechtsorgane können daraus resultieren, daß Sie sich nicht zu Ihrem Geschlecht und Ihrer Sexualität bekennen wollen. Ein Scheidenkatarrh entspricht häufig sexuellen Schuldgefühlen und Selbstbestrafung. Myome und Zysten folgen emotionalen Verletzungen. Hefepilzinfektionen deuten auf Leugnen der wahren Bedürfnisse. Impotenz oder Frigidität resultieren aus der Angst vor Verletzbarkeit, aus dem Glauben, Sex sei schlecht, dem Leugnen der Lust, aus der Angst vor Vater oder Mutter, gefühllosen Partnern, aus Trotz (oft bei Männern), aus Anspannung.

Nervensystem und Streß

Aus ganzheitlicher Sicht ist der Wechsel von Anspannung und Entspannung, entsprechend dem Wechsel von Tag und Nacht, Yin und Yang oder Handeln und Ruhen, sehr bedeutsam, da bei vielen Menschen nach der Anspannungsphase keine oder eine zu kurze Entspannungsphase folgt. Dadurch befindet sich der Mensch in einer ständigen Alarmsituation, ständig werden Alarmhormone ausgeschüttet. Das Resultat ist der schädliche Streß. Negative Leitgedanken, die eine Entspannung verhindern, sind zum Beispiel: »Ich werde nicht überleben, wenn ich mich gehenlasse und entspanne«, »Ich muß mich gegen eine feindliche Umwelt verteidigen«, »Alle Menschen sind böse«, »Ich darf nicht so sein wie ich bin«. Wer solche Einstellungen als sein »Lebensprogramm« unbewußt jeden Tag wie einen Radiosender einschaltet, wird sich nicht mit dem zufriedengeben, was er ist, wie er ist, wo er ist, was er hat. Ehrgeiz und Machtstreben sind die Feinde der Entspannung, die Antriebsenergie für Dauerleistung.

Streß ist nicht schädlich, solange ihm in harmonischem Wechsel Entspannung folgt. (Eu-)Streß ist positiv, solange Sie ihn steuern, und nicht er Sie. Wer jedoch im Zustand der tiefen Lethargie ist, braucht vielleicht einen hormonellen »Anstoß«. Gegen diesen und die durch das negative »Lebensprogramm« verursachten Zustände finden sich zahlreiche ätherische Öle beziehungsweise Düfte, die besonders stark und schnell auf den Hypothalamus und die Hypophyse, also auf das Nervensystem wirken. Eine Harmonisierung dürfte im Zweifelsfall der erste Schritt sein.

Das Hormonsystem

Die endokrinen Drüsen arbeiten sehr eng mit dem Nervensystem zusammen. Ihre Sekrete, die Hormone, kontrollieren Körperfunktionen und sind auch für Stimmungen, Gefühle und Empfindungen verantwortlich. Auch Reize wie die von Duftstoffen oder Gefühlen können die entspre-

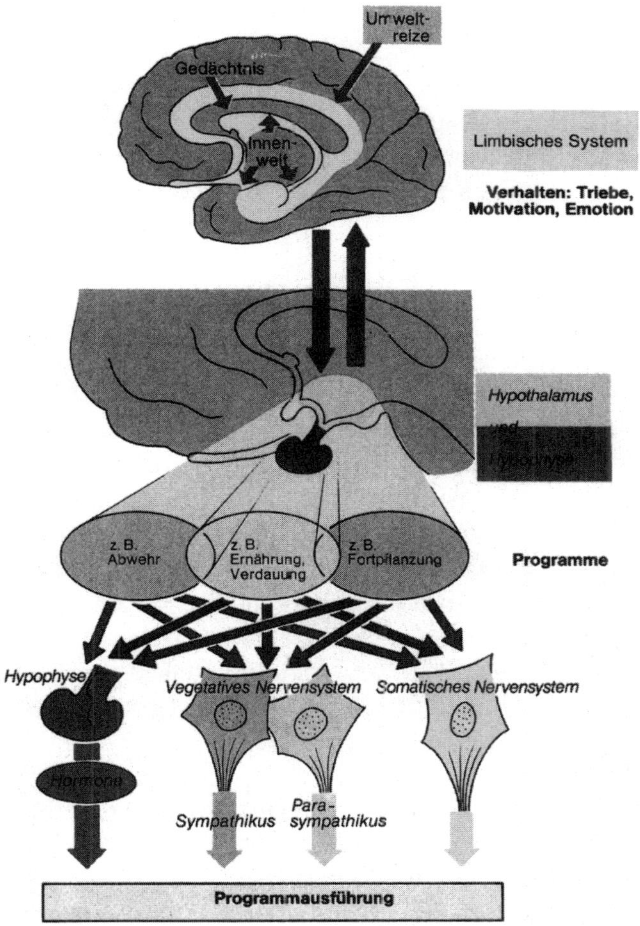

Abb. 5: Limbisches System und Hypothalamus. Umweltreiz = Duft (Quelle: A. Faller, Der Körper des Menschen, dtv-Thieme)

chenden Drüsen zur Hormonausschüttung anregen. Einige Hormone verursachen sehr schnelle Veränderungen, so ruft Adrenalin bei Gefahr spontane Leistungsbereitschaft und Herzbeschleunigung hervor, während andere Hormone Tage, Monate oder Jahre dauernde Prozesse steuern, so wie die Östrogene den monatlichen Zyklus der Frau kontrollieren.

Fast alle ätherischen Öle haben eine Auswirkung auf das Hormonsystem und beeinflussen dadurch Ihr körperliches, mentales und seelisches Befinden. Die endokrinen Drüsen geben ihr Produkt an das Blut ab. Als übergeordnete Drüse ist die Hypophyse zu betrachten, da sie unsere gesamte Entwicklung bestimmt. Sie ist der kontrollierende Aufsichtsrat des Unternehmens »Hormonfabrik«. Die Hypophyse erhält wiederum Neurosekrete vom Hypothalamus – einer Gehirnregion, die alle Sinneseindrücke empfängt. Man vermutet, daß Störungen der Hypophysenfunktion – und damit der Tätigkeit aller anderen Drüsen – durch die mangelhafte Koordination der beiden Gehirnhälften und durch Fehlfunktionen des Hirnstammes ausgelöst werden. Verstand und Gefühl sind nicht im Gleichgewicht. Die instinktiven Gefühle werden unterdrückt, und dies verursacht ein Ungleichgewicht. (Mit ätherischen Ölen können die linke oder rechte Gehirnhälfte aktiviert oder ein Ausgleich beider Seiten erzielt werden.)

Neurotransmitter: Himmel oder Hölle

Der Gedanke, den der »Verstand« mit Hilfe des Gehirns produziert, kann Sie in den Himmel emporheben oder in die finstersten Tiefen schleudern. Das geschieht unter anderem über die Neurotransmitter. Die Neurotransmitter werden auch als »Gefühlshormone« bezeichnet. Ähnlich den Hormonen wirken Neurotransmitter als Überträgerstoffe. Das limbische System, das für die Entstehung von Gefühlen verantwortlich ist, reagiert auf bestimmte Aktivierungsmuster

(Nervenreize) so, daß wir etwas empfinden. Ob die Reize nun von einem Gedanken des Verstandes, von außen (von einem Duft) oder einem Botenstoff stammen, ist unerheblich. Neurotransmitter verbinden synaptische Nervenendigungen wie eine Brücke und leiten elektrische Botschaften von Nervenzelle zu Nervenzelle weiter. So kann ein Neurotransmitter auch die Information an einen Muskel weitergeben, sich anzuspannen oder zu entspannen, oder er kann mentale Prozesse dämpfen oder anregen.
Die Neurotransmitter sind allerdings recht kurzlebig, die Halbwertszeit beträgt im Falle der Endorphine nur fünf Minuten. Somit benötigt das Gehirn relativ rasch eine neuerliche Stimulation, um den Zustand aufrechtzuerhalten. Das läßt sich durch ständiges Denken an Gefahr oder Glück, Assoziieren schrecklicher oder beglückender Bilder (sexuelle Phantasien, schöne Urlaubserinnerungen, Erinnerungen an einen Film) oder in unserem Falle durch wiederholte Riechreize mit Hilfe von Duftstoffen in der Luft als auch duftenden Körperölen, Parfüms, Massagen oder Bädern erreichen. Immer mehr Ergebnisse der Erforschung von Neurotransmittern liegen vor. Ständig ändern sich die Erkenntnisse, und neue Transmitter werden entdeckt. Von einigen Substanzen, die Transmitterfunktion haben, ist bekannt, daß ihre Bildung durch Düfte ätherischer Öle ausgelöst wird, sie seien im folgenden erläutert.

Endorphine (Endomorphine)
Sie werden von der Hirnsubstanz und der Hypophyse produziert und vermitteln allgemeine Entspannung, lösen Ängste, lindern Schmerzen, indem sie in dem Bereich des Gehirns, durch das sich die Schmerzbahnen ziehen, andokken. Sie regulieren Streß, stimmen sanft und introvertiert, regen die Phantasie und die Libido an. Sie haben einen tiefgreifenden Einfluß auf das Immunsystem nach dem Motto »Glück hält gesund«.

Therapeutisch können die ätherischen Öle von *Muskatellersalbei*, *Jasmin*, *Ylang-Ylang* und *Patchouli* als Endorphin-Auslöser bei emotionaler Kälte, leichter Depression, bei Angstzuständen, Suchtentzug, Menschen- und Kontaktscheue, mangelndem Sexualtrieb und chronischen Schmerzen eingesetzt werden.

Enkephaline

Enkephaline sind den Endorphinen chemisch verwandt und werden manchmal zu diesen gezählt. Die vom Thalamus produzierten Hirnpeptide unterbinden die Weiterleitung von Schmerz und sorgen für stark euphorische Zustände, für Freude, Wohlbehagen und sexuelle Stimulation. Sie werden in besonders spannungsreichen Momenten freigesetzt, etwa bei einem Sieg, einem Gewinn oder beim Orgasmus. Die entsprechenden Öle, die ebenfalls aphrodisierend wirken, sind daher bei chronischen, schweren oder manischen Depressionen, Schmerzen, Ängsten, Phobien, bei negativer Lebenseinstellung, Suizidgefahr, Suchtentzug und starken Gefühlsschwankungen einsetzbar. Die Einflüsse zum Beispiel einer Massage mit den entsprechenden Ölen können Tage anhalten. Solche ätherischen Öle sind das Öl von *Muskatellersalbei*, *Pampelmuse*, *Jasmin*, *Rose*.

Serotonin

Vom Raphe nucleus, einem Teil des Gehirns, wird das auf die Nerven entspannend wirkende Serotonin ausgeschüttet. Man bezeichnet es gerne als den Stoff, der das »allgemeine Wohlbefinden« erzeugt, das sich nicht wie der Puls messen läßt. Wenn nicht genügend Serotonin vorhanden ist, versinkt der Mensch in dumpfes Grübeln, wird tief unglücklich und hegt Selbstmordgedanken. Ein gleichzeitiger Mangel an Serotonin und Endorphinen führt verständlicherweise zu völliger Lebensunlust. Serotonin wirkt leicht schmerzlindernd, angstdämpfend, schlaffördernd, mental anregend und kreativitätsfördernd. Es stimmt ruhig, entspannt, introvertiert, dämpft die Libido und verhindert bei starker Ausschüttung den Orgasmus. Eine Überproduktion dieses mit der Funktion eines Neurotransmitters ausgestatteten Stoffes führt zu innerer Unruhe, Einsamkeitsgefühl, Ängsten, Schwermut, Lebensmüdigkeit, Traurigkeit und Impotenz beziehungsweise Frigidität.

Als Symptome, bei denen Düfte einzusetzen sind, deren Einfluß dem des Serotonins gleicht, gelten Ängste, Furcht, Ärger, Wut, Zorn, Aggressivität, emotionale Erregung, Schlaflosigkeit, Streß, übersteigertes sexuelles Verlangen, starke Yang-Zustände. Nehmen Sie das Öl von *Kamille*, *Lavendel*, *Majoran*, *Vanille* oder *Neroliöl*, *Benzoe-Öl*.

Azetylcholin

Über Auslöser im Hypothalamus können Azetylcholin und andere, zum Teil noch unbekannte Neurotransmitter ausgeschüttet werden, die eine Konzentrationssteigerung, Verbesserung des Lernvermögens, des Kurzzeitgedächtnisses und Anregung der Kreativität erzielen. (Azetylcholin wirkt in höheren Dosen ähnlich wie Nikotin.) Ein hoher Azetylcholinspiegel kommt dem Intellekt zugute, der sehr geschärft wird, dämpft aber die körperliche Aktivität – ein Symptom, das viele »Kopfarbeiter« kennen und durch sportliche Betätigung ausgleichen müssen. Die entsprechenden Öle stammen von *Zitrone*, *Basilikum*, *Minze*, *Rosmarin*, *Eisenkraut*, *Ysop*, *Speiklavendel*, *Bergamotte*, *Litsea* und *Eukalyptus*.

Melatonin

Das Gewebshormon Melatonin wird von der Zirbeldrüse freigesetzt und hat eine ausgleichende und beruhigende Wirkung auf das schwankende Gemüt. Melatonin wird bei Dunkelheit unter Beteiligung von Enzymen aus Serotonin gebildet, es soll für den Tag-Nacht-Rhythmus verantwortlich sein. Bei langen Dunkelphasen (Winterzeit) oder einer Drüsenstörung kann eine hohe Melatoninkonzentration zu Lethargie und Depressionen führen.

Bei starken Gefühlsschwankungen, Furcht, Melancholie, Angst verbunden mit Depression, mangelnder Lebenslust, im Klimakterium und bei prämenstruellem Syndrom können die folgenden regulierenden Düfte eingesetzt werden: *Bergamotte*, *Lavendel*, *Geranie* (besonders von *Pelargonium odoratissimum*), *Weihrauch*, *Linaloeholz*.

Oxytocin

Dieses Neurohormon entsteht im Hypothalamus und ist als wehenförderndes Hormon bekannt. Doch es hat noch andere Wirkungen: Es belebt allgemein, stimmt lebhaft, positiv, antidepressiv, wirkt mental dämpfend und regt die Libido stark an. Die entsprechenden Öle sind also unter keinen Umständen während der Schwangerschaft in hohen Dosierungen äußerlich einzusetzen, innerlich überhaupt nicht. Also sind die Öle von *Eisenkraut*, *Jasmin*, *Muskatellersalbei* hilfreich bei Lethargie, Negativität, Stimmungstiefs und schwacher Libido.

Gehirn, Geist, Verstand

Der Geist erzeugt die Realität, oder: Was Sie denken, ist Ihre Wirklichkeit. Er kann Ihr Leben schön oder schrecklich, Ihre Stimmung harmonisch oder depressiv, Ihre Arbeit spannend oder langweilig erscheinen lassen. »Psychische Entropie«, daß heißt Unfähigkeit, sich auf etwas zu konzentrieren, Chaos der Gedanken durch Widerstreit von Gefühlen, Wünschen und Taten, ist die Ursache vieler psychischer und physischer Störungen. Wie Musik (Barockmusik wirkt entspannend) und Farben (Rot stimuliert) beeinflussen auch Pflanzendüfte in einer bestimmten Weise die Hemisphären des Gehirns. Die Hemisphären, das sind die rechte und linke

Gehirnseite sowie das Mittelhirn mit dem limbischen System.

Alle Düfte erreichen zwar zuerst das Mittelhirn, das die Entschlüsselung des Impulses vornimmt und die Meldung weiterleitet, doch gelangen einige Impulse direkt in das Vorderhirn. Einige Duftimpulse »verbleiben« im Mittelhirn und berühren dort tiefe Bewußtseinsschichten – dies wird als die »seelische Wirkung« eines Duftstoffes bezeichnet, die sich aber jeglicher Messung entzieht.

Der rechten Gehirnhälfte werden ganzheitliches, schöpferisches Denken, die Kunst, die Kreativität und die Emotion sowie Steuerung der linken Körperhälfte (mit dem Herzen) zugeordnet. Der linken Gehirnhälfte wird logisches, rationales und analytisches Denken sowie Steuerung der rechten Körperhälfte (vergleiche Rechtshänder, manuelle Arbeiten) zugewiesen.

Durch das Mischen ätherischer Öle können Sie Düfte miteinander verbinden, die die Tätigkeit Ihrer Gehirnhälften aktivieren oder zur Ruhe kommen lassen sowie das Mittelhirn, den vermuteten Sitz des Unbewußten, anregen. Durch eine einfache Übung läßt sich die Wirkungsweise der Düfte auf die Hemisphären nachvollziehen: Sie inhalieren durch das linke Nasenloch einige Minuten lang einen Duft, welcher der linken Hemisphäre zugeordnet wird. Das linke Nasenloch wird der rechten Hemisphäre zugeordnet. Dann wiederholen Sie den Vorgang mit dem rechten Nasenloch und werden die Wirkung des Duftes auf das Gehirn wesentlich stärker verspüren.

Einige Beispiele für solche Düfte oder mögliche Duftmischungen gibt die nachfolgende kurze Aufstellung.

Beispiele harmonischer Duftmischungen zur Aktivierung beider Hemisphären

Linke Hemisphäre	*Mittelhirn*	*Rechte Hemisphäre*
Eisenkraut	Basilikum	Minze
Wacholder	Basilikum	Salbei
Sandelholz	Immortelle	Kamille, Römische
Zypresse	Ladanum	Patchouli
Bergamotte	Muskatellersalbei	Kamille, Blaue
Bergamotte	Mandarine	Lavendel
Kiefer	Lärche	Eukalyptus
Nelke	Zimt	Ylang-Ylang
Eichenmoos	Tolubalsam	Ylang-Ylang

Erläuterung: Sie wählen horizontal die entsprechenden Öle aus, etwa das von *Eisenkraut* (links), *Basilikum* (Mitte) und *Minze* (rechts) oder das von *Eichenmoos*, *Tolubalsam* und *Ylang-Ylang*.

Ätherische Öle können sehr hilfreich eingesetzt werden bei:

- **Neurosen:** Darunter verstehe ich das ständige Wandern von einem Problem zum nächsten, dauerndes Sichsorgen, die permanente Kontrolle aller Äußerungen und Handlungen, immerwährendes »Erdenken« von Ängsten und Nöten.
- **Konzentrationsmangel:** Konzentration oder Fokussierung ist ein Zustand, in dem Sie Ihre Gedanken ausschließlich auf die Lösung eines Problems oder die Betrachtung einer Situation richten. Ohne Konzentration ist man nicht in der Lage, Probleme zu erkennen und aufzulösen oder zielgerichtet zu arbeiten.
- **Mangelnder Intuition** (zu geringen Entscheidungshinweisen aus dem Unbewußten): Intuition ist fundamental für Ihr Leben und Wohlbefinden, denn sie liefert Ihnen zum Beispiel Informationen, die Sie zum richtigen Zeitpunkt am richtigen Ort den richtigen Menschen treffen lassen. Oder es drücken sich Informationen eines Organs aus, das demnächst erkranken könnte, wenn Sie

Ihre Lebens- oder Ernährungsweise nicht ändern. Solche Informationen kommen zweifellos aus der rechten Gehirnhälfte als dem »inneren Sprachzentrum«. Wenn Intuition eine gewisse Gedankenruhe, ein gewisses »Schweigen« des Verstandes benötigt, helfen Düfte oder Duftöle, welche die rechte Gehirnhälfte aktivieren, die Gehirnhälften zu harmonisieren und den Gedankenfluß zu beruhigen.

- **Negativen Gedanken:** denn sie lassen nicht zu, daß Sie sich wohl fühlen. Die Gedankenqualität hat einen starken Einfluß auf alle Bereiche unseres Organismus, vor allem auf das Nervensystem und das Hormonsystem. Damit steuern sie unser emotionales und körperliches Befinden. Negative Gedanken produzieren »negative« Zustände, indem Botenstoffe gebildet werden, die Angst, Furcht, Depression oder Streß hervorrufen (Cortisol, Adrenalin). Bedeutsam ist, daß Gedanken immer durch einen Reiz ausgelöst werden. Der äußere Reiz kann ein Bild, ein Ton, eine Berührung, aber auch der Sie umgebende astrale, kausale oder mentale Körper sein. Doch die Beurteilung des Reizes und die Bereitschaft, den Gedanken zu formen, ist *Ihre* Entscheidung. Umgekehrt lösen »schöne« Reize angenehme, positive Gedanken aus. Solche Gedanken steigern das allgemeine Wohlbefinden bis hin zur Euphorie. Eine dominierende Rolle nehmen hier die »glücksbringenden« Neurotransmitter (Serotonin, Endorphine) ein, deren Bildung sich allein durch einen Gedanken auslösen läßt. Sie prägen das emotionale und das körperliche Befinden. Zahlreiche Studien zeigten, daß die Wahrnehmung eines angenehmen bis wunderschönen Duftes (diese Beurteilung trifft der Verstand) eine sekundenschnelle Veränderung des gesamten Befindens und positive Gedanken verursachen konnten. Darin liegt wohl auch das Geheimnis der »himmlischen« Düfte.

- **Meditation:** Sie zielt darauf ab, den Verstand »ruhigzustellen«. Gedanken stören das feine Gleichgewicht im Gehirn, wie alle erfahren, die längere Zeit meditiert haben. Sobald Sie sich von der Ebene des Beobachtens des Lebens auf die Ebene der Teilnahme begeben, wird es laut, grob und unruhig. Früher dachte man, die Möglichkeit der Meditation läge in der rechten Hemisphäre. Doch zahlreiche Studien belegen, daß dieser Zustand dem eines »synchronisierten« Gehirns entspricht. Beide Hälften des Gehirns sind gleichermaßen aktiv oder passiv und weisen die gleichen Wellen auf. Dabei kann der Gedankenfluß immer geringer werden, bis er den Zustand des reinen Bewußtseins erreicht – das Beobachten. Damit sind tiefe Entspannung und Harmonisierung verbunden.
- **Nächtlichen Träumen:** Untersuchungen haben gezeigt, daß uns Düfte auch während des Schlafes – im Traum – beschäftigen: Unangenehme Düfte erzeugten schlechte Träume, Orangenduft ließ den Träumenden Angenehmes erleben. Wer häufig zu Alpträumen neigt, wie wir es von vielen Kindern kennen, kann zwar die Ursache der unangenehmen Traumerfahrung nicht löschen, wohl aber die Häufigkeit ihres Entstehens verringern. Alpträumen liegen immer traumatische Erlebnisse zugrunde, die nicht verarbeitet wurden oder nicht heilten.

Gegenüber:
Abb. 6: Oben: Normale Hirntätigkeit. Im Beta-Bereich (25–30) aufgeregte Gedankenbewegungen, schwache Empfindungen im Tal des Alpha-Bereichs (10–15). Unausgeglichene Hirntätigkeit.
Mitte: Hirnwellentätigkeit eines Meditierenden. Symmetrie der Wellen, beide Hirnhälften synchronisiert.
Unten: Hirnwellen im Streßzustand. Große Unausgeglichenheit. Links sehr unausgeglichene Hirntätigkeit.
(Quelle: Institut f. Kybernetik, Universität Mailand – EEG-Messung)

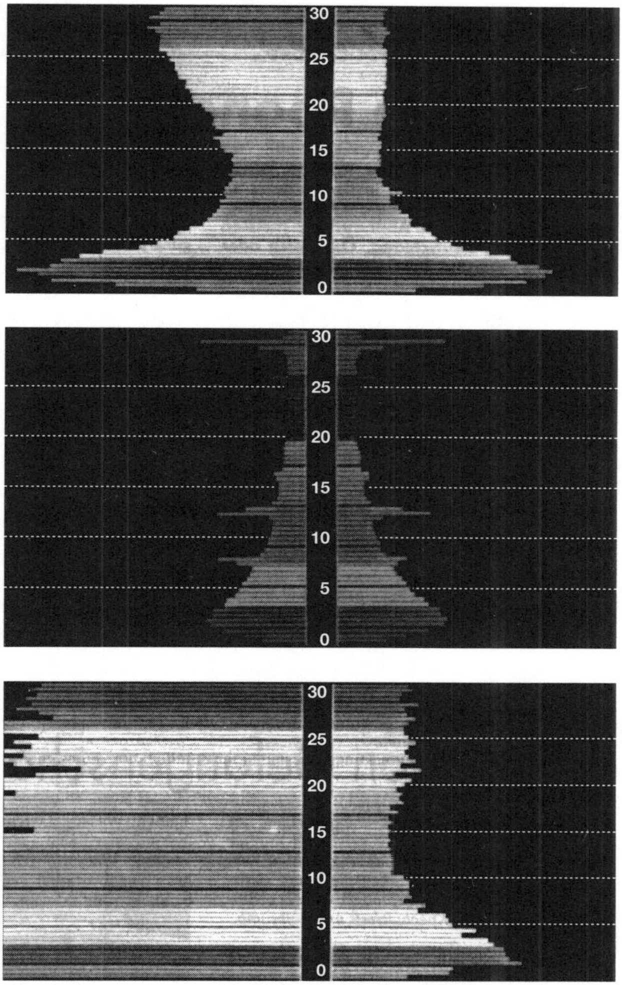
30
25
20
15
10
5
0
30
25
20
15
10
5
0
30
25
20
15
10
5
0

Psyche, Gemüt, Emotionen

Wenn Sie dem Buch bis hierher gefolgt sind, wissen Sie um die Bedeutsamkeit der Psyche für Ihr Wohlbefinden. Gefühle, Emotionen oder Stimmungen entstehen aufgrund von Gedanken, äußeren Reizen oder hormonellen Veränderungen. Die Feinabstimmung vieler hormoneller und nervlicher Prozesse wird vermutlich stark durch Neurotransmitter beeinflußt. Beispielsweise weisen viele Menschen, die unter starken Depressionen leiden, aber nicht über schwere Schicksalsschläge oder Leidenswege zu berichten wissen, eine hohe Cortisolsekretion auf. Cortisol ruft in hohen Dosierungen Depressivität hervor.

Abgesehen von genetischen und funktionalen Mängeln des Systems müssen wir annehmen, daß außerkörperliche oder unterbewußte Einflüsse Schwankungen der Triebe, Emotionen oder Stimmungen erzeugen. Die »Anweisungen fürs Leben« kommen aus dem Sie umgebenden feinstofflichen Mental- und Emotionalkörper. Über Ihre »innere Stimme« werden sie Ihnen mitgeteilt und, unter der Voraussetzung körperlicher Entspannung und geistiger Ruhe, wahrgenommen. Diese Informationen können sehr subtile Gefühle hervorrufen. Bleibt dieser Ruf der Seele ungehört, wird man durch eine Erkrankung oder Behinderung zur Ruhe gebracht oder auf eine falsche Lebensweise hingewiesen. Gleichzeitig speichert der Emotionalkörper alle traumatischen Erlebnisse, emotionalen Verletzungen und Schicksalsschläge. Finden diese nicht durch Bewußtwerdung, Akzeptieren, Verzeihen oder einen entsprechenden Ausdrucksweg (Weinen, Schreien, Sprechen) Heilung, bilden sich emotionale Wunden.

Gerade in der heutigen Zeit, in der sich wirtschaftliche und soziale Strukturen rasch auflösen, nimmt die Angst breiten Raum ein. Diese Feststellung bietet uns Gelegenheit, unsere fundamentalen Bedürfnisse zu betrachten. Es handelt sich um:

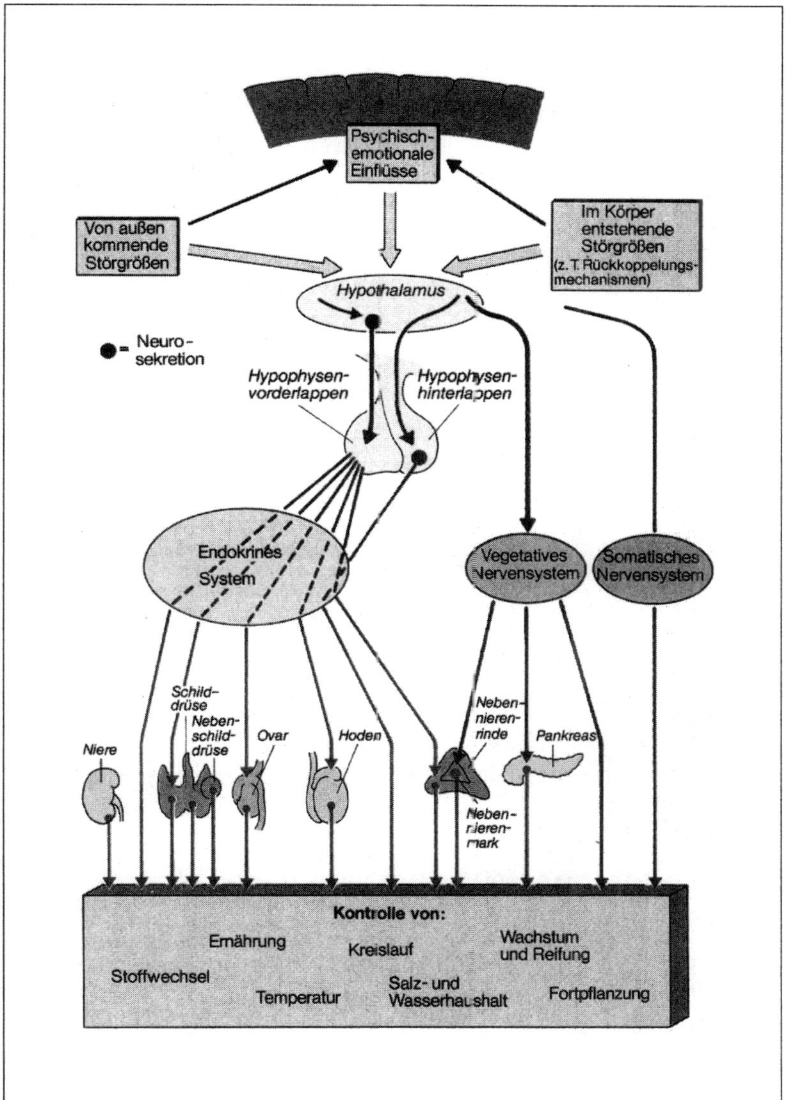

Abb. 7: Steuerung vegetativer Funktionen durch Emotionen und äußerliche Störgrößen = Duftreiz bzw. ätherisches Öl
(Quelle: A. Faller, Der Körper des Menschen, dtv-Thieme)

- vitale Bedürfnisse (Nahrung, Schlaf, Sexualität, Kleidung, Wohnung, Unterschlupf),
- das Bedürfnis nach sozialer Geborgenheit (Liebe, Hilfe, Versorgung),
- Sicherheit (Vorsorge bei Krankheit und Not, Schutz),
- Wertschätzung (Achtung, Anerkennung, Erfolg, Kompetenz),
- Selbstverwirklichung (Selbstachtung, Selbstliebe, Selbstbewußtsein, Freiheit, schöpferisches Tun, geistige Unabhängigkeit).

Sobald *eines* dieser Bedürfnisse nicht gedeckt ist, empfinden wir einen Mangel oder Gefahr für unser Leben. Das führt zu Angst, Anspannung, ständigem Streß, die sich in Depression oder Aggression ausdrücken.

Auslöser vieler Depressionen ist die in unserer Gesellschaft zu beobachtende Unfähigkeit zu trauern. Alle depressiven Reaktionen haben ihre Ursache in einem Verlust an Liebe (Tod eines Partners, Trennung, Zurückweisung durch Eltern, Partner, Freunde), der nicht betrauert wurde. Es ist verführerisch, Trauer mit euphorisierenden oder stimmungserhellenden Düften (*Bergamotte*, *Jasmin*, *Pampelmuse* oder *Rose*) zu erleichtern. Doch damit ist die Wunde nicht geheilt. Ein Hinführen zu den Ursachen ist mit *Cistrose*, *Immortelle* und *Vetiver* möglich, da sie Sie mit Ihren verdrängten Gefühlen in Kontakt bringen. Weinen als Reaktion bei Aromamassagen und sonstigen therapeutischen Anwendungen ist zu unterstützen, da es Ausdruck der Trauer ist. Weinen reinigt die Seele.

Ebenso ist es nicht immer sinnvoll, die rohen Emotionen Aggression und Wut mit besänftigenden, sedierenden Düften zu beruhigen. Das mag für den Beginn eines therapeutischen Prozesses oder der Selbstreflexion angebracht sein, danach aber sollten Sie bei sich selbst oder als Therapeut beim Klienten tiefer hineinsehen, statt bei den Pseudogefühlen zu verharren. Hinter den Pseudogefühlen verbergen sich die wahren Ursachen. Bei diesen findet die Heilung und Harmonisierung statt. Die Heilung verletzter Gefühle unterliegt einer Gesetzmäßigkeit: Sie lassen sich nur heilen, wenn uns die Ursachen *bewußt* werden. Ohne Bewußtwerden dessen, was mich zur Krankheit führte, kann ich nicht gesunden. Das gilt für Körper und Psyche.

Die Auswahl an ätherischen Ölen für diesen Bereich ist sehr groß, so daß keine Öle als besonders wirkungsvoll hervorzuheben sind. Als grobe Einteilung gilt: Blütenöle, vor allem *Absolues*, sprechen die Psyche stark an. Holz-, Harz- und Wurzelöle erden und geben Halt. Öle wie das von *Immortelle*, *Cistrose*, *Muskatnuß*, *Muskatellersalbei* und *Vetiver* erleichtern den Zugang zum Unbewußten.

Ganzheitliche Betrachtungen

Die Elemente

Lassen Sie uns nun »Elementares« betrachten: Ohne Luft können wir nicht leben, unser Körper besteht aus viel Wasser und etwas Erde (Materie), das Feuer in uns läßt Materie verbrennen, verdunsten und Wärme erzeugen. So spiegeln sich die vier Elemente der Natur in uns wider. Die ätherischen Öle, die aus der Natur kommen, können diesen Elementen zugeordnet werden und haben elementetypische Eigenschaften. Ich bediene mich bei der ganzheitlichen Aromatherapie vor allem der Betrachtung der vier Elemente, um die Psyche, die Grundstimmung und die Geisteshaltung (die Leiden verhindern oder fördern kann) kennenzulernen sowie die körperlichen Schwachstellen zu lokalisieren. Wo Sie Ihre Betrachtungen beginnen, ist gleichgültig. Aber es bietet sich dort an, wo es gerade nicht harmoniert, sondern schmerzt.

Wie finden Sie die Elemente, die Sie selbst oder andere Menschen dominieren? Das Horoskop verrät, wie stark der

Einfluß der Elemente bei einem Menschen ausgeprägt ist. Stehen viele Planeten beim Geburtsdatum eines Menschen zum Beispiel im Zeichen des Wassers, so hat er dort ein »Übergewicht«, dieses Element dominiert ihn. Das kann sich so äußern, daß er auf emotionaler Ebene sehr intuitiv, feinfühlig, empfindsam, launisch, liebesbedürftig und auf spiritueller Ebene sehr offen für kosmische Einflüsse ist. Sein Körper kann zu Fettleibigkeit, Lymphstau, Ödemen, Cellulite und allen jenen Symptomen tendieren, die Sie bei den Sternzeichen Krebs, Skorpion und Fische finden.

Im Rahmen meines Berufes begegnete ich einer Fische-Frau, die sich in einer komplizierten Situation befand. Sie zeigte die für das Element Wasser typischen Eigenschaften: Sie war sehr feinfühlig, nahm die feinsten Veränderungen bei ihren Mitmenschen und in ihrer Umgebung wahr, was für sie jedoch oft zuviel der Eindrücke bedeutete, so daß sie sich einen schützenden Raum durch Rückzug, Alleinsein und Alkohol zulegte. Das erzeugte in ihr die Angst, sich zu verlieren und keinen Kontakt zur Außenwelt aufnehmen zu können, was durch den Alkohol immer schwieriger wurde, da sie ihr Trinken zu verheimlichen versuchte. Ihre Geisteshaltung tendierte zu häufiger Verwirrung in bezug auf das Ziel und den Sinn des Lebens. Das und ihre Wut darüber, niemals Klarheit zu gewinnen und ängstlich zu sein, ließen sie depressiv werden. Gleichzeitig übte sie den mental durchaus anspruchsvollen Beruf der Buchhalterin aus. Ihre emotionale und mentale Situation führte bei starker Zunahme der Verwirrung, der Angst und durch Alkoholgenuß zu einer automatischen Gewichtszunahme. Aus diesem Grund fand sie sich nicht mehr attraktiv, und dies trieb sie immer mehr in die Isolation und zum Alkohol, obwohl sie unter beidem litt. Ein unglücklicher Einzelfall? Nein, derart verwobene Ursachen und Wirkungen, die wiederum Ursachen für weitere Wirkungen werden, ergeben sich stets bei der ganzheitlichen Betrachtung.

In diesem Fall halfen dem Element Feuer zugeordnete Düfte, um sich von ihrem angestauten Wasser im Körper und dem Ärger über sich selbst (und die Tatsache, so geworden zu sein) zu befreien. Als Zugabe brauchte sie euphorisierende, dem Element Luft zugehörige Düfte, um sich aus ihren Ängsten und Depressionen zu lösen. Die Kombination von »körperlich feurig« und »mental luftig« erschien sehr angebracht. *Thymianöl*, *Rosmarinöl* und *Wacholderöl* regten in Bädern und Massagen den Stoffwechsel und Kreislauf an, ließen ihr Wasser fließen und es den Körper über Blase und Schweiß verlassen. (Regelmäßiger Saunabesuch wurde empfohlen.) Die Düfte beider Komponenten – Wasser und Luft – klärten ihren verwirrten Geist und stärkten den durch heftigen Alkoholgenuß geschwächten Körper. Das Öl von *Muskatellersalbei*, *Bergamotte* und *Pampelmuse*, in die Duftlampe gefüllt, sorgte für einen emotionalen Aufschwung: Sie fühlte sich leicht, freudig erregt und lebensbejahend. Diese Duftmischung trug sie in einer Flasche immer mit sich, um daran zu riechen, wenn die Depressionen oder Selbstvorwürfe wieder begannen.

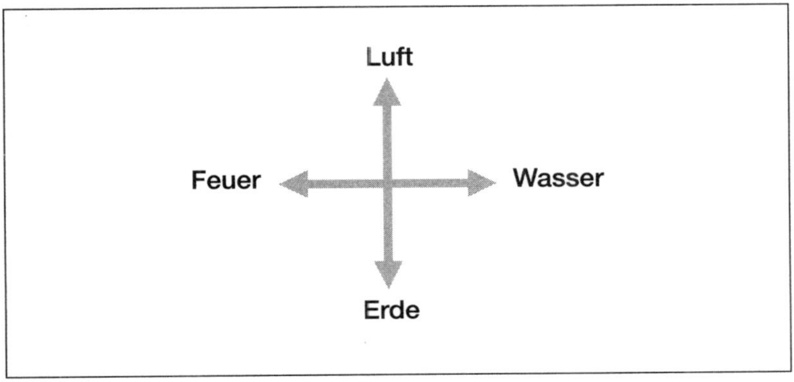

Abb. 8: Oppositionelle Elemente

Die Natur strebt immer nach dem Ausgleich der Kräfte. Mit den ätherischen Ölen liefert sie uns Mittel, diesen Ausgleich in unserem Wesen zu fördern. Dieser Aspekt ist sehr bedeutsam für die ganzheitliche Aromatherapie. Ein Mensch mag zu viele Anteile des Elements Feuer haben und ist ungeduldig, ein anderer ist zu männlich und vernachlässigt seine empfindsame Seite, wieder ein anderer ist labil und steht nicht mit beiden Beinen auf der Erde. Die Grundhaltung mag nach Stabilität (Erde), Empfindsamkeit (Wasser), Stärke (Feuer), Offenheit (Luft) verlangen. Um eine Harmonie zu erreichen, können Sie Extreme mit Hilfe der dem gegensätzlichen Element zugeschriebenen Öle langfristig abbauen oder Mängel durch die fördernden Öle zu beheben versuchen. Das bedeutet in der Praxis, daß ein zu stark »erdhafter« Mensch Eigenschaften des Elements Luft und ein zu »feuriger« Mensch Anteile des Elements Wasser braucht, um Harmonie zu erreichen.

Die folgende Übersicht soll Ihnen helfen, einen Zugang zu den Elementen und Düften zu finden. (Die Zuordnung ätherischer Öle zu den Elementen finden Sie im Anhang.)

Elemente und Grundstimmungen

Feuer
fördert Aktivität, Selbstvertrauen, Spontaneität, Durchsetzungswillen, Enthusiasmus, Lebensbejahung, Eigeninitiative, Mut zu Herausforderungen, verringert Emotionalität und Eigenschaften des Elements Wasser (auch Wasser im Körper).

Wasser
unterstützt das Zulassen und Erleben von Gefühlen, Mitgefühl, Vertrauen in die eigene Intuition, Liebesbedürfnis, Hilfsbereitschaft, Öffnung für Spiritualität, dämpft dem Element Feuer zugeschriebene Eigenschaften sowie Aktivität und Aggression.

Erde
sorgt für Realitätsbezug, Stabilität, Erdverbundenheit, Arbeitsbereitschaft, Durchhaltevermögen, Ordnungssinn, Verantwortungsbewußtsein, Genußfreude, hemmt Einflüsse des Elements Luft, Phantastereien, erdet, gibt Wurzeln.

Luft
fördert Inspiration, Kreativität, Visionen, Spontaneität, Offenheit für verschiedenste Menschen, Situationen und Beschäftigungen, das spirituelle Potential, vermittelt Leichtigkeit und Beweglichkeit, gleicht viel »Erde« aus.

Yin ☯ *Yang*
Eine ganzheitliche Betrachtung des Zustands eines Menschen und der Qualitäten eines ätherischen Öls bezieht auch das Prinzip von Yin und Yang ein. Diese Zuordnung der Öle zu je einem der beiden Komponenten erleichtert es, ein ätherisches Öl aus einer übergeordneteren Sicht und nicht nur nach seinen Wirkungen auszuwählen.

Die jahrtausendealte chinesische Lehre von Yin und Yang bezieht sich keineswegs nur auf das Wechselspiel der Kräfte im Menschen, sondern auch im ganzen Universum. Vor über viertausend Jahren wurde das Prinzip von Yin und Yang für die Medizin erstmalig besprochen. Die Lehre besagt, daß sich alles nach diesem Prinzip teilen läßt. Yin und Yang beeinflussen uns durch die Planeten, die uns umgeben und periodisch stark auf uns einwirken (der Mars wird Yang zugeordnet), durch die Nahrung, die wir zu uns nehmen (Wurzeln entsprechen dem Yang), die Menschen, die uns umgeben (Frauen zählen zur Yin-Komponente), die Farben, die wir tragen (Rot ist Yang zugehörig), und natürlich auch durch die ätherischen Öle, die wir riechen oder auftragen (Rose trägt einen Yin-Duft). Ich kann mich tagelang stark yangbetont fühlen, das heißt sehr kämpferisch, robust, durchsetzungsfähig und selbstbewußt. Das wechselt aber immer wieder mit Tagen ab, an denen ich yinbetont, also verletzbar, feinfühlig, still und nachgiebig bin. Ich mag an vielen Tagen yinbetonte Kleidung – leichte, anschmiegsame Wollpullover mit zarten Farben. An einem anderen Tag wechsle ich plötzlich zu einem kräftigen Rot und zu derben Jeans – zu Yang. Manchmal ist mein Körpermilieu zu basisch oder zu sauer (aufgrund der Nahrung, die ich zu mir genommen habe). Würde ich ständig in einem dieser Zustände verbleiben, einen Teil in mir unterdrücken oder bekämpfen, entstünde Disharmonie, und ich würde bald krank.

Yin und Yang sind eigenständig, und doch können sie nicht ohne einander existieren, zusammen bilden sie ein Ganzes. Helligkeit und Dunkel, Tag und Nacht, Feuchte und Trockenheit sind nur durch den jeweiligen Gegensatz definierbar. Sind Yin und Yang ausgeglichen, spricht man von Harmonie: Das ist der Zustand, in dem sich ein seelisch, geistig und körperlich ausgeglichener Mensch befindet. Überwiegt Yin oder Yang lange Zeit, wird der Mensch krank. Das bezieht sich auf alle Ebenen des Seins.

Ein Übergewicht an Yin äußert sich körperlich meist in Zuständen, die kühl, feucht, wäßrig, nässend oder auf- beziehungsweise erweichend sind. Beispiele sind Kältezustände im Winter oder ein saures Körpermilieu durch Yin-Nahrung oder Genußmittel (Obst, Alkohol). Ein Übergewicht an Yang hat die Merkmale heiß, fiebrig, brennend, rötend oder erhärtend. Beispiele sind Anspannung oder Verspannung (verursacht durch Yang-Verhalten) oder Nierensteine (Verhärtung). Unter Berücksichtigung der körperlichen Symptome können Sie, um der Disharmonie am besten zu begegnen, ein ätherisches Öl wählen, das der gegenteiligen Qualität zugehört. So wählen Sie gegen einen Wasserstau im Gewebe, gegen Fettleibigkeit, Kälte oder eine Erkrankung des Urogenitaltraktes (Yin) ein Yang-Öl, etwa *Wacholderöl*, das entwässernd, diuretisch und harmonisierend auf diesen Trakt wirkt, und zusätzlich das Yang-Öl *Rosmarin*, das die gleichen Eigenschaften aufweist und wärmt.

Für die ganzheitliche Analyse der Verfassung eines Menschen sind Yin und Yang in Verbindung mit den von Elementen herrührenden Eigenschaften des Menschen inzwischen zu einem unersetzbaren Schlüssel geworden. Fast alle psychischen Zustände lassen sich Yin oder Yang zuweisen. Und auch hier wird die gegenteilige Komponente zur Linderung, Harmonisierung oder Heilung gewählt: Offensichtlich fehlt einer harten, eisern arbeitenden, unnachgiebigen Yang-Persönlichkeit der Kontakt mit seiner weichen, nachgiebigen, weiblichen Yin-Seite. Das kann sich in ständiger Anspannung der Muskulatur, Streß, Nervosität, Einschlafproblemen und dergleichen äußern. Das vernachlässigte Herz möchte sich auch äußern und wird sich nach einer gewissen Zeit durch Herzschmerzen, Rhythmusstörungen oder gar einen Infarkt melden.

Eine starke Yin-Persönlichkeit zeichnet sich durch Sensibilität, Emotionalität, Mitgefühl, Weichheit und ähnliches aus – Qualitäten, die vor allem Frauen zugeschrieben werden. Den starken Yin-Zustand können aber auch häufige Stimmungsschwankungen, mangelnde Durchsetzungskraft, fehlende Zentrierung und auf körperlicher Ebene manchmal leichtes Übergewicht (Wasserstau = Yin), wäßrige Haut, zuviel Magensäure, mangelnde Nährstoffverwertung und bei Frauen ein saures Scheidenmilieu begleiten. Oft bestätigt ein Blick auf das Horoskop, daß bei diesem Menschen viele Planeten in den Zeichen des Elements Wasser stehen.

Was dem Yang-Typ fehlt, hat der Yin-Typ zuviel. Die zaghafte Persönlichkeit braucht eindeutig feurige, stärkende Düfte (Yang). Ein verwirrter Geist benötigt etwas Konzentrierendes, Klärendes wie den Duft der Yang-Pflanze *Rosmarin*. Der immer logisch-pragmatische »Kopfarbeiter« (Yang) benötigt zum Ausgleich hingegen die entspannende und gefühlvoll stimmende, dem Yin zugehörige *Rose*.

Ein schwaches Yin (das heißt ein Zuviel an Yang) zeigt sich in geröteten Wangen, roter, trockener Zunge, Hitzewallungen, Schweißausbrüchen, starkem Durst, Trockenheit von Mund und Hals (besonders nachts), Schlaflosigkeit, Furcht, Versagensängsten. Ein mangelhaft vorhandenes, schwaches Yin läßt sich am besten mit Yin-Ölen stabilisieren (von *Geranie*, *Rose*, *Ylang-Ylang*).

Ein schwaches Yang (es bedeutet einen Überschuß an Yin) äußert sich durch Lethargie, Appetitlosigkeit, mangelhafte Verdauung, Kurzatmigkeit, schwache Stimme, Schmerzen im unteren Rückenbereich, Fahlheit im Gesicht, leicht geschwollene Zunge mit hellem Belag und Kältegefühlen. Yang läßt sich mit yangbetonten Ölen, etwa von *Thymian*, *Ingwer* oder *Zimt* stärken.

Jeder Pflanze – und damit jedem ätherischen Öl – kann eine Dominanz von Yin oder Yang zugesprochen werden. Dominanz bedeutet, daß sich in dem Öl beziehungsweise seinem Duft auch Anteile der gegensätzlichen Komponente befinden können. Ein holziger, erdiger Duft enthält ebenso eine leichte, blumige Hintergrundnote. Ein kühler, frischer Duft offenbart nach längerem Riechen ebenfalls eine harzige, erdige Komponente. Viele intensiv duftenden Öle empfinde ich, solange sie ungestreckt sind, als von Yang dominiert, während ich dasselbe Öl, wenn es stark gestreckt ist, zu Yin zähle.

Die Einteilung der Öle unterliegt einer teilweise subjektiven Entscheidung, die durch Erfahrungen mit den Ölen gestützt wird. Ich habe mein Erfahrungswissen mit den Erläuterungen in botanischen Werken verglichen, doch erschienen mir bestimmte Öle anders zu wirken als ihre Ursprungspflanzen.

Bei starken Abweichungen von der harmonischen Mitte des Yin und Yang empfehlen sich die harmonisierenden Öle beziehungsweise Düfte. Jene von *Geranie*, *Lavendel*, *Rose*, *Rosenholz*, *Weihrauch*, *Narde* und *Neroli* sind meine

Favoriten dafür. Mit diesen Düften kann ein erster Ausgleich vorgenommen werden, bevor Sie sich speziell auf Yin oder Yang konzentrieren.

Einige Düfte (etwa von *Rose*, *Jasmin*, *Narde*) werden in ihrer konzentrierten, reinen Form deutlich als dem Yang zugehörig empfunden, aber in verdünnter Form dem Yin. Da Sie diese starken Aromen mit narkotischem oder eigenwilligem Duft kaum pur und in hoher Dosierung benutzen werden, können Sie Ihr Augenmerk grundsätzlich auf die Yin-Wirkung in verdünnter Form richten.

Wie schon erwähnt, reagieren auch die Aktivitäten im Gehirn auf die Duftkomponenten ätherischer Öle. In bezug auf die beiden Gehirnhälften gilt allgemein: Yang wirkt auf die linke Hemisphäre, Yin auf die rechte. Die neutralen, ausgleichenden Düfte wirken auf das Mittelhirn.

(Eine Übersicht der Öle nach ihren Yin- und Yang-Qualitäten finden Sie im Anhang.)

Astrologie

Die Astrologie liefert uns nützliche Hinweise auf die geistig-seelische und energetische Grundstimmung und Verfassung eines Menschen. Kennen Sie das Sternzeichen eines Menschen, können Sie im allgemeinen sagen, wie er mit dem Leben umgeht, wie er sich grundsätzlich fühlt und wie er die Welt sieht.

Oft leben Menschen nicht ihre wahre Natur und kämpfen mit ihren »Eigenarten«, erkennen ihren Lebenswunsch oder ihr Lebensziel nicht und wundern sich, warum das Leben so schwer ist, warum sie körperlich, geistig und seelisch leiden. Die Sternzeichen zu deuten ermöglicht, sich oder den anderen zu verstehen.

Die Astrologie kann Ihnen helfen, die typischen Disharmonien in Körper, Geist und Seele der Menschen, die von einem bestimmten Sternzeichen stark beeinflußt werden, herauszufinden. Die Astrologie stellt für mich einen wertvollen Schlüssel dar, in mich selbst und andere besser hineinzusehen und die oftmals gut versteckten Ursachen der Unpäßlichkeiten, Beschwerden und emotionalen Tiefs zu entdecken. Ein weiterer Nebeneffekt kann sein, daß Sie die ätherischen Öle und ihre Wirkungsweisen besser überschauen und in einen ganzheitlichen Zusammenhang stellen können.

Die Astromedizin gibt uns bezüglich des Körpers Hinweise, welche Organe oder Systeme bei den von den einzelnen Sternzeichen beeinflußten Menschen besonders gefährdet sind. Diesem Bereich muß der Mensch mit dem Sternzeichen als Sonnenzeichen besondere Aufmerksamkeit schenken. Oftmals treten bei einem Menschen die Symptome des seinem Sternzeichen im Tierkreis gegenüberliegenden Zeichens auf (zum Beispiel steht der Widder der Waage gegenüber). Das trifft besonders dann zu, wenn die Person ihre Qualitäten des Sonnenzeichens nicht zuläßt und sich gegen ihre Natur verhält. So können Sie beispielsweise bei einem Menschen mit Sonne im Widder, wenn er sehr auf Harmonie bedacht ist, Auseinandersetzungen ausweicht und sich somit wie die im Tierkreiszeichen gegenüberliegende abwägende Waage verhält, die typischen Nierenerkrankungen des Waage-Menschen finden. Dafür, daß er sich nicht zu seinem Sternzeichen, dem Widder, bekennt und seine Eigenschaften nicht auslebt, erntet er die Erkrankungen der Waage. Wiederkehrende Störungen, Schmerzen, Zerrungen, Brüche oder ähnliches können Ihnen umgekehrt Hinweise auf das Sternzeichen eines Menschen geben und einen Einblick in seine mentale und seelisch-emotionale Konstitution ermöglichen. Astrologie und Astromedizin versetzen Sie also in die Lage, sich eine ganzheitlichere Vorstellung von sich oder von Ihrem Klienten zu verschaffen. Die Zuordnung ist bei vielen Diagnosen hilfreich.

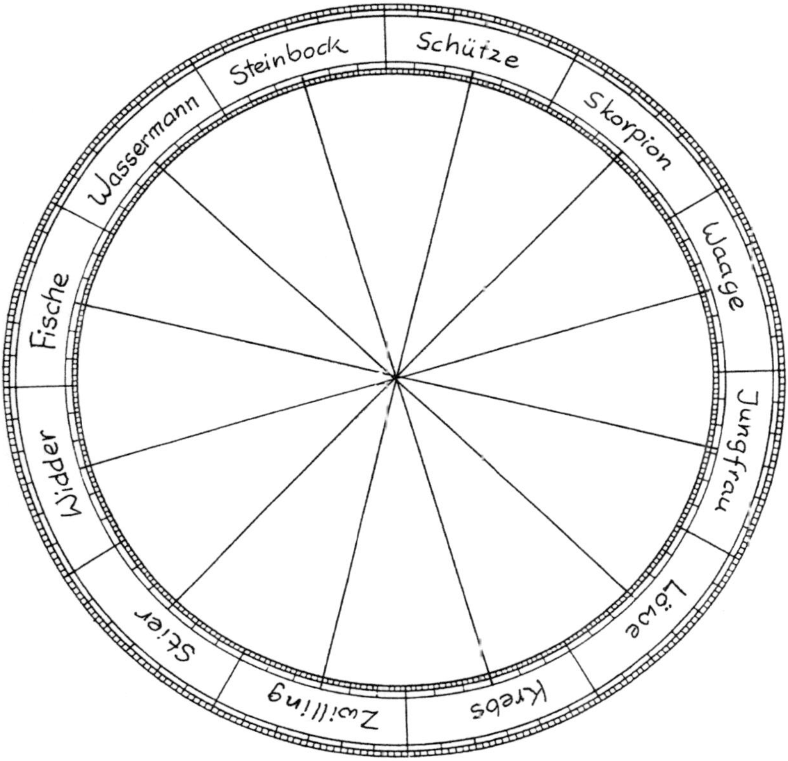

Abb. 9: Die zwölf Tierkreisabschnitte des Jahres

Bei Unausgeglichenheit, also unbewußtem Unterdrücken der Qualitäten eines bestimmten Sternzeichens, sind die dem Zeichen zugeordneten Düfte zu verwenden. Bei zwanghaft übertrieben ausgelebten Eigenschaften sollte man beruhigende Düfte wählen – möglichst unter jenen, die dem gegenteiligen Element angehören. Es ist selten sinnvoll, sich hier an das oben erwähnte Prinzip der Wahl des gegenüberliegenden Sternzeichens zu halten, um es auszugleichen (Beispiel: Löwe-Düfte für Wassermann). Das unbewußte

»Unterdrücken« oder »Übertreiben« von Eigenschaften resultiert aus den Erfahrungen und Glaubenssätzen der Kindheit. Elternhaus und Gesellschaft haben ihm bedeutet, daß ein Mensch so, wie er ist, nicht von ihnen akzeptiert, toleriert oder geliebt wird. Also mußte er sich, um zu überleben und Zuwendung zu erhalten, anpassen. Letztlich leiden fast alle Menschen unter diesem Trauma, dessen Auswirkungen auf Psyche und Körper vielfältigster Art sein können.

Bisher bin ich davon ausgegangen, daß nur das Zeichen der Sonne auf den Menschen wirkt. Doch so einfach ist es nicht. Wir bestehen aus einer Mischung verschiedenster – auch gegensätzlicher – Einflüsse von den Elementen, Planeten und Sternzeichen. Ich beschränke mich hier auf die Betrachtung des Sonnenzeichens, des Aszendenten und des Mondes. Wollen wir die drei Zeichen unterscheiden, dann gelingt dies am einfachsten mit Hilfe folgender Faustregel: Das Sonnenzeichen repräsentiert, wie ich die Welt und mich in der Welt erlebe. Der Aszendent zeigt, wie ich mich der Welt darstelle. Der Mond zeigt meine inneren Gefühle.

Harmonisierung der Sternzeichen

In enger Verbindung mit der Elementenlehre können die Qualitäten der Sternzeichen unterstützt oder gedämpft werden. Dazu nehmen Sie bei unterdrückten oder unausgelebten Eigenschaften die Düfte, die dem Element des betreffenden Sternzeichens zugewiesen sind. Bei übertriebenem Ausleben der Qualitäten nehmen Sie die Öle des (in der Tabelle im Anhang) gegenüberliegenden Elements zum Ausgleich.

Dem Element **Feuer** entsprechen die Zeichen Widder, Löwe, Schütze. Es unterstützen die Feuer-Düfte, die Wasser-Düfte gleichen aus.

Dem Element **Wasser** sind die Sternzeichen Fische, Krebs, Skorpion zugeordnet. Unterstützend wirken Wasser-Düfte, ausgleichend Feuer-Düfte.

Zu dem Element **Erde** gelten Stier, Jungfrau, Steinbock als zugehörig. Der Unterstützung dienen Erde-Düfte, dem Ausgleich Luft-Düfte.

Mit dem Element **Luft** verbindet man die Sternzeichen Wassermann, Zwillinge, Waage. Es unterstützen Luft-Düfte, ausgleichenden Einfluß haben Erde-Düfte.

Chakras

Die Bezeichnung »Chakra« kommt aus dem altindischen Sanskrit und bedeutet »Rad«. Einige Lehren vergleichen die Chakras mit Lotosblüten, die, je höher die Chakras im Körper liegen, um so mehr Blütenblätter haben. Andere sehen in den Chakras sich drehende Energiewirbel oder pulsierende Kraftzentren. Chakras werden von einigen Lehren als im *festen* Körper befindlich, von anderen als im *feinstofflichen* Körper befindlich dargestellt. Die indische Heilkunde betrachtet sie als Energiezentren des Menschen. In ihnen ist Energie konzentriert, die sich im Körper lokal verteilt und dabei ganz bestimmte Organe oder Systeme versorgt.

Ich beschränke mich hier auf die sieben Hauptchakras, die für die Entwicklung und das Wohlbefinden unseres gesamten Wesens maßgeblich sind.

Jedes Chakra ist der Sitz spezieller Lebenskräfte, die auf bestimmte Organe (Körper), endokrine Drüsen (Hormonhaushalt/Stimmungen), feine und rohe Emotionen (Gemüt), Bewußtseinszustände (Geist) und Weisheiten/Einsichten (Spiritualität) einwirken. Sie sind ein Netzwerk von Energien, die in Interaktion miteinander stehen.

Die Arbeit mit den Chakras ist für jedermann möglich und bietet eine *ganzheitliche Harmonisierung*, ohne auf die emotionalen, körperlichen oder geistigen Zustände getrennt eingehen zu müssen.

Ein Chakra kann, wie gesagt, offen sein und pulsieren – dies ist sein natürlicher Zustand. Der Mensch fühlt sich dann in allen Bereichen gesund, vital, harmonisch, lebendig. Die mit dem Chakra verbundenen Emotionen werden ausgedrückt, gelebt. Die spirituelle Entwicklung gedeiht. Wenn ein Chakra offen ist und pulsiert, unterstützt es Ihr körperliches, emotionales, mentales Wohlbefinden beziehungsweise Ihre spirituelle Weiterentwicklung.

Es kann eine »Überfunktion« haben – es gibt zuviel Energie ab. Der Mensch fühlt sich überaktiv, alle vom Chakra betroffenen Ebenen werden zu dominant, Energie wird verschleudert, der Mensch brennt aus. Die Organe können erkranken, sich entzünden, vergrößern, in sich Druck aufbauen.

Ein Chakra kann geschlossen sein, nicht pulsieren, eine Unterfunktion aufweisen – es läßt wenig oder keine Energie fließen. Der Mensch fühlt sich gebremst, gehemmt, langsam. Die Energie im Chakra staut sich allmählich im Laufe seines Lebens. Die mit dem Chakra verbundenen Fähigkeiten werden nur teilweise entwickelt. Organe können chronische Insuffizienzen aufweisen, schrumpfen, hart werden. Die dem Chakra entsprechenden Emotionen sind dem Menschen völlig unbekannt. Das kann so weit gehen, daß er nicht weiß, was er fühlt. Die spirituelle Entwicklung ist durch das geschlossene Chakra blockiert.

Jedes Chakra vermittelt auch einen Lerninhalt: Der Mensch muß eine bestimmte Qualität des Fühlens oder Handelns lernen, um sich zu vervollkommnen. So ist zum Beispiel der Lerninhalt des fünften Chakras, sich in Sprache, Bild, Ton, Gestaltung auszudrücken – also Kreativität. Ist dieses Chakra nicht offen, mangelt es an der äußerst wichtigen Fähigkeit, Gedachtem und Gefühltem eine Mitteilungsform zu verleihen und die dem vierten und dritten Chakra entsprechenden Gefühle oder die mit dem zweiten Chakra verbundenen instinktiven Regungen anderen kundzutun.

Jedem Chakra können Düfte zugeordnet werden, die für den Ausgleich hilfreich sind. Die Zuschreibung der Öle entstand durch praktische Erfahrungen, die nicht ausschließlich von

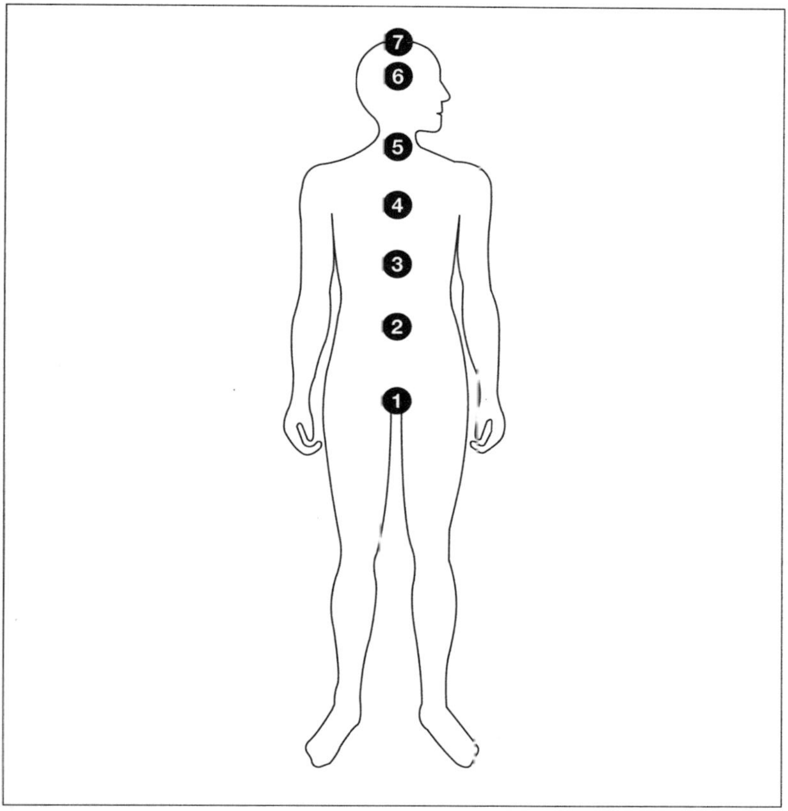

Abb. 10: Lage der Chakras

mir stammen. Auch hier weise ich darauf hin, daß diese Auswahl teils subjektiv ist und Sie sich für andere Öle entscheiden können. Ich empfehle, für die Behandlung der Chakras Mischungen herzustellen, da sie ein breiteres Wirkungsspektrum haben als ein einziges ätherisches Öl. Einige Öle wirken auf mehrere Chakras (es handelt sich also nicht um Druckfehler, wenn der Name eines ätherischen Öls beziehungsweise der pflanzlichen Grundlage dafür bei mehreren

Chakras zu finden ist). Sehen wir uns die Lage, Aufgabe und Wirkung der Chakras, die ätherischen Öle, welche die entsprechenden Düfte liefern, und die unterstützenden Therapiemöglichkeiten an.

Erstes Chakra
Das erste Chakra bezeichnet die Wurzel des Menschen. Es zentriert ihn, verleiht ihm den Drang zum Erfolg, gibt ihm Mut, Sicherheit, Stabilität, Geduld, Gesundheit, verbindet ihn mit der Erde und ist Sitz seiner Urinstinkte. Es gibt dem physischen Körper Vitalität, die Kraft und den Willen zum Überleben, zur Selbsterhaltung.
Bezeichnung: Wurzelchakra.
Lage: Zwischen Anus beziehungsweise Wirbelsäulenbasis und Geschlechtsteil, Perineum.
Es beeinflußt die Nieren, das Rückgrat, die Nerven, reguliert Haut und Gewebe.
Entsprechende endokrine Drüse: Nebennieren.
Ätherische Öle von: *Angelikawurzel*, *Eichenmoos*, *Immortelle*, *Nardenbalsam*, *Patchouli*, *Sandelholz*, *Vetiver*, *Zimt*.

Zweites Chakra
Das zweite Chakra regelt die Arterhaltung und ist Sitz der sexuellen Instinkte und betrifft auch den Tod. Ein schwaches Sexchakra bedeutet eine schwache sowohl sexuelle als auch allgemeine Vitalität und Antriebskraft. Es steuert die Keimdrüsentätigkeit und die Funktionen von Gebärmutter, Hoden, Prostata, Vagina, Penis, Milz und Blase. (Es liegt nahe dem Hara, dem Zentrum der Vitalität, das kein Chakra ist.)
Bezeichnung: Sex- oder Sakralchakra.
Lage: Zwischen Nabel und Geschlechtsteil beziehungsweise Kreuzbein.
Ihm sind die Eierstöcke, Hoden, Gebärmutter, insgesamt alle Fortpflanzungsorgane zugeordnet.

Entsprechende endokrine Drüse: Keimdrüsen.
Ätherische Öle von: *Bohnenkraut*, *Kardamom*, *Moschuskörner*, *Patchouli*, *Pfeffer*, *Sandelholz*, *Vetiver*, *Ylang-Ylang*.

Drittes Chakra
Das dritte Chakra ist das Zentrum aller rohen Gefühle und des Ego. Es steht für Durchsetzung, Autorität, Willen, Selbstbewußtsein. Es vitalisiert das sympathische, autonome Nervensystem und hat damit weitreichenden Einfluß auf viele Körperfunktionen wie das Atmen, Verdauen, Ausscheiden, den Blutdruck, die Herztätigkeit, sexuelle Leistungsfähigkeit. Seine Entsprechung im Körper ist das Sonnengeflecht, das den Magen, die Bauchspeicheldrüse, Leber, Gallenblase, den Stoffwechsel des Gehirns und die Muskeln unter seiner Kontrolle hat.
Bezeichnung: Solarplexuschakra.
Lage: Am unteren Teil des Brustbeins, in der Vertiefung, beziehungsweise am Rücken an der Wirbelsäule, unter den Schulterblättern.
Es wirkt auf Leber, Gallenblase, Pankreas, den Verdauungstrakt und das sympathische Nervensystem.
Entsprechende endokrine Drüse: Bauchspeicheldrüse.
Ätherische Öle von: *Rosmarin*, *Zitrone*, *Thymian*, *Salbei*, *Oregano*, *Kardamom*, *Estragon*, *Myrrhe*, *Zimt*.

Viertes Chakra
Es entspricht im Körper dem Herzzentrum. Es ist Sitz der Selbstliebe, des Mitgefühls, des Verständnisses, der Empathie, des Gruppenbewußtseins, der Freundschaft zwischen Menschen, der Harmonie und Erfülltheit mit sich selbst. Das Chakra ist meistens wegen eines Schocks aufgrund von Liebesentzug, Zurückweisung, Enttäuschung und Vertrauensverlust bereits in der Kindheit schwer geschädigt und geschlossen. Die ihm unterstellten Körperbereiche

sind das Herz, die Thymusdrüse (sie steuert das Immunsystem), der Plexus cardiacus (das Nervengeflecht des Herzens), der Blutkreislauf, die Arme, Hände und die Lunge.
Bezeichnung: Herzchakra.
Lage: Herz beziehungsweise im Rücken zwischen den Schulterblättern hinter dem Herzen.
Herz, Blut, Kreislauf, Immunsystem, Nervus vagus stehen unter seiner Kontrolle.
Entsprechende endokrine Drüse: Thymusdrüse.
Ätherische Öle von: *Rose*, *Geranie*, *Cistrose*, *Mimose*, *Iris*, *Neroli*, *Rosenholz*, *Narzisse*, *Tuberose*.

Fünftes Chakra
An der Kehle, am unteren Ende des Halses, befindet sich das fünfte Chakra, das für die Kommunikation und den Energiehaushalt des Körpers im Ruhezustand zuständig ist. Es regelt die Ausdrucksweise und Ausdrucksstärke unserer Sprache. Es steht aber nicht nur für unseren kreativen sprachlichen Ausdruck, sondern auch für alle anderen kreativen Ausdrucksformen. Das Hellhören, visionäre Wahrnehmungen und die Phantasie gehören ebenfalls in dieses Chakra. Das Chakra regelt die Funktion des Stimmorgans, der gesamten Atemwege, Bronchien, Lunge, des Verdauungstrakts, Nervus vagus, Zervikalnervenknoten, der Schilddrüse und der Nebenschilddrüse.
Bezeichnung: Kehlkopf- oder Halschakra.
Lage: Kehlkopf beziehungsweise Nacken.
Das Chakra wirkt auf die Stimme, Bronchien, Lunge, Verdauungstrakt, Kehle, Atemwege.
Entsprechende endokrine Drüsen: Schilddrüse, Nebenschilddrüse.
Ätherische Öle von: *Anis*, *Geranie*, *Jasmin*, *Bergamotte*, *Eisenkraut*, *Citronella*, *Fenchel*, *Lemongrass*, *Limette*, *Pampelmuse*.

Sechstes Chakra
Es steht für innere Ordnung, Intuition, Hellsehen, Visionen, emotionsfreie Erkenntnis (Weisheit), Konzentration (im Sinne der Zielgerichtetheit der Handlungen), das nonduale Wahrnehmen und den spirituell-geistigen Willen. Es bildet gleichsam die Grenzstation zum feinstofflich-ätherischen Bereich. Das Chakra ist mit den Augen, Ohren, der Nase, den Zähnen, dem zentralen Nervensystem und dem limbischen System verbunden. Schwierigkeiten der Sinneswahrnehmung und Störungen des Hormonsystems können eine Folge eines gestörten Chakras sein.
Bezeichnung: Stirnchakra, Augenbrauenchakra, »Drittes Auge«.
Lage: Stirn, oberhalb der Mitte zwischen den Augenbrauen.
Ihm zugeordnet sind die Augen, Ohren, Nase, Zähne und der untere Gehirnstamm.
Entsprechende endokrine Drüse: Hypophyse.
Ätherische Öle von: *Eukalyptus*, *Lorbeer*, *Wacholder*, *Melisse*, *Eisenkraut*, *Blauer Kamille*, *Muskatellersalbei*, *Myrte*, *Minze*, *Schafgarbe*.

Siebtes Chakra
Das oberste Chakra ist Sitz des spirituellen Willens zum Sein. Man spricht auch vom Fenster zum Kosmos, der Verbindungsstelle des höheren Selbst mit der Persönlichkeit. Dieses Chakra vitalisiert den oberen Gehirnstamm und regelt die Tätigkeit des zentralen Nervensystems und der Zirbeldrüse.
Bezeichnung: Kronen- oder Scheitelchakra.
Lage: Über der Mitte der Schädeldecke, über der Fontanelle, außerhalb des Körpers.
Entsprechende endokrine Drüse: Zirbeldrüse.
Ätherische Öle von: *Lavendel*, *Styrax*, *Weihrauch*, *Myrrhe*, *Narde*, *Kampfer*, *Ysop*, *Minze*, *Sandelholz*.

Anwendungen

Zur Harmonisierung aller Chakras untereinander eignet sich *Vetiveröl.* Eine Verbindung zwischen dem ersten und siebten Chakra stellt *Sandelholzöl* her. Sie finden es beim ersten und siebten Chakra gleichermaßen erwähnt, da es erdet und meditative Zustände erzeugen kann.

Chakramassage (Selbstmassage). Sie stellen eine Ölmischung aus 20 Milliliter *Mandelöl* und 20 Tropfen ätherischer Öle her. Diese Mischung tragen Sie auf die Haut über dem Sitz des jeweiligen Chakras auf und massieren sie 15 Minuten sanft ein. Danach lassen Sie Ihre rechte Hand 15 Minuten auf dieser Stelle liegen, während Sie mit geschlossenen Augen liegend ruhen.

Visualisieren. Sie sitzen mit geschlossenen Augen in aufrechter Haltung (in Meditationshaltung) und nehmen die aus einer Duftlampe strömenden Düfte wahr, die sich unmittelbar vor Ihnen befindet. Führen Sie diese Übung mindestens 30 Minuten lang durch. Konzentrieren Sie sich auf das Chakra.

Partnermassage. Der Partner massiert mit seiner rechten Hand, auf die er ein ätherisches Öl oder eine Mischung aus mehreren Ölen aufgetragen hat, den Bereich des Chakras im Uhrzeigersinn. Die Massage kann auf der Rückseite oder der Vorderseite des Körpers erfolgen. Nach 15 Minuten der Massage läßt er die Hand auf dieser Stelle ruhen.

Ein kräftiges Aneinanderreiben der Handflächen erhöht die Energieabstrahlung und Sensibilität der Hände. So können eventuelle Energieabstrahlungen des Chakras wahrgenommen werden.

Farben und Düfte

Düfte sind Schwingungen und entsprechen den Schwingungen von Farben. Düfte vermögen Farbempfindungen im Menschen auszulösen. Das kann bei der Raumbeduftung im privaten und kommerziellen Bereich zu beachtlichen Wir-

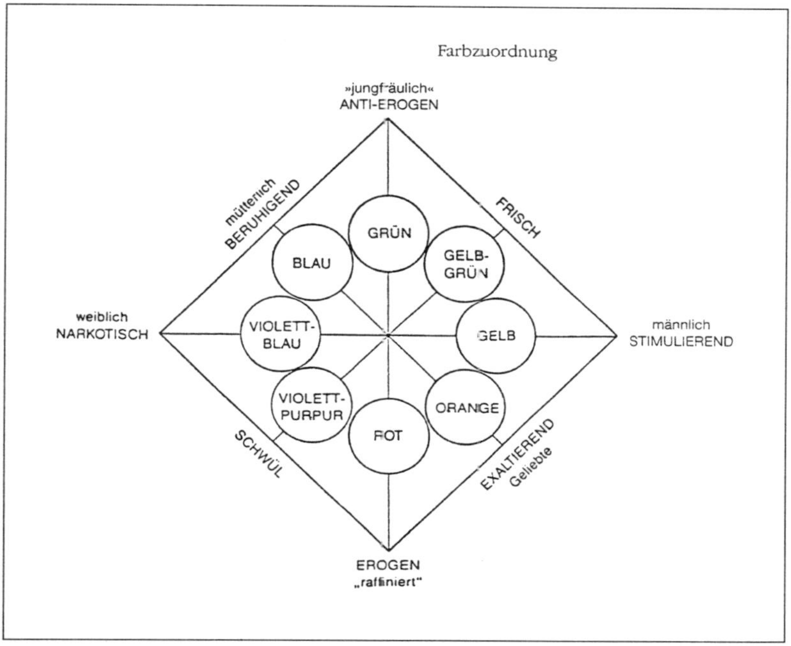

Abb. 11: Farbzuordnung
(Quelle: J. Stephan Jellinek, Parfüm – Der Traum im Flakon, Mosaik Verlag)

kungen führen. Zum Beispiel empfinden wir einen Raum, in dem es nach *Zimt* duftet, als rotbraun und warm, *Zitronenduft* als hellgelb und den Raum ausweitend, den Duft *Patchouli* als dunkelbraun und den Raum einengend. Dementsprechend sollten Raumdüfte auch dem Interieur und den dominanten Raumfarben entsprechen und nicht gegensätzlichen Bereichen – es sei denn, man sucht den Gegensatz. Und da Farben und Düfte meistens eine subtile Wirkung auf das körperliche und emotionale Befinden haben, können Sie die Düfte aus dieser Sicht betrachten und nutzen – so etwa haben Rot, Gelb und Orange eine ausdehnende Wirkung auf der Körper und die Psyche (siehe *Orange*, *Mandarine*, *Pampelmuse*, *Bergamotte*).

Bei der Auswahl von Düften für die Raumbeduftung, für Naturparfüms oder Aromakosmetik können Sie die den ätherischen Ölen zugeordneten Temperamente und Farben einsetzen, um Teint, Kleiderfarben, Haarfarben, Raumfarben und die Farben der Einrichtung zu verstärken, zu dämpfen oder gar aufzuheben. Wer sich bewußt kleidet, weiß, daß man sich bei entsprechend flexibler Einstellung und Garderobe immer entsprechend dem Gemüts- oder Körperzustand kleidet. Der rote Pullover wirkt aber nicht nur auf uns energetisierend, sondern signalisiert vor allem den Mitmenschen: Ich bin lebendig, offen, du kannst zu mir kommen, ich bin erotisch – der entsprechende Duft wäre zum Beispiel *Ylang-Ylang*. Das weiße Kostüm deutet Neutralität, Reinheit und innere Ruhe an – ihm entspräche der Duft von Minze. Schwarze Kleidung signalisiert Verschlossenheit, Trauer, dunkles Gemüt, »Rühr mich nicht an, ich möchte keinen Kontakt« – der korrespondierende Duft wäre zum Beispiel *Patchouli*. Die Schwingungsbotschaften der Trägerin solcher Kleidung würden ihre Mitmenschen völlig verwirren, trüge sie dem Rot verwandte, aphrodisierende Düfte wie *Rose*, *Ylang-Ylang* oder *Geranie*.

Wer die Kleidung seinem Farbtypus gemäß wählt oder eine Farb-Stil-Beratung anbietet, sollte auch einen Blick auf die Wahl der Düfte in Parfüms, Deos, Lotionen und dergleichen werfen. Düfte in Parfums und in Körperpflegemitteln können, wie schon angedeutet, eine Ergänzung zur sonstigen Erscheinung bieten, indem sie die Persönlichkeit unterstreichen.

Zu Farben haben wir verschiedene Assoziationen, die sich auf Temperatur, Temperamente und sonstiges Verhalten beziehen.

Rot: Warm bis feurig-heiß, sehr kräftig, dynamisch, extrovertiert, auffallend, anregend, stark erotisch.

Orangerot: Warm, aktiv, extrovertiert, dynamisch, auffallend, aktiv, anregend, erotisch.
Gelb: Warm, freudig, leicht, kommunikativ, ruhig, sonnig, schwach erotisch.
Gelbgrün: Warm, freundlich, positiv, einladend, offen, friedlich.
Grün: Eher ruhig, friedlich, natürlich, zugänglich, passiv, nicht erotisch. Temperatur und Temperament neutral.
Blaugrün, Türkis: Kühl, distanziert, frisch, klar, nicht erotisch. Abstand haltend, aber offen.
Blau: Kalt, ruhig, still, entspannt, klar, passiv, nicht erotisch.
Indigoblau: Kühl, introvertiert, diskret, stabil, nicht erotisch.
Blauviolett, Lila: Kühl, ernsthaft, mystisch, anregend, leicht erotisch.
Braun: Warm, zentriert, ruhig bis träge, lethargisch, erdhaft, nicht erotisch.
Schwarz: Kalt, abgründig, tief, schwer, intensiv, hart.
Weiß: Neutral, still, konzentriert, empfänglich, nicht erotisch.

Aromapflege

Ätherische Öle für Haut und Haar

Neben die funktionellen Ursachen von Hautstörungen (etwa mangelnde Entgiftung des Blutes durch die Leber, Ernährungsfehler, Sauerstoff- und Wasserdefizite) sind auch die Gefühle zu betrachten. Die Haut sei der Spiegel der Seele, sagt man. Sie spiegelt Ihr Innenleben wider. Könnten Sie nicht auch manchmal »aus der Haut fahren«? Dann ist es innen zu eng geworden. Was staut sich in Ihnen? Was möchte ausgedrückt werden? Viele Hautprobleme haben mit Kontaktproblemen zu tun – der Unfähigkeit, mit Menschen zu kommunizieren, offen zu sein und auch körperlichen Kontakt zulassen zu können. Die Schuppenflechte oder Psoriasis ist ein typisches Erscheinungsbild des Bestrebens, sich einen Schutzpanzer gegen die feindliche Außenwelt zu schaffen. Ekzeme sind eine allergische Reaktion auf die Umwelt, Mitmenschen, Lebensweisen. Akne entsteht meist aufgrund hormoneller Störungen und falscher Ernährung. Die hormonelle Störung kann durch Gefühle ausgelöst worden sein, durch eine Disharmonie im geistig-seelischen Bereich.

Ätherische Öle können Ihnen helfen, die Hautfunktionen zu regulieren. Sie sind fettlöslich und haben eine starke Affinität zu Fettgewebe. Auf die Haut aufgetragen, verteilen sie sich und können alle Hautschichten durchdringen. Zuerst gelangen die Substanzen des Öls in die Oberhaut. Sie bildet neue Hautzellen und stößt alte ab. In dieser Hautschicht halten sich Substanzen eine Zeitlang auf, ein Teil tritt wieder nach außen und löst sich auf. Das wird durch Fett oder Wachs in fetten Ölen oder Cremes größtenteils verhindert. Druck und Wärme, wie dies bei der Massage geschieht oder dem Bad, beschleunigen die Aufnahme der Inhaltsstoffe von ätherischen Ölen. Die Beschaffenheit der Haut beeinflußt die Aufnahme sehr stark: Sehr trockene, kranke oder verletzte Haut nimmt ätherische Öle schneller und in größerer Menge auf als normale oder fette Haut. Die Dosierung ist in diesen Fällen sehr gering zu halten.

Der größte Teil der Substanzen des Öls wandert weiter in die mittlere Hautschicht, die Lederhaut oder Corium. Dabei erfahren sie möglicherweise durch den Stoffwechsel der Haut eine schwache molekulare Veränderung. Die Lederhaut enthält Nerven, Schweißdrüsengänge, Haarwurzeln und Talgdrüsen. Von dort gelangen die Stoffe in die Unterhaut (Subcutis). Diese speichert Feuchtigkeit, Fett und Abfallprodukte. Da die unteren Hautschichten von Arterien und Venen durchzogen sind, werden mit dem venösen Blut Inhaltsstoffe des Öls aus der Haut in den Blutkreislauf abgeführt.

Innerhalb der Hautschichten haben die Substanzen bestimmter ätherischer Öle verschiedenartigste Wirkungen, nach denen sich Ihre Entscheidung für oder wider ein Öl richtet. Ohne auf die Wirkungsweise einzugehen, läßt sich für alle Öle, die zur Hautpflege empfohlen werden, angeben, daß sie die Zellerneuerung (Zytophylaxe), Entschlakkung und Sauerstoffaufnahme fördern. Sie regulieren, regen an oder vermindern die Talgproduktion (dies ergibt trockenere oder fettere Haut), die Hautfeuchtigkeit und den Fetthaushalt des Unterhautfettgewebes, die Be- und Entwässerung des Unterhautfettgewebes, den Lymphfluß und die Durchblutung.

Den Haaren wird zwar nicht dieselbe Bedeutung beigemessen, ihr Zustand ist jedoch stark vom Zustand der Haut, aus der sie wachsen, und von allen organischen und emotionalen Störungen abhängig. Sie ergrauen bei Trauer und Enttäuschung, sie verlieren Glanz, Halt und Form bei Depressionen und Traurigkeit wie auch bei Krankheit. Für die Haare sind gute Durchblutung der Haut (wegen der Nahrungszufuhr und Entschlackung) und eine gute Talgdrüsenfunktion (Talg schützt das Haar) wichtig. Durch stimulierende Öle wird der Haaraufrichtemuskel angeregt, der Halt und Festigkeit einer Frisur bestimmt.

Noch einmal sei darauf hingewiesen, daß ätherische Öle nur sehr selten unverdünnt auf die Haut aufgetragen werden dürfen, da sie in reiner Form mehr oder weniger hautreizend wirken. Die einzige Ausnahme bildet dabei uneingeschränkt das *Lavendelöl.*

Für alle Symptome von Gewebe, Haut und Haar finden Sie eine Übersicht wirksamer Öle sowie der Dosierungen und Anwendungen auf den Seiten 122, 130, 289 ff., insbesondere 312 ff.

Duft im Raum

Das Raumklima

Das Klima eines Raumes wird im wesentlichen von der Qualität der Luft, der Luftfeuchte, der Temperatur, den Ionen, den Duftstoffen und Schwingungen im Raum bestimmt. Diese Faktoren wirken sich stark auf das Wohlbefinden des Menschen aus. Stickige, sauerstoffarme Luft und unangenehme Düfte sorgen gewiß nicht für Wohlbehagen oder Belebung.

Duftstoffe können Ihnen eine Hilfe sein, um die Räume, in denen Sie leben und arbeiten, »angenehm« zu gestalten und zu reinigen. Als angenehm empfinden Sie es, weil die Duftstoffe ätherischer Öle unangenehme Gerüche überdekken oder eliminieren, natürliche Düfte grundsätzlich belebend wirken, Ihre Stimmung harmonisiert oder aufgehellt wird und eine geringe, aber wahrnehmbare Ionisierung der Luft stattfindet.

Besonders auf dem Gebiet der Raumbeduftung läßt sich seit einigen Jahren eine starke Bewegung bemerken, die, aus Japan und den USA kommend, nun auch in Europa Einzug hält. Dabei handelt es sich nicht um Aromatherapie oder Aromapflege mit ätherischen Ölen, sondern offenbar nur um die breite Vermarktung jeglicher Geschäftsideen.

Synthetische Düfte oder gar toxische Emissionen von Baustoffen oder Einrichtungsgegenständen (Mobiliar) in Wohn- oder Arbeitsräumen wirken erfahrungsgemäß negativ auf die Stimmung und die Konzentrationsfähigkeit des Menschen. Meistens führen sie im Laufe der Zeit zu Aggression oder Depression – jeder möchte eigentlich am liebsten den Raum verlassen, kann aber nicht. Dementsprechend sind Arbeits- und Lebensqualität oder Leistungen. Hier können natürliche Düfte eine wertvolle Hilfe sein, das Wohlbefinden und die mentale Befindlichkeit zu erhöhen und zu verbessern. Sollten Sie sich in Ihrem Heim oder an Ihrem Arbeitsplatz immer schlecht gelaunt, apathisch, unkonzentriert oder aggressiv fühlen, dürfte Ihnen ein bewußtes Riechen vielleicht einen deutlichen Hinweis auf die Ursachen geben. Es liegt nur an Ihnen, ob Sie die Zustände mittels einer angenehmen Duftmischung verändern oder nicht. Das Überlagern von Raumdüften mit anderen Duftstoffen hat seine Grenzen allerdings dort, wo toxische oder gesundheitsschädliche Emissionen bewußt überdeckt werden, so daß der natürliche Alarmschalter des Geruchssinnes manipulativ außer Kraft gesetzt wird.

Befinden sich hohe Anteile an Krankheitserregern oder Schadstoffen in der Raumluft, können Sie davon ausgehen, daß dieser Raum Sie langfristig krank macht. Allergiker, besonders jene mit »multiple sensory sensitivity«, leiden in solchen Räumen sehr. Räume, die um das Hundertfache mehr an Schadstoffen oder Krankheitserregern enthalten, als im Freien vorkommen, sind nicht selten. Dies trifft vor allem auf gänzlich geschlossene Räume mit Klimaanlagen zu. In solchen Räumen zirkulieren Viren, Bakterien und Pilze. Aber auch Frischluftanlagen sind nicht frei von Schadstoffen und Krankheitserregern. Dem mittlerweile bekannten »Sick-Building-Syndrom« kann erfolgreich mit natürlichen Duftstoffen begegnet werden. Ätherische Öle, deren Inhaltsstoffe antiviral, bakteriostatisch und fungizid wirken, können Klimaanlagen und Frischluftanlagen reinigen (dazu zählen die Öle von *Tea-Tree*, *Lavendel*, *Rosmarin*, *Bergamotte*). Wenn Duftstoffe hinzugefügt werden, die das allgemeine Wohlbefinden erhöhen oder bestimmte Verfassungen verstärken, empfindet man die belüfteten, aromatisierten Räume als äußerst angenehm. In solchen Räumen werden Lebens- und Arbeitsqualität, Selbsteinschätzung sowie soziale Kontakte erheblich positiver beurteilt als in anderen. Japanische Forscher untersuchen diesen Bereich schon lange und sammelten viel Erfahrung mit Duftstoffen. Allein der Duft der *Zitrone* hat bei Tests eine Produktivitätssteigerung von fünfzig Prozent gebracht. Auch das Befinden der Mitarbeiter in den Räumen wurde von ihnen als gesund, aktiv, wach und positiv beurteilt. Eine Mischung aus dem Duft von *Orange*, *Zitrone* und *Bergamotte* ließ die Mitarbeiter ihren Arbeitsplatz und die Räume als hell, sauber, freundlich und sommerlich beurteilen, sie fühlten sich »wie im Freien arbeitend«.

Da jedes Duftmolekül eine spezielle Schwingung hat, können auch sehr gezielt Schwingungen und Befinden in einem Raum erzeugt werden: Man ist stimuliert oder entspannt, aggressiv oder friedlich, aktiv oder passiv. Mit Hilfe von »Stimmungsdüften« werden alle Menschen, die sich in einem Raum aufhalten, gleichsam auf eine gemeinsame Ebene gebracht – bei Publikumsräumen oder Veranstaltungen läßt sich dies positiv nutzen. Räume, in denen heikle oder egozentrische Themen (um Politik, Geschäft, Geld) behandelt werden, können auf diese Weise vorher mit einer harmonisierenden »Stimmung« versehen werden.

Durch die Pheromone der Menschen, die sich einen Wohn- oder Arbeitsraum teilen, bildet sich im Laufe der Zeit eine »Grundstimmung« im Raum. Sie kennen es selbst: Schulräume, Konferenzräume, Kantinen, Bankschalterräume, Bahnhofswarteräume, Redaktionen, Schreibbüros, Krankenhäuser, Altenheime haben eigentümliche Eigendüfte oder Schwingungen, die in allen Ländern gleich sind. Auch Hotels und Restaurants scheinen unvermeidlich immer nach denselben Düften riechen zu müssen. Das Hotelzimmer riecht abgewohnt, ungelüftet, muffig bis synthetisch-steril nach Reinigungsmitteln. Das Restaurant duftet nach Speisen, Rauch, Alkohol. Gerade an solchen Plätzen, wo die menschlichen Grundbedürfnisse nach Ernährung oder Schutz und Wärme gestillt werden sollen, finden wir oft ein träges, abgestandenes, wenig anheimelndes Klima. In den Hotelzimmern können Sie unter Umständen geradewegs in die Atmosphäre der eben abgereisten Gäste eintreten und deren Stimmung aufnehmen: Lethargie, Langeweile, Depression, Verzweiflung, Aggression, Freude, Verliebtheit, Sexualität.

Mit Hilfe von Duftstoffen lassen sich Raumschwingungen »reinigen« beziehungsweise harmonisieren. Besonders sinnvoll erscheint mir der Einsatz von Düften in Publikumsräumen, um die latente Aggression und Angst zu dämpfen und zum Beispiel den Aufenthalt in Warteräumen angenehmer zu gestalten (etwa durch Beduftung der Pariser Metro mit *Lavendel*).

Solange Gesundheit, Wohlbefinden und Freude mit Düften erzielt werden, ist gegen den Einsatz von naturreinen, ätherischen Ölen nichts einzuwenden. Unerträglich wäre es, wenn eines der letzten relativ reinen und natürlichen Mittel in Frischluftschächte oder Klimaanlagen der Bürohochhäuser, der Kaufhäuser oder Fabriken flösse, um die Menschen zu manipulieren.

Einteilung der Öle in allgemeine Gruppen

Zitrusöle lassen Menschen grundsätzlich sich und ihre Umgebung positiv, gesund und im Fall des *Zitronenöls* als »reiner« wahrnehmen. Düfte von *Holzölen* wirken beruhigend und zentrierend. *Blütenöle* regen das ästhetische Empfinden an, wirken entspannend, sensibilisierend und oftmals erotisierend. *Gewürzöle* beleben und lassen Räume wärmer erscheinen. *Blattöle* stimulieren ebenfalls allgemein und suggerieren Klarheit und Gesundheit. Düfte mediterraner Kräuter regen den Appetit an. Starke Wirkungen zeigen, wie bereits eingangs besprochen, gedächtnisanstoßende Komponenten im Duft, die je nach Land, Kontinent oder ethnischer Gruppe variieren.

Beim Beduften von Räumen ist auch darauf zu achten, daß keine Duftstoffe gewählt werden, die der Funktion oder dem Inhalt des Raumes nicht entsprechen. So könnten Sie einen Tabakladen oder ein Schuhgeschäft mit dem Duft von

Minze oder *Rosmarin* anreichern, dies würde aber zu Verwirrung und Ablehnung führen. Oder stellen Sie sich ein Büro vor, das nach orientalischen, schweren Düften riecht. In der Fachsprache heißt das: Durch Lernerfahrung als typisch zugeordnete Raumdüfte dürfen nicht eliminiert werden. Ziehen Sie ebenfalls in Betracht, daß die verschiedenen Geschlechter und Rassen Präferenzen der Duftstoffe zeigen.

Beim Einsatz von Duftstoffen zur Raumaromatisierung ist darauf zu achten, daß sie nicht ständig benutzt werden. Das führt zur schnellen Adaption und damit Verminderung bis hin zu völligem Ausbleiben der Wirkungen. Unangenehme Nebenwirkungen, durch dauernde Beduftung oder etwa verschiedene Duftstoffe in mehreren offenen Räumen, können Konzentrationsstörungen, Übelkeit und Kopfschmerzen sein. Gute Beduftungsgeräte geben pro fünfzig Quadratmeter Raum maximal drei Tropfen des Duftträgers mit mittlerer Duftstärke pro Stunde ab. Nach dem Ausströmimpuls baut sich der Duft gleichmäßig ab, so daß sich nach einer Stunde nur noch eine »homöopathische« Duftmenge in der Raumluft befindet. Bei der Kaltverdunstung in kombinierten Luftreinigungs- und Befeuchtungsgeräten, die auch Duftstoffe abgeben, kann mit einer noch geringeren Dosierung gearbeitet werden. Solche Geräte verbrauchen äußerst geringe Mengen an Duftstoffen, so daß sich die Frage nach den Kosten selbst beantwortet.

Der in manchen Ländern bereits übertriebene Einsatz von Duftstoffen zur Steigerung der Leistungsfähigkeit oder Manipulation von Kaufentscheidungen hat seine Grenzen. Eine hochdosierte, kontinuierliche Beduftung durch ätherische Öle kann auch zu einer »Überduftung« führen. Moleküle lagern sich unlösbar auf allen Oberflächen ab. Einige Duftstoffe wie *Vanillin* können bereits nach einmaligem Kontakt mit der Oberfläche zwar geringe, doch meßbare Duftspuren hinterlassen.

Duftstoffe *maßlos* in Räumen verdunstet oder versprüht, können gegenteilige Wirkungen erzeugen. Um festzustellen, wie lange sich Düfte in einem Raum halten, wann sie bis zu welchem Grad aufgelöst sind und welche Restbestände bleiben, müßten Messungen mit einem Gaschromatographen an neutralen und an duftstoffangereicherten Raumluftproben durchgeführt werden. Sie ahnen es schon – es ist sehr kostspielig, wenn überhaupt durchführbar. Das handliche Duftmeßgerät ist noch nicht erfunden, aber die feine Nase des Duftexperten.

Auch die Maskierung beziehungsweise Überlagerung von unangenehmen Raum- oder Umweltdüften durch wohlriechende (etwa das Überdecken von Benzingeruch mit synthetischem Duft nach *Jasmin* oder *Himbeere*), vor allem unnatürliche Düfte, führt nicht nur zu einer negativen Manipulation des Geruchssinnes, der Sie eigentlich vor gesundheitsgefährdenden Einflüssen schützen soll und kann, sondern läßt Sie bei längerer Dauer depressiv werden, da Sie von der Natur »abgeschnitten« sind.

Ätherische Öle in der Raumluft wirken also

- luftreinigend (keimtötend),
- grundsätzlich belebend,
- steigern das allgemeine Wohlbefinden, beeinflussen die mentale und emotionale Verfassung positiv,
- heben die subjektive Beurteilung der Umgebung und Mitmenschen.

Raumgestaltung mit Düften

Auf dem Gebiet der Beduftung von Wohn- und Arbeits- oder Publikumsräumen ergeben sich durch die Kombination von Raumfarben und Einrichtung mit einem entsprechenden Raumduft viele Möglichkeiten, das Empfinden des

Menschen zu beeinflussen. Da Duftstoffe die verschiedensten Assoziationen, also auch Gefühle hervorrufen, können sie einen Raum nicht nur kühler oder wärmer, sondern auch beispielsweise weiter oder enger erscheinen lassen. Düfte vermögen Raumfarben gleichsam zu verstärken oder zu dämpfen (zum Beispiel entspricht der Duft von *Lavendel* der Farbe Blau) und damit die entspannende Wirkung (von *Lavendel*) zu unterstreichen. Stellen Sie sich einen Raum mit dominanten gelben Farbtönen vor, der mit »gelben Düften« (von *Orange*, *Mandarine*, *Vanille*, *Bergamotte*, *Zitrone*) aromatisiert wird. Die Wirkung der Raumfarben verstärkt sich, indem das Gelb als intensives Gelb erscheint. Im gegensätzlichen Fall könnte eine Mischung »gelber« Öle Sie einen blauen Raum als nicht so stark kühl und beruhigend empfinden lassen.

Um einen Raum harmonisch zu gestalten, könnten Sie also entsprechend den Raumfarben einen farbidentischen, wirkungsgleichen Duft auswählen. Intensives Schwarz in schwarzen Kissen, Sitzbezügen, Vorhängen, Teppichen könnte etwa durch Düfte wie *Patschuli*, *Vetiver* oder *Eichenmoos* unterstützt werden. Besonders bei der Beduftung von Publikumsräumen durch Beduftungsgeräte der Frischluftanlagen stehen dem Anwender durch die Wahl eines Duftes aufgrund der dem Duft entsprechenden Farbe viele Einflußmöglichkeiten offen.

Zu beachten ist, daß Düfte sich durch andere Schwingungsquellen (hier: Farben, Farblampen) beeinflussen lassen. Erotisierende Düfte, wie der des *Ylang-Ylang*, können durch beruhigende Farben in ihrer Wirkung gedämpft werden. *Ylang-Ylang* würde bei grünem Licht oder grüner Raumfarbe gar nicht erotisierend, aber bei Rot äußerst erotisierend sein. Die Kombination von farbigem Licht und Duftstoffen bedarf einer feinen Wahrnehmung der Schwingungen, um das gewünschte Resultat zu gewährleisten. Es handelt sich um eine individuelle Beurteilung, die nicht verallgemeinernd zu beschreiben ist. Ob Sie eine kreativitätssteigernde Duftmischung in einem hellen Seminarraum mit hartem Neonlicht einsetzen oder eine entspannende, appetitanregende Duftmischung in einem Restaurant mit gedämpftem Glühlampenlicht – jedesmal müssen der Raum und die Menschen gesehen und erfühlt werden.

Ätherische Öle im Haushalt

Es liegt nahe, die ätherischen Öle, besonders die der Kräuter, als Würzstoffe in der *Küche* zu nutzen. Dabei ist aber zu berücksichtigen, daß sie nur »gestreckt« gebraucht werden sollen. Meine Empfehlung lautet, 1 Milliliter ätherisches Öl mindestens mit 30 Milliliter fettem Öl (Olivenöl oder Mandelöl) zu mischen. Damit können Sie das Würzöl gut dosieren. Nehmen Sie jedoch ungestrecktes ätherisches Öl, sind Ihre Speisen schnell überwürzt. Bedenken Sie, daß ein Tropfen *Basilikumöl* etwa einer Handvoll Basilikumblätter entspricht. Fügen Sie Ihr Würzöl erst nach dem Kochen zu, und rühren Sie es unter die bereits fertigen Saucen oder Dressings.

Vermeiden Sie Öle mit halluzinogenen Substanzen als Würzmittel, wenn Sie zum Essen *Alkohol* trinken (dazu zählen *Muskatöl* und *Muskatellersalbeiöl*). Bedenken Sie, daß auch geringste Mengen an ätherischem Öl bei medikamentöser und homöopathischer Behandlung, bei Epilepsie, Allergie und organischen Funktionsstörungen Nebenwirkungen haben können.

Kosmetik und *Lebensmittel* können gegen Schimmelpilze durch verschiedene ätherische Öle geschützt werden. Die nachfolgend empfohlenen Öle haben oft eine weitaus stärkere Schutzwirkung als vergleichbare, synthetische Konservierungsmittel. Die Düfte der Öle und der Lebensmittel müssen natürlich zueinander passen. Das Öl von *Pampelmuse* und *Bergamotte* paßt zu Marmeladen, von *Ingwer*, *Rosmarin*, *Thymian* und *Lemongras* zu Saucen oder Braten.

Das Öl von *Benzoe*, *Lemongras*, *Litsea* und *Bergamotte* eignet sich für viele Kosmetika. Ein Duftkissen und gelegentliches Einsprühen mit dem Duft von *Zitrone*, *Litsea* oder *Kampfer* schützen den Kühlschrank, den Brotkasten und die Speisekammer vor Keimen. Benutzen Sie auch für diese Anwendungen vorzugsweise Öle von Pflanzen aus kontrolliert biologischem Anbau.

Zur *Reinigung* und *Desinfizierung* eignen sich die Öle mit antiseptischer Wirkung, die selbst in geringster Dosierung die Wirkung vieler handelsüblicher Reiniger oder Desinfektionsmittel übertrifft. Fügen Sie das Öl von *Zitrone*, *Limette* oder *Bergamotte* Ihrem Spülmittel oder das von *Lavendel*, *Nelke*, *Rosmarin* Ihrem Wischwasser bei. Je geringer die Dosierung, desto stärker ist die Wirkung: Geben Sie 5 Tropfen Öl von *Lavendel*, *Nelke*, *Tea-Tree*, *Rosmarin*, *Thymian*, *Zitrone* oder *Zimt* auf 10 Liter Wasser.

Orangenöl eignet sich besonders zum Lösen von *Kleberrückständen* (vor allem der Etiketten auf Gläsern und dergleichen) und Lacken auf Möbeln, Böden und ähnlichem.

Bei *Schimmelbildung* in den Wänden kann die Wand mit einer Mischung von 10 Liter Wasser und 10 Tropfen *Tea-Tree-Öl*, 10 Tropfen *Litsea-Öl* und 10 Tropfen *Kampferöl* abgerieben oder eingesprüht werden. Die Behandlung ist mehrfach durchzuführen.

Gegen *Motten* helfen duftende Stoffstreifen oder Duftkissen, die Sie in den Schrank hängen oder legen können. Dies gibt Ihrer Kleidung einen angenehmen Duft. *Lavendel-* und *Zedernholzöl* sind besonders wirksam.

Wenn Sie die himmlischen Düfte gerne in Ihren *Kleidern* haben, sprühen Sie Ihren Kleiderschrank regelmäßig mit einem stark verdünnten Öl Ihrer Wahl ein, oder legen Sie einige Stoffstreifen mit dem reinen Öl hinein. Viel Freude bei der morgendlichen Wahl Ihrer Kleidung!

Bad und *Toilette* können mit einem frischen Duft, etwa von *Lemongras*, *Litsea*, *Zitrone* oder *Lavendel*, eine angenehme Atmosphäre erhalten. Bequem in der Anwendung sind »Duftsteine«. Als Duftsteine eignen sich poröse Steine, die ätherische Öle gut aufsaugen. Wenn Sie im Geschäft keinen Duftstein finden, sehen Sie sich einfach beim nächsten Spaziergang nach einem solchen Stein um. Geben Sie stets denselben Duft auf denselben Duftstein, sonst erhalten Sie im Laufe der Zeit eine diffuse Duftmischung. Das Reinigen der handelsüblichen Duftsteine ist kompliziert, denn die Duftsteine müssen in Alkohol eingelegt werden, damit die Harz- und Wachsrückstände der ätherischen Öle sich lösen.

Bei der *Handwäsche* oder in der *Waschmaschine* (beim letzten Spülgang) können Sie aus einer breiten Auswahl wohlriechender Öle Ihren Duft für die Wäsche auswählen. *Lavendel-* oder *Lavandinaroma* passen am besten.

Bei *Ameisen* und anderen *Insekten* im Haus können Sie umweltschonend ätherische Öle einsetzen, die die Störenfriede vertreiben, aber nicht töten. Mischen Sie 1 Teil eines ätherischen Öls mit 10 Teilen Wasser in einer Sprühflasche, und sprühen Sie die Ecken und Ritzen gründlich ein, durch welche die Insekten ins Haus eindringen. Nehmen Sie das Öl von *Eukalyptus*, *Nelke*, *Minze*, *Geranie*, *Zypresse*, *Lemongras* oder *Zeder. Tea-Tree* hilft besonders erfolgreich gegen Ameisen.

Auch gegen *Flöhe* eignet sich *Tea-Tree-Öl* (1 Milliliter auf 20 Liter Wasser), um Mensch und Haustier von den Plagegeistern zu befreien. Meist ist eine mehrfache Behandlung notwendig.

Viele Schädlinge auf *Pflanzen* können vertrieben werden, wenn Sie regelmäßig 1 bis 2 Tropfen eines ätherischen Öls in 5 Liter Gießwasser geben und gründlich verrühren. Bei Schädlingen oder Fäulnisprozessen in der Blumenerde nehme ich dazu Wurzelöle, wie *Vetiveröl* und *Angelikawurzelöl* mit *Lavendelöl* gemischt. Gegen Schädlinge auf Stengeln und Blättern eignen sich *Geranienöl* und *Lavendelöl.* Wirksam ist auch das Abwischen der Blätter und Stengel mit einer Lösung aus 1 Liter Wasser, 1 Tropfen Flüssigseife,

1 Tropfen *Geranienöl* und 1 Tropfen *Lavendelöl.* Bei Blütenpflanzen regen *Lavendelöl* und *Geranienöl* das Blütenwachstum an.

Ätherische Öle für Haustiere

Was für den Menschen gut ist, hilft oft auch Tieren. Wunden, Abschürfungen, eitrige Prozesse, Geschwüre und ähnliches können mit ätherischen Ölen behandelt werden. Dabei sind die ätherischen Öle sparsam zu dosieren und möglichst mit einer Salbe oder mit fetten Pflanzenölen gemischt aufzutragen. Bedenken Sie, daß Hunde etwa zwanzigmal besser riechen als Menschen. Wenn Sie einen Tropfen ätherisches Öl auf Ihre Hand geben, können Sie testen, ob Ihr Tier das Öl akzeptiert. Tiere reagieren ausschließlich instinktiv auf Düfte und Geschmack und wissen, was ihnen zuträglich ist.

Hat Ihr Haustier *Flöhe* oder andere *Parasiten*, schaffen Bäder mit *Lemongrasöl* oder *Zitronella-Öl* Abhilfe. Bei Kleintieren genügt 1 Tropfen, bei großen Hunden sind 2 Tropfen im Shampoo ausreichend. Eine andere Möglichkeit besteht darin, das Öl von *Zeder* oder *Lavendel* mit Wasser gut zu verrühren und damit den Hund oder die Katze abzubürsten (2 bis 4 Tropfen auf 1 Liter Wasser).

Ohrmilben bei Hunden und Katzen können Sie mit *Lavendelöl* behandeln – geben Sie 2 Tropfen ätherisches Öl auf 1 Eßlöffel fettes Pflanzenöl, und reinigen Sie mit einem in die Mischung getunkten Wattestäbchen oder Wattebausch das Ohr. Sofern Ihr Tier es zuläßt, sollte der Wattebausch einige Stunden im Ohr bleiben.

Besonders Hunde können, genauso wie Menschen, unter *Rheuma* oder *Arthritis* leiden. Verschütteln Sie *Rosmarinöl*, *Lavendelöl* und *Ingweröl* in einem fetten Pflanzenöl (in 20 Milliliter Pflanzenöl gibt man 8 Tropfen ätherisches Öl), und massieren Sie die betroffenen Bereiche.

Sogar das *Zecken*band für Hund oder Katze kann mit *Zedernholzöl*, *Citronellaöl* und *Lavendelöl* selbst hergestellt werden. Legen Sie ein Halsband in eine Mischung aus 1/2 Eßlöffel Alkohol und insgesamt 6 Tropfen der genannten ätherischen Öle oder in eine Mischung von 1 Eßlöffel fettem Pflanzenöl und 1 Tropfen *Knoblauchöl*, bis es die Emulsion aufgesogen hat.

Ställe, Hunde- und Katzenkörbe oder Hundehütten benötigen gelegentlich eine Reinigung, um *Parasiten* zu vertreiben. *Patschuliöl*, *Lavendelöl*, *Lemongrasöl*, *Citronellaöl*, *Tea-Tree-Öl* oder *Thymianöl* sind geeignet, die Behausungen der Tiere auszuwaschen oder zu besprühen (für 1 Liter Wasser genügen 2 Tropfen eines ätherischen Öls).

Abszesse behandeln Sie am besten mit *Tea-Tree-Öl* und *Lavendelöl*. *Wunden* waschen Sie mit 5 Tropfen *Lavendelöl* auf 100 Milliliter Wasser aus. Zur Wundheilung können Sie Vaseline oder ein fettes Pflanzenöl mit ätherischen Ölen mischen und auftragen (auf 50 Milliliter Salbe oder Öl insgesamt 10 Tropfen *Lavendelöl*, *Tea-Tree-Öl* und *Kamillenöl*. (Zur Erläuterung: Die Chemie teilt alle Öle in drei Hauptgruppen ein – Mineralöle, pflanzliche und tierische fette Öle, ätherische Öle.)

Dritter Teil
Anwendungen in der Praxis

Allgemeine Hinweise

Erwarten Sie keine Wunder

Erwarten Sie einerseits keine Wunder von ätherischen Ölen, andererseits doch. Es sind genügend Fälle bekannt, in denen ätherische Öle sehr hilfreich waren und sogar chronische Leiden lindern halfen. Umgekehrt besteht keine Garantie, daß eine aromatherapeutische Behandlung bei Ihnen etwas verändert. Die Faktoren Vertrauen in das Mittel, Bereitschaft zur Veränderung, Lebenswille, richtige Dosierung, richtige Anwendung sind entscheidend für die Wirkung eines ätherischen Öls. Nach meiner Erfahrung genügt nicht der Glaube an ein Mittel allein, »Berge zu versetzen«, doch schafft das Vertrauen in ein Öl oder eine Handlung die erste Voraussetzung dafür, daß eine Besserung eines disharmonischen Zustandes erfolgt. Meine Überzeugung ist, daß der Glaube an sich selbst und die eigenen Fähigkeiten die Berge versetzt, die zwischen Ihnen und Ihrer Gesundheit oder Lebensfreude stehen.

Aufnahme, Verarbeitung, Ausscheidung, Reaktion

Werden ätherische Öle über den Geruchssinn wahrgenommen, führen sie zu einer sofortigen Reaktion des vegetativen Nervensystems, des Hormonsystems, der Psyche und des Geistes. Dieselben Reaktionen sind bei Wahrnehmungsstörungen des Geruchssinns zu beobachten, wenn ein Raum intensiv beduftet oder ein Öl inhaliert wird. Bei einer Inhalation werden etwa fünfzig Prozent des Dufts eines ätherischen Öls über die Lunge aufgenommen und gehen in den Blutkreislauf über. Die Intensität und Schnelligkeit der Wirkung ist wie bei allen anderen natürlichen Mitteln abhängig von der Menge, die der jeweilige Organismus aufgenommen hat. Studien haben gezeigt, daß bei Massagen mit fetten Ölen oder dem Baden in ätherischen Ölen sich spätestens zwanzig Minuten nach dem Beginn der Anwendung Inhaltsstoffe der verwendeten Öle in der ausgeatmeten Luft nachweisen ließen. Demzufolge mußten die Öle wesentlich früher in den Blutkreislauf eingetreten sein. Die Geschwindigkeit, mit der die Substanzen eines ätherischen Öls die Hautbarriere überwinden und in den Blutkreislauf gelangen, hängt sehr von der Stärke des Unterhautfettgewebes ab, zu dem es eine hohe Affinität hat. Je höher der Anteil an Fettgewebe ist, desto länger dauert der Prozeß.

Studien zeigten, daß nach etwa neunzig Minuten keine meßbaren Mengen von Inhaltsstoffen ätherischer Öle mehr im Blut nachgewiesen werden konnten. Das bedeutet, daß der Körper die Öle aufgenommen, umgewandelt und ausgeschieden hat. Die Ausscheidung geschieht größtenteils über die Nieren, einige Substanzen bevorzugen als Ausgang offenbar die Lunge, um sich gänzlich auflösen zu können. Schließlich sei noch ein Hinweis auf jene Öle hinzugefügt, welche die körpereigene Abwehr stabilisieren oder stärken: Sie sind bis zu maximal zehn Tagen anzuwenden, danach kann eine gegenteilige Wirkung eintreten. Das gilt besonders dann, wenn man ätherische Öle einnimmt.

Grundregeln für den Umgang mit ätherischen Ölen

- Empfohlene Dosierungen sind einzuhalten.
- Es darf keine ständige Anwendung hoher Dosierungen erfolgen.
- Laien dürfen ätherische Öle nicht einnehmen.
- Man soll die Öle nur verdünnt auf die Haut auftragen.

- Zitrusöle auf der Haut und starke Sonneneinstrahlung beziehungsweise Ultraviolettstrahlung vertragen einander nicht. Meiden Sie also die Sonne, wenn Sie Zitrusöle anwenden.
- Öle dürfen nicht in die Augen gelangen.
- Ohne Rückfrage bei Arzt oder Therapeut sollten die Öle nicht bei Kleinkindern eingesetzt werden.
- Ätherische Öle sind nicht mit Medikamenten oder feinstofflichen Heilmitteln zu kombinieren.
- Leiden Sie unter einer Allergie, so testen Sie das Öl vor der Anwendung.
- Unternehmen Sie bei einer Krankheit keine Selbstheilversuche.

Die Duftlampe

Die bekannteste Anwendungsform ätherischer Öle für den Laien ist die Duftlampe. Sie verbreitet die Duftstoffe des Öls durch dessen Wärmeverdunstung im Raum. Das Prinzip ist immer gleich: Eine Schale wird mit Wasser gefüllt (durch warmes Wasser setzt der Verdunstungsvorgang schneller ein), eine darunter befindliche Kerze angezündet oder Glühbirne eingeschaltet. Das Wasser darf nicht zu kochen beginnen.

Die Dosierung ist abhängig von

- der Raumgröße – für einen bis zu 30 Quadratmeter großen Wohnraum benötigt man 4 bis 10 Tropfen Öl –,
- der Duftintensität der ätherischen Öle – von stark duftenden Ölen nimmt man etwa 2 Tropfen, von mittelstarken Ölen etwa 6 Tropfen, von schwachen Ölen etwa 10 Tropfen. (Sehen Sie dazu die Übersicht zur Duftintensität am Ende des Buches.) Beispielsweise ist 1 Tropfen reines *Melissenöl* wesentlich duftintensiver als 1 Tropfen *Kamillenöl*,

○ der Duftebene; Kopfnoten mit einem sehr spritzigen, frischen Duft (*Zitrone*) lösen sich sehr schnell auf und bauen sich auch schnell wieder ab, danach folgen die Herznoten und schließlich die Fußnoten, die mitunter noch Stunden später wahrnehmbar sind.

Vermeiden Sie ständig hohe Dosierungen, und wechseln Sie während eines Tages nicht ununterbrochen die Duftmischungen. Übertreiben Sie das Beduften Ihrer Wohnung nicht, indem in jedem Raum eine Duftlampe, womöglich noch jede mit einer anderen Duftmischung, steht.

Sollten Sie die Duftlampe zur Desinfektion oder Reinigung der Raumluft von unangenehmen Düften (Kochdünsten, Rauch, Schweißgeruch) einsetzen wollen, müssen Sie die Ölmenge höher dosieren als gewöhnlich.

Im Laufe der Zeit werden sich die Harz- und Wachsreste der ätherischen Öle in der Schale sammeln. Eine regelmäßige Reinigung der Schale mit Alkohol oder Essig halten sie sauber, so daß Sie Ihre Düfte immer wieder frisch und klar wahrnehmen können.

Kaufen Sie keine Billigprodukte, denn sie taugen meist nichts: Wachs fließt aus der Bodenwanne des Teelichts, die Bodenwanne platzt (Brandgefahr), Ton oder Glas zeigen Risse, das Wasser beginnt zu kochen, die Glasur ist nicht schadstofffrei (bleihaltig).

Die Inhalation

Trockeninhalation

Diese Inhalation können Sie überall und jederzeit durchführen: Sie geben 2 bis 3 Tropfen einer Duftmischung auf ein Taschentuch und atmen die Düfte tief ein. Diese Art der Anwendung ist nicht nur bei Erkältungskrankheiten angebracht, sondern auch bei den verschiedensten psychischen, mentalen oder körperlichen Zuständen. Ein Taschentuch und eine kleine Flasche Ihrer »Erste-Hilfe-Mischung« können Sie immer bei sich tragen, sie kann Ihnen wertvolle Hilfe leisten: in der Eisenbahn, im Auto, im Flugzeug, im Büro, während der Konferenzpause, im Restaurant. Bei Erkältung, Schwächeanfällen, Streß oder Angstzuständen helfen Sie sich damit ohne großen Aufwand.

Dampfinhalation

Die Dampfinhalation ist eine therapeutische Methode zur Linderung von Beschwerden der Atemwege einschließlich der Stirnhöhlen und der Nase. Sie hat sich bei Erkältung, Grippe, Bronchitis, Asthma, Neben- und Stirnhöhlenentzündung und Polypen bewährt. Oft wirkt eine Inhalation bei starken Kopfschmerzen, die mit Fieber verbunden sind, wahre Wunder. Nebenbei haben Sie gleichzeitig ein Gesichtsdampfbad. Die Natur bietet uns dazu ätherische Öle, die sich für beide Anwendungsformen gut eignen: Sie wirken beruhigend auf die Atemwege und reinigend auf die Gesichtshaut.

Füllen Sie heißes Wasser in eine Schüssel oder einen Topf, und tropfen Sie dann Ihre ätherischen Öle hinein. Geben Sie ein Tuch über den Kopf, das auch die Schüssel oder den Topf umschließt, und atmen Sie mindestens zehn Minuten lang tief ein und aus. Dosierung: Auf 2 Liter Wasser nimmt man 5 Tropfen eines oder mehrerer ätherischer Öle.

Vorsicht ist bei brennenden, stechenden oder kühlenden Ölen geboten, so bei *Kampferöl*, *Thymianöl* und *Minzöl*. Beginnen Sie Ihre Inhalation mit nur je einem Tropfen dieser Öle, um deren Verträglichkeit zu testen. *Thymianöl* ist stark schleimhautreizend und kann sehr brennen.

Mund- und Rachenspülung

Zur Behandlung von Entzündungen, Infektionen, Schwellungen und Schmerzen im Mund- und Rachenbereich eignen sich Gurgeln und Mundspülungen. Hilfreich bei allen Symptomen ist *Tea-Tree-Öl*, das sowohl schmerzlindernde als auch stark antiseptische, antivirale und bakteriostatische Eigenschaften besitzt. Natürlich tilgen solche Spülungen auch Mundgeruch, der durch Entzündungen oder Fäulnis im Mundbereich entstand.

Sie können sich dazu ein Mundwasser aus 100 Milliliter destilliertem Wasser, 1 Teelöffel Brandy und 5 Tropfen eines ätherischen Öls zubereiten – diese Mischung gut schütteln, gurgeln, nicht schlucken!

Nasenspray und Nasenöl

Bei Erkältungen und Nebenhöhlenerkrankungen, aber auch bei starken Polypen können Sie an Stelle eines handelsüblichen Nasensprays, das die Nasenschleimhaut oft austrocknet, ein selbst angerührtes Spray oder Nasenöl benutzen. Mischen Sie 10 Milliliter Haselnußöl mit 4 Tropfen ätherischem Öl. Füllen Sie diese Mischung in eine kleine (in der Apotheke erhältliche) Sprayflasche oder braune Apothekerflasche – statt zu sprühen, geben Sie einen Tropfen der Mischung auf einen Finger und streichen das Öl in Ihre Nase.

Kompressen und Wickel

Kompressen können eine Wohltat sein, um so mehr mit ätherischen Ölen. Durch die Kompresse konzentrieren Sie die Wärme oder Kälte und die ätherischen Öle auf den

Bereich, der behandelt werden soll. Verrühren Sie die ätherischen Öle in einer Schüssel mit Wasser, und tauchen Sie dann ein saugfähiges Tuch ein. Dieses drücken Sie etwas aus und legen ein zweites, trockenes Tuch darüber, um das sonst schnelle Erkalten einer warmen Kompresse zu vermeiden.

Kalte Kompressen sind bei akuten Erkrankungen (mit Fieber oder Schwindel), Kopfschmerzen, Schwellungen, Verstauchungen und Sehnenscheidenentzündungen angebracht. *Warme bis heiße Kompressen* wirken wohltuend bei Rheuma, Arthritis, Muskelkater, Krämpfen, Menstruationsbeschwerden, Koliken, Zahn- und Ohrenschmerzen, Halsschmerzen, Abszessen, manchen Hauterkrankungen, Bronchitis, Asthma.

Die *Gesichtskompresse* ist ein altes kosmetisches Mittel, um die Hautfunktionen, besonders den Abfluß von Schlakken und Giftstoffen, zu stimulieren und die Poren zu reinigen. Heiße Kompressen sind bei geplatzten Äderchen nicht angebracht. Dosierung: Für 2 Liter Wasser genügen 5 Tropfen eines ätherischen Öls oder 1 Tasse pures Aquarom.

Augenkompressen können Balsam für entzündete (auch bei Bindehautentzündung), brennende, angestrengte Augen sein. Tauchen Sie einen Wattebausch oder ein kleines Taschentuch in eine Tasse mit warmem Wasser, und legen Sie dies, ausgedrückt beziehungsweise ausgewrungen, auf die geschlossenen Lider. Sie dürfen nur milde ätherische Öle (von *Römischer Kamille* oder *Rose*), stark verdünnt, oder Aquarome anwenden. Dosierung: nur 1 Tropfen in 1 Tasse warmem Wasser verrühren, oder man nimmt 1 Tasse pures Aquarom.

Aromawickel werden wie Kompressen vorbereitet, auch die Dosierung richtet sich danach. Sie benötigen dazu ein saugfähiges Tuch, das Sie in die Wasser-Öl-Emulsion tauchen, gut auswringen (je besser, desto länger bleibt es heiß) und mit einem größeren trockenen Tuch abdecken.

Heiße Wickel regen grundsätzlich an, unabhängig davon, welches ätherische Öl Sie zusätzlich nehmen. Berücksichtigen Sie daher die Kreislaufsituation desjenigen, der den Aromawickel erhalten soll!

Warme bis lauwarme Wickel beruhigen und dürfen nicht zu sehr auskühlen, sonst friert der Körper. Durch die Wickel werden die Wirkungen der ätherischen Öle (und umgekehrt) verstärkt, und eine konzentrierte lokale Behandlung ist möglich.

Wickel eignen sich bei Fieber (etwa ein heißer Fuß- oder Wadenwickel oder ein Brustwickel), Lungenentzündung, Bronchitis und Erkältung (ein heißer Brustwickel), Migräne (ein heißer Fußwickel), Hautentzündung (ein warmer Wickel), einer Verstauchung (ein kalter Wickel), Muskelkrämpfen (warme Wickel), einer Halsentzündung (ein warmer Wickel). Achten Sie darauf, daß der ganze Körper zugedeckt ist, aber der Hals und vor allem der Nacken frei liegen. Wikkeln Sie nicht zu oft – ein Wickel am Tag ist genug, auf ihn soll eine lange Ruhe- oder Schlafpause folgen.

Das Aromabad

Die schönste Art, sich zu entspannen und Aromatherapie zu betreiben, ist, sich ins warme Badewasser zu legen, zu entspannen und angenehme Düfte zu genießen – doch kann ein Aromabad noch viel mehr für Sie bedeuten. Lassen Sie uns sehen, was dabei geschieht.

Das warme Wasser führt zu einem Auftrieb, der Ihnen das Gefühl von Schwerelosigkeit gibt. Die Wärme läßt Sie sich gleichsam ausdehnen, die Durchblutung wird stärker, die Schweißproduktion angeregt, die Körperwärme reduziert – alles zusammen erleben Sie als Entspannung. Die geistige Aktivität nimmt langsam ab, Darmperistaltik und Stoffwechsel erhöhen sich, der Körper kann sich regenerieren.

Wie schon erwähnt, sind die ätherischen Öle fettlöslich und werden sehr gut und schnell von der Haut aufgenommen. Dort verharren sie eine Weile. Innerhalb der Hautschichten entfalten ihre Inhaltsstoffe die verschiedensten Wirkungen (sie wirken unter anderem durchblutungsfördernd, entzündungshemmend, stoffwechselanregend, zellerneuernd, antiseptisch, wundheilfördernd, entschlackend).

Ein Aromabad sollte etwa 20 Minuten dauern (bei stark stimulierenden Ölen und bei Bluthochdruck nicht zu heiß und zu lange baden). Währenddessen atmen Sie die durch das warme Wasser schnell freigesetzten Aromen ein. Sie gelangen in die Atemwege und lösen über den Geruchssinn mentale und emotionale Reaktionen aus. Letztere treten augenblicklich ein, auch wenn Sie eine Veränderung oft erst nach dem Bad bemerken.

Insofern ist das Aromabad eine alle Bereiche des Wesens beeinflussende therapeutische Anwendung, die das allgemeine Wohlbefinden steigern, körperliche Prozesse anregen, die Haut pflegen und heilen, die Emotionen harmonisieren und den geschäftigen, nervösen Geist beruhigen kann. Und wenn dabei noch Düfte genommen werden, die Sie erfreuen, können Sie eigentlich nur noch die Augen schließen und loslassen …

Jedes Bad regt anfänglich durch das heiße Wasser an und führt nach einer Weile zu tiefer Entspannung oder starker Anregung – je nach den ätherischen Ölen, die Sie benutzen. Grundsätzlich soll man morgens stimulierende Öle (von *Rosmarin*, *Thymian*, *Eisenkraut*) und abends harmonisierend-entspannende Öle (von *Ylang-Ylang*, *Kamille*, *Lavendel*) für das Bad wählen. Für Kinder gelten sehr viel geringere Dosierungen als für Erwachsene. Ein hautpflegendes Bad für Kleinkinder mit 1 bis 2 Tropfen eines sanften Öls (etwa von *Rose* oder *Kamille*) ist möglich.

Achten Sie bei der Wahl der ätherischen Öle auf hautreizende und wärmende oder kühlende Wirkungen, die bei einem Aromabad meiner Erfahrung nach wesentlich stärker auffallen.

Geben Sie die ätherischen Öle nicht in die leere Wanne, sondern ins Badewasser, sonst ist alles verdunstet, bevor Sie mit dem Bad beginnen. Da die ätherischen Öle nicht mit Wasser emulgieren, brauchen Sie natürliche Zusätze, die dies ermöglichen. Dazu können Sie *Honig*, *Sahne*, *Milch* oder *Flüssigseife* nehmen. Meersalz als Zugabe eignet sich gut bei Hautunreinheiten und harmonisiert den elektromagnetischen Körper. Ein Meersalz-Bad ist sehr empfehlenswert bei häufigen und langen Arbeiten am Bildschirm. Flüssigseife (sofern sie pH-neutral und frei von Konservierungsstoffen ist) reinigt die Haut, ist aber sehr gering zu dosieren, da Seife Haut und Haar verklebt und die ätherischen Öle dadurch nicht so gut eindringen läßt.

Dosierung: Für ein Vollbad genügen 6 bis 10 Tropfen eines oder mehrerer ätherischer Öle. Die ätherischen Öle sollen gut in das Wasser eingerührt werden. Wenn Sie einen Emulgator nehmen, können Sie ihn vorher in einem Schälchen mit dem Öl mischen. Da die Haut durch langes Ruhen im Wasser, vor allem in hartem Wasser, stark austrocknen kann, empfehle ich, dem Badewasser gelegentlich noch 1 bis 2 Eßlöffel eines guten neutralen Pflanzenöls hinzuzufügen. Damit haben Sie mit dem Bad bereits eine rückfettende Körperlotion aufgetragen. Verwenden Sie Sahne oder Milch als Emulgator, ist dies bereits gegeben.

Das *Sitzbad* ist ein reines Heilbad bei Erkrankungssymptomen des Unterleibs (Unterleibskrämpfen, Menstruationsproblemen, Infektionen der Geschlechtsorgane oder des Afters). Das Wasser reicht dabei höchstens bis zum Nabel. Bei diesen Bädern können Sie den Anteil des ätherischen Öls höher dosieren, um eine stärkere Wirkung zu erzielen, aber dafür kürzer baden.

Die Aromamassage

Die Massage mit ätherischen Ölen ist die »Königsdisziplin« der Aromatherapie und Aromapflege. Hier verbinden sich die tiefsten Wünsche jedes Menschen nach Berührung und Nähe mit der Stimulation durch die Düfte und dem Erlebnis von Geborgenheit. Wie beim Aromabad werden Substanzen der ätherischen Öle durch die Haut aufgenommen, jedoch wesentlich mehr, da sie in den fetten Massageölen stark gebunden sind. Die Haut wird eingefettet, stimuliert, gepflegt. Gewebe und Muskulatur werden bewegt. Die Blutzirkulation wird angeregt.

Wenn Sie über den Lymphbahnen oder Lymphknoten massieren, stimulieren Sie zugleich den Fluß der Lymphe. Die klassische Lymphdrainage ist unter Einbeziehen ätherischer Öle besonders effektiv, bedarf jedoch präzisen Wissens um die Ausführung – unwissentlich können durch eine solche Massage sonst spontan in hohem Maß Giftstoffe abgeleitet werden, die sich unangenehm bemerkbar machen.

Über Atmung und Geruchssinn werden Duftstoffe aufbeziehungsweise wahrgenommen, sie führen – wie schon gesagt – zu einer insgesamt starken Veränderung des Zustands der Muskulatur, des Nervensystems und der Psyche. Die Art dieser Veränderung hängt vom Massageverfahren und den dabei eingesetzten ätherischen Ölen ab. Als wichtigstes Ergebnis einer Massage tritt das Gefühl der Zeitlosigkeit und Harmonisierung der Gehirnhälften (ein meditativer Geisteszustand) ein, schließlich also eine tiefe Entspannung des Körpers, der Gefühle und eine Harmonisierung des Nervensystems.

Wahl und Dosierung der ätherischen Öle sollten einer intuitiven Entscheidung folgen, keinem Kopieren von Rezepten aus Büchern und Wiederholen von Standardmischungen. Setzen Sie sich aber auch nicht zu sehr unter den Druck, kreativ sein und möglichst viele und ausgefallene

Düfte mischen zu müssen. In der Einfachheit liegt die Lösung.

Nebenwirkungen, Dispositionen, Ausschluß
Achten Sie besonders darauf, ob ein Öl hautreizende, blutdrucksteigernde oder blutdrucksenkende, nervenreizende (neurotoxische) oder die Lymphe beeinflussende Komponenten beinhaltet. Solche Öle sind entweder gänzlich zu meiden oder äußerst gering zu dosieren. Berücksichtigen Sie die momentane Allgemeinbefindlichkeit, fragen Sie als Therapeut nach dem Vorhandensein von Epilepsie, Allergien, Bluthochdruck, Verletzungen. Bei Schwangeren mit Rükkenbeschwerden oder Verspannungen sind die Massagen im Sitzen auf dem Rücken durchzuführen, indem die Schwangere umgekehrt auf einem bequemen Stuhl sitzt und Arme sowie Kopf auf einem Kissen auf der Lehne auflegen kann.

Eine Aromamassage muß bei den folgenden Befindlichkeiten unterbleiben: bei Schwangerschaft bis zum dritten Monat, bis zu drei Monaten nach einer Operation, bei einem frisch verheilten Bruch, inneren Verletzungen, Herzschwäche, Infektionskrankheiten, Chemotherapie und Krebs. Dies bezieht sich nicht auf sanfte Streichelmassagen mit einigen Tropfen eines ätherischen Öls (2 bis 3 Tropfen auf 50 Milliliter eines fetten Pflanzenöls), sondern auf Aromamassagen mit den üblichen Dosierungen.

Vorbereitung, Mischung
Mischen Sie nicht zuviel Massageöl an. An Basisöl reichen 20 Milliliter fettes Pflanzenöl für eine Ganzkörpermassage bei normaler Haut. Zur Massage benutzen Sie bitte pflanzliche fette Öle oder fertige Körperlotionen.

Dosierungen:
- Für die allgemeine Entspannung, die Hautpflege und psychisches Wohlbefinden gibt man 5 bis 10 Tropfen auf 20

bis 30 Milliliter Basisöl beziehungsweise 20 Tropfen ätherisches Öl auf 50 Milliliter Basisöl.

- Für Heilanwendungen mischt man 20 bis 30 Tropfen ätherisches Öl mit 20 bis 30 Milliliter Basisöl oder 50 bis 60 Tropfen ätherisches Öl mit 50 Milliliter Basisöl.

Frau spezial

Aromabinde

Gegen Entzündungen oder Infektionen der Vagina, Scheidenkatarrh, Wundsein und undefinierbaren Ausfluß bieten sich zwei neuartige Anwendungen an, die bei vielen Frauen sehr gute Ergebnisse erzielt haben. Einige Tropfen *Lavendelöl* können die vor der Menstruation oder während des Klimakteriums häufige Austrocknung der Vagina sowie Wundsein verhindern. Die Aromabinde wird mit 3 bis 5 Tropfen *Lavendelöl* betropft und wirkt durch die »Ausstrahlung« der Inhaltsstoffe auf die Vagina. Diese Anwendung hat keine unangenehmen Nebenwirkungen, etwa eine Schleimhautreizung oder Beeinträchtigung der Scheidenflora.

Aromatampon

Der Aromatampon wirkt nicht nur bei Beschwerden der Vagina, bei Zysten oder Menstruationsleiden, sondern kann auch bei Blasen- und Uterusleiden eingesetzt werden. Dabei wirken Substanzen der ätherischen Öle intensiv auf Schleimhäute, Scheidenflora, Gewebe und Organe. Besonders das Austrocknen der Vagina durch die üblichen Tampons wird durch Öle wie das von *Römischer Kamille*, *Lavendel* und *Schafgarbe* sowie durch fettes Öl verhindert.

Für den Aromatampon mischen Sie ätherische Öle mit Jojoba- oder Aloe-vera-Öl. Geben Sie 10 Tropfen der Mischung auf den Tampon, und erneuern Sie ihn mehrfach täglich. Dosierung: Für 10 Milliliter fettes Pflanzenöl genügen 5 bis 10 Tropfen ätherische Öle.

Vaginalspülungen
Für Spülungen sind ätherische Öle im Verhältnis 5 Tropfen zu 1 Liter Wasser anzuwenden.

Einnahme ätherischer Öle

Die Einnahme ätherischer Öle ist bei strikter Einhaltung der Dosierungsvorschriften nicht gefährlich, doch sollten Sie diese Anwendungsart nur unter ärztlicher oder therapeutischer Aufsicht durchführen. Eingenommen können ätherische Öle in Verbindung mit Alkohol und bei Allergien unangenehme Nebenwirkungen hervorrufen. Diese klingen zwar meistens nach 24 Stunden ab, doch Sie sollten sich diese Erfahrung ersparen.

Absolues dürfen nicht eingenommen werden, da sie Rückstände der Lösemittel enthalten können.

Kombination mit anderen Therapien

Es ist offensichtlich, daß Duftstoffe sich bei verschiedenen Therapien unterstützend für Klient *und* Therapeut einsetzen lassen. Wenn es sich darum handelt, Menschen erst einmal zu entspannen und beruhigen, können ätherische Öle in Duftlampen oder Raumbeduftungsgeräten eine wertvolle Hilfe sein.

Für Gesprächstherapien oder Gruppenprozesse können Duftstoffe eine entspannte, geistig wache *und* meditative Atmosphäre schaffen, die dem therapeutischen Prozeß sehr förderlich sind. Bei Massagen oder anderen Körpertherapien vertiefen ätherische Öle, den Massagelotionen beigemischt, das Erleben.

Melissenöl hilft besonders gut, Gruppenprozesse zu konzentrieren, die Teilnehmer zu entspannen und mental wach zu halten.

Durch heftige Körperbewegung (wie bei Bioenergetik oder Tanzen) entstandene starke Körperdüfte lassen sich mit luftreinigenden und lufterfrischenden Ölen wie *Zitronenöl*, *Limettenöl*, *Latschenkiefernöl* und *Lavendelöl* beseitigen.

Bei der Atemtherapie können Atemtiefe und Atemrhythmus erheblich beeinflußt werden: Beschleunigend wirkt das Öl von *Minze*, *Eukalyptus*, *Cajeput*, *Niauli*, *Kampfer*, *Zirbelkiefer*, *Latschenkiefer*, dämpfend das des *Ylang-Ylang*.

Für Rückführungen oder Trancen eignen sich die das Unterbewußtsein ansprechenden und stark entspannenden Öle von *Cistrose*, *Immortelle*, *Melisse*, *Muskatellersalbei*, *Patchouli*, *Vetiver*, *Weihrauch*. Bei Energiearbeit wie Reiki kann der dem Klienten angenehme Duft oder ein allgemein entspannendes Öl gewählt werden.

Die Effekte von Shiatsu, Tantsu und andere Kombinationen von Körper- und Energietherapien werden durch die jeweils anregenden oder sedierenden Wirkungen von ätherischen Ölen verstärkt. Bei Shiatsu kann 1 Tropfen reines ätherisches Öl am Anfangs- oder Endpunkt eines Meridians zur Anregung oder Beruhigung aufgetragen werden.

Bei Reflexzonentherapien, besonders der Fußreflexzonenbehandlung, hat der Einsatz von ätherischen Ölen gute Resultate gezeigt. Auch hier kann ein einzelner Tropfen ätherisches Öl auf die Organzone oder den Organpunkt wertvolle Dienste leisten.

Bei allen Anwendungen ist auf eine geringe Dosierung zu achten, damit die Räume nicht »überduftet« werden und das eigentliche Therapieziel nicht durch Ablehnung der Düfte oder Irritation durch die veränderten Raumdüfte blockiert wird.

Aromapflege für Haut und Haar

Ätherische Öle dürfen, mit Ausnahme des *Lavendelöls*, wie schon erwähnt, nur gestreckt auf die Haut aufgetragen werden. Am einfachsten ist die Zubereitung eines Öls für Gesicht, Körper oder Haare. Dabei sollten Sie nicht nur das ätherische Öl, sondern auch das Basisöl sorgfältig auswählen, da letzteres auch heilende und pflegende Wirkungen hat und Sie damit einen synergistischen Effekt erzielen. Ein Irrtum ist es, anzunehmen, daß Gesichtsöle bei fetter Haut zu einer erhöhten Talgproduktion führen. Im Gegenteil, sie bremsen sie.

Wenn Ihnen ein Öl auf der Haut nicht behagt, können Sie problemlos Cremes oder Lotionen selbst herstellen oder fertige, duftneutrale Cremes kaufen, denen Sie Ihre Öle beimischen. Frisch- oder Naturkosmetik zeichnet sich dadurch aus, daß sie keine synthetischen Emulgatoren, Konservierungs- und Desinfektionsmittel verwendet. Das Konservieren und die Desinfektion übernehmen bei den folgenden Beispielen die ätherischen Öle, die durch ihren Duft außerdem Freude und Wohlbehagen auslösen können. (Dies trifft auf die handelsüblichen Kosmetika mit synthetischen Komponenten nicht immer zu.)

Einige Beispiele sollen Sie dazu anregen, Ihre Aromapflegemittel selbst herzustellen.

Gesichtsdampfbad: Für 2 Liter Wasser genügen 6 bis 8 Tropfen ätherische Öle.

Gesichtskompresse: In 2 Liter Wasser werden 4 bis 5 Tropfen ätherische Öle verrührt.

Gesichtsöl: In 50 Milliliter Basisöl mischt man 10 bis 15 Tropfen ätherische Öle.

Gesichtstonikum: Man nimmt 25 Milliliter Wasser, 25 Milliliter Alkohol und 5 Tropfen ätherische Öle. Oder man mischt 50 Milliliter Wasser mit 200 Milliliter Aquarom und 10 Tropfen ätherische Öle. Ebenso lassen sich

250 Milliliter Wasser mit 10 Tropfen ätherische Öle mischen. Das Gesichtstonikum vor jedem Gebrauch gut schütteln.
Gesichtspackung: Zwei Eßlöffel Lehm, Heilerde, Joghurt oder Mandelkleie werden mit 4 Eßlöffel Wasser, 4 Tropfen ätherische Öle und Zutaten wie Zitronensaft, Gemüsesaft, Ei, Honig, Glyzerin oder Pflanzenöl verrührt.
Rasierwasser: Auf 90 Milliliter Hamameliswasser nimmt man 10 Milliliter Alkohol (nicht bei trockener Haut) und 5 Tropfen ätherische Öle.
Mundwasser: Die Menge von 250 Milliliter Wasser, 1 Teelöfel Brandy und 5 Tropfen ätherische Öle reicht für einen längeren Gebrauch.
Körperöl: In 100 Milliliter Basisöl verrührt man 20 bis 25 Tropfen ätherische Öle.
Haarwasser, Haarspülung: In 500 Milliliter Wasser gibt man 10 Tropfen ätherische Öle. Vor jedem Gebrauch gut schütteln.
Haarshampoo: Für 250 Milliliter Shampoo genügen 10 Tropfen ätherische Öle.
Haarkur: Man versetzt 50 Milliliter Basisöl mit 15 Tropfen ätherische Öle (die Menge gilt für eine zweimalige Anwendung bei mittellangem Haar).
Pflegecreme: In 50 Milliliter Creme werden 10 bis 15 Tropfen ätherische Öle verrührt.
Heilsalbe: Vermischen Sie 50 Milliliter Salbe mit 20 bis 30 Tropfen ätherische Öle.

Naturparfüms

Es liegt auf der Hand, daß Sie sich mit Hilfe ätherischer Öle, die sich in natürlicher Form oder in synthetischer Nachbildung in allen im Handel angebotenen Parfüms befinden, Ihr individuelles »Naturparfüm« herstellen können. Ob in Ihrer

Duftmischung die frischen Kopfnoten, wie der Duft von *Zitrone*, *Eisenkraut* oder frischen Gartenkräutern, balsamische Düfte, wie *Tolu*, *Tonka*, *Benzoe*, den Ton angeben oder warme, sinnliche Aromen, wie die von *Ylang-Ylang-Öl*, *Zimtöl* oder *Sandelholzöl*, dominieren, liegt in Ihrer Wahl. Durch nur einen Tropfen eines ätherischen Öls kann die ganze Mischung einen anderen Charakter, eine andere Ausstrahlung bekommen. Wie bei einem Orchester kann ein Duftstoff durch Menge oder Intensität die »erste Geige spielen« und alle anderen übertönen. Aber auch gegensätzliche Düfte, wie die herben Gartenkräuter und süßen Blüten, können ein harmonisches Gesamtbild ergeben. Was immer Sie mischen – Sie und Ihre Mitmenschen werden von dem »Gesamtduft« angeregt.

Vielleicht möchten Sie zu kostbaren und teuren Essenzen greifen, um ähnlich starke und intensive Duftmischungen herzustellen, wie kommerzielle Parfüms sie enthalten. Das muß nicht sein. (Zehnprozentige) Essenzen von *Geranie*, *Zeder*, *Lavendel*, *Linaloe*, *Bergamotte*, *Sandelholz* und *Eisenkraut* liegen preislich in der Mittelklasse und können sehr schöne Kompositionen ergeben. Beginnen Sie mit kleinen Mengen, vor allem, wenn Sie teures *Rosen-*, *Jasmin-*, *Moschuskörner-* oder etwa *Iriswurzelöl* in Ihren Mischungen verwenden wollen. Informieren Sie sich über die Duftintensität und die Duftebene der Öle (das fühlen und riechen Sie; und Sie können es in diesem Buch nachlesen). Vergleichen Sie, welche Öle ähnliche Düfte haben und am ehesten miteinander harmonieren (siehe zum Beispiel zimtartige, holzige, blumige, süßliche, honigartige Düfte).

Beginnen Sie mit 1 Tropfen pro ätherischem Öl. Nehmen Sie anfänglich nicht mehr als 3 bis 4 Düfte, sonst verlieren Sie die Kontrolle. Nach einiger Übung können Sie sich an größere Mengen wagen. Dosierung: Versetzen Sie 15 bis 25 Tropfen ätherische Öle mit 10 Milliliter Weingeist oder Jojobaöl.

Der Alkohol (er sollte 70- bis 90prozentig sein) läßt die Duftstoffe schneller verfliegen als das Jojobaöl, das Sie aber ohne Gefahr einer Hautreizung auftragen können. Jojobaöl hat zudem keinen Eigengeruch und harmoniert meines Erachtens besser mit ätherischen Ölen.

Für viele Menschen, die über psychische Disharmonien klagten, habe ich individuelle Naturparfüms gemischt, die zu einer Stabilisierung des Gemüts oder Stimmungsverbesserung beitrugen. Bei dieser therapeutischen Maßnahme ist der Placebo-Effekt nicht zu unterschätzen – indem ich jeden Morgen daran erinnert werde, daß ich ein Parfüm nicht nur wegen des schönen, attraktiven Duftes nehme, sondern mit Hilfe des Duftes meine Gemütsverfassung ändern will.

Einschränkungen beim Gebrauch ätherischer Öle

Grundsätzlich bestehen keine Gefahren durch die Anwendung ätherischer Öle, wenn diese in der richtigen Menge und unter Beachtung der Einschränkungen bei bestimmten Ölen genommen werden.

So sehr von einigen Behörden oder Verbänden gelegentlich auf die Gefahren im Umgang mit ätherischen Ölen hingewiesen wird, stellt man nach vielen Jahren sich stetig ausweitender Anwendung dennoch keine signifikant hohen Unfallziffern mit dramatischen Folgen fest. Die meisten Unfälle geschehen aufgrund eines unbedachten Umgangs mit den Ölen – zu hoher Dosierung in Duftlampen, Bädern oder Hautölen oder der Einnahme ätherischer Öle durch Kinder.

Ätherische Öle sind pflanzliche Drogen, die bei angemessener Menge helfen, heilen, pflegen und bei Überdosierung schaden können. So ist es aber mit allem, was wir von der

Natur erhalten: Des Guten zuviel schadet. Ein Glas Wein am Abend entspannt und stärkt das Herz, eine Flasche Wein täglich vergiftet und trübt das Bewußtsein. Im Vergleich mit Alkohol, Nikotin, Koffein, Zucker, Konservierungsmitteln und Medikamenten, die bedenkenlos konsumiert werden und drastische Nebenwirkungen haben, entstehen durch ätherische Öle keine nennenswerten Nachteile.

Kinder
Ätherische Öle sollten Kleinkindern niemals zur Einnahme gegeben werden. Grundsätzlich gelten für Kinder wesentlich geringere Dosierungen, besser ist es aber, sie nicht mit ätherischen Ölen zu behandeln. Das schließt nicht aus, wenige Tropfen hautfreundlicher, beruhigender oder schön duftender Öle ins Badewasser zu geben, etwas *Rosen-* oder *Lavendelöl* ins Hautöl zu mischen, um den Heilungsprozeß von Wunden zu beschleunigen, oder eine Duftlampe mit *Zitronen-* oder *Eukalyptusöl* bei Erkältungen ins Schlafzimmer zu stellen. *Eukalyptusöl* und *Cajeput* dürfen Kleinkindern nicht zur Behandlung von Atemwegserkrankungen und Erkältungen in Brustwickeln, Einreibungen im Hals-Nasen-Bereich oder für Inhalationen verabreicht werden, da sie zu einem affektiven Atemstillstand führen können.

Allergiker
Siehe unter »Nebenwirkungen«, »Allergien«.

Diabetiker
Sie sollen kurz vor ihrer Insulininjektion *Wacholderöl* nicht in hoher Dosierung benutzen. *Eukalyptusöl* und *Geranienöl* dürfen nicht hoch dosiert und nicht langfristig bei Bädern oder Massagen angewandt werden.

Schwangere

Völliger Verzicht während der Schwangerschaft wegen möglicher abortiver oder toxischer Wirkung ist für das von folgenden Pflanzen oder Pflanzenteilen gewonnene Öl anzuraten (in normaler Dosierung bei gelegentlicher Anwendung sind sie bedenkenlos): *Poleiminze*, *Salbei*, *Thuja*, *Zimt*, *Petersilie*, *Basilikum* (Estragol-Typ), *Kalmus*, *Kampfer*, *Sassafras*, *Estragon*, *Birke*, *Nelke*, *Schopflavendel*, *Spearmint*, *Ysop*, *Oregano*, *Bohnenkraut*, *Thymian* (Thymol-Typ), *Bayölbaum*, *Minze (Mentha arvensis)*.

Aufgrund menstruationsfördernder Wirkung (in normaler Dosierung bei gelegentlicher Anwendung aber bedenkenlos) ist das Öl von folgenden Pflanzen nur eingeschränkt einzusetzen: *Kampfer*, *Myrrhe*, *Kümmel*, *Zeder (*gilt nur für *Juniperus virginana)*, *Muskatellersalbei*, *Zypresse*, *Jasmin*, *Wacholder*, *Majoran*, *Minze (Mentha piperita)*, *Rosmarin*, *Eisenkraut*, *Melisse*, *Muskatnuß*, *Cistrose*.

Auf jegliche Behandlung der Brust während der Schwangerschaft mit Ölen, die östrogenähnliche Inhaltsstoffe ausweisen (wie von *Eukalyptus*, *Fenchel*, *Geranie*, *Muskatellersalbei*, *Salbei*, *Zypresse*) oder bindegewebsstraffenden Ölen (*Lemongrass*) soll während der Schwangerschaft verzichtet werden.

Stark eingeschränkt aufgrund östrogenstimulierender Wirkungen ist der Gebrauch von *Anisöl*, *Sternanisöl* und *Fenchelöl*.

Stillende Mütter

Während des Stillens können wundheilende Öle (etwa von *Rose*) und milchtreibende Öle (wie von *Jasmin*) äußerlich angewandt werden. Ansonsten soll auf hohe Dosierungen jeglicher Öle für Bäder, Massagen und Inhalationen ab zwei Stunden vor dem Stillen verzichtet werden, da die Substanzen des ätherischen Öls wahrscheinlich auch in der Muttermilch vorzufinden ist. *Salbeiöl* und milchhemmende Öle sind während des Stillens natürlich zu meiden.

Epileptiker
Epileptiker dürfen das Öl von *Basilikum*, *Poleiminze*, *Spearmint*, *Fenchel*, *Kampferbaum*, *Salbei*, *Thuja*, *Ysop*, *Zeder* (gilt nur für *Juniperus virginiana)*, *Zypresse?* (? = Verdacht, gering dosieren) keinesfalls anwenden.

Krebskranke
Während einer Chemotherapie oder Behandlung mit Arzneimitteln sollen ätherische Öle nicht als Therapeutikum eingesetzt werden.

Leberkranke
Sie müssen auf die Einnahme ätherischer Öle gänzlich verzichten, da einige Öle – und es sind noch nicht alle getestet – die Leberfunktionen beeinträchtigen können. Die folgenden Öle sollen in äußerlicher Anwendung (für ein Bad oder eine Massage) nur gering dosiert werden: *Basilikumöl*, *Zimtöl*, *Thujaöl*, *Thymianöl*.

Medikamentöse oder allopathische Behandlung
Ätherische Öle sind als Therapeutikum nur in Absprache mit dem behandelnden Arzt zu verwenden.

Homöopathische Behandlung
Wenn Sie mit homöopathischen Mitteln behandelt werden, können Sie Ihre Lieblingsdüfte in der Duftlampe ohne Bedenken weiterhin benutzen. Auf eine starke Dosierung für innerliche oder äußerliche Anwendungen müssen Sie während des Behandlungszeitraums völlig verzichten. Besonders *Kampferöl*, *Pfefferminzöl* und *Thymianöl* stören die Wirkung homöopathischer Mittel. Wahrscheinlich verstärken die ätherischen Öle bis zur homöopathischen Potenz D 6 den Einfluß

des Mittels und heben ab der Potenz D 12 die Wirkung auf. Diese Annahme ist noch nicht gesichert und wird individuell zu bedenken sein.

Bachblüten-Behandlung
Die Behandlung mit Bachblüten und ätherischen Ölen gleichzeitig kann sehr wirksam sein, wenn es um die Harmonisierung oder Heilung der Psyche geht. Aquarome und Bachblüten lassen sich ohne weiteres gleichzeitig einnehmen. Sie behindern einander nicht – soweit bis jetzt bekannt.

Nebenwirkungen ätherischer Öle oder ihrer Düfte

Die folgenden Nebenwirkungen sind individuell und müssen nicht auftreten. Es empfiehlt sich, die nun genannten Öle in hoher Dosierung oder bei einem langen Anwendungszeitraum mit etwas Vorsicht zu gebrauchen.

Halluzinogene (rauschfördernde) Wirkung
Sie wurde häufig bei einer Kombination mit Alkohol und *Muskatellersalbeiöl*, *Muskatöl* oder *Anisöl* beobachtet.

Allergien
Alle *Zitrusöle*, *Lorbeeröl*, *Zimtöl* können Allergien fördern und sind von hochallergischen Menschen am besten gänzlich zu meiden (auch in der Duftlampe!). Die allergischen Reaktionen auf *Zimtöl* werden oft mit einer phototoxischen Reaktion verwechselt. Wählen Sie daher besser ein anderes Öl – es bieten sich genügend Ausweichmöglichkeiten.

Testen Sie das Öl vor dem Gebrauch: einen Tropfen Öl auf die Armbeuge oder auf die Brustmitte über dem Brustbein auftragen und einen Tag warten, ob eine Reaktion erfolgt.

Blutdrucksteigerung
Nicht zu benutzen ist bei hohem Blutdruck das Öl von *Rosmarin*, *Ysop*, *Salbei*, *Thymian*.

Nierenschädigung
Eine solche Schädigung ist nur durch die Einnahme großer Mengen von *Rosmarinöl*, *Sandelholzöl*, *Thujaöl* und *Wacholderöl* über einen längeren Zeitraum möglich.

Hautreizung
Grundsätzlich wirken alle ätherischen Öle hautreizend, dadurch wirken sie ja so belebend auf die Haut. Doch bestehen Grenzen, wenn die Haut zu sehr gereizt oder gar verätzt wird oder wenn ein Öl bei einer extrem sensitiven Haut sogar Dermatitis auslösen kann. Die Dosierung der aus den folgenden Pflanzen oder Pflanzenteilen gewonnenen Öle sollte sich auf 20 Tropfen für 100 Milligramm einer Emulsion oder Creme oder auf 3 Tropfen für ein Bad beschränken.

Angelika
Birke
Bohnenkraut
Cajeput
Cassia
Citronella
Eukalyptus
Eisenkraut
Ingwer
Kampfer
Kardamom
Koriander
Krauseminze (Spearmint)
Kümmel
Lemongrass
Limette
Litsea
Mandarine
Melisse
Nelke
Niauli
Orange
Oregano
Petersilie
Pfeffer
Pfefferminze
Poleiminze
Tagetes
Thymian
Zimt
Zitrone

Auf die Öle dieser Pflanzen sollte bei extremer Sensibilität der Haut verzichtet werden:

Anis
Geranie
Ingwer
Jasmin
Kiefer
Litsea
Nelke
Tagetes
Tanne
Ylang-Ylang
Zitronellgras

Photosensibilisierung – Phototoxizität
Die hierzu genannten Öle verursachen eine starke Hautreizung bis Hautschädigung, wenn die Haut intensiver Ultraviolettstrahlung ausgesetzt wird (etwa im Hochsommer durch das Ozonloch, im Hochgebirge, am Meer). Die Wirkung kann auftreten, sobald die Menge des phototoxischen ätherischen Öls in einem Trägeröl (Gesichtsöl, Körperöl, einer Lotion oder Creme) *ein Prozent* überschreitet. Es betrifft das Öl von

Angelika
Bergamotte
Blutorange
Eisenkraut
Limette
Mandarine
Opoponax
Orange
Pampelmuse
Petersilie
Pomeranze
Zitrone

Erste Hilfe bei Unfällen

- Bei Rauschzuständen durch halluzinogene Düfte beziehungsweise Öle hilft oft viel Bewegung, um den Stoffwechsel anzuregen. Ansonsten bleibt nur das Warten.
- Ist die Haut verbrannt oder verätzt, ist mit viel Wasser zu spülen.
- Sind ätherische Öle in die Augen gelangt, sollten die Augen mit viel fettem pflanzlichem Öl, notfalls mit Butter, gereinigt werden.

- Bei Einnahme (Trinken) ätherischer Öle sollte viel Wasser nachgetrunken und ein Erbrechen herbeigeführt werden.
- Die häufigsten Begleiterscheinungen einer Vergiftung sind Übelkeit, Krämpfe, Schmerzzustände, Schwindelgefühl und nervöse Zuckungen. Es ist ratsam, den Arzt aufzusuchen oder – bei einer einnahmebedingten Vergiftung – das zuständige Toxikologische Institut um Rat zu fragen. Die Norrufnummern für Deutschland, Österreich und die Schweiz sind am Ende des Buches genannt.

Vierter Teil
Die ätherischen Öle und Aquarome

Allgemeines über die ätherischen Öle

Ätherische Öle – die neue, internationale Schreibweise ist »etherisch« – finden Sie in vielen Pflanzen. Sie sind Teil ihres Stoffwechsels. Für die Pflanze erfüllt das ätherische Öl verschiedene Funktionen, die für ihr Wachstum, ihre Fortpflanzung und ihr Weiterleben wichtig sein können. Solange die Öle in der Pflanze, ihren Drüsenhaaren, Drüsenschuppen, Ölzellen, und Ölgängen sind, finden wir sie als Flüssigkeit vor. Auf den Blättern befindliche Drüsenschuppen können Sie zum Beispiel bei *Pfefferminz-* oder *Melissen*blättern erkennen. Die kleinen Ausstülpungen auf dem Blatt enthalten das ätherische Öl. Brechen Sie die Nadel einer Tanne über einer Kerze, so flammt etwas kurz auf: das verbrennende ätherische Öl. Die Schalen der Orangen und Zitronen zeigen deren Ölbehälter deutlich. Wenn Sie die Schale auch nur leicht biegen, brechen diese Kammern sofort auf, geben ihr ätherisches Öl ab und beduften den Raum im Nu.

Je nach Pflanze, Jahres- oder Tageszeit treten die ätherischen Öle auch ohne mechanische Einwirkung aus der Pflanze. In feiner Dosierung treten sie nach außen und gehen in einen gasförmigen Zustand über. Mit dem Entweichen des ätherischen Öls werden ebenso Abfallstoffe aus der Pflanze ausgeschieden (dies läßt sich etwa mit der Ausdünstung unseres Körpers vergleichen).

Nun schweben sie – Molekül für Molekül – mit ihren Informationen über die Pflanze mit dem Wind davon. Das gewährleistet der Pflanze unter anderem, daß für die Bestäubung wichtige Insekten sie finden. Innerhalb der Blüte bietet die Pflanze den Insekten gleichsam einen duftenden Landeleitstrahl an – was besonders bei den Nachtduftern (wie *Jasmin*) ausgeprägt ist –, damit die Insekten den Ort der Lust finden: einen vollen Pollenkorb oder frischen Nektar, direkt vom Erzeuger. Irrig wäre anzunehmen, daß alle Blüten gut duften. Doch was uns »stinkt«, empfindet der Mistkäfer oder die Aasfliege als Delikatesse.

Das, was sich in den Blättern, Wurzeln und Stengeln an ätherischen Ölen aufhält, soll also unter anderem auch das Überleben der Pflanze sichern.

Das in Ölbehältern abgelagerte Öl tritt vermehrt nach außen, wenn die Pflanze geschädigt wird: durch den Biß eines Hasen, eines Käfers, den Saugrüssel einer Laus, das Bohren eines Erdkäfers oder die rupfende Hand eines Menschen.

Je weiter wir bei manchen Pflanzen nach unten vordringen, desto schärfer oder stechender können Düfte und Geschmack werden – unter anderem wohl eine chemische Abschreckungskeule der Pflanze –, etwa bei *Angelikawurzel*).

Natürlich nehmen auch andere Pflanzen die »Ausdünstungen« wahr und können damit vom Lebensbereich (etwa der *Brennessel*) ferngehalten werden, oder sie werden in ihrem Wachstum angeregt, wie es den *Tomaten* mit der *Petersilie* ergeht. Gleichzeitig profitieren Pflanzen von den aggressiven ätherischen Ölen der Nachbarpflanzen, die Ungeziefer abschrecken.

Und letztlich verändert sich der Duft einer Pflanze oder Frucht stark, wenn sie reif ist oder stirbt.

Aus der Pflanze in die Flasche

Der Weg aus dem Ölbehälter einer Pflanze in die Flasche führt über das Zerstören von Zellwänden oder von Zellen. Je nach Pflanze und Beschaffenheit des ätherischen Öls bestehen verschiedene Methoden, dies wirtschaftlich und schonend durchzuführen, ohne das Öl selbst anzugreifen. Die wesentlichen Verfahren seien nun kurz vorgestellt.

Das Preßverfahren

Bei Früchten (zum Beispiel den Zitrusfrüchten) befindet sich das ätherische Öl in den Fruchtschalen, nicht etwa im Fruchtfleisch. Die Schalen, die nicht mit Zusätzen behandelt sein dürfen, werden *gepreßt*. Auf diese Weise erhält man das Öl der *Zitrone, Orange, Mandarine, Tangerine, Limette, Bergamotte* und *Pampelmuse*. Bei einer Erhitzung der Schalen kann mehr Öl gewonnen werden, jedoch leidet die Qualität darunter. Das Öl der Zitrusfrüchte ist als besonders natürlich und rein zu betrachten und aufgrund der einfachen Methode sowie der großen Menge der verfügbaren Schalen sehr preiswert.

Die Destillation

Durch Erhitzen der Pflanzen oder Pflanzenteile mit heißem Wasser oder Wasserdampf in einem geschlossenen Behälter, also durch *Destillation*, lassen sich die meisten ätherischen Öle gewinnen. Hier findet bereits eine Veränderung des ätherischen Öls statt, denn seine wasserlöslichen Substanzen bleiben im Wasser zurück. Der Preis wird durch die Menge des ätherischen Öls in der Pflanze (von 0,01 bis 4 Prozent) und der Menge der angebauten beziehungsweise wildwachsenden Pflanzen bestimmt. So braucht man für ein Kilogramm *Rosenöl* etwa zwei bis vier Tonnen Rosenblütenblätter, für ein Kilogramm echtes *Melissenöl* die unglaubliche Menge von rund zehn Tonnen Pflanzenmaterial und für ein Kilogramm *Eukalyptusöl* vergleichsweise bescheidene dreißig Kilogramm Blätter des Baumes.

Auch die Art der Destillation kann das Resultat sehr beeinflussen: *Hochdruck* beschleunigt den Vorgang, ermöglicht eine hohe Ausbeute, aber nur mittelmäßige bis niedrige Qualität. Mit *Niederdruck* erreicht man weniger Quantität, doch mehr Qualität. Das *Ausdestillieren* ist ein langer Prozeß, das Ergebnis eine gute Qualität (manche Pflanzen brauchen eben lange Zeit, um sich von dem ätherischen Öl zu trennen). Die etwas umständliche *Anreicherung* liefert gute Qualität, aber eine geringe Menge (zum Beispiel *Melissenöl*). Bei diesem Prozeß muß immer wieder Destillationswasser oder Blütenwasser zugesetzt werden. Der Einsatz von *Vakuum* (ohne Wasserdampf, aber mit Hitze) erfordert eine aufwendige Technik, der langsame Prozeß sorgt für eine schonende Behandlung und gute Qualität. Bei der *Hydrodiffusion* wird Wasser von oben in Behälter geleitet, das Öl-Wasser-Gemisch kondensiert im unteren Teil des Behälters; weniger Dampf ist nötig, ebenso eine kürzere Zeit, das Verfahren gewährt eine höhere Ausbeute.

Wird die Destillation zu schnell oder zu heiß durchgeführt oder werden minderwertige Kessel (nicht aus Edelstahl oder Kupfer) benutzt, findet sich im Sammelbehälter ein ätherisches Öl, dem Wirkstoffe fehlen oder dessen Duft unvollständig ist. – Nachzutragen ist hier, daß auch Fruchtschalen, wie die der Limette, destilliert werden, um eine erwünschte Qualitätsänderung zu erzielen. – Das Wasser, das bei der Destillation übrigbleibt, enthält Spuren des ätherischen Öls. Man nennt es *Blütenwasser* (auch wenn keine Blüten destilliert wurden) oder auch *Aquarom*.

Die Extraktion

Bei einigen Pflanzen ist das Destillieren nicht durchführbar, weil die Menge des erzeugten Öls zu gering wäre oder das hitzeempfindliche Öl durch die hohen Temperaturen erhebliche Strukturveränderung oder Zerstörung erfahren würde

– sein natürlicher Duft ginge verloren. Hier bietet sich die *Extraktion* an, das Herauslösen des ätherischen Öls aus der Pflanze mit Hilfe eines *Lösungsmittels* (Toluol, Alkohol, Chlorkohlenwasserstoff, Methanol, Hexan oder anderen). Die anschließende Destillation und Filtration trennt das ätherische Öl vom Pflanzenmaterial und den ebenfalls entzogenen Wachsen. Was bei diesem Prozeß gewonnen wird, trägt die Bezeichnung *Absolue*. Die so gewonnenen Öle sind sehr duftintensiv, ihre therapeutischen Anwendungsmöglichkeiten werden aber durch den Umstand eingeschränkt, daß das Öl Rückstände des Lösungsmittels enthält und nicht eingenommen werden darf. Für alle anderen Anwendungen ist es aber geeignet, da die Menge der Rückstände so gering ist, das Öl so duftintensiv und gleichsam nochmals konzentriert ist, daß Sie nur geringste Mengen benötigen. Bei Alkohol als Lösungsmittel sind die Rückstände sowieso unbedenklich.

Die Kohlendioxid-Extraktion ist ein weiteres Verfahren, um hitzeempfindliches Pflanzen- oder Blütenmaterial seines ätherischen Öls zu berauben, ohne es zu zerstören. Es ist eine sehr schonende Extraktionsweise mit flüssigem Kohlendioxid bei bis zu 31 Grad Celsius (einer vergleichsweise sehr niedrigen Temperatur, wenn Sie bedenken, wie hoch die Oberflächentemperatur eines Blattes bei Sonne im Hochsommer ist.

Resinoide, das heißt ätherische Harze, werden durch eine Kombination von vorangehender Extraktion mit Lösungsmitteln und anschließender Destillation, um die Lösungsmittel wieder abzuziehen, gewonnen. Im günstigsten Fall wird *Alkohol* als Lösungsmittel genommen, der als unbedenklicher Rückstand im Resinoid zu finden ist.

Der Inhalt Ihrer Flasche: Bezeichnungen, Reinheit, Qualität

Nun haben Sie erfahren, wie die Öle gewonnen werden und sehen sich mit einer Vielzahl von Beschreibungen auf den Etiketten der Flaschen oder in den Bestellisten der Versandfirmen konfrontiert. Wir wollen etwas Ordnung und Klarheit ins Wirrwarr der Bezeichnungen bringen und sehen, auf was Sie achten müssen, wenn Sie Öle kaufen. Nicht jedes ätherische Öl ist rein, natürlich oder tatsächlich das gewünschte Zedernholzöl aus Marokko!

Name

Gibt den Namen der Pflanze an, deren Öl sich in der Flasche befindet – zum Beispiel *Zypressenöl.* Phantasienamen wie »Indische Rose« oder »Westindisches Sandelholzöl« deuten an, daß es sich um ähnlich duftende Essenzen handelt, die aber mit dem originalen Öl nichts gemeinsam haben. *Apfelblüte*, *Maiglöckchen*, *Banane*, *Moschus*, *Flieder* oder *Lotus* bezeichnen kein ätherisches Öl. Es handelt sich um synthetische Duftstoffe.

Botanische Bezeichnung

Diese Information hilft Ihnen festzustellen, ob das ätherische Öl tatsächlich von der Pflanze gewonnen wurde, die Sie wünschen. Sie lesen zum Beispiel über das *Zedernholzöl* und seine Wirkungen. Beschrieben ist das Öl der Pflanze *Cedrus atlantica.* Die Bezeichnung auf der Flasche lautet aber *Juniperus virginiana.* Das ist nicht dasselbe, sondern es handelt sich um eine andere Pflanze(nart), in diesem Fall um eine Wacholderart. Lesen Sie bei der Beschreibung des *Zedernholzöls* selbst nach. Dem Laien wird der graduell unterschiedliche Duft nichts verraten, aber für den Therapeuten sind die unterschiedlichen Inhaltsstoffe wesentlich.

Sonstige Angaben

Reines ätherisches Öl: Bei *Rosenöl* bedeutet es zum Beispiel, daß dieses Öl *reines Rosenöl* ist.

Naturidentisches Öl: Dieses Öl enthält synthetische Duftstoffe, die insgesamt den Duftcharakter eines natürlichen Öls ergeben. Seine Wirkungen sind sehr zweifelhaft, selbst wenn das Öl lediglich zur Raumbeduftung genommen wird.

Parfümöl: Der Name deutet es bereits an – es handelt sich um ein Parfüm synthetischer Herkunft. In dieser Gruppe finden sich nicht selten die recht künstlich duftenden Apfel-, Flieder- oder Moschusdüfte niedrigster Preisklasse.

kbA: Die Abkürzung steht für »kontrolliert biologischer Anbau« und weist darauf hin, daß der Erzeuger auf künstliche Dünge- und Pflanzenschutzmittel verzichtet. Es ist also ein besonders »reines« Öl, gut für Allergiker und ein »Muß« für Bäder und Aromapflege bei Hautkrankheiten. Bei dieser Gelegenheit sei gesagt, daß Pestizide, Fungizide und andere Pflanzenschutzmittel nach Pressung, Destillation oder Extraktion des Pflanzenmaterials im ätherischen Öl *verbleiben*.

Wildwuchs: Diese Bezeichnung ist zunehmend auf Etiketten zu finden. Sie weist auf Öle von wildwachsenden Pflanzen hin. Diese Öle haben den Vorteil, daß ihre Düfte oftmals intensiver, originaler sind als Düfte von Pflanzen aus Monokulturen.

Herkunft: Sie zeigt Ihnen an, wo die verwendete Pflanze angebaut oder geerntet wurde – zum Beispiel »Frankreich«. Das ist eine nicht zu unterschätzende Information für den Therapeuten und Kenner und kann über den Duft und die Qualität des Öls viel aussagen. Die Herkunft aus bestimmten Anbaugebieten rechtfertigt teilweise die gravierenden Preisunterschiede bei ätherischen Ölen. So verhält es sich etwa beim *Ylang-Ylang-Öl* von den Komoren im Verhältnis zum preiswerteren Produkt aus Indonesien.

Generell ist zu bemerken, daß die hohen Qualitäten, das heißt die besten, feinsten Düfte, einen höheren Preis haben.

In Weingeist (Alkohol) gelöst: Das werden Sie sofort riechen, wenn Sie die Flasche öffnen. Einige ätherische Öle, zum Beispiel von Harzen (wie *Benzoe*) oder von *Vanille*, werden in einem Medium gelöst angeboten, das ein Eindicken oder Verhärten verhindert. Der Alkohol verfliegt rasch, sobald das Öl mit Luft in Kontakt kommt. Ihr Körperöl oder Badewasser wird also nicht nach Alkohol duften.

Haltbar bis: Das Haltbarkeitsdatum besagt, ab wann das Öl an Duft und Wirkung verliert. Der Händler geht vom Abfülltag aus und rechnet mit einem Verbrauch bis zum Datum. Sollte die Flasche bis dahin nie geöffnet worden sein, kann das Datum überschritten werden. Siehe auch später: Haltbarkeit (Seite 145).

Chargen-Nr.: Die Chargen-Nummer läßt die Möglichkeit zu, die Herkunft eines Öls bis zum Hersteller zurückzuverfolgen. Damit kann der Händler bei etwaigen Reklamationen aufgrund schlechter Qualität oder überraschender Nebenwirkungen feststellen, wo die Öle eingekauft wurden.

Ein Wort zur Qualität

Der Verbraucher selbst hat fast keine Möglichkeit, im voraus die Unterschiede oder Qualitäten zu erkennen. Nur die Erfahrung im Umgang mit den Ölen, die erlebte Wirkung und der Duft, den wir selten vergessen, lassen uns ein Öl als echt, minder- oder hochwertig erkennen. Weitere Indizien sind:

- Ätherische Öle hinterlassen keine Fettflecken auf Papier oder Stoff (wohl aber Farbflecken oder Flecken von Harzrückständen).
- Sie fetten die Haut nicht ein (verreiben Sie einen Tropfen *Lavendelöl* auf dem Handrücken – nach einigen Minuten muß er sich völlig aufgelöst haben).
- Ätherische Öle lösen sich im Wasser nicht auf (sollte Ihr Öl es doch tun, handelt es sich um ein synthetisches Öl).
- Ätherische Öle, die, in Wasser getropft, eine weiße Spur hinterlassen, können mit einem synthetischen Emulgator angereichert sein. Dieser wird gebraucht, um das Öl anderen Substanzen (wie Backmitteln, Trockensuppen, Seifen) als Aromamittel möglichst homogen beizumischen.

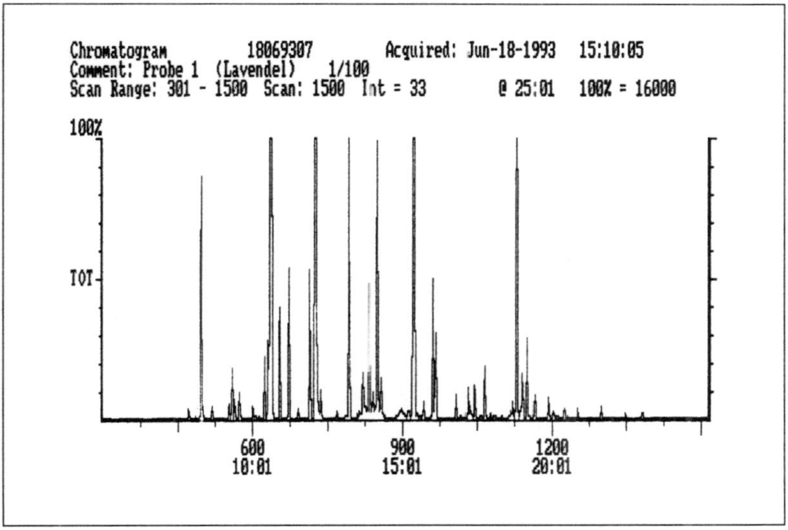

Abb. 12: Auswertungsdiagramm einer gaschromatischen Untersuchung von reinem Lavendelöl
(Quelle: Kanton. Laboratorium Luzern)

... und zu synthetischen Ölen

Die Wissenschaft argumentiert, daß synthetische Öle, die ja schließlich auch von einer pflanzlichen (organischen) Basis (Kohle) gewonnen werden, die gleichen Wirkungen auf den Organismus haben wie natürliche. Nicht möglich ist jedoch ein vollständiger Nachbau eines natürlichen ätherischen Öls – sehen wir uns doch das komplexeste Öl, das *Rosenöl* an, welches etwa vierhundert Inhaltsstoffe hat. Zwar ist die Molekularstruktur der Inhaltsstoffe von synthetischen Ölen mit jenen der natürlichen Inhaltsstoffe identisch, doch wird das Öl nie (preiswert) *völlig* nachgeahmt werden können. Durch die Synthetisierung finden sich im Produkt Stoffe, die als Unreinheiten gelten und keinerlei Heilwirkungen unterstützen, möglicherweise aber Nebenwirkungen (Allergien) hervorrufen können. Bei einer Duftidentität bis zu achtzig Prozent kann ein synthetisches Öl preiswerter sein, aber darüber wird es wahrscheinlich teurer als sein natürliches Vorbild. Fehlen einem synthetischen Öl selbst geringste Mengen scheinbar unwichtiger Inhaltsstoffe des natürlichen Öls, ist das Resultat eben keine vollständige Nachbildung dieses Öls. Aus Erfahrung wissen Wissenschaft und auch Industrie, daß ein in kleinster Menge vertretener Inhaltsstoff sehr viel verändern kann.

Hier muß ich bezüglich möglicher Nebenwirkungen (Nervenreizung, Hautreizung, Übelkeit, mentale Verwirrung) noch einmal auf die »multiple chemical sensitivity« verweisen. Die natürlichen Inhaltsstoffe eines Öls haben zudem etwas, was den Meßgeräten entgeht und nur über den Geruchssinn erfahrbar ist: Sie sind in der Natur entstanden. Natur soll man nur mit Natur behandeln.

Fazit

1. Kaufen Sie nur solche ätherischen Öle, die ausreichend deklariert sind: mit Namen, botanischer Bezeichnung, Angabe der Herkunft, der Bezeichnung »100 %« oder »reines« oder »naturreines ätherisches Öl«, der Chargen-Nummer.
2. Kaufen Sie nur in Fachgeschäften und nur Marken, die Qualitätskontrollen und Reinheit garantieren.
3. Meiden Sie Billigprodukte.
4. Vertrauen Sie Ihrer Intuition. Riechen und Fühlen Sie das Öl, beobachten Sie Ihre spontane Reaktion: Zustimmung, Zweifel, Ablehnung?

Wissenswertes für den Umgang mit ätherischen Ölen

- Ätherische Öle sind lichtempfindlich und wärmeempfindlich. Sie sollen daher in lichtgeschützten Flaschen (braunen Apothekerflaschen) abgefüllt und nicht an warmen Plätzen aufbewahrt werden. Bei *Zitrusölen* empfiehlt es sich, diese im Kühlschrank aufzubewahren, besonders wenn Sie große Mengen einkaufen. Legen Sie Körper-, Badeöle, Lotionen mit ätherischen Ölen nicht in die Sonne (etwa beim nächsten Urlaub am Strand).
- Ätherische Öle enthalten hochkonzentrierte Aromastoffe und dürfen nicht mit Pflanzenauszügen oder Kräutersäften verglichen werden. Das bedeutet, daß Sie sehr wenig Öl benötigen. Das ätherische Öl von etwa dreißig bis vierzig Tassen Kräutertee entspricht etwa einem Tropfen puren ätherischen Öls!
- Vor allem *Zitrusöle* lösen Hautreaktionen aus, wenn sie bei starker Ultraviolettbestrahlung (Sonneneinstrahlung) auf die Haut aufgetragen werden.

- Ätherische Öle sind fettlöslich, das heißt, sie emulgieren mit Fetten (Hautfett, Ölen, Cremes, Salben) sehr gut.
- Da das Öl sehr flüchtig ist und sich bei Kontakt mit Luft verändert, sollten die Flaschen immer fest verschlossen sein.
- Die Öle sind entflammbar und dürfen nicht unverdünnt in offenes Feuer oder auf heiße Oberflächen (etwa den Saunaofen!) gegeben werden.
- Ätherische Öle können Stoffe färben, wenn sie eine starke Eigenfarbe haben (wie Öle von *Eichenmoos*, *Vetiver*, *Benzoe*, *Blauer Kamille*). Einige Öle bilden Flocken, wenn sie sehr kalt (unter zwölf Grad Celsius) stehen, so *Ylang-Ylang-Öl*, *Zitrusöle*.
- Viele ätherische Öle, besonders die citralhaltigen, greifen Kunststoffe an.
- Die Konsistenz der Öle ist verschieden – sie reicht von dünn- bis dickflüssig. Achten Sie beim Tropfen darauf, daß Öle wie *Bergamottöl* oder *Minzöl* eine schnelle Tropfenfolge haben. Bei *Vetiveröl* und *Sandelholzöl* müssen Sie schon etwas Geduld aufbringen. Ein guter Tip: Halten Sie die Flasche mit dickflüssigem Öl einige Minuten vor dem Gebrauch in der Hand.
- Die Raumtemperatur beeinflußt Duftintensität und Konsistenz. Absolues und dickflüssige Öle werden bei Temperaturen *unter 15 Grad Celsius* pastös bis fest. Das gleiche gilt für reines, echtes *Anisöl. Zitrusöle* und *Ylang-Ylang-Öl* verändern ihre Erscheinung, es bilden sich Schlieren. Da Jojobaöl unter 12 Grad Celsius fest wird, verfestigen sich alle Öle, die damit gestreckt sind, ebenfalls.
- Die Duftintensität der Öle ist (abgesehen vom Einfluß der Raumtemperatur) grundsätzlich verschieden und bedingt dadurch verschiedene Dosierungen.
- Die Öle sind kindersicher aufzubewahren.

Haltbarkeit: Reifung oder Zerfall
Absolues, besonders *Rosenöl*, aber auch *Sandelholzöl*, reifen in der Flasche nach. Andere dickflüssige Öle (wie *Vetiveröl*, *Benzoe-Öl*, *Myrrhenöl*) verlieren durch lange Lagerung nicht an Qualität. Das setzt allerdings voraus, daß die Öle ungeöffnet oder sehr selten geöffnet in einer hinsichtlich der Temperatur und Lichtverhältnisse gleichbleibenden Umgebung gelagert werden. *Ungeöffnet* kann ein ätherisches Öl bis zu fünf Jahren aufbewahrt werden, Absolues und dickflüssige Öle zehn bis fünfzehn Jahre. *Zitrusöle* verlieren nach einem Jahr ihren Duft. Das Haltbarkeitsdatum auf der Flasche ist also ein Wert, der durch die individuelle Handhabung und den Verbrauch relativiert wird.

Ätherische Öle von A bis Z

Amyris (Balsambaum)

(*Amyris Balsamifera*)
Herkunft: Karibische Inseln, Südamerika.
Merkmale: Dickflüssig, gelblich.
Gewinnung: Destillation des Holzes.
Duft: Holzig, warm.
Duftnote: Fußnote.
Duftintensität: Mittel.
Qualität: Yang.
Element: Erde.
Anmerkungen
Amyrisöl, auch »Westindisches Sandelholzöl« genannt, hat mit dem Sandelholzöl aus Indien, Mysore, nichts gemein (siehe Sandelholz). Seine Inhaltsstoffe und damit Wirkungen sind nicht identisch mit denen des indischen Sandelholzöls, sondern deutlich schwächer. Auch der Duft unterscheidet sich durch das Fehlen der zitronigen und süßen Note. Es eig-

net sich als Fond für preiswerte, holzig-warme und exotische Duftmischungen beziehungsweise Naturparfüms.

Angelikawurzel

(*Angelica archangelica*)
Herkunft: Ungarn, Polen, Belgien, Holland, Frankreich, Deutschland.
Gewinnung: Destillation der Wurzeln, aber auch des ganzen Krautes, der Früchte und der Samen.
Merkmale: Dickflüssig, gelblich.
Duft: Kräuterartig, herb, süßlich. Leicht animalisch.
Duftnote: Fußnote.
Duftintensität: Mittel.
Qualität: Yang.
Element: Erde.

Eigenschaften

Stärkt den Körper, regt die Verdauung an, steigert die Abwehrkräfte, wirkt schleimlösend, pilztötend, antibakteriell, menstruationsregelnd und -fördernd, senkt die Adrenalinproduktion.

Anwendungen

Körper: Bei körperlichen Schwächezuständen, Rekonvaleszenz, einem schwachen Immunsystem, Verdauungsstörungen (»Magenbitter), allen Infektionskrankheiten, zur Unterstützung der Menstruation (wenn sie ausbleibt, schwach oder unregelmäßig ist), Endometriose, Leberunterfunktion, Nervosität, einer Überproduktion von Adrenalin, Rheuma, Muskelkater, Nervenschmerzen.
Psyche: Aggressivität, Instabilität, Aufregung, Schock.

Anmerkungen

Angelikawurzelöl zeichnet sich durch seine die Körperabwehrkräfte stabilisierenden und beruhigenden Wirkungen aus, dies läßt es zu einem guten Helfer bei Streß, Hektik, Aufregung und den damit verbundenen körperlichen Folgeerscheinungen werden. Echtes Angelikawurzelöl ist teuer. Wenn das Öl preiswert und nur mit »Angelika« ausgezeichnet ist, dann handelt es sich meistens um Angelikasamenöl, das nicht so fein wie das Wurzelöl duftet. Angelikawurzelöl wird auch für Bitterschnäpse und Liköre genutzt (Chartreuse).

Einschränkungen

In Hautöle eingearbeitet, kann es auf der Haut bei starker Ultraviolettstrahlung phototoxische Reaktionen auslösen. Schleimhautreizend ist es bei Einnahme in hohen Dosierungen beziehungsweise langfristiger Anwendung.

Anis – Sternanis (siehe Seite 236)

(*Pimpinella anisum*)

Herkunft: Italien, Spanien, Polen, Rußland.
Gewinnung: Destillation der Früchte.
Merkmale: Dünnflüssig, gelblich.
Duft: Würzig, süß, typisch
Duftintensität: Mittel.nach Anis.
Duftnote: Herznote.
Qualität: Yang.
Element: Wasser.

Eigenschaften

Körperlich anregend, krampflösend, magenwirksam.

Anwendungen

Körper: Bei Migräne, Schwindel, Verdauungsstörungen, Blähungen, Erbrechen, schwacher Milchproduktion, schmerzhafter oder ausbleibender Menstruation, Koliken, Asthma, Husten; wahrscheinlich ist es auch hilfreich bei Impotenz beziehungsweise Frigidität.
Psyche: Bei Alpträumen.

Anmerkungen

Anisöl findet sich in vielen Zahnpasten und Mundwässern, Likören (Uzo, Raki). Das Öl vertreibt Läuse und Flöhe aus

Kleidern (einsprühen). Es wird bei etwa 18 bis 20 Grad Celsius fest, dies ist ein Kennzeichen guter Fenchelöl. (Das preiswertere *Sternanisöl*, oft als Ersatz für Fenchelöl verwendet, ist farblos und erstarrt bereits bei etwa 14 Grad Celsius).

Einschränkungen

Anisöl wird in der Aromatherapie selten eingesetzt, da es in hoher Dosierung aufgrund seines hohen Kumarin-Anteils toxisch wirkt. Der Duft des Öls kann narkotisierend sein. Bei hoher Dosierung und langfristig äußerlich beziehungsweise einmalig innerlich angewandt, reizt Anisöl den Magen und schädigt Nieren- und Gehirnzellen. Seine gelegentliche Anwendung in der Duftlampe ist bei geringer Dosierung bedenkenlos.

Anisöl eignet sich auf keinen Fall für eine langfristige innerliche Einnahme. Es ist kontraindiziert bei Schwangerschaft.

Basilikum

(*Ocimum basilicum*)

Herkunft: Südeuropa, Ungarn, Marokko (süßes Basilikum); Thailand, Seychellen, Madagaskar, Komoren (exotisches Basilikum).
Gewinnung: Destillation der Blätter und blühenden Spitzen.
Merkmale: Dünnflüssig, klar.
Duft: Würzig, anisartig bis minzig, süßlich, aromatisch.
Duftnote: Herznote.
Duftintensität: Stark.
Qualität: Yang.
Element: Erde.

Eigenschaften

Krampflösend, verdauungsanregend, nervenstärkend, körperlich tonisierend, menstruationsfördernd, antiseptisch, schleimlösend, schlaffördernd, entspannend.

Anwendungen

Körper: Bei Bronchitis, Keuchhusten, Erkältung, Grippe, Fieber, Verdauungsstörungen, Übelkeit, Erbrechen, zur

Förderung der Menstruation, bei Nervosität, Nervenschwäche, Schlaflosigkeit.
Haut/Haar: Es sorgt für Spannkraft und Geschmeidigkeit der Haut, wirkt hautreinigend, verbessert einen schlechten Stoffwechsel.
Geist: Bei mentaler Erschöpfung, zur Regeneration der geistigen Kräfte, bei Verwirrung.
Psyche: Bei Depression, Angst, Phlegma.

Anmerkungen

Basilikumöl mit seinem süßlich-aromatischen Duft zeichnet sich durch seine entspannenden und nervenstärkenden Wirkungen aus. Das Öl ist also gut geeignet bei Streß und eine hervorragende Einschlafhilfe. Öle, die von Pflanzen der Komoren, Seychellen oder aus Madagaskar stammen, enthalten bis zu 90 Prozent Methylchavicol (Estragol, Hauptbestandteil des Estragonöls) und haben einen sehr kräftigen Duft. Sie sind preiswerter als die süßen Öle. Die Öle aus diesen Gebieten stehen immer wieder im Verdacht, toxisch zu sein, was mit dem hohen Anteil an Methylchavicol begründet wird. Das französische Basilikumöl hat einen wesentlich geringeren Anteil an Estragol (nur 25 Prozent) und weist eine ausgeglichenere Komposition von Inhaltsstoffen auf, es eignet sich daher eher zur therapeutischen Langzeitbehandlung oder Einnahme.

Weitere Variationen des Basilikumöls sind Destillate von *Ocimum gratissimum* (es hat einen stark eugenolartigen, nelkenartigen Duft) oder *Ocimum canum* (das stark kampferhaltig ist). Sie sind selten zu finden, doch könnten andere Öle hineingemischt sein und somit zu anderen Wirkungen führen. Sehen Sie auf die Angabe der Herkunft auf dem Etikett!

Basilikum ist wichtiger Bestandteil vieler Herrenparfüms. Auch als Insektenschutzmittel hat es sich bewährt.

Einschränkungen

Basilikumöl irritiert unter Umständen sensitive Haut, beim

Baden ruft es ein Heiß-kalt-Gefühl hervor. Kontraindiziert ist es bei Schwangerschaft und Epilepsie.

Bay

(*Pimenta racemosa, Pimenta acris*)

Herkunft: Westindische Inseln, Guyana, Venezuela.
Gewinnung: Destillation der Blätter.
Merkmale: Dünnflüssig, klar.
Duft: Würzig, nelkenartig.
Duftnote: Kopfnote.
Duftintensität: Leicht.

Eigenschaften

Nervenberuhigend, haarwirksam.

Anwendungen

Körper: Bei Atemwegsinfektionen, Erkältung, Unruhe, Nervosität (hat eine starke Wirkung auf das vegetative Nervensystem), Aphthen.
Haut/Haar: Haarausfall, Kopfjucken und Schuppen.

Anmerkungen

Es handelt sich um ein in der Aromatherapie selten angewendetes Öl. Am bekanntesten ist sein positiver Einfluß bei Haarausfall.

Einschränkungen

Bayöl reizt die Schleimhäute, daher sollte man es nicht einnehmen. Kontraindiziert ist es bei Schwangerschaft. Phototoxisch wirkt es bei starker Ultraviolettstrahlung.

Benzoe

(*Styrax benzoïn, Styrax tonkinensis*)

Herkunft: Vietnam, Laos, Thailand, Sumatra.
Gewinnung: Extraktion des Harzes des Styraxbaumes mit Hilfe von Alkohol.
Merkmale: Dickflüssig-fest, rötlichgelb.
Duft: Balsamisch, süß, vanille- und schokoladenartig.

Duftnote: Fußnote.
Duftintensität: Stark.
Qualität: Yang.
Element: Wasser mit leichtem Feuer.

Eigenschaften

Schleimlösend, antiseptisch, beruhigend, krampflösend, entzündungshemmend, harntreibend, herzstärkend, schlaffördernd.

Anwendungen

Körper: Bei Erkältung, Husten, Bronchitis, Asthma, Halsentzündung, Erkältung der Harnwege, Infektionen der Geschlechtsorgane, Koliken, Bluthochdruck, Gicht, Arthritis, Gonorrhöe, Leukorrhöe, Spermatorrhöe (Samenfluß ohne sexuelle Erregung), Nervenreizung, Schlaflosigkeit, Streß.
Haut/Haar: Es fördert die Wundheilung und hilft bei Hautreizung, Entzündungen, Geschwüren, trockener, spröder Haut sowie Körpergeruch.
Psyche: Bei emotionaler Erschöpfung, Aufregung, Trauer, nervöser Depression, Anspannung, Reizbarkeit, prämenstruellem Syndrom.

Anmerkungen

Benzoe enthält bis zu zwei Prozent Vanillin, was seinen warmen, appetitanregenden Duft charakterisiert – einen Duft, der friedlich und ruhig stimmt. Es wird oft in Weingeist (Alkohol) aufgelöst angeboten. Ist die Flasche nicht gut verschlossen, tendiert der Deckel stark zum Kleben. Im Laufe der Zeit kann das Öl sehr eindicken. Wenn Sie einige Tropfen Weingeist hinzufügen, wird es wieder flüssig, und der Deckel klebt nicht fest. Benzoe-Öl löst sich schwer in fetten Ölen oder anderen Emulgatoren und neigt dazu, sich wieder zu verfestigen. Benzoe-Öl eignet sich nicht für Duftzerstäuber oder Duftventilatoren.

Das Öl ist jedoch ein guter Fixator für Duftmischungen. Ein bis zwei Tropfen Benzoe-Öl konservieren kosmetische Zubereitungen.

Bergamotte

(*Citrus bergamia*)

Herkunft: In Kalabrien (Italien) liegen die besten Anbaugebiete für die das Öl liefernde Zitrusfrucht, unter anderem wird sie auch in Kalifornien, Südafrika und Spanien kultiviert.
Gewinnung: Pressen der Fruchtschale.
Merkmale: Dünnflüssig, gelblichgrün.
Duft: Frisch, spritzig, orangenartig.
Duftnote: Mittel-(Herz-) bis Kopfnote.
Duftintensität: Leicht.
Qualität: Yin.
Elemente: Luft und Wasser.

Eigenschaften

Schmerzlindernd, antidepressiv, stimmungsaufhellend, antiseptisch, nervenberuhigend und anregend, krampflösend, verdauungsfördernd, schleimlösend, wundheilend, desodorierend, adstringierend, hautpflegend.

Anwendungen

Körper: Bei Infektionen der Atemwege, Angina, Mandelentzündung, Entzündungen im Mundraum, Diphtherie, Verdauungsstörungen, Koliken, Blähungen, Harnwegsinfektionen, Gallensteinen, Fieber, Gonorrhöe, Leukorrhöe, Herpes, Gürtelrose, Scheidenjucken, Scheideninfektion, Würmern, nervösen Spannungen, Streß, Schlaflosigkeit, Mundgeruch, Körpergeruch.
Haut/Haar: Allgemeine Hautpflege, bei fetter Haut und fettem Haar, Seborrhöe, Abszeß, Akne, Ekzem, Krätze, Krampfadern, Geschwüren, zur Wundheilung und bei Schuppenflechte.
Geist: Mental ist es anregend-erfrischend und konzentrationsfördernd.
Psyche: Bei Angst, prämenstruellem Syndrom, Mutlosigkeit, Lethargie, Depressionen (auch Winter- und Dunkelheitsdepression).

Anmerkungen
Bergamottöl liefert einen der meistakzeptierten Düfte, nicht nur bei Europäern, sondern ebenso bei allen anderen Völkern. Seine stimmungsaufhellende Wirkung beruht wahrscheinlich auf seiner photosensibilisierenden Wirkung – nicht nur auf die Haut, sondern auch auf die Zirbeldrüse, so daß es den anregenden, lebensbejahenden, ausdehnenden Einfluß des (Sonnen-)Lichts verstärkt. Das Öl scheint der Zirbeldrüse gleichsam zu vermitteln, daß Sonne scheint.

Der Duft beruhigt oder regt die Nerven an – je nach Verfassung: Bei schon vorhandener Aufregung beruhigt es, und bei Ruhe regt es an. Das Öl läßt sich mit vielen Blütenölen problemlos mischen. Da es sich um ein Zitrusöl handelt, sollte es kühl aufbewahrt werden, um seinen spritzigen Duft lange zu behalten.

Bergamottöl ist bestens geeignet für Bade-, Körper- und Massageöle. Es dient der Aromatisierung von Tee (zum Beispiel Earl Grey) und der Bereitung erfrischend schmeckender Sommerdrinks.

Einschränkungen
In Hautölen auf die Haut aufgebracht, wirkt es bei starker Ultraviolettstrahlung phototoxisch.

Bergbohnenkraut siehe Bohnenkraut

Birke

(Betula pendula, lenta)
Herkunft: Europa, Rußland.
Gewinnung: Destillation der Rinde und Blätter.
Merkmale: Dünnflüssig, klar.
Duft: Frisch, balsamisch.
Duftnote: Kopfnote.
Duftintensität: Leicht.
Qualität: Yin.
Element: Luft.

Eigenschaften
Harnsäurelösend, wundheilend, blutreinigend, antirheumatisch, haarwirksam.
Anwendungen
Körper: Bei Rheuma, Muskelverhärtungen, Muskelschmerzen, Harnsäureüberschuß, Blutverunreinigungen, Wasseransammlungen, allgemein schwachem Hormonhaushalt.
Haut/Haar: Bei Wunden, Hautausschlag, Geschwüren, Cellulite, Haarausfall.
Anmerkungen
Das entteerte Birkenöl der Arten *lenta* und *pendula* ist nichttoxisch im Gegensatz zur Art *alba*, die karzinogen ist. Das Öl wird in der Aromatherapie bisher nur selten eingesetzt.
Einschränkungen
Keine Einnahme. Nicht für Kinder.

Blutorange siehe Orange

Bohnenkraut

(*Satureja montana, Satureja hortensis* –
Bergbohnenkraut und Pfefferkraut)
Herkunft: Europa, Marokko.
Gewinnung: Destillation des ganzen Krautes.
Merkmale: Dünnflüssig, klar.
Duft: Kräuterartig, frisch, medizinisch.
Duftnote: Herznote.
Duftintensität: Mittel.
Qualität: Yang.
Element: Feuer.
Eigenschaften
Verdauungsfördernd, stärkend, stabilisierend, antiseptisch, pilztötend, magenstärkend, krampflösend, schleimlösend, aphrodisierend, wirkt anregend auf die Nebennieren.
Anwendungen
Körper: Bei Asthma, Bronchitis, Verdauungsstörungen,

Blähungen, Durchfall, Magenschwäche, nervösem Magen, Darmkrämpfen, Darminfektion, Darmgärung, Pilzinfektion (etwa durch *Candida albicans*), Wurmbefall, Schwerhörigkeit, Nervenschwäche, Impotenz beziehungsweise Frigidität, Energiemangel.
Haut/Haar: Bei Abszessen, Wunden, Insektenstichen.
Geist: Bei mentaler Schwäche.
Psyche: Bei psychischen Schwächezuständen, emotionalen Krisen, Lethargie.

Anmerkungen

Bergbohnenkraut (*Satureja montana*) wirkt stärker als Pfefferkraut (*Satureja hortensis*). Es liefert ein hervorragendes Stärkungsmittel bei allgemeiner körperlicher Schwäche und bei Energiemangel. Das Öl hat eine die Körperabwehr stark anregende, den gesamten Körper stimulierende und besonders den Darm reinigende Wirkung. 1 Tropfen pro Tag.

Einschränkungen

Das ätherische Öl darf man weder langfristig noch in hoher Dosierung (selbst einmalig nicht) einnehmen, da es toxisch ist. In Bädern und für Massagen ist es gering zu dosieren, da es leicht hautreizend wirkt. Für Kleinkinder ist es nicht geeignet.

Cajeput

(*Melaleuca leucadendra*)

Herkunft: Malaysia, Philippinen, Molukken, Australien.
Gewinnung: Destillation der Blätter und Zweigspitzen.
Merkmale: Dünnflüssig, klar.
Duft: Eukalyptusartig mit Nelkennote.
Duftnote: Kopfnote.
Duftintensität: Leicht.
Qualität: Yang.
Element: Luft.

Eigenschaften

Antiseptisch, schleimlösend, schmerzstillend, antibakteriell, windtreibend, allgemein körperlich anregend, östrogenähnlich.

Anwendungen
Körper: Bei Infektionen der Atemwege, Erkältung, Katarrh, Sinusitis, chronischen Atemorganerkrankungen, Kopf-, Zahn- oder Halsschmerzen, Neuralgien, Arthritis, Muskelschmerzen, Würmern, Darmparasiten, Tumoren, allgemeiner Müdigkeit, Östrogenmangel, Energiemangel.
Haut/Haar: Hautschmerzen, Hautentzündungen, Haarausfall, Kahlköpfigkeit (zur Pflege).
Geist: Bei mentaler Erschöpfung, Konzentrationsmangel.
Psyche: Bei Lethargie, Antriebsschwäche.
Anmerkungen
Das Öl hat in der Wirkung große Ähnlichkeit mit dem *Tea-Tree-Öl*, ist aber stärker schmerzlindernd. Es soll besonders effektiv bei Tumoren helfen. Für Frauen dürfte seine östrogenähnliche Wirkung interessant sein.
Einschränkungen
Das Öl irritiert unter Umständen sensitive Haut, in diesem Fall empfiehlt es sich, ersatzweise *Tea-Tree-Öl* oder *Niauliöl* zu verwenden. Nicht bei Kleinkindern anwenden.

Cistrose
(*Cistus labdaniferus*)
Herkunft: Mittelmeerraum (vor allem Spanien, Portugal, Zypern, Griechenland).
Gewinnung: Destillation der Zweige und Blätter.
Merkmale: Leicht dickflüssig, sattes Gelb.
Duft: Kamillenartig, ambraartig, balsamisch, holzig, fruchtig, würzig.
Duftnote: Fußnote.
Duftintensität: Stark.
Qualität: Yin mit leichtem Yang.
Element: Wasser.
Eigenschaften
Lymphflußanregend, krampflösend, wärmend, antiseptisch, adstringierend, aphrodisierend.

Anwendungen
Körper: Bei Leberstau, trägem Lymphfluß, Lymphknotenentzündung, Lymphstau, Lymphdrüsenschwellungen, Blasenentzündung, Menstruationskrämpfen.
Haut/Haar: Bei Schuppenflechte, Hautentzündungen, chronischen Hauterkrankungen, Geschwüren, Ekzemen, Akne, fetter Haut, schwachem Hauttonus.
Psyche: Bei Gefühlskälte, Einsamkeit, Trauer, Verlustschmerz, für Innenschau und Besinnung, bei Extrovertiertheit, schwacher Libido.

Anmerkungen
Die Cistrose ist keine Rosenart! Je mehr das Cistrosenöl gestreckt wird, desto stärker offenbart sich seine feine, blumige Note, denn pur ist es recht herb. Sein Duft ist ein wahrer Seelenwärmer und eignet sich sehr für die Stärkung und Heilung der verletzten Psyche.

Aufgrund seines sehr starken Duftes empfiehlt es sich, das Öl im Verhältnis 1 : 10 mit Jojobaöl zu verlängern. Von der Pflanze werden echtes Cistrosenöl (Cistusöl), Concretes und Absolues, Gummiharz (*Labdanum*) und unechtes Zistrosenöl aus dem Gummiharz per Destillation gewonnen.

Einschränkungen
Die Einnahme ist bei Schwangerschaft kontraindiziert.

Citronella

(*Cymbopogon winterianus* und *Cymbopogon nardus*)
Herkunft: Java (Indonesien), China, Taiwan, Ceylon.
Gewinnung: Destillation des Grases.
Merkmale: Dünnflüssig, hellgelb.
Duft: Zitrus-, melissenartig, sehr frisch.
Duftnote: Kopfnote.
Duftintensität: Stark.
Qualität: Yin.
Elemente: Luft und Feuer.

Eigenschaften
Körperlich und mental anregend, erfrischend, pilztötend, antibakteriell, lufterfrischend.
Anwendungen
Körper: Bei Rheuma (als Massageöl), bei Pilzinfektionen (auch bei Hautpilz).
Anmerkungen
Das sogenannte »Ceylon-Öl« ist das preiswertere und in seiner Wirkung schwächere. Das »Java-Öl« duftet stärker nach Kampfer. Beide Sorten eignen sich gut zum Strecken von *Melissenöl* oder *Eisenkrautöl.* Citronella hat sich für die Lufterfrischung und Luftdesinfektion sehr bewährt. Das Öl beziehungsweise seine Duftstoffe sind oft in Seifen und Haushaltsreinigern anzutreffen.

Citronella eignet sich ebenfalls gut als Insektenschutzmittel (gegen Moskitos). Es soll auch Katzen und Ratten vertreiben, wenn man es versprüht.
Einschränkungen
Hautreizend. Allergie möglich.
Weitere Arten von Citronella siehe *Lemongrass.*

Cumin siehe Kreuzkümmel

Davana

(*Artemisia pallens*)
Herkunft: Indien.
Gewinnung: Destillation des Krautes.
Merkmale: Dünnflüssig, hell bis gelblich.
Duft: Warm, süß, mangoartig.
Duftnote: Herznote.
Duftintensität: Stark.
Qualität: Yin.
Element: Wasser.
Eigenschaften
Entspannend, beruhigend, wärmend.

Anmerkungen
Das Öl wurde in der Aromatherapie bisher nicht angewendet. Es eignet sich für entspannende Duftmischungen. Aufgrund seiner Duftintensität ist es vorsichtig zu dosieren.

Dill

(*Anethum graveolens*)
Herkunft: Nordamerika, Osteuropa.
Gewinnung: Destillation des ganzen Krautes oder nur der Früchte.
Merkmale: Dünnflüssig, hell bis gelblich.
Duft: Kümmelartig, süßlich-minzig.
Duftnote: Kopfnote.
Duftintensität: Schwach.
Eigenschaften
Appetitanregend, blähungswidrig, krampflösend, menstruationsfördernd, milchtreibend, anaphrodisierend.
Anwendungen
Körper: Bei Magenschwäche, Verdauungsbeschwerden, Schluckauf, Schwangerschaftserbrechen, Darmparasiten, mangelnder Milchdrüsentätigkeit (zu wenig Muttermilch), Nervosität.
Anmerkungen
Das Öl aus den Früchten ist hochwertiger, da es einen höheren Carvon-Anteil hat. Dillöl wird gerne für die Aromaküche genommen. Dazu ist es im Verhältnis 1 : 50 mit Mandelöl zu strecken. Es wird auch von einigen Firmen gestreckt als Würzöl angeboten.

Douglasie

(*Pseudotsuga menziesii = Pseudotsuga douglasii*)
Herkunft: Kanada.
Übrige Angaben siehe Tanne.
Anmerkung
Douglasienöl ist etwas süßlicher oder weicher als die Tan-

nenöle, sein Duft verbindet sich sehr gut mit blumigen Noten.

Eichenmoos absolue

(*Evernia prunastri, furfuracea*)
Herkunft: Frankreich, ehemaliges Jugoslawien.
Gewinnung: Extraktion der Strauchflechte.
Merkmale: Mittlere Konsistenz, braunrot, dunkel.
Duft: Teerig, moosig, süßlich, rauchig-animalisch.
Duftnote: Fußnote.
Duftintensität: Stark.
Qualität: Yang.
Element: Erde.

Anmerkungen

Eichenmoosöl eignet sich ausgezeichnet als Fixator für Parfüms. Es ist ein bedeutendes Rohmaterial in der Parfümerie. Sein Duft eignet sich insbesondere für Herrennoten. Das Öl löst sich nur schwer und muß gründlich verschüttelt werden.

Sein Duft ist leicht aphrodisierend und entspannend. Da er sehr intensiv ist, sollten Sie das Öl in Mischungen vorsichtig dosieren. Dennoch ist es ein Öl für Liebhaber eines außergewöhnlichen Duftes.

Einschränkung

Keine Einnahme.

Eisenkraut (Verbene)

(*Verbena officinalis*)
Herkunft: Südamerika, Südfrankreich, Nordafrika, Italien.
Gewinnung: Destillation der Blätter.
Merkmale: Dünnflüssig, hellgelb bis klar.
Duft: Zitronenartig, leicht, frisch.
Duftnote: Kopfnote.
Duftintensität: Stark.
Qualität: Yang.
Elemente: Feuer (Körper) und Luft (Geist).

Eigenschaften
Konzentrationsfördernd, leicht euphorisierend, herzstärkend und beruhigend, die Milchdrüsenfunktion anregend, magenstärkend, wehenfördernd.

Anwendungen
Körper: Bei Erkältung, Grippe, Appetitmangel, Magenschwäche, zu wenig Muttermilch, zur Geburtshilfe (löst Uteruskontraktionen aus), bei Schwindelgefühlen, Herzschwäche, Herzrhythmusstörungen.

Haut/Haar: Akne, Bindegewebsschwäche, Muskelschwäche.

Geist: Bei mentaler Erschöpfung, Konzentrationsschwäche, Kreativitätsmangel.

Psyche: Bei Antriebsschwäche, Depressionen, Lustlosigkeit, innerer Enge.

Anmerkungen
Reines, unverschnittenes Eisenkrautöl ist sehr teuer. Wird oft mit *Litsea-Öl* oder *Lemongrassöl* gestreckt angeboten, was seinen Preis senkt. Die der Verbene duftähnliche Pflanze, die *Zitronenverbene* oder der *Zitronenstrauch* (*Aloysia triphylla*, *Lippia citriodora*), liefert ebenfalls ein im Handel angebotenes ätherisches Öl.

Das echte Eisenkrautöl ist ein gutes Sportöl, jedoch gering zu dosieren, da es stark hautreizend wirkt. Sein Duft ist sehr stark, daher werden Sie nur wenige Tropfen benötigen, um selbst große Räume zu beduften und die Luft zu erfrischen. Für die Einnahme ist auf das Aquarom zurückzugreifen.

Einschränkungen
Kontraindiziert ist es bei Schwangerschaft. Keine Einnahme, da es die Magenschleimhäute reizt. In Hautölen auf die Haut aufgebracht, wirkt es bei starker Ultraviolettstrahlung phototoxisch.

Elemi

(*Canarium luzonicum*)

Herkunft: Vor allem Philippinen.

Gewinnung: Extraktion des Baumharzes mit anschließender Destillation.
Merkmale: Dünnflüssig, klar.
Duft: Grün, waldig, frisch.
Duftnote: Herznote.
Duftintensität: Mittel.
Qualität: Yin.
Element: Erde.

Eigenschaften

Psychisch wirksam, antiseptisch, wundheilend.

Anwendungen

Körper: Zur Wundheilung, gegen Narbenbildung, bei Abszeß.
Psyche: Bei Instabilität, Irritation, Schwäche, Verhärtung.

Anmerkungen

Elemi-Öl liefert einen idealen Duft für Entspannung, Innenschau, Meditation und Distanzierung vom Alltag.

Estragon

(*Artemisia dracunculus*)

Herkunft: Südwesteuropa, Osteuropa, Rußland.
Gewinnung: Destillation des ganzen Krautes.
Merkmale: Dünnflüssig, klar.
Duft: Sehr würzig, süß, kräuterartig.
Duftnote: Kopfnote.
Duftintensität: Schwach.
Qualität: Yang.
Element: Feuer.

Eigenschaften

Magenstärkend, innerlich stärkend, verdauungsfördernd, krampflösend, wärmend, durchblutungsfördernd, antiseptisch, appetitanregend, menstruationsregulierend.

Anwendungen

Körper: Bei Appetitlosigkeit, Verdauungsstörungen, Blähungen, Schluckauf, vegetativer Dystonie, Nervenschwäche, Herzschwäche, Altersschwäche, Abwehrschwäche, Durch-

blutungsstörungen, Wurmbefall, Rheuma, Krebs, ausbleibender, schwacher oder unregelmäßiger Menstruation.
Psyche: Bei emotionaler Erschöpfung.

Anmerkungen

Estragon, das »Kraut des Drachen«, eignet sich sehr für alle Schwächezustände des Körpers, die mit psychischer Erschöpfung oder Streß einhergehen. In sehr geringer Dosierung (Einnahme von 1 Tropfen pro Tag oder Anwendung von 4 Tropfen für ein Aromabad) wirkt es aufbauend, stärkend sowie die Tätigkeit von Magen und Darm regulierend. Es ist ein ideales Öl für die Aromatisierung von Senf und Kräuteressig. Übrigens ist Estragon Bestandteil vieler Herrenparfüms.

Einschränkungen

Kontraindiziert ist es bei Schwangerschaft. In hoher Dosierung oder bei langfristigem Gebrauch selbst geringer Dosen ist es toxisch, wenn man es einnimmt.

Eukalyptus

(*Eucalyptus globulus, Eucalyptus radiata* und *Eucalyptus citriodora*)

Herkunft: Australien, Spanien, Brasilien, China.
Gewinnung: Destillation der Blätter.
Merkmale: Dünnflüssig, klar.
Duft: Frisch, scharf-würzig riecht das Öl von *Eucalyptus globulus* und *Eucalyptus radiata*; frisch, zitronig-rosig, blumig duftet Öl von *Eucalyptus citriodora*.
Duftnote: Kopfnote.
Duftintensität: Schwach.
Qualität: Yin.
Element: Luft.

Eigenschaften

Stark antiseptisch und antibakteriell, schleimlösend, fiebersenkend, krampflösend, blutzuckersenkend, blutreinigend, magenstärkend, allgemein anregend, östrogenähnlich, luftreinigend.

Anwendungen

Körper: Bei Schnupfen, Erkältung, Bronchitis, Asthma, Grippe, Sinusitis, Polypen, Halsentzündung, Angina, Verdauungsstörungen, Durchfall, Infektionen der Harnwege, Gallensteinen, Migräne, Fieber, Herpes (das Öl von *Eucalyptus radiata*), Leukorrhöe, Gonorrhöe, Rheuma, Scharlach, Blutungen, hohem Blutzuckerspiegel.

Haut/Haar: Wundheilung, bei Hautentzündungen, Akne, unreiner Haut, müder Haut, sauerstoffunterversorgter Haut, Blasen, Geschwüren.

Geist: Zur Konzentrationssteigerung und mentalen Anregung.

Psyche: Bei Engegefühl, Lethargie.

Anmerkungen

Das Öl von *Eucalyptus globulus* kennen wir durch seinen Duft am besten – von Inhalationen, aus der Sauna, von Zahnpasten und Mundwässern. Öl in bester Qualität kommt aus den Anden. Ansonsten ist Australien der Hauptlieferant des Öls.

Ein anderes Eukalyptusöl stammt von *Eucalyptus citriodora* – es duftet stark zitronig, durch seinen hohen Citronellal-, Citronellol- und Citral-Anteil, und wird von all denen bevorzugt, die sich mit dem allgemein bekannten Duft von *Eucalyptus globulus* nicht behandeln wollen. Besonders Kinder mögen den Geruch. Das Öl eignet sich auch zum Herstellen von rosigen Duftnoten.

Das Öl *Eucalyptus radiata* wird bei akuten Infektionen bevorzugt, während sich das von *Eucalyptus globulus* und *Eucalyptus citriodora* besser für Vorbeugung und Nachbehandlung eignen.

Alle Eukalyptusöle helfen in Verbindung mit *Aloe vera* bei der Minimierung von Nebenwirkungen durch Röntgenstrahlung.

Eukalyptusöl ist ein sehr guter Luftreiniger und Luftdesinfizierer und ein schwach wirksames Insektenschutzmittel. Der Duft vertreibt auch Ungeziefer in Küche und Keller. Eukalyptusöl findet sich in vielen Pharmaprodukten, Zahnpasten und Mundwässern. Es hat sich als ideales Saunaöl bewährt.

Einschränkungen
Nicht bei Kleinkindern anwenden: Eukalyptusöl darf Kleinkindern nicht in Brustwickeln oder durch Einreibungen verabreicht werden, da es unter Umständen Atemstillstand auslöst. Hohe Dosierungen des Öls in Duftlampen, Bädern und bei Massagen können Kopfschmerzen und Benommenheit auslösen. Auch weil es unter Umständen sensitive Haut irritiert, sollte man es für ein Bad gering dosieren.

Fenchel

(*Foeniculum vulgare var. dulce*)
Herkunft: Frankreich, Spanien, Deutschland, Ungarn, Bulgarien, China, Marokko.
Gewinnung: Destillation der Früchte.
Merkmale: Dünnflüssig, hellgelb bis klar.
Duft: Süß, anisartig, intensiv.
Duftnote: Herznote.
Duftintensität: Mittel.
Qualität: Yin.
Element: Wasser.

Eigenschaften
Verdauungsfördernd, magenstärkend, windtreibend, antiseptisch, krampflösend, harntreibend, milchtreibend, entgiftend, abführend, appetitfördernd, östrogenartig, menstruationsfördernd.

Anwendungen
Körper: Bei Verdauungsstörungen, Blähungen, Verstopfung, Schluckauf, Brechreiz, Nierensteinen, Koliken, zur Förderung der Menstruation, bei Milz- und Leberschwäche, im Klimakterium, zur Entgiftung (bei Alkoholvergiftung), zur Vergrößerung und Straffung der Brüste, bei

schwachem Muskeltonus, Östrogenmangel, Streß, Mundgeruch, Zahnfleischschwund.
Haut/Haar: Bei Cellulite, Bindegewebsverhärtung, alternder Haut, Falten, Runzeln.
Psyche: Bei prämenstruellem Syndrom, Instabilität, Gefühlskälte.

Anmerkungen

Das bittere Fenchelöl (von *Foeniculum vulgare* ssp. *vulgare*) enthält als »Bitterstoff« bis zu 22 Prozent Fenchon und ist preiswerter als das hier beschriebene süße Fenchelöl. Das süße Öl kann durch *Sternanisöl* gestreckt werden. *Sternanisöl* wird auch als Falsifikat des *Fenchelöls* angeboten.

Intensive Fencheldüfte verstärken das Hungergefühl, daher eignet sich das Öl gut bei Appetitmangel und Magersucht. Für Frauen im Klimakterium bietet sich das Öl ideal als Östrogenersatz an. Von einer langfristigen Einnahme hoher Dosierungen wird aber dringend abgeraten. Bäder mit Fenchelöl und geringe Dosen Fenchelöl im Tee haben bessere Wirkungen.

Einschränkungen

Kontraindiziert bei Schwangerschaft und Epilepsie.

Fichte, Fichtennadel

(*Picea abies, excelsa, sibirica*)

Herkunft: Alpen, Osteuropa, Sibirien (*sibirica*).
Gewinnung: Destillation der Nadeln und der jungen Triebe.
Merkmale: Dünnflüssig, klar.
Duft: Frisch, würzig.
Duftnote: Kopfnote.
Duftintensität: Schwach.
Qualität: Yin.
Element: Luft.

Eigenschaften

Antiseptisch, tonisierend, desodorierend, die Atmung anregend, aphrodisierend, durchblutungsfördernd.

Anwendungen
Körper: Bei Schnupfen, Husten, Bronchitis, Lungenentzündung, Grippe, Sinusitis, Magen- und Darmbeschwerden, Blasenentzündung, Prostataentzündung, Gallenblasenentzündung, Rheuma, Gicht, zur Anregung der Nebennierenrindentätigkeit, bei Nervosität, Streß, Körpergeruch, Fußschweiß, Impotenz.
Haut/Haar: Haarausfall.
Geist: Bei mentaler Erschöpfung.
Psyche: Bei Passivität, Negativität.
Anmerkungen
Der Duft von Fichtenöl ist für viele Schaumbäder und Badesalze typisch. Er eignet sich für die Raumbeduftung und Lufterfrischung von Publikumsräumen. Er erzeugt ein Gefühl der Weite, Frische und Reinheit.

Galbanum

(*Ferula gummosa, Ferula galbaniflua*).
Herkunft: Iran, Irak, Türkei, Syrien.
Gewinnung: Destillation des aus den Stengeln gewonnenen Harzes.
Merkmale: Dünnflüssig, hellgelblich.
Duft: Balsamisch, würzig, waldig.
Duftnote: Herznote.
Duftintensität: Mittel.
Qualität: Yang.
Element: Erde.
Eigenschaften
Gebärmuttertonisierend, wundheilend, psychisch stabilisierend.
Anwendungen
Körper: Bei Eierstockentzündungen oder -irritationen, Muttermundentzündung, Gebärmutterschwäche, Furunkeln, Drüsenschwellungen, rheumatischen Beschwerden, prämenstruellem Syndrom, schwacher Menstruation.

Haut/Haar: Abszesse, Akne, unreine Haut.
Psyche: Bei seelischer Verhärtung, Gefühlskälte, Ärger, Reizbarkeit, Hysterie, Phobien.

Anmerkungen

Das Harz trägt den bezeichnenden Beinamen »Mutterharz«, das daraus gewonnene Öl ist bisher als Heilöl für Frauenleiden kaum bekannt geworden. Sein eigenwilliger Duft ist vielleicht gewöhnungsbedürftig, kann aber in anderen Frauenheilölen gut »verpackt« werden. Ich empfehle es außerdem als ein gutes Stärkungsmittel bei psychischen Belastungen, Erschöpfungen und Instabilität, in Verbindung mit *Cistrosenöl*, *Zedernöl* und *Angelikawurzelöl.*

Einschränkungen

Keine Einnahme.

Geranie

(*Pelargonium graveolens, Pelargonium odoratissimum*)

Herkunft: Das Öl mit der Handelsbezeichnung »Geranium Bourbon« (beste Qualität) stammt von Pflanzen (*Pelargonium graveolens*) aus Madagaskar und Réunion. Für »Afrikanisches« Geraniumöl, es hat geringere Qualität, liefert *Pelargonium odoratissimum* aus Algerien, Marokko, Ägypten die Rohstoffe.
Gewinnung: Destillation der Blätter und Stengel.
Merkmale: Dünnflüssig, gelblich.
Duft: Die Duftnoten der beiden genannten Arten sind durch ihre Inhaltsstoffe recht unterschiedlich: Erstere duftet blumig-rosig, minzig, zitronig mit leichter Schwefelnote (dem

Körperduft von rothaarigen Personen recht ähnlich). Die zweite Art duftet blumig-fruchtig, stark rosig, hat wenig Minzenoten und keine Schwefelnote.
Duftnote: Herznote.
Duftintensität: Mittel.
Charakter: Yin.
Element: Wasser.

Eigenschaften

Nervenstärkend, nervlich harmonisierend, psychisch ausgleichend, östrogenartig, hautpflegend und wundheilend, schmerzlindernd, antiseptisch, tonisierend, harntreibend, gewebestraffend, blutstillend, adstringierend.

Anwendungen

Körper: Bei Diabetes, Durchfall, Magen- und Darmkatarrh, Gelbsucht, Nierensteinen, Gürtelrose, inneren Geschwüre (etwa einem Magengeschwür), Entzündungen der Mundschleimhaut, Zunge oder Bindehaut, bei Neuralgie (im Gesicht), Nervenschwäche, nervöser Anspannung, Streß, übermäßiger Menstruation, Blutungen, Hormonstörung während des Klimakteriums, Östrogenmangel, Schwangerschaftsleiden, Gebärmutterblutung, Sterilität der Frau.
Haut/Haar: Allgemeine Hautpflege, bei Hautentzündung, trockenem Ekzem, Seborrhöe, Hautflechte, Akne, Hautgeschwüren, für die Wundheilung und Vernarbung, bei trockener und fettiger Haut (es hat eine ausgleichende Wirkung auf die Talgproduktion), bei Blutungen, schwachem Hauttonus, Bindegewebsschwäche (zur Busenstraffung).
Psyche: Bei Depressionen, Angst, Disharmonie, Gefühlsschwankungen, Aufregung.

Anmerkungen

Geraniumöl ist einer der wichtigsten Rohstoffe für den Duft von Seifen und Toilettenartikeln. Für Frauen nimmt es als östrogenartig wirkendes (im Klimakterium) und gewebestraffendes (bei Cellulite) Öl als Beigabe zu Mischungen einen wichtigen Platz ein. Geraniumöl, insbesondere das der

Rosengeranie, ist sehr gut für Massage-, Bade-, Körperöle und rosenartige Duftkompositionen geeignet. *Rosenöl* läßt sich mit dem Öl der Rosengeranie gut strecken.

Geraniumöl wirkt auf die Nerven sowohl anregend (bei Ruhe, Lethargie und Müdigkeit) als auch beruhigend (bei Aufregung, Streß, Ärger), also insgesamt harmonisierend. Auch als Insektenschutzmittel hat es sich gut bewährt, wenn das Öl mit *Zedernöl* und *Lavendelöl* gemischt wird.

Einschränkungen

Allergie möglich.

Grapefruit siehe Pampelmuse

Guajakholz

(*Bulnesia sarmienti*)

Herkunft: Argentinien, Paraguay.
Gewinnung: Destillation des Holzes.
Merkmale: Pastös, bräunlichgelb. Schmelzpunkt: 40 bis 45 Grad Celsius.
Duft: Holzig, rauchig, etwas rosig – nach Räucherschinken.
Duftnote: Fußnote.
Duftintensität: Mittel.
Charakter: Yang.
Element: Erde.

Anmerkungen

Der Duft von Guajakholzöl eignet sich als Duftkomponente von Herrennoten, das Öl als Streckmittel von *Sandelholzöl* oder Fixativ für rauchige Mischungen. Sein Inhaltsstoff Guajakol ist Bestandteil von geröstetem Kaffee und verleiht ihm den Rauchgeruch.

Ho-Blätter siehe Rosenholz

Honig-Absolue

Ausgangsmaterial: Bienenwachs.

Gewinnung: Extraktion der Bienenwaben.
Merkmale: Mittlere Konsistenz, gelb.
Duft: Warm, süß.
Duftnote: Fußnote.
Duftintensität: Stark.
Qualität: Yin.
Element: Wasser.

Anmerkungen

Das Öl ist hautpflegend und entspannend mit starker Ausstrahlung. Sein Duft eignet sich zur Mischung mit blumigen und fruchtigen Noten.

Das Öl wird von mir hauptsächlich für psychisch wirksame Mischungen genutzt. Es vermittelt Wärme, Geborgenheit und Sättigung.

Einschränkung

Keine Einnahme.

Hyazinthe

(*Hyacinthus orientalis*)

Herkunft: Holland, Asien.
Gewinnung: Extraktion der Blüten (Absolue).
Merkmale: Dünnflüssig, gelblich.
Duft: Süß, krautig, blumig, himbeerartig.
Duftnote: Fußnote.
Duftintensität: Stark.
Qualität: Yin.
Element: Wasser.

Anmerkungen

Das Öl ist ein teures Absolue, dessen Duft vor allem in schweren, orientalischen Duftmischungen seinen Platz findet. Er eignet sich sehr gut zum Abrunden von frischen Duftmischungen. Der beruhigende, harmonisierende, sinnliche Duft offenbart sich erst in starker Verdünnung des Öls. Das ungestreckte Öl empfinde ich eher als narkotisierend und zu aufdringlich. In Duftmischungen für tiefe Entspannung oder Traumreisen hat das Öl bei mir einen festen Platz.

Einschränkung

Keine Einnahme.

Immortelle

(*Helichrysum italicum = Helichrysum angustifolium* und *Helichrysum stoechas*)

Herkunft: Provence, Korsika, ehemaliges Jugoslawien, Spanien.

Gewinnung: Destillation der Blüten.

Merkmale: Dünnflüssig, klar bis gelblich.

Duft: Süß, fruchtig, erinnert an Heu oder Tee mit einem Hauch von *Römischer Kamille*.

Duftnote: Fußnote.

Duftintensität: Stark.

Charakter: Yang.

Element: Erde.

Eigenschaften

Entzündungshemmend, antiviral, gewebestraffend, harntreibend, antiallergisch, schleimlösend, entgiftend, stark psychisch wirksam.

Anwendungen

Körper: Bei Migräne, Erkältung, Bronchitis, Sinusitis, Gallenentzündung, Leberschwäche, Diabetes, Magen- und Darminfektionen (durch *Candida albicans, Escherichia coli*), Halsinfektionen (von *Staphylococcus*-Arten verursacht), Leberstau, Allergien, schwachem Lymphfluß, Vergiftungen.

Haut/Haar: Bei rauher, schuppiger, unreiner Haut, bei Schuppenflechte, Ekzemen, Allergien, Verbrennungen, als

Sonnenschutz, bei Entzündungen der Haut, es macht die Haut sanft und geschmeidig. Wirkt äußerlich stärker entzündungshemmend als die *Blaue Kamille*.
Psyche: Es ist stark erdend, öffnet das Unterbewußtsein, konfrontiert aber auch mit tiefsitzenden Ängsten. Es hat sich als ideal für die psychotherapeutische Arbeit, Trancen, Traumreisen, Rückführungen erwiesen.

Anmerkungen

Die Immortelle liefert ein wohltuendes Öl für den vergifteten, schwachen und entzündeten Körper. Der eigenwillige Duft hat tiefe psychische Wirkungen. Für mich ist es ein wunderbares Geschenk der Natur. Das Öl ist für die therapeutische Arbeit mit dem Unbewußten beziehungsweise mit allen Prozessen, die ins Dunkel oder die Vergangenheit führen, für mich zum wertvollen und kraftvollen Katalysator geworden. Gleichwohl gibt es dem Menschen Halt, da es die Eigenschaften des Yang und des Elements Erde vermittelt. Das Öl wird oft als Fixativ von Parfüms genutzt.

Einschränkung

Keine Einnahme.

Ingwer

(*Zingiber officinale*)

Herkunft: Jamaika, Indien (Kerala), sonstige Tropen.
Gewinnung: Destillation der getrockneten und gemahlenen Rhizome.
Merkmale: Dünnflüssig, klar bis gelblich.
Duft: Frisch, holzig, blumig, warm mit würziger Beinote von *Koriander* und *Zitrone*.
Duftnote: Kopfnote.
Duftintensität: Schwach.
Qualität: Yang.
Elemente: Feuer (Körper) und Luft (Geist).

Eigenschaften

Antiseptisch, wärmend, körperlich anregend, aphrodisierend, krampflösend, schleimlösend, magenstärkend, milzwirksam, fiebersenkend, appetitanregend.

Anwendungen

Körper: Bei allgemeinen Schwächezuständen des Körpers, Kältezuständen, Kopfschmerzen, Erkältung, Grippe, Halsentzündung, Angina, Fieber, Magenkrämpfen, Durchfall, Blähungen, Verdauungsstörungen, Milzschwäche, Appetitmangel, Muskelschmerzen, Muskelermüdung, Arthritis, Rheuma, Hexenschuß, Ohnmacht, Impotenz.

Geist: Bei mentaler Irritation, Verwirrung. Der Duft regt das ästhetische Empfinden an.

Anmerkungen

Ingwer verhindert die Oxidation von Speisen und dient so als natürliches Konservierungsmittel. In der Raumluft bietet das Öl Ansteckungsschutz bei Infektionskrankheiten.

Iris

(*Iris florentina* und *Iris pallida*)

Herkunft: Europa (vor allem Italien).

Gewinnung: Destillation der fermentierten Rhizome.

Merkmale: Dünnflüssig, gelblich.

Duft: Veilchenartig, mild, süß. Ungestreckt eher ein unangenehm starker Duft.

Duftnote: Fußnote.

Duftintensität: Stark.

Qualität: Yin und Yang ausgeglichen.

Elemente: Erde (ungestreckt), Wasser (stark gestreckt).

Anmerkungen

Iriswurzelöl zählt zu den teuersten Essenzen, oft wird es verfälscht oder unter anderem Namen, zum Beispiel als *Veilchenwurzel*, angeboten. Meistens wird das Öl von der *Iris pallida* gewonnen. Aufgrund des hohen Preises kann das Öl nur gezielt für die Seelenheilung – bei besonders starken psychischen Blockaden und Verletzungen – eingesetzt werden. Es ist ein sehr gutes Schutzöl gegenüber äußeren Einflüssen (Auraschutz). In der Kosmetik genügt schon eine minimale Menge, um eine Creme oder Lotion zu einem luxuriösen Pflegemittel zu machen, das die Haut ausgezeichnet nährt und sanft pflegt.

Einschränkung

Keine Einnahme.

Jasmin

(*Jasminum officinale*, *Jasminum grandiflorum* und *Jasminum sambac*)

Herkunft: Indien, China, Mittelmeerraum, Nordafrika.
Gewinnung: Enfleurage oder Extraktion der Blüten.
Merkmale: Bei kühlen Temperaturen dickflüssig, gelb bis braun.
Duft: Süß, blumig, narkotisch.
Duftnote: Fußnote.
Duftintensität: Stark.
Qualität: Yin (gestreckt), Yang (pur).
Element: Wasser.

Eigenschaften

Antidepressiv, aphrodisierend, uterustonisierend, antiseptisch, krampflösend, beruhigend, milchtreibend, wehenfördernd.

Anwendungen

Körper: Bei Kopfschmerzen, Husten, Heiserkeit, zu wenig Muttermilch, Gebärmuttererkrankungen, bei der Menstruation (fördernd, schmerzlindernd), Prostatitis, Gonorrhöe, als Geburtshilfe, bei Impotenz oder Frigidität, Nervosität.
Haut/Haar: Hautentzündung, Dermatitis, trockene, sensitive Haut.
Geist: Es regt an und steigert die Aufmerksamkeit.
Psyche: Bei Depressionen, Angst, Phobien, nervöser Erschöpfung, Apathie, prämenstruellem Syndrom, schwacher Libido. Der Duft stimmt leicht und beschwingt, gibt ein Gefühl innerer Weite und regt die Phantasie (bei der Visualisation) an.

Anmerkungen

Jasminöl ist ein teures Öl mit exquisitem Duft. Es wird seit Jahrtausenden als feinstoffliches Heilmittel zur Harmonisierung und zur Hautpflege genutzt. Sein blumig-fruchtiger Duft wird von seinem hohen Bezylacetat-Anteil (bis zu 70 Prozent) bestimmt. Der Duft des puren Öls wirkt stark narkotisierend und kann bedenkenlos im Verhältnis 1 : 10 gestreckt werden, ohne von seiner Intensität und Strahlkraft viel einzubüßen. Der Duft der verschiedenen Jasminarten ist sehr intensiv, blumig-süß und hat äußerst starke Wirkungen auf die Psyche: Er löst Ängste, hilft bei starken Depressionen oder Spannungszuständen und erotisiert in geringsten Dosierungen. Ein Tropfen im Badewasser oder in der Duftlampe ist völlig ausreichend.

Fälschungen des wertvollen Öls sind häufig auf dem Markt. Achten Sie auf den Preis! Reines, echtes Öl kann nicht preiswert sein – man braucht eine Million Blüten für ein Kilogramm Jasminöl.

Wegen seines wunderbaren Duftes eignet es sich gut für alle Parfüms, Massage- und Bademischungen. Jasminöl ist ein wichtiges Öl für Frauen beziehungsweise Mütter.

Einschränkung

Keine Einnahme.

Johanniskraut

(*Hypericum perforatum*)

Herkunft: Europa.
Gewinnung: Destillation der Blüten.
Merkmale: Dünnflüssig, klar bis gelblich.
Duft: Krautig, heuig, süßlich.
Duftnote: Herznote.
Duftintensität: Mittel.
Qualität: Yang.
Element: Erde.

Eigenschaften
Antidepressiv, beruhigend, stärkend, wundheilend.
Anwendungen
Körper: Bei Menstruationsstörungen, körperlicher Erschöpfung, während des Klimakteriums, bei schlechter Wundheilung.
Psyche: Bei innerer Unruhe, leichten Depressionen, Melancholie, emotionaler Erschöpfung.
Anmerkungen
Ungestreckt ist es ein teures Öl mit valiumähnlicher, angenehm beruhigender und warmer Wirkung. Ein Tropfen auf die Zunge aufgetragen, läßt seine Ausstrahlung bis ins Gehirn wirken, ohne unangenehm zu stimulieren. Es ist keine Toxizität des Öls bekannt. Ich würde dieses kostbare Öl bei starker Aufregung in normaler Dosierung in der Duftlampe oder für die Massage anwenden. In Hautölen reichen bereits wenige Tropfen zur Wundheilung.
Einschränkung
Auf der Haut kann es (auch in Hautölen) bei starker Ultraviolettstrahlung phototoxische Reaktionen auslösen.

Kakao

(*Theobroma cacao*)
Herkunft: Mittelamerika, Südamerika.
Gewinnung: Extraktion der Samen (»Kakaobohnen«).
Merkmale: Dünnflüssig, rotbraun.
Duft: Kräftig, süßlich, leicht bitter, »typisch Kakao«.
Duftnote: Herznote.
Duftintensität: Mittel.
Anmerkungen
Der Weingeistextrakt aus der Kakaobohne eignet sich für sinnliche oder entspannende Duftmischungen. Er kann natürlich auch, äußerst gering dosiert, in der Aromaküche eingesetzt werden.
Einschränkung
Keine Einnahme.

Kalmus

(*Acorus calamus*)
Herkunft: Indien, Osteuropa, USA.
Gewinnung: Destillation der Rhizome.
Merkmale: Dünnflüssig, hell bis gelblich.
Duft: Bitter, erdig, aromatisch.
Duftnote: Fußnote.
Duftintensität: Mittel.
Qualität: Yang.
Element: Erde.

Eigenschaften

Stärkend, magenwirksam.

Anwendungen

Körper: Bei Schwächezuständen.
Psyche: Stabilisierend, stärkend.

Anmerkungen

Das Öl wird zur Aromatisierung alkoholischer Getränke und als Duftbaustein für Parfüms genutzt.

Einschränkungen

Indisches Öl ist durch den Inhaltsstoff Asaron der Sorte Jammu (enthält bis zu 96 Prozent) stark toxisch, indisches Kaschmir-Kalmusöl und europäisches Öl sind (mit einem Asaron-Anteil von 15 Prozent) schwach toxisch, und amerikanisches Öl (es weist kein Asaron auf) ist nichttoxisch. Wenn die Herkunft unbekannt ist, sollte das Öl auf jeden Fall gemieden werden. Weder eine Einnahme noch eine langfristige äußerliche, hochdosierte Anwendung sollte erfolgen. Nur Therapeuten dürfen es einsetzen.

Kamille, Blaue

(*Matricaria recutita = Matricaria chamomilla* – auch: Deutsche Kamille, Echte Kamille)
Herkunft: Ungarn, Deutschland.
Gewinnung: Destillation der Blüten.
Merkmale: Mittelflüssig, tiefblau bis blaugrün und bräunlich.

Duft: Krautig, durchdringend süß.
Duftnote: Fußnote.
Duftintensität: Stark.
Qualität: Yin.
Element: Wasser.

Eigenschaften und Anwendungen

Grundsätzlich wie das Öl der *Römischen Kamille*. Wirkt stark entzündungshemmend, regt die Produktion weißer Blutkörperchen an.

Haut/Haar: Bei Verletzungen, zur Wundheilung, bei Entzündungen und Geschwüren.

Psyche: Auf psychischer Ebene hat der Duft des Öls – nach anfänglicher Stimulation – eine stark entspannende Wirkung, vor allem bei nervösen Depressionen, seelischer Unruhe und Schmerz. Der Duft kann das Gefühl der Loslösung vom physischen Körper (einer kosmischen Erfahrung) vermitteln und ist daher sehr hilfreich bei Phantasiereisen, Trancen und Hypnose. Sehr empfehlenswert ist sein Einsatz bei ängstlichem Festhalten am Alten und bei Egozentrik.

Anmerkungen

Die Blaue Kamille unterscheidet sich von der *Römischen* und der *Wilden Kamille* durch einen höheren Azulen-Anteil, der das Öl nach der Destillation blau färbt. Es ist aufgrund des Azulens besonders entzündungshemmend (für die Haut) und geschwürheilend. Diese Wirkung der Blauen Kamille wird nur noch vom *Immortellenöl* übertroffen. Der Duft ist sehr intensiv und durchdringend, daher in Duftmischungen äußerst sparsam und vorsichtig einzusetzen, da er alle anderen Düfte übertönen kann.

Kamille, Römische

(*Chamaemelum nobile*, *Anthemis nobilis* –
auch: Gelbe Kamille)

Herkunft: England, Frankreich, Osteuropa.
Gewinnung: Destillation der Blüten und der ganzen Pflanze.

Merkmale: Leicht dickflüssig, gelblich bis grünlich.
Duft: Heuig, krautig, würzig (*Anthemis nobilis*).
Duftnote: Herznote.
Duftintensität: Mittel.
Qualität: Yin.
Element: Wasser.

Eigenschaften

Entzündungshemmend, krampflösend, beruhigend, magenwirksam, schmerzlindernd, harntreibend, fiebersenkend, tonisierend, gefäßverengend, entspannend, menstruationsfördernd.

Anwendungen

Körper: Bei Bindehautentzündung, Gerstenkorn, brennenden oder müden Augen, Kopfschmerzen, Zahnschmerzen, »Zahnen« (der Kleinkinder), Ohrenschmerzen, Migräne, Nervenschmerzen, Verdauungsstörungen, Gastritis, Magen- und Darmkrämpfen, Durchfall, Erbrechen, Magenschmerzen, Blähungen, Menstruationsschmerzen (Krämpfe), Nierenentzündung, Harnsteinen, Scheidenkatarrh, Gelbsucht, Würmern, Rheuma, Fieber, Anämie, Nervosität, Streß, Einschlafproblemen.

Haut/Haar: Allgemeine Hautpflege aller Hauttypen, besonders für trockene, empfindliche Haut und rauhe, spröde Haut (zur Handpflege), ebenso bei Hautjucken, Abszessen, Hautallergien, Hautentzündungen, Hautschmerzen, Akne, Brand- und Schnittwunden (zur Wundheilung und Vernarbung), Ausschlag. Es dient der allgemeinen Haarpflege, bei Schorf der Kopfhaut, als Aufheller für blondes Haar.

Psyche: Bei Ängsten, Depressionen, Furcht, Aufregung, Hysterie. Der Duft stimmt sanft und ausgeglichen. Auf milde Weise fördert Kamillenöl die Beruhigung von Geist und Körper und glättet die Wogen aufgepeitschter Emotionen.

Anmerkungen

Zur Klärung der Bezeichnungen: Im Handel können Sie unterscheiden zwischen der *Römischen* (gelben) *Kamille* und der *Wilden, Marokkanischen Kamille* (*Chamaemelum ormensis, Anthemis mixta*). Deren Öl duftet fruchtiger und ist preiswerter als das der Römischen Kamille. Beide Öle sind in ihren Wirkungen ähnlich und recht teuer. Alle Kamillenöle stellen »Besänftiger« für Körper, Geist und Seele dar. Sie sind typische Entspannungsmittel und in hoher Verdünnung auch für Kleinkinder geeignet.

Kamillenöl ist ein Universalöl bei vielen Schmerzzuständen und gehört in die Aroma-Hausapotheke. Es eignet sich besonders für die äußerliche Behandlung von Entzündungen, da es nicht nur die Bakterien, sondern auch die von ihnen produzierten toxischen Stoffe neutralisiert. Daher ist Kamillenöl bei akuter Sinusitis oder bronchialer Infektion besonders wirksam (durch Inhalation, Wickel oder Einreibung).

Kamille, Wilde siehe Kamille, Römische

Kampfer

(*Cinnamomum camphora*)

Herkunft: Japan, China, Indien.
Gewinnung: Destillation des Holzes.
Merkmale: Dünnflüssig, klar (weißes Kampferöl).
Duft: Eukalyptusartig, medizinisch, sehr scharf.
Duftnote: Kopfnote.
Duftintensität: Schwach.
Qualität: Yin.
Element: Luft.

Eigenschaften

Herzstärkend, anregend und beruhigend (Herz, Atmung, Kreislauf), kühlend und wärmend, antiseptisch, schmerzlindernd, krampflösend, blutdruckerhöhend, windtreibend, schweißtreibend, harntreibend, menstruationsfördernd.

Anwendungen

Körper: Bei allgemeiner Schwäche, Herzschwäche, Herz-

rhythmusstörungen, psychosomatischen Leiden, nervösen Leiden, Bronchitis, Erkältung, Fieber, Lungenentzündung, Magen- und Darmbeschwerden, Erbrechen, Rheuma, Gicht, schwacher Harnproduktion, Pilzinfektionen, Reizzuständen der Geschlechtsorgane, Verstauchungen, Prellungen, Bluterguß, Schlafproblemen, Ohnmacht.
Haut/Haar: Wärmt und kühlt die Haut, wirkt ausgleichend bei Hitze und Kälte, ist hilfreich bei Wunden, Verbrennungen, Akne, Geschwüren, zur allgemeinen Hautpflege, bei schwachem Hautstoffwechsel, fetter Haut, zur Hautreinigung.
Geist: Bei mentaler Erschöpfung, Verwirrung, Unklarheit, Konzentrationsschwäche.
Psyche: Das Öl wirkt anregend bei Depressionen, beruhigend bei Überreiztheit oder einem Schock.

Anmerkungen

Es handelt sich um ein sehr wertvolles Öl bei Herzschwäche und psychosomatischen Leiden, das für die äußerliche Anwendung gering dosiert werden muß. Kampferöl verhindert das Wachstum von *Aspergillus flavus* und *Aspergillus sulphureus*, *Curvularia* und *Fusarium* (toxischen Pilzen, die sich bei der Lagerung von Lebensmitteln entwickeln). Auch *Penicillium citrinum*, der Schimmelpilz auf Zitronen, wird durch Kampferöl abgetötet – und das schon bei einer Verdünnung im Verhältnis von 4 : 1000. Das Öl wirkt wie viele synthetische Konservierungsmittel. Das braune und das gelbe Kampferöl sind stark toxisch und sollten gänzlich gemieden werden.

Einschränkungen

Bei zu hoher Dosierung für eine innerliche Anwendung oder bei äußerlichem langfristigem Gebrauch – selbst bei geringer Dosierung – entfaltet es eine toxische Wirkung. Kontraindiziert ist es bei Schwangerschaft, Epilepsie und homöopathischer Behandlung. Es irritiert und reizt sensitive Haut; starke Dosierung führt zu Hautrötung.

Kardamom

(*Elettaria cardamomum*)

Herkunft: USA, Indien, Südamerika.
Gewinnung: Destillation der Früchte.
Merkmale: Dünnflüssig, hell.
Duft: Würzig, frisch, holzig, leichte Eukalyptusnote.
Duftnote: Herznote.
Duftintensität: Schwach.
Qualität: Yang.
Element: Feuer.

Eigenschaften

Verdauungsfördernd und -regulierend, magenstärkend, tonisierend, antiseptisch, krampflösend, harntreibend, aphrodisierend.

Anwendungen

Körper: Bei Verdauungsstörungen, Appetitmangel, schwachem Magen, Sodbrennen, Erbrechen, Übelkeit, Blähungen, Koliken, Spasmen, Unterleibsschmerzen, körperlichen Schwächezustände, Husten, Impotenz.
Geist: Bei mentaler Erschöpfung, starker Verwirrung, klärt die Gedanken.

Anmerkungen

Erfrischendes, anregendes Badeöl. Wichtiger Bestandteil orientalischer Duftmischungen.

Einschränkungen

Kontraindiziert bei Schwangerschaft. Hautreizend schon bei geringer Dosierung.

Karottensamen

(*Daucus carota*)

Herkunft: Polen, Ungarn, Frankreich.
Gewinnung: Destillation der (oft fälschlich auch als »Samen« bezeichneten) Früchte.
Merkmale: Dünnflüssig, gelblichorange.

Duft: Waldig, erdig.
Duftnote: Fußnote.
Duftintensität: Mittel.
Qualität: Yang.
Element: Erde.

Eigenschaften

Tonisierend, menstruationsfördernd, innerlich reinigend, hautnährend und hautpflegend, zytophylaktisch, leicht aphrodisierend.

Anwendungen

Körper: Bei Leberinfektionen, Gallenblasenschwäche, zu schwacher oder schmerzhafter Menstruation, schwachem Lymphfluß, Milzschwäche, Nervosität.
Haut/Haar: Das Öl eignet sich zur allgemeinen Hautpflege, besonders bei reifer, fettiger oder sehr trockener Haut, bei Akne, Schuppenflechte, Vernarbung, Falten, trockenem Haar und als Hautschutzöl.

Anmerkungen

Das Öl hat einen leicht animalischen, aphrodisierenden Duft als Hintergrund. Es ist ein ausgezeichneter Fond für Duftmischungen mit Düften von Hölzern und Gewürzen. Als Hautpflegeöl genügen schon wenige Tropfen in der Hautcreme. Es enthält keine Karotine und färbt die Haut nicht.

Einschränkungen

Es ist kontraindiziert bei Schwangerschaft und ruft auf der Haut – in einem Hautöl aufgetragen – bei starker Ultraviolettstrahlung phototoxische Reaktionen hervor.

Kiefer

(*Pinus sylvestris*)

Herkunft: Rußland, ehemaliges Jugoslawien, Alpenländer.
Gewinnung: Destillation der Nadeln.
Merkmale: Dünnflüssig, klar.
Duft: Waldig, frisch.

Duftnote: Kopfnote.
Duftintensität: Schwach.
Qualität: Yin.
Element: Luft.

Eigenschaften

Entzündungshemmend, antiseptisch, schleimlösend, durchblutungsfördernd.

Anwendungen

Körper: Bei Entzündungen der Atemorgane, Harnwege, Gallenblase und Leber, bei Grippe, Nebennierenunterfunktion, Gallensteinen, Schmerzen der Gedärme.
Geist: Bei Verwirrung, Unklarheit.
Psyche: Als Schutzöl gegen negative Einflüsse.

Anmerkungen

Wertvolles Saunaöl. Kiefernöl ist gut für die Luftreinigung von Publikumsräumen und als Schutz vor Infektionskrankheiten einsetzbar.

Knoblauch

(*Allium sativum*)

Herkunft: Europa, vor allem Mittelmeerländer.
Gewinnung: Destillation oder Pressung der Zwiebel.
Merkmale: Mittelflüssig, gelblich.
Duft: Durchdringend, stechend, »typisch Knoblauch«.
Duftnote: Fußnote.
Duftintensität: Stark.
Qualität: Yang.
Element: Erde.

Eigenschaften

Stark antiseptisch, pilztötend, antibakteriell, antiviral, entgiftend, blutreinigend, krampflösend, blutdruckregulierend, herzstärkend, blähungswidrig, darmreinigend, appetitanregend, fiebersenkend, harntreibend.

Anwendungen

Körper: Bei allgemeiner Schwäche, Infektionen, Erkältung,

Bronchitis, Asthma, Verdauungsstörungen, Blähungen, Appetitmangel, Darmparasiten (auch Würmern), Kreislaufschwäche, Harnsteinen, Nierensteinen, schwacher Harnproduktion, Blaseninfektion, hohem Cholesterinspiegel, Rheuma, Gicht, Arthritis, Gonorrhöe, Krebs, Aids (als begleitende Therapie).
Haut/Haar: Günstigen Einfluß hat das Öl auch auf Hühneraugen, Warzen, Schwielen, Geschwüre, Krätze, kalte Abszesse, Insektenstiche.

Anmerkungen

Das Öl wird selten über den nichtpharmazeutischen Handel angeboten, ist jedoch in Apotheken meistens zu erhalten. Das destillierte Öl enthält die antiviral wirkenden Stoffe Allicin oder Ajoen nicht. Sein Duft ist sehr stark – daher die Flasche gut verschließen! Nicht mit anderen ätherischen Ölen lagern. Für die Aromaküche (etwa zu Kräuteressig, Marinaden, Kräuterölen) äußerst gering dosieren.

Koriander

(*Coriandrum sativum*)

Herkunft: Indien, Türkei, Osteuropa.
Gewinnung: Destillation der Früchte.
Merkmale: Dünnflüssig, klar bis gelblich.
Duft: Pfeffrig, würzig, frisch, grün.
Duftnote: Kopfnote.
Duftintensität: Stark.
Qualität: Yang.
Element: Feuer.

Eigenschaften

Körperlich anregend, magenstärkend, appetitanregend, verdauungsfördernd, tonisierend, krampflösend, schmerzlindernd, sanft wärmend, aphrodisierend.

Anwendungen

Körper: Bei körperlichen Schwächezuständen, Verdauungsstörungen, Magen- oder Darmkrämpfen, Blähungen, Appe-

titmangel, Nervenschmerzen, Rheuma, Impotenz oder Frigidität, Nervosität.
Geist: Bei nervöser, geistiger Erschöpfung. Es weckt schöpferische Fähigkeiten.

Anmerkungen

Koriander liefert in Verbindung mit Nadelhölzern einen idealen Duft für Arbeitsräume. Wegen des intensiven, eigenwilligen Duftes muß das Öl dabei gering beziehungsweise vorsichtig dosiert werden.

Einschränkungen

Kontraindiziert ist es bei Schwangerschaft. Bei hoher Dosierung reizt es die Haut.

Kreuzkümmel

(*Cuminum cyminum*)
Herkunft: Mittlerer Osten, Zypern, Sizilien, China, Indien.
Gewinnung: Destillation der zerkleinerten Früchte.
Merkmale: Dünnflüssig, bräunlichgelb.
Duft: Stark würzig, pudrig.
Duftnote: Kopfnote.
Duftintensität: Schwach.
Qualität: Yang.
Elemente: Feuer und Erde.

Eigenschaften

Verdauungsfördernd, magenstärkend, krampflösend, appetitanregend, aphrodisierend, wärmend.

Anwendungen

Körper: Bei Verdauungsstörungen, Magen- und Darmkrämpfen, Blähungen, Durchfall, Herz- und Kreislaufschwäche, Impotenz oder Frigidität.

Anmerkungen

Kreuzkümmel ist verwandt mit *Koriander*, Bestandteil der bekannten Currys. Er wird in der indischen Küche eingesetzt. Sein Duft verstärkt Iris- und Ambranoten in Parfüms.

Kümmel (*Carum carvi*)
Herkunft: Indien, Pakistan, Rußland, Polen, Ungarn, Deutschland.
Gewinnung: Destillation der Früchte.
Merkmale: Dünnflüssig, klar.
Duft: Würzig, frisch, »typisch Kümmel«.
Duftnote: Herznote.
Duftintensität: Mittel.
Qualität: Yang.
Element: Feuer.

Eigenschaften
Körperlich anregend, herzberuhigend, magenstärkend, verdauungsfördernd, krampflösend, blähungswidrig, harntreibend, menstruationsfördernd, milchtreibend, aphrodisierend.

Anwendungen
Körper: Bei nervösen Verdauungsstörungen, Magenkrämpfen, Blähungen, Appetitmangel, Schluckauf, Verstopfung, trägem Darm, Herzrasen oder Herzflattern, schmerzhafter, verspäteter oder schwacher Menstruation, Impotenz oder Frigidität.

Einschränkungen
Kontraindiziert bei Schwangerschaft. Hautreizend bei hoher Dosierung.

Labdanum
(*Cistus labdaniferus*)
Herkunft: Zypern, Kreta, Frankreich, Spanien.
Gewinnung: Destillation des Harzes von *Cistus labdaniferus* (siehe *Cistrose*).
Merkmale: Dünnflüssig, gelblich.
Duft: Leder-, ambra-, moosartig, süßlich, heuig.
Duftnote: Herznote.

Duftintensität: Mittel.
Qualität: Yang.
Element: Erde.

Anwendungen

Körper: Es wirkt heilsam bei Geschwüren der Haut.
Psyche: Bei innerer Unruhe und Zerrissenheit, Wurzellosigkeit, Oberflächlichkeit.

Anmerkungen

Das Öl ist Bestandteil des Chypre-Duftes. Sein Duft verbindet sich bestens mit Blütendüften und gibt ihnen Stabilität. Ladanum liefert seit alters her einen klassischen Duft für Meditation und Zentrierung.

Latschenkiefer

(*Pinus mugo, Pinus montana*)
Herkunft: Alpenländer.
Gewinnung: Destillation der Nadeln.
Merkmale: Dünnflüssig, klar.
Duft: Balsamisch, frisch, waldig.
Duftnote: Kopfnote.
Duftintensität: Schwach.
Qualität: Yin.
Element: Luft.

Eigenschaften

Antiseptisch, schleimlösend, tonisierend, lufterfrischend.

Anwendungen

Körper: Bei Infektionen der Atemwege, Erkältung, Heiserkeit, Muskelverspannung.
Geist: Bei mentaler Erschöpfung, Verwirrung.

Anmerkungen

Latschenkiefernöl ist ein gutes Sauna- und Inhalationsöl. Es ist hilfreich für die Luftreinigung und Luftdesinfektion bei Infektionskrankheiten.

Lavandin

(*Lavandula hybrida, Lavandula fragrans*)

Lavandin ist eine Züchtung (Hybride). Der Duft des Lavandinöls gleicht dem des gewöhnlichen *Lavendelöls*, besitzt aber eine deutliche Kampfernote und ist frischer.

Die Pflanze hat mehr Blüten, liefert daher auch mehr ätherisches Öl, das jedoch weniger Ester und dafür mehr Kampfer enthält. Die beste Qualität (»Lavandin super«) enthält etwa 6 Prozent Kampfer und bis zu 50 Prozent Ester. Diese und die preiswerteren Qualitäten (»Lavandin grosso« mit 30 Prozent Ester und 5 Prozent Kampfer sowie »Lavandin abrialis« mit 30 Prozent Ester und 9 Prozent Kampfer) finden weiten Einsatz in Putzmitteln, Waschmitteln und Kosmetika. Lavandinöl hat nicht so viele verschiedene Inhaltsstoffe wie die Öle der Ausgangspflanzen der Züchtung und verfügt daher nicht über die gleichen Wirkungen.

Als antiseptischer und angenehm duftender Zusatz ist das Öl in der Waschmaschine und in Putzmitteln verwendbar. Es ist deutlich preiswerter als Lavendelöl.

Lavendel

(*Lavandula angustifolia* ssp. *angustifolia = Lavandula officinalis = Lavandula vera*)

Herkunft: Frankreich, ehemaliges Jugoslawien, England, Griechenland, USA. Gewinnung: Destillation des Blütenstandes.

Merkmale: Dünnflüssig, klar bis bläulich.

Duft: Frisch, kräuterartig, blumig, herb, »typisch Lavendel«. Leicht bis stark kampferartig und unterschiedlich

bei den verschiedenen Sorten und Qualitäten.
Duftnote: Herznote.
Duftintensität: Mittel.
Qualität: Yin und Yang ausgeglichen.
Element: Luft.

Eigenschaften

Nervenstärkend, beruhigend, schlaffördernd, die Herztätigkeit regulierend, schmerzlindernd, hautpflegend, zytophylaktisch, antiseptisch, krampflösend, harntreibend, schweißtreibend, tonisierend, den Gallenfluß anregend, entgiftend, entzündungshemmend, desodorierend, leicht anaphrodisierend.

Anwendungen

Körper: Bei Augenentzündung, Bindehautentzündung, Kopf- oder Ohrenschmerzen (Fieberkopfschmerz), Migräne, Asthma, Bronchitis, Keuchhusten, Grippe, Aphthen, Kehlkopfentzündung, Halsentzündung, Herzklopfen oder Herzrasen, Verdauungsstörungen, Blähungen, Durchfall, Übelkeit, Gallensteinen, schmerzhafter oder schwacher Menstruation, Blasenkatarrh, Gonorrhöe, Leukorrhöe, Infektion mit *Candida albicans* oder *Monilia*, Bluthochdruck, Koliken, Rheuma, Muskelkater, Zerrungen, Verstauchung, Leukozystose, Lebensmittelvergiftung, eitrigen Prozessen, Sonnenstich, Schwangerschaftsstörungen, Nervosität, Einschlafproblemen, Streß.

Haut/Haar: Ebenso eignet es sich zur Hautpflege für alle Hauttypen, zur Förderung der Zellerneuerung, bei schwachem Hauttonus, Abszessen, Akne, Fisteln, Ekzemen, Geschwüren, Warzen, Furunkeln, Krätze, Läusen, Cellulite, Hautentzündungen, Juckreiz, Wunden, Verbrennungen, zur besseren Vernarbung, bei Fußpilz und zu starker Schweißproduktion.

Geist: Bei Unklarheit, Verwirrung, Sorgen, Alpträumen.

Psyche: Bei Depressionen, Überreiztheit, Anspannung, sein Duft glättet die Wogen der Emotionen. Es ist ein Duft zum Abschalten, ebenso bei sexueller Anspannung.

Anmerkungen
Zur Unterscheidung der verschiedenen Lavendelöl-Qualitäten: »Normales« Lavendelöl wächst in Lagen bis 800 Meter und hat eine sehr leichte Duftnote sowie etwa zwei Prozent Kampfer. Als »Lavendel extra« bezeichnet man eine besonders gute Qualität des »normalen« Lavendelöls, das einen hohen Ester-Gehalt hat. »Lavendel fein« hat einen sehr feinen Duft, einen sehr hohen Ester-Gehalt und kaum Kampfer. Die Pflanze, die dieses Öl liefert, wächst in über 800 Meter Höhe, meist wild und wird daher auch oft als Wildsammlung angeboten.

Das schlechthin universale Heilöl finden Sie im Lavendelöl. Es ist nicht nur preiswert, sondern verfügt über ein fast unerschöpfliches Wirkungsspektrum. Durch seine vielen Inhaltsstoffe (über zweihundert), die immer noch nicht gänzlich erfaßt und bekannt sind, eignet es sich ganz besonders für Mischungen, da es die Wirkungen anderer Öle zu verstärken scheint. Lassen Sie sich nicht von sehr preiswerten Angeboten locken, man bietet Ihnen wahrscheinlich ***Lavandinöl*** (siehe dort) an.

Das Öl hat primär eine erfrischende, erneuernde, harmonisierende und beruhigende Wirkung auf den gesamten Menschen: auf Körper, Geist und Seele. Sein Duft verlagert die Energie des Geistes in die rechte fühlende Gehirnhälfte.

Lavendelöl ist weder toxisch noch hautreizend. Es ist ein gutes Kinderheilöl, da es eine sanfte Wirkung hat. Das Öl eignet sich zur Reinigung der Raumluft (bei Küchendünsten oder Rauch) und zum Ausgleichen einer schlechten Atmosphäre.

Schopflavendel
(*Lavandula stoechas*)

Diese Art hat viel Kampfer und wird selten angeboten. Der Duft des Öls ist leicht muffig und herb. Das Öl ist stark infektionshemmend und eignet sich zur Luftreinigung. Schopflavendelöl ist hilfreich bei Nervosität und stärkt das

Herz. Es wird auch bei rheumatischen Beschwerden und Durchblutungsstörungen empfohlen.

Speiklavendel

(*Lavandula latifolia*, *Lavandula spica*)

Speiklavendel (auch »Spiklavendel« und »Spanischer Lavendel« genannt) enthält bis zu 15 Prozent Kampfer und duftet daher deutlich anders als der gewöhnliche Lavendel. Die Pflanze produziert dreimal mehr Öl als *Lavandula officinalis*. Das Öl eignet sich besonders bei Erkrankungen der Atemwege. Speiklavendelöl hat eine deutliche Wirkung bei mentaler Erschöpfung und ist herz-, magen- und gehirnstärkend. Es wirkt wärmend und körperlich stärkend. Außerdem ist das Öl gut bei Verspannungen und Nervenschmerzen.

Lemongrass

(*Cymbopogon citratus*, *Cymbopogon flexuosus*)

Herkunft: Indien (»Indisches Verbenaöl«, *Cymbopogon flexuosus*) Sri Lanka, Madagaskar, Afrika, Haiti, Jamaika, Guatemala (*Cymbopogon citratus*).
Gewinnung: Destillation der Blätter.
Merkmale: Dünnflüssig, gelblich.
Duft: Intensiv, frisch, zitronig (*Cymbopogon citratus*) oder krautig (*Cymbopogon flexuosus*).
Duftnote: Kopfnote.
Duftintensität: Stark.
Qualität: Yang.
Element: Luft.

Eigenschaften

Antiseptisch, antibakteriell, anregend, desinfizierend, schmerzstillend, fördert die Blutgerinnung, desodorierend, erfrischend.

Anwendungen

Körper: Bei Erkältung, Grippe, Kopfschmerz, Migräne, Magenschmerzen, Muskelschmerzen, Rheuma, Bindege-

websschwäche, schwachem Unterfettgewebe (besonders der Brust), Vergiftung, schwachem Immunsystem, Blutungen, Lymphstau, Ödemen, Verstauchung, Quetschung.
Geist: Bei Konzentrationsschwäche, Verwirrung, mentaler Erschöpfung.
Psyche: Bei Lethargie, negativer Stimmung.

Anmerkungen

Lemongrasöl ist ein ausgezeichnetes Lufterfrischungs- und Luftreinigungsöl in der Duftlampe oder im Verdunster. Es desinfiziert in hoher Verdünnung im Wisch- und Putzwasser und verhindert das Wachstum des Schimmelpilzes *Aspergillus niger.* In dieser Hinsicht übertrifft Lemongrasöl das *Kampferöl* bei weitem.

Seine Wirkung auf den Geist ist intensiv und schnell: Jegliche Müdigkeit verfliegt sofort. Durch seine Wirkstoffmischung von Myrcene, Neral, Citronellal und Geranial ist Lemongras ein stark schmerzlinderndes Mittel (die brasilianische Urbevölkerung kennt diesen Zusammenhang seit langem).

Einschränkungen

Das Öl kann sensitive Haut irritieren, es ist sehr aggressiv. Pures Öl greift Kunststoffe an.

Weitere Arten von Lemongras siehe *Citronella.*

Limette

(*Citrus aurantii folia*)

Herkunft: Mexiko, karibischer Raum (»Key-Limette«); Persien, Florida, Tahiti (»Tahiti-Limette«).
Gewinnung: Kaltpressung der Fruchtschale oder Destillation des Saftes.
Merkmale: Dünnflüssig, gelblich.
Duft: Zitronig, frisch, herb – nach Coca-Cola. Kaltgepreßtes Öl riecht spritziger als das aus der Destillation gewonnene.
Duftnote: Kopfnote.

Duftintensität: Schwach.
Qualität: Yin.
Element: Luft.

Eigenschaften

Antiseptisch, antiviral, antidepressiv, verdauungsfördernd, magenstärkend, diuretisch, hautstraffend, desodorierend.

Anwendungen

Körper: Bei Verdauungsproblemen, Blähungen, Bindegewebsschwäche, Wasserstau, Müdigkeit.
Haut/Haar: Hautstraffung.
Geist: Bei mentaler Erschöpfung, Kreativitätsmangel.
Psyche: Bei Depressionen, Lethargie, Teilnahmslosigkeit.

Anmerkungen

Limettenöl ist ein gutes Öl für Duschgels und Sportöle. Erfrischt und desinfiziert die Raumluft, wirkt also gegen die Übertragung von Infektionskrankheiten.

Einschränkungen

Es kann sensitive Haut irritieren. Gelangt kaltgepreßtes Öl auf die Haut, ruft es phototoxische Reaktionen hervor.

Linaloeholz

(*Bursera penicillala*, *Bursera delpechiana*)

Herkunft: Mexiko.
Gewinnung: Destillation der Rinde und des Holzes.
Merkmale: Dünnflüssig, gelblich.
Duft: Rosig, frisch.
Duftnote: Herznote.
Duftintensität: Schwach.
Qualität: Yin.
Element: Wasser.

Anmerkung

Linaloe-Öl bietet einen Ersatz für das bisher benutzte *Rosenholzöl* (siehe *Rosenholzbaum*).

Litsea (May Chang)

(*Litsea cubeba*)

Herkunft: China, Taiwan.
Gewinnung: Destillation der Früchte, Blätter und Rinde.
Merkmale: Dünnflüssig, gelblich.
Duft: Frisch, zitronig.
Duftnote: Kopfnote.
Duftintensität: Stark.
Qualität: Yin.
Element: Luft.

Eigenschaften

Tonisierend, antiseptisch, pilztötend, herzwirksam, erfrischend, luftreinigend, mental anregend.

Anwendungen

Körper: Bei Muskel- und Bindegewebsschwäche, Pilzinfektion, einem Tumor, chronischem Asthma, Bluthochdruck, Herzkranzgefäßerkrankungen, Herzrhythmusstörungen.
Geist: Bei mentaler Erschöpfung, Konzentrationsmangel.

Anmerkungen

Litsea-Öl ist ein sehr gutes Öl für die Luftreinigung und Lufterfrischung (vor allem in Küche und Bad). Es hat nachweislich Erfolg bei der Behandlung von Tumoren, und zwar durch seinen hohen Citral-Anteil (etwa 73 Prozent). In hoher Verdünnung wirkt das Öl gegen den Schimmelpilz *Aspergillus niger.*

Einschränkungen

Das Öl ist stark hautreizend. Pures Öl ist sehr aggressiv und greift Kunststoffe an.

Lorbeer

(*Laurus nobilis*)

Herkunft: Balkan, Türkei.
Gewinnung: Destillation der Blätter.
Merkmale: Dünnflüssig, klar.
Duft: Kräftig, eukalyptusähnlich.

Duftnote: Kopfnote.
Duftintensität: Schwach.
Qualität: Yang.
Element: Luft.
Eigenschaften
Magenstärkend, verdauungsfördernd, appetitanregend, mental klärend.
Anwendungen
Körper: Bei Verdauungsproblemen, Blähungen, Appetitmangel, Magenschwäche.
Geist: Bei Unklarheit, Verwirrung; es öffnet das »Dritte Auge«, unterstützt hellseherische Fähigkeiten.

Majoran

(*Majorana hortensis, Origanum majorana*)
Herkunft: Mittelmeerraum, Indien.
Gewinnung: Destillation der Blätter und Blüten.
Merkmale: Dünnflüssig, klar.
Duft: Grün, krautig, frisch, süß.
Duftnote: Herznote.
Duftintensität: Schwach.
Qualität: Yang.
Element: Wasser.
Eigenschaften
Beruhigend, nervenstärkend, krampflösend, verdauungsfördernd, menstruationsfördernd, wärmend, antiseptisch, schleimlösend, schmerzlindernd, herzstärkend, blutdrucksenkend, tonisierend, anaphrodisierend.
Anwendungen
Körper: Bei Kopfschmerzen, Migräne, Erkältung, Asthma, Verdauungsstörungen, Magen- oder Darmkrämpfen, Blähungen, Verstopfung, Bluthochdruck, Kältegefühl, schmerzhafter oder ausbleibender Menstruation, Leukorrhöe, Nervosität, Einschlafproblemen.
Haut/Haar: Es fördert die Wundheilung bei Hautverletzungen.

Psyche: Bei seelischen Leiden, Sorgen, Kummer, Unruhe, Unausgeglichenheit, einem starken Sexualtrieb.

Anmerkungen

Majoranöl kann in gewöhnlicher Dosierung sehr tief entspannen und zum völligen »Abschalten« führen. Daher ist das Öl sehr wertvoll, wenn das Nervensystem »überreizt«, der Blutdruck hoch ist und eine Entspannung unmöglich erscheint (bei extremem Streß verbunden mit Appetitmangel und Einschlaf- sowie Durchschlafproblemen). Als Einschlafhilfe genommen kann Majoran intensive Träume zur Folge haben, die aber nicht sexuellen Inhalts sind. Das Öl wirkt wärmend in Körperölen und im Bad.

Einschränkungen

Kontraindiziert ist es bei Schwangerschaft, toxisch bei Einnahme hoher Dosen oder bei langfristiger äußerlicher Anwendung in normaler Dosierung. Für die Raumbeduftung mit Hilfe einer Duftlampe und für die Massage ist es nicht bedenklich.

Mandarine

(*Citrus deliciosa, Citrus madurensis*)

Herkunft: Mittelmeerraum, Brasilien
Gewinnung: Kaltpressung der Fruchtschalen.
Merkmale: Dünnflüssig, sattes Gelb bis Rotbraun (aus Italien) oder leichtes Grün (aus Brasilien).
Duft: Süß, fruchtig.
Duftnote: Kopfnote.
Duftintensität: Mittel.
Qualität: Yang.
Element: Wasser.

Eigenschaften

Antidepressiv, entspannend, magenstärkend, verdauungsfördernd, appetitanregend, krampflösend.

Anwendungen

Körper: Bei Magen-, Darm- oder Gallenschwäche, Appetit-

mangel, Verdauungsproblemen, Muskelverspannung, Nervosität, Streß.
Psyche: Bei emotionaler Verletzung, Lethargie, Depressionen, Angstzustände, prämenstruellem Syndrom, Ärger, innerer Unruhe, Trauer.

Anmerkungen

Der Duft wird von Kindern sehr geschätzt. Das Öl eignet sich besonders für Massagen bei verspannten Muskeln und leichten Depressionen.

Einschränkungen

In Hautölen ruft es bei starker Ultraviolettstrahlung phototoxische Reaktionen hervor. Es wirkt leicht hautreizend.

Mandarinenholz

(*Cinnamomum suitok*)

Herkunft: Indonesien.
Gewinnung: Destillation des Holzes.
Merkmale: Dünnflüssig, gelblich.
Duft: Holzig, fruchtig, zimtartig.

Anmerkungen

Das Öl hat nichts mit dem von der Zitrusfrucht gemeinsam. Der Baum ist mit dem Zimtbaum verwandt, und das Öl enthält, wie das *Zimtöl*, Eugenol, aber kein Zimtaldehyd. Sein Duft stimuliert bei mentalen, das Öl selbst bei körperlichen Schwächezuständen.

Melisse

(*Melissa officinalis*)

Herkunft: Mittelmeerraum.
Gewinnung: Destillation der Blütenknospen und Blätter.
Merkmale: Dünnflüssig, klar bis gelblich.
Duft: Frisch, zitronig, hell.
Duftnote: Herznote.
Duftintensität: Stark.

Qualität: Yin und Yang ausgeglichen.
Element: Luft.

Eigenschaften

Tonisierend, antidepressiv, nervenstärkend, herzstärkend, gehirnstärkend, blutdrucksenkend, krampflösend, schweißtreibend, verdauungsfördernd, fiebersenkend, uteruswirksam, menstruationsfördernd.

Anwendungen

Körper: Bei allgemeiner körperlicher Schwäche, Kopfschmerz, Migräne, Erkältung, Fieber, Asthma, Herzklopfen oder Herzrasen, Verdauungsstörungen, Übelkeit, Erbrechen, Magen- oder Darmkrämpfen, Durchfall, Würmern, schmerzhafter, ausbleibender, schwacher Menstruation, Bluthochdruck, Gebärmutterleiden, Wetterfühligkeit, Nervosität, Nervenschwäche, einem Nervenzusammenbruch, Einschlafproblemen.
Haut/Haar: Bei Herpes, Neuralgie, Hautallergien, Insektenstichen.
Geist: Bei mentaler Erschöpfung, Verwirrung, Konzentrationsschwäche, Kreativitätsmangel.
Psyche: Bei Depressionen, Melancholie, Traurigkeit, Schock, Panik, Lethargie.

Anmerkungen

Das Öl der echten Melisse, von der die Ausbeute nur 0,05 Prozent beträgt, ist sehr teuer und zeichnet sich durch einen warmen Unterton aus. Es ist sehr duftintensiv, Sie benötigen daher nur sehr wenig Öl, um einen Raum zu beduften. Aufgrund seines hohen Citral-Anteils (Citronellal 20 Prozent, Neral 14 Prozent) ist Melissenöl ein stark pilztötendes und antiseptisches Öl. Es gleicht in dieser Hinsicht dem *Lemongrasöl* und dem *Litsea-Öl.* Melissenöl wirkt kühlend bei einem Bad und in einer Kompresse (und ist daher gut bei Fieber).

Das im Handel benannte »Zitronenmelissenöl« wird entweder durch das gemeinsame Destillieren von Melisse mit

Citronella oder *Lemongras* gewonnen oder durch das Strekken des Melissenöls mit *Citronellaöl*. Dadurch erhält man eine sehr viel preiswertere Essenz, die oft als »Melissenöl« angeboten wird. Sie duftet spritziger, schärfer und weniger warm.

Auch das Öl von *Citronella* oder von *Katzenminze* (siehe Minzen) wird von weniger qualitätsbewußten Händlern als Melissenöl angeboten. Achten Sie auf den Preis, und Sie werden den Unterschied erkennen – reines Melissenöl kostet wesentlich mehr.

Einschränkungen

Kontraindiziert ist es bei Schwangerschaft und homöopathischer Behandlung. Es kann sensitive Haut irritieren.

Mimose

(*Acacia decurrens*)

Herkunft: Mittelmeerraum, Marokko.
Gewinnung: Extraktion der Blüten.
Merkmale: Pastös, gelb.
Duft: Gelb, warm, blumig, bananenartig.
Duftnote: Fußnote.
Duftintensität: Stark.
Qualität: Yang.
Element: Wasser.

Eigenschaften

Entzündungshemmend, beruhigend, hautnährend, blutreinigend, Leber und Galle stärkend.

Anwendungen

Haut/Haar: Hilfreich bei einer Hautentzündung und bei trockener Haut.
Psyche: Bei Unruhe, Angstzuständen, Trauer, Sorgen, Verschlossenheit, seelischer Verhärtung.

Einschränkung
Keine Einnahme.

Minzen
Herkunft: Verschiedene.
Gewinnung: Destillation des ganzen Krautes.
Merkmal: Dünnflüssig, klar.
Duft: Verschiedene, meist frisch, mentholartig, stechend.
Duftnote: Kopfnote.
Duftintesität: Stark.
Qualität: Yang.
Element: Luft.

Ackerminze
(*Mentha arvensis*)
Herkunft: Verschieden.
Übrige Angaben wie bei Pfefferminze.
Anmerkungen
Mentha arvensis, die Ackerminze (auch »Japan-Minze« und »Kornminze« genannt), hat einen deutlich höheren Menthol-Anteil (bis zu 90 Prozent) als die Pfefferminze. Dadurch ist der Duft des Öls frischer, schärfer, und seine schleimlösende Wirkung auf die Atemwege und mentale Anregung stärker. Es ist preiswerter als das Öl von *Mentha piperita.*

Bergamotte-Minze
(*Mentha piperita var., Metha citrata*)
Herkunft: Frankreich.
Anmerkungen
Das Öl zeichnet sich durch seine für Minzen unüblichen Inhaltsstoffe Linalool und Linalylazetat aus. Sein Duft ist fruchtig, leicht zitronig, minzig. Seine Wirkungen dürften ähnlich, aber schwächer als die des *Pfefferminzöls* sein. Es ist ein relativ neues Öl, über das noch keine Erfahrungen vorliegen.

Katzenminze
(*Nepeta cataria*)

Das Öl dieser Pflanze ist kein Minzöl, sondern eher ein *Melissenöl*. Weitere Namen für die Pflanze sind »Steinmelisse« oder »Lemonikraut«. Es duftet zitronig, melissenartig. Es wirkt ähnlich wie *Melissenöl* und kann daher sehr gut zum Strecken des echten *Melissenöls* genommen werden.

Krauseminze (Spearmint)
(*Mentha spicata* – auch: Grüne Minze, Speerminze = englisch »spearmint«)

Herkunft: Frankreich, China, USA.
Übrige Angaben siehe Pfefferminze.

Anwendungen
Wie *Pfefferminzöl*, hat aber keine starken mentalen Wirkungen.

Einschränkungen
Siehe Pfefferminze.

Anmerkungen
Das Öl hat einen deutlich süßlicheren und erfrischenderen Duft als das der anderen Minzen. Der Name »Spearmint« ist in den fünfziger Jahren durch das amerikanische Kaugummi, das mit dem Öl aromatisiert wurde, weltbekannt geworden. Das Öl zeichnet sich durch einen Carvon-Anteil aus, durch den es neurotoxisch wirkt.

Pfefferminze
(*Mentha piperita*)

Herkunft: Die besten Qualitäten des Pfefferminzöls kommen aus England, als sogenanntes »Mitcham-Öl«. Ansonsten wird das Öl im übrigen Europa und in den USA hergestellt.
Gewinnung: Destillation des ganzen Krautes.
Merkmale: Dünnflüssig, klar.
Duft: Frisch, mentholartig stechend.
Duftnote: Kopfnote.
Duftintensität: Stark.

Qualität: Yang.
Element: Luft.

Eigenschaften

Antiseptisch, schleimlösend, magenstärkend, schmerzlindernd, fiebersenkend, gewebefestigend, entzündungshemmend, windtreibend, schweißtreibend, menstruationsfördernd, entgiftend, wirkt auf Galle und Leber.

Anwendungen

Körper: Bei Schwindel, Ohnmacht, Schock, Zittern, Kopfschmerz, Migräne, Nervenschmerzen, Lähmungserscheinungen, Zahnschmerzen, Schnupfen, Erkältung, Grippe, Bronchitis, Asthma, Husten, Fieber, Sinusitis, Verdauungsstörungen, Durchfall, Blähungen, Koliken, Übelkeit, Erbrechen, Würmern, Gallensteinen, Herzrhythmusstörungen (nervöser Ursache), schwacher oder schmerzhafter Menstruation, Schwangerschaftsleiden, Reisekrankheit, bei Vergiftung, bei Schlaflosigkeit (hohe Dosierung nehmen), Mundgeruch, Zahnfleischschwund.

Haut/Haar: Günstig für die Hautreinigung, bei Akne, fetter Haut, unreiner Haut, Pickeln, Mitessern, Hautentzündungen, Hautjucken, Krätze, Schuppen, Haarausfall, Kopfhautjucken und stellt ein gutes Hauttonikum dar.

Geist: Bei mentaler Erschöpfung, Gedächtnisschwäche, Konzentrationsmangel, Verwirrung, Schock, Entschlußunfähigkeit.

Anmerkungen

Pfefferminzöl wirkt sehr kühlend als Badezusatz und in Körperölen (das ist angenehm bei Fieber oder Sonnenbrand). Es sorgt für den Heiß-kalt-Effekt (heißes Wasser fühlt sich kühl an). Das Öl ist sehr insektenfeindlich und vertreibt Ungeziefer, Mäuse und Ratten. Günstig ist zu diesem Zweck, es mit Eukalyptus zu kombinieren.

Einschränkungen

Kontraindiziert ist es bei Schwangerschaft, Heuschnupfen und homöopatischer Behandlung. Für Kinder ist es nicht geeignet. Magen- und Darmschleimhautreizung sowie Schwindel erfolgen bei einer Überdosis. (Auch in der Duftlampe sollte man es gering dosieren!) Es ist sehr hautreizend und aggressiv – für Bad und Hautöle vorsichtig dosieren.

Poleiminze (Pennyroyal)
(*Hedeoma pulegioides = Mentha pulegium*)
Herkunft: Spanien, Nordafrika, ehemaliges Jugoslawien, USA.

Eigenschaften
Schweißtreibend, menstruationsfördernd, schmerzlindernd, krampflösend, antiseptisch, uteruswirksam, schleimlösend, verdauungsfördernd, stark insektenfeindlich.

Anwendungen
Körper: Kopfschmerzen, Zahnschmerzen, Blähungen, Fieber, Erkrankungen der Atemwege, Husten, Keuchhusten, Asthma, Bronchitis, Erkältung, Blähungen, Gallensteine, Gastritis, Leukorrhöe, Spasmen, Erbrechen, Mundgeschwüren, ausbleibender Menstruation.
Haut/Haar: Bei Hautreizung und Hautentzündung sowie Insektenstichen ist es ebenfalls hilfreich.
Geist: Bei Konzentrationsschwäche, Verwirrung.

Anmerkungen
Das Öl zeichnet sich durch einen sehr hohen Anteil (bis zu 90 Prozent) von nervenschädigenden (neurotoxischen) Ketonen (Pulegon) aus. Es duftet frisch, mentholartig, etwas scharf. Es sollte nur in geringsten Mengen äußerlich angewandt werden.

Einschränkungen
Kontraindiziert ist es bei Schwangerschaft, Nervenschwäche, Epilepsie, homöopathischer Behandlung. Für Kinder eignet es sich nicht. Es ist stark toxisch – keine Einnahme, keine hochdosierte äußerliche Anwendung, keine langfristige Anwendung! Das Öl sollte nur von Therapeuten eingesetzt werden.

Wasserminze

(*Mentha aquatica*)

Herkunft: Verschieden.

Das Öl unterscheidet sich von dem der *Pfefferminze* durch einen milderen Duft.

Übrige Angaben siehe *Pfefferminze*.

Anwendungen

Siehe *Pfefferminze*. Wasserminze ist aber sanfter und nicht so hautreizend; sehr gut für Bäder, für die Massage und zur Aromatisierung von Getränken geeignet.

Einschränkungen

Siehe *Pfefferminze*.

Moschuskörner

(*Abelmoschus moschatus, Hibiscus abelmoschus* – auch: Bisameibisch)

Herkunft: Süd- und Mittelamerika.

Gewinnung: Destillation der Samenkörner.

Merkmale: Mittelflüssig, gelblich.

Duft: Animalisch, warm, manchmal süßlich.

Duftnote: Fußnote.

Duftintensität: Stark.

Qualität: Yang.

Element: Erde.

Anwendungen

Für schwere, aphrodisierende Parfüms, Entspannungsöle, Meditationsmischungen.

Anmerkungen

Moschuskörneröl liefert den pflanzlichen Ersatz für Moschus, das Sekret des Moschushirschen. Das Öl riecht pur oft sehr animalisch und streng und entwickelt erst verdünnt seine sinnliche, warme und süße Seite. Es wurde in früherer Zeit zur Heilung und Stärkung der feinstofflichen Körper genutzt. Aufgrund seines durchdringenden Duftes ist es für Duftmischungen sehr vorsichtig zu dosieren. Neben seiner aphrodisierenden Wirkung – die jedoch nicht bei allen Menschen auftritt – hat es einen sehr ausgleichenden und harmonisierenden Effekt. Es beruhigt den geschäftigen Geist und lenkt die Energie in den unteren Körperbereich. (Vielleicht liegt darin seine »aphrodisierende« Wirkung begründet?) Jedenfalls ist es auch ein hilfreiches Öl bei Streß und damit verbundener Impotenz.

Muskatellersalbei

(*Salvia sclarea*)
Herkunft: Frankreich, Deutschland, Balkan, Spanien, Marokko.
Gewinnung: Destillation des oberen Teils der blühenden Pflanze.
Merkmale: Dünnflüssig, gelblich.
Duft: Heuig, süß, herb, würzig, leicht urinös.
Duftnote: Herznote.
Duftintensität: Mittel.
Qualität: Yin.

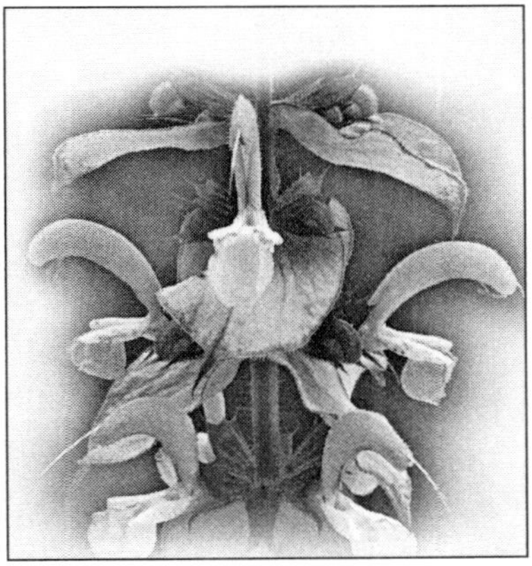

Elemente: Luft, Wasser und Erde!

Eigenschaften

Beruhigend, entspannend, euphorisierend, stimmungsaufhellend, tonisierend (Nerven, Magen, Uterus), krampflösend, fördert die Östrogenproduktion, wirkt antiseptisch, blutdrucksenkend, menstruationsfördernd, menstruationsregulierend, wehenunterstützend, desodorierend, adstringierend, aphrodisierend.

Anwendungen

Körper: Bei Augenentzündung, Halsentzündung, Nervenleiden, Verdauungsstörungen, Blähungen, Magen- und Darmkrämpfen, Nierenleiden, Bluthochdruck, ausbleibender, verspäteter, schmerzhafter, krampfartiger Menstrua-

tion, Erkrankungen des Uterus, im Klimakterium (bei Hitzewellen, Schweißausbrüchen, hormonellen Veränderungen), Leukorrhöe, Impotenz oder Frigidität, Unfruchtbarkeit, prämenstruellem Syndrom.
Haut/Haar: Es dient der allgemeinen Hautpflege, hilft bei wäßriger und entzündeter Haut, Furunkeln, Geschwüren, starker Schweißproduktion, Schuppen, Haarausfall und eignet sich zur allgemeinen Haarpflege.
Geist: Bei mentaler Erschöpfung, Kreativitätsmangel, »Engstirnigkeit«, negativem Denken, mentalen Blockaden, Alpträumen. Es ist gut für geleitete Traumreisen, Trancen und die Hypnosetherapie.
Psyche: Bei schweren, chronischen oder leichten Depressionen, Melancholie, Trauer, Angst vor dem Neuen und Unbekannten, Schwellenangst, Phobien, emotionalen Spannungszuständen.

Anmerkungen

Der Duft des Muskatellersalbei-Öls ist gewöhnungsbedürftig. Er stößt anfänglich oft auf Ablehnung oder verwirrt. Es ist ein idealer Duft, um die Kreativität zu wecken oder zu steigern. Das Öl zeichnet sich durch eine stark psychische, hypnotische und euphorisierende Wirkung aus. Ein oder zwei Tropfen auf die Stirn oder Schläfen eingerieben, dadurch über einen längeren Zeitraum über die Nase wahrgenommen, verursachen bei vielen Menschen ein Gefühl der Zentrierung und Erdung.

Muskatellersalbei-Öl unterstützt sehr bei Schwäche beziehungsweise Störungen des Uterus, Beschwerden im Klimakterium und bei prämenstruellem Syndrom – ist also ein wichtiges »Frauenöl«, das die Östrogenproduktion anregt. Sein geringer Anteil an Sclareol läßt es ambraähnlich duften und erzeugt somit eine aphrodisierende Wirkung. In Massage- oder Badeöle eingearbeitet, führt es zu einer tiefen Entspannung. Es erdet, ohne eine Schweregefühl zu vermitteln, da es starke Anteile des Elements Luft hat. Ich habe mit ihm viele Erfolge bei schwerer, chronischer Depression, Lebensunlust oder emotionaler Zerrissenheit erzielt, da es bereits in gewöhnlicher Dosierung euphorisierend und zentrierend wirkt.

Einschränkungen

Nicht in Verbindung mit Alkohol einnehmen oder benutzen. Der Duft ist leicht halluzinogen.

Muskat

(*Myristica fragrans*)

Herkunft: Indonesien, Antillen.
Gewinnung: Destillation der Samen, der Samenhülle (Muskatblüte = Macis) oder der ganzen Früchte.
Merkmale: Dünnflüssig, klar.
Duft: Würzig, herb, »typisch Muskat«.
Duftnote: Herznote.
Duftintensität: Mittel.
Qualität: Yang.
Element: Erde.

Eigenschaften

Körperlich und mental anregend, menstruationsfördernd, verdauungsfördernd, antiseptisch, wärmend.

Anwendungen

Körper: Bei körperlicher Erschöpfung, Verdauungsstörungen, Rheuma (als Massageöl), bei Muskelschmerzen, Muskelkater, Hexenschuß, Blähungen, Verdauungsstörungen, Darminfektion, chronischem Durchfall, Herzschwäche, ausbleibender Menstruation.

Geist: Bei mentaler Erschöpfung, Trägheit, Lethargie, Verwirrung.

Psyche: Bei Depressionen, Apathie. Es intensiviert die Traumtätigkeit, verleiht Träumen Farbe.

Anmerkungen

Das weniger oft angebotene Macisöl duftet feiner und hat weniger Myristicin. Myristicin, im Samenöl bis 15 Prozent enthalten, kann bei hoher Dosierung zu Rauschzuständen führen.

Muskat ist eine uralte Droge, die in richtiger Dosierung tiefe Entspannung und geistige Klarheit (klare Sicht) bewirken kann. Hochverdünntes Muskatöl (im Verhältnis 1 : 50) läßt sich Speisen – als Gewürz – zugeben. Vom Gebrauch des Öls zur Aromatisierung von Weinen oder Branntweinen möchte ich abraten, da Öl und Alkohol eine brisante Mischung mit heftigen Wirkungen bilden können.

Einschränkungen

Das Öl ist toxisch; nur sehr geringe Mengen sind einnehmbar – höchstens 1 Tropfen pro Tag. Auch äußerlich soll man es nicht in großen Mengen langfristig anwenden. Bei der Einnahme von 5 Gramm (etwa 100 Tropfen) durch einen Erwachsenen hat es tödliche Wirkung. Kontraindiziert ist es bei Schwangerschaft und Kindern.

Myrrhe

(*Commiphora abyssinica*)

Herkunft: Somalia, Jemen.
Gewinnung: Destillation des Baumharzes.
Merkmale: Mittelflüssig, gelbrot.
Duft: Bitter, warm, würzig, sauer.
Duftnote: Fußnote.
Duftintensität: Stark.
Qualität: Yang.
Element: Feuer.

Eigenschaften

Wundheilend, schleimlösend, die Lungentätigkeit anregend, nervenberuhigend, antiseptisch, adstringierend, verdauungsfördernd, menstruationsfördernd, wehenunterstützend.

Anwendungen

Körper: Bei Mundschleimhautentzündung, Mundgeschwüren, Schnupfen, Husten, Heiserkeit, Bronchitis, Erkältung, Verdauungsstörungen, Blähungen, Durchfall, Appetitmangel,

Eisenmangel, ausbleibender Menstruation, in der Geburtshilfe, bei Hämorrhoiden, Leukorrhöe, eitrigen Prozessen.
Haut/Haar: Das Myrrhenöl eignet sich gut zur Pflege alternder Haut (von Falten, Runzeln, Krähenfüßen), zur Wundheilung, bei Geschwüren der Haut, Hautpilz, zur Hautkühlung.
Geist: Bei mentaler Verwirrung, Sorgen.
Psyche: Bei Überreiztheit, emotionaler Verwirrung, starker Bindung an Materielles.

Anmerkungen

Myrrhenöl spendet den traditionellen Duft für tiefe Entspannung, »innere Reinigung«, Abkehr vom Weltlichen, Meditation (er synchronisiert die Gehirnhälften). Einst (nach der Bibel) war Myrrhe dem Weihrauch und Gold gleichwertig.

Einschränkung

Kontraindiziert ist es bei Schwangerschaft.

Myrte (*Myrtus communis*)

Herkunft: Mittelmeerraum, Nordafrika.
Gewinnung: Destillation der jungen Blätter, Zweige und Blüten.
Merkmale: Dünnflüssig, klar.
Duft: Frisch, eukalyptusartig, krautig.
Duftnote: Kopfnote.
Duftintensität: Mittel.
Qualität: Yang.
Element: Luft.

Eigenschaften

Antiseptisch, antibakteriell, schleimlösend, gewebefestigend, adstringierend, desodorierend, den Adrenalinspiegel senkend.

Anwendungen
Körper: Bei einem schwachen Immunsystem, Darminfektion, Harnwegsinfektion, Lungentuberkulose, Stirnhöhleneiterung, Ohrenentzündung, Schnupfen, Grippe, Bronchitis, Asthma, Keuchhusten, Milzschwäche, Milzirritation, Hämorrhoiden.
Haut/Haar: Bei fetter und entzündeter Haut, als Hauttonikum, zur Hautreinigung, bei Brandwunden, zur allgemeinen Wundheilung, bei Geschwüren der Haut, Fisteln, Akne.
Geist: Bei mentaler Verwirrung, Ziellosigkeit, Sorgen, eingeschränkter Sichtweise, zu starker Bindung an Materielles.
Psyche: Bei starker Erregung, Todesangst, Verzweiflung, Anspannung, Festhalten am Vergangenen und Angst vor einer Veränderung.
Anmerkungen
Gut ist das Öl für die Desinfektion und Reinigung der Raumluft einsetzbar. Als wertvolles Meditationsöl dient es zur Loslösung vom Materiellen, Öffnung für Spiritualität und Reinigung von negativen Schwingungen (Aurareinigung).

Narde

(*Nardostachys jatamansi*)
Herkunft: Indien, Nepal.
Gewinnung: Destillation der Wurzeln.
Merkmale: Dünnflüssig, grünlichbraun.
Duft: Bitter, erdig, herb.
Duftnote: Fußnote.
Duftintensität: Stark.
Qualität: Yang.
Element: Erde.

Eigenschaften
Beruhigend, ausgleichend (Gehirn, Herz, Nervensystem), regenerierend, hautpflegend.

Anwendungen
Körper: Bei Herzrhythmusstörungen, Schlafstörungen, Nervosität, Streß.
Haut/Haar: Allgemeine Hautpflege, bei Hautfunktionsstörungen, alternder Haut, zur Wundheilung.
Geist: Bei mentaler Verwirrung.
Psyche: Bei innerer Unruhe, Reizbarkeit, Anspannung.
Anmerkungen
Der außergewöhnliche Duft des indischen Nardenöls, der manchmal sehr herb sein kann, läßt sich oft erst in hoher Verdünnung (mit Jojobaöl) genießen. Es ist ein sehr erdender, nach innen führender Duft – ideal für die Meditation und Tiefenentspannung. Bereits 2 Tropfen auf 50 Gramm Hautcreme wirken hautpflegend und helfen vor allem reifer Haut.

Narzisse

(*Narcissus poeticus, Narcissus tazetta, Narcissus jonquilla*)
Herkunft: Frankreich, Holland, Marokko.
Gewinnung: Extraktion der Blüten (Absolue).
Merkmale: Dickflüssig, grünlichgelb.
Duft: Schwer, süß, erdig, intensiv.
Duftnote: Fußnote.
Duftintensität: Stark.

Qualität: Yin. Element: Wasser.
Eigenschaften
Beruhigend, entspannend, aphrodisierend.
Anwendungen
Geist: Bei Phantasie- und Kreativitätsmangel, enger Sichtweise.

Psyche: Bei mangelnder Selbstliebe, seelisch-emotionaler Verhärtung, Trauer, Kummer, Verschlossenheit, Hysterie.

Anmerkungen

Das Öl gilt als traditionelles Heilmittel für die verletzte Seele und bei einem schweren Trauma. Der Duft des Narzissenöls bewirkt Imagination, Inspiration und Erfindungsreichtum, gepaart mit einer leichten Euphorie. Es ist ein Öl für die Künstler, die Phantasten, die Querdenker und die spirituellen Sucher nach Einsicht.

Das Öl beruhigt das Nervensystem und öffnet damit für Lebensfreude und auch Sexualität – liefert also einen sehr anregenden Duft in Streßsituationen. Die Araber sahen in ihm ein Heilöl für sexuelle Störungen.

Einschränkungen

Keine Einnahme. Leicht narkotischer Duft, wenn nicht gestreckt.

Nelke

(*Syzygium aromaticum*, *Eugenia caryophyllata*)

Herkunft: Madagaskar, Molukken, Indonesien, Tansania, Sri Lanka, sonstige Tropen.
Gewinnung: Destillation der Blätter (Nelkenblätteröl), Stiele (Nelkenstielöl) oder Blütenknospen (Nelkenknospenöl).
Merkmale: Dünnflüssig, klar.
Duft: Stark würzig, eugenolartig, krautig.
Duftnote: Herznote.
Duftintensität: Mittel
Qualität: Yang bei Männern, Yin bei Frauen.
Element: Feuer.

Eigenschaften

Stark antiseptisch, körperlich stimulierend und stärkend, krampflösend, schmerzlindernd, menstruationsfördernd, wehenanregend, blähungswidrig.

Anwendungen

Körper: Bei Zahnschmerzen, Zahnfleischschwellungen,

Rekonvaleszenz, ausbleibender Menstruation, Verdauungsstörungen, Durchfall, Blähungen, Ansteckungsgefahr.
Haut/Haar: Bei Warzen, Hornhaut, Hautabschürfungen, Kratzern, Hautkrebs (für eine begleitende Therapie), Krätze, eitrigen Wunden, Insektenstichen, in einer Aftershave-Lotion.
Geist: Bei mentaler Erschöpfung, Konzentrationsschwäche.

Anmerkungen

Das teurere Knospenöl duftet wärmer und süßer als das preiswertere, trockener und krautiger duftende Blätteröl. Beide Öle sind in ihren Wirkungen gleich. Ihre Düfte dürften jeden Menschen an eine Zahnarztbehandlung erinnern, da es reichlich Eugenol enthält (Eugenol ist eine schmerzstillende Substanz). Das Nelkenöl wirkt stärker schmerzstillend im Zahn- und Kieferbereich als das isolierte Eugenol.

Das Öl hilft in Verbindung mit Aloe vera, die Nebenwirkungen der Röntgenstrahlung zu minimieren.

Das Öl ist stark insektenfeindlich und desinfiziert die Raumluft. In der Duftlampe verbreitet das Öl einen wärmenden Duft für den Winterabend.

Einschränkungen

Das Öl wird als toxisch eingestuft und ist daher nicht einnehmbar. Auf der Haut wirkt das Nelkenknospenöl stark reizend bis ätzend und darf daher nur äußerst gering dosiert werden. Das Nelkenblätteröl ist nicht hautreizend.

Kontraindiziert bei Schwangerschaft. Nicht für Kinder.

Neroli

(*Citrus aurantium, Citrus bigaradia*)

Herkunft: Italien, Frankreich, Spanien.
Gewinnung: Destillation oder Extraktion (für das Absolue) der Blüten des Bitterorangenbaumes.
Merkmale: Dünnflüssig, grünlich.
Duft: Warm, süß, etwas holzig. Das Absolue duftet voller und süßer als das Destillat.

Duftnote: Herznote.
Duftintensität: Mittel bis stark.
Qualität: Yin und Yang ausgeglichen.
Element: Wasser.

Eigenschaften

Beruhigend, entspannend, angstlösend, antidepressiv, die Herztätigkeit regulierend, hautpflegend, hautregenerierend, krampflösend, leicht aphrodisierend.

Anwendungen

Körper: Bei Herzrhythmusstörungen, Herzklopfen oder Herzrasen, Einschlafproblemen, Nervosität, nervösen Spannungs- und Krampfzuständen, prämenstruellem Syndrom.
Haut/Haar: Es pflegt alle Hauttypen, ist hilfreich für die Zellerneuerung, Wundheilung, bei geplatzten Äderchen.
Psyche: Bei Depressionen, Dunkelheitsdepression (im Winter), seelischer Enge, Verzweiflung, Angst, phobischen Anfällen, Schock, Panik, Ärger, Kummer, mangelndem Selbstvertrauen, sexueller Unlust. Bildet ein Schutzöl für die Seele. Stärkt die Aura.

Anmerkungen

Neroli ist ein kostbares Öl aus den Blüten des Bitterorangenbaumes, der auch *Petitgrainöl* (aus den Blättern, Zweigen und unreifen Früchten) und bitteres *Pomeranzenschalenöl* (aus der Fruchtschale) liefert. (Auch von anderen Zitruspflanzen wird *Petitgrainöl* gewonnen.) Somit ergeben diese drei Öle eine harmonische Duftmischung.

Das Öl ist bedeutsam wegen seiner stimmungsaufhellenden und stabilisierenden Wirkungen auf die Psyche. Ich setze es gerne bei seelischer Instabilität und zur Stärkung der schwachen Aura als Schutzöl gegen Außeneinflüsse ein. Es gleicht starkes Yang und Yin aus.

Das Öl eignet sich sehr gut für die Hautpflege, denn es reizt die Haut nicht. Aufgrund seines blütigen Duftes mit holzigem Hintergrund ist *Neroli* für Naturparfüms und Duftmischungen mit Ölen von Blüten und Hölzern geeignet. Das

Absolue ist wegen seines sehr starken Duftes sparsam einzusetzen oder grundsätzlich im Verhältnis 1 : 10 zu strecken.

Niauli

(*Melaleuca viridiflora*)
Herkunft: Australien.
Gewinnung: Destillation der jungen Blätter und Zweigspitzen.
Merkmale: Dünnflüssig, klar.
Duft: Frisch, kühl, eukalyptusartig, kampfrig.
Duftnote: Kopfnote.
Duftintensität: Schwach.
Qualität: Yin.
Element: Luft.

Eigenschaften

Antiseptisch, antibakteriell, schleimlösend, infektionshemmend, hautregenerierend.

Anwendungen

Für den Körper: Bei allen Infektionen (besonders der Atemwege), Unterfunktion der Nebennierenrinde, Keimdrüsenstörung, Herpes.
Haut/Haar: Zur Hautreinigung, Wundreinigung, bei Hautunreinheiten, Verbrennungen, Akne oder Furunkeln leistet es wertvolle Dienste.
Geist: Bei mentaler Verwirrung und Erschöpfung.

Anmerkungen

Niauliöl ähnelt *Cajeputöl* und *Tea-Tree-Öl*, ist aber hautverträglicher und nicht so vielseitig wirksam wie *Tea-Tree-Öl*.

Opoponax

(*Opoponax chironium*)
Herkunft: Somalia.
Gewinnung: Extraktion und anschließende Destillation des Baumharzes.
Merkmale: Dünnflüssig, gelblich.
Duft: Warm, balsamisch, würzig.

Duftnote: Herznote.
Duftintensität: Mittel.
Qualität: Yang.
Element: Erde.

Anmerkungen

Es hat einen entspannenden Duft, der sich gut als Fixator oder Fond in Naturparfüms und als Ergänzung in Meditationsmischungen eignet. Ein Tropfen Opoponaxöl kann einer Duftmischung die fehlende Tiefe geben. Das Öl soll auch eine hautpflegende Wirkung, ähnlich *Myrrhenöl*, haben.

Orange

(*Citrus sinensis*)

Herkunft: USA, Mittelmeerraum, Brasilien.
Gewinnung: Pressen der Fruchtschale.
Merkmale: Dünnflüssig, gelblichrot.
Duft: Spritzig, warm, süß, »sonnig«.
Duftnote: Kopfnote.
Duftintensität: Schwach.
Qualität: Yin.
Elemente: Luft und Wasser.

Eigenschaften

Beruhigend, stimmungsaufhellend, antidepressiv, krampflösend, hautpflegend, östrogenartig.

Anwendungen

Körper: Bei Verdauungsstörungen, Blähungen, Magen- oder Darmkrämpfen, Durchfall, Verstopfung, Parodontose, zur Harmonisierung der Hypophyse und des sympathischen Nervensystems.

Haut/Haar: Läßt sich zur allgemeinen Hautpflege, bei trokkener, rauher Haut und Cellulite einsetzen.

Psyche: Bei Depressionen, Angst, negativer oder gereizter Stimmung, bei innerer Unruhe, Engegefühl.

Anmerkungen

Die wichtigste Eigenschaft des Öls liegt in seinem ausweitenden Effekt auf Organismus und Psyche durch die Entspannung der glatten Muskulatur. Bereits der Duft vermittelt das Gefühl der Ausdehnung und Entspannung auf allen Ebenen. Der sehr weibliche, warme Duft gleicht den Lichtmangel in der Winterzeit (Dunkelheitsdepression) aus. Das Öl wirkt stimulierend auf die Zirbeldrüse und ausgleichend auf die Hypophyse. Es regt möglicherweise die Produktion der (stimmungsaufhellenden) Enkephaline an.

Orangenduft ist ein bei Kindern beliebter Duft, der nervöse Wesen entspannt und einschlafen läßt. Er reinigt auch die Luft sehr gut, zum Beispiel Küchendünste, ohne an Reinigungsmittel zu erinnern.

Einschränkungen

Ruft, in Hautöle eingearbeitet, auf der Haut bei starker Ultraviolettstrahlung phototoxische Reaktionen hervor.

Oregano (Wilder Majoran)

(*Origanum vulgare*)

Herkunft: Mittelmeerraum, besonders Spanien, Mexiko.
Gewinnung: Destillation der Blüten und Blätter.
Merkmale: Dünnflüssig, klar.
Duft: Herb, würzig.
Duftnote: Herznote.
Duftintensität: Mittel.
Qualität: Yang.
Elemente: Erde (Psyche) und Feuer (Körper).

Eigenschaften

Antiseptisch, antibakteriell, magenstärkend, tonisierend, durchblutungsfördernd, krampflösend, menstruationsfördernd, appetitanregend.

Anwendungen
Körper: Bei körperlichen Schwächezuständen, Asthma, Bronchitis, Keuchhusten, Tuberkulose, Verdauungsstörungen, Blähungen, Appetitmangel, inneren Infektionen, ausbleibender Menstruation, Rheuma, Adrenalinmangel.
Haut/Haar: Bei Abszeß, Cellulite oder Lausbefall läßt es sich ebenfalls einsetzen.
Einschränkungen
Bei Einnahme in hoher Dosierung oder langfristiger äußerlicher Anwendung wird Oregano als toxisch eingestuft. Deshalb sollte das Öl gering dosiert und nicht regelmäßig benutzt werden. Kontraindiziert ist es bei Schwangerschaft. Es kann die Haut und die Schleimhäute irritieren. Als Ersatz ist das mildere *Majoranöl* zu empfehlen.

Palmarosa

(*Cymbopogon martinii*)
Herkunft: Indien, Brasilien, Indonesien.
Gewinnung: Destillation des Grases.
Merkmale: Dünnflüssig, gelblichklar.
Duft: Rosig, grasig.
Duftnote: Herznote.
Duftintensität: Mittel.
Qualität: Yin.
Element: Wasser.
Eigenschaften
Hautpflegend, harmonisierend (Psyche), antiseptisch, hauttonisierend, schweißregulierend.
Anwendungen
Körper: Zur allgemeinen Hautpflege, bei trockener Haut, starker Schweißproduktion, starkem Körpergeruch.
Psyche: Bei Melancholie, leichten Depressionen.
Anmerkungen
Das Öl wirkt gut desodorierend und ist preiswert. Es eignet

sich gut zum Strecken des reinen *Rosenöls* und der Kreation lieblicher Duftmischungen.

Pampelmuse und Grapefruit

(*Citrus maxima*, *Citrus paradisi*)
Herkunft: Israel, Mittelmeerraum, USA.
Gewinnung: Pressen der Fruchtschale.
Merkmale: Dünnflüssig, hellgelb.
Duft: Frisch, zitronig, leicht bitter.
Duftnote: Kopfnote.
Duftintensität: Schwach.
Qualität: Yin.
Element: Luft.

Eigenschaften

Entspannend, euphorisierend, antibakteriell, tonisierend, stärkend.

Anwendungen

Körper: Bei Gallenschwäche, Blasenerkrankungen, Appetitmangel, Magersucht.
Haut/Haar: Zur Hautstraffung, bei Herpes, Hautstörungen, Cellulite.
Psyche: Bei Depressionen, Angst, negativen Stimmungen, Antriebslosigkeit, mangelndem Selbstwertgefühl.

Anmerkungen

Der Duft von Pampelmusenöl und Grapefruitöl vermittelt zwischen dem von *Zitronen-* und *Orangenöl* – sie haben etwas von allen Düften, ohne zu zitronig oder süß zu erscheinen. Die Öle regen die Ausschüttung der euphorisierenden Endorphine an und sind bei starken Stimmungstiefs und Depressionen besonders hilfreich.

Sie eignen sich zur Konservierung von Süßspeisen, Marmeladen und Gelees, da sich der Geschmack mit dem vieler anderer Früchte verträgt.

Die Öle (in der Duftlampe) sind gut gegen Küchendünste, sie harmonisieren die Raumatmosphäre. Auf der Haut wirken sie leicht kühlend (das ist bei der Verwendung für die Massage zu beachten!).

Einschränkung

Wenn sie, in ein Hautöl gemischt, auf die Haut gelangen, rufen sie bei starker Ultraviolettstrahlung phototoxische Reaktionen hervor.

Patchouli

(*Pogestemon cablin, Pogestemon patchouli*)

Herkunft: Indonesien, China, Madagaskar, Philippinen, Brasilien, Afrika.
Gewinnung: Destillation der fermentierten Blätter.
Merkmale: Mittelflüssig, rötlichdunkelbraun.
Duft: Moosig, erdig, muffig, holzig.
Duftnote: Fußnote.
Duftintensität: Stark.
Qualität: Yang.
Element: Erde.

Eigenschaften

Beruhigend, aphrodisierend, entzündungshemmend, antiseptisch, tonisierend, hautpflegend, wundheilend.

Anwendungen

Körper: Bei Kopfschmerzen, Erkältung, Schwindel, Magenschmerzen, Nervosität (hier bedarf es hoher Dosierung), einer Vaginalpilzinfektion, Impotenz oder Frigidität.
Haut/Haar: Bewährt auch gegen Ekzeme, Akne, Hautpilz, bei wäßriger, rauher, rissiger Haut, bei Schorf, zur Wundheilung, für die Pflege reiferer Haut, zur Unterstützung der Zellerneuerung, gegen Schuppen.
Psyche: Bei Angst, Unsicherheit, Selbstzweifel, innerer Unruhe, schwacher Libido; stärkt das Hara.

Anmerkungen

Das Patchouli gehörte zu den dominierenden Düften der »Flower-Power-Zeit« und wird alle, die diese Ära erlebten, daran erinnern. Je nachdem, wie Sie sie empfanden, werden Sie den Duft mögen oder gänzlich ablehnen.

Das Öl duftet stark muffig, erdig und »gruftig«. Daher ist eine hohe Verdünnung angeraten, um seinen aphrodisierenden und beruhigenden Einfluß genießen zu können. Es wirkt in geringer Dosierung anregend, in hoher Dosierung entspannend auf das Nervensystem.

Als hautpflegendes Öl für die reife Haut – in Verbindung mit *Jasminöl* oder *Neroliöl* (zur »Verpackung« des Duftes) bietet es nicht nur Pflege, sondern auch Erneuerung und Heilung der Haut.

Das Öl ist bestens zur Komposition schwerer Naturparfüms und aphrodisierender Mischungen geeignet. Sein Duft hält sich lange – Patschuli ist daher gut für die Beduftung der Wäsche und Schränke.

Pennyroyal siehe Poleiminze (unter Minzen)

Petersiliensamen

(*Petroselinum crispum, Petroselinum hortense, Petroselinum sativum*)

Herkunft: Europa, Balkan, Israel.
Gewinnung: Destillation der Früchte (im Handel aber meist »Petersiliensamenöl« genannt).
Merkmale: Dünnflüssig, gelblichklar.
Duft: Krautig, herb, würzig.
Duftnote: Kopfnote.
Duftintensität: Schwach.
Qualität: Yang.
Element: Erde.

Eigenschaften

Körperlich anregend, tonisierend, uteruswirksam, leberstärkend, milzstärkend, harntreibend, abführend, regt die Milchdrüsentätigkeit an, blutbildend, gefäßverengend, menstruationsfördernd.

Anwendungen
Körper: Bei Erkrankungen von Leber, Milz, Blase, Harnwegen, Gebärmutter und Gallenblase, Gallensteinen, Gonorrhöe, Syphilis, Krebs, Bluterguß, übermäßiger Milchproduktion, Blutarmut, schmerzhafter oder ausbleibender Menstruation.
Haut/Haar: Bei fetter, unreiner Haut, Cellulite, geplatzten Äderchen läßt es sich gleichfalls einsetzen.
Anmerkungen
Petersilienöl wird so selten angeboten, daß es nahezu nur von Therapeuten genutzt wird.
Einschränkungen
Das Öl enthält bedenklich viel Apiol und wird als toxisch eingestuft. Keine Einnahme, da nierenschädigend und stark abortiv (keine Vermutung, sondern Erfahrung). Es ist äußerlich gering zu dosieren und nicht langfristig anzuwenden. Kontraindiziert ist es bei Schwangerschaft. Petersilienöl ist hautreizend und ruft bei starker Ultraviolettstrahlung phototoxische Reaktionen hervor.

Petitgrainöl siehe Neroli

Pfeffer

(*Piper nigrum*)
Herkunft: Borneo, Indonesien, Madagaskar, Indien.
Gewinnung: Destillation der getrockneten Früchte.
Merkmale: Dünnflüssig, klar.
Duft: Pfeffrig, würzig.
Duftnote: Kopfnote.
Duftintensität: Sehr schwach.
Qualität: Yang.
Element: Feuer.
Eigenschaften
Verdauungsfördernd, magenstärkend, wärmend, krampflösend, fiebersenkend, kreislaufanregend, aphrodisierend.

Anwendungen
Körper: Bei Kreislaufschwäche, Schnupfen, Erkältung, Grippe, Fieber, Husten, Halsentzündung, Verdauungsstörungen, Blähungen, Durchfall, Übelkeit, Erbrechen, Verstopfung, Sodbrennen, Appetitmangel, Lebensmittelvergiftung, Muskelschwäche, Muskelschmerzen (»Muskelkater«), Rheuma, Kältegefühl, Impotenz oder Frigidität.
Anmerkungen
Pfefferöl ist ein selten angewendetes Öl der Aromatherapie. Es ist für Massagen und Bäder bei Muskelschwäche und Muskelschmerzen sowie Kältezuständen nutzbar. Es muß jedoch sehr gering dosiert werden, da es die Haut reizt. Als Würzöl für Speisen ist es nur bedingt geeignet, da es extrem hoch verdünnt werden muß. In der Duftlampe erfüllt es einen guten Zweck, um die Raumluft »wärmer« zu gestalten.
Einschränkungen
Vermutet wird eine Toxizität des Öls bei Einnahme in hoher Dosierung. Gering dosieren in Bad und Körperöl, da hautreizend. Nicht für Kinder anwenden.

Pfefferkraut siehe Bohnenkraut

Rose

(*Rosa damascena, Rosa centifolia* und *Rosa gallica*)
Herkunft: Bulgarien, Türkei, Marokko, Südfrankreich.
Gewinnung: Extraktion für das Absolue oder Destillation der Blütenblätter.
Merkmale: Dickflüssig bis fest (bei 17 bis 23 Grad Celsius), gelblich.

Duft: Süß, blütig, schwer (*Rosa damascena*), frisch, leicht (*Rosa centifolia, Rosa gallica*).
Duftnote: Fußnote.
Duftintensität: Stark.
Qualität: Yin.
Element: Wasser.

Eigenschaften

Antidepressiv, entspannend, beruhigend, menstruationsregulierend, aphrodisierend, hautpflegend, antiseptisch, tonisierend (Herz, Magen, Gebärmutter), krampflösend, gefäßverengend, abführend, entzündungshemmend, blutstillend, blutreinigend.

Anwendungen

Körper: Bei Augen- oder Bindehautentzündung, Kopfschmerzen, Übelkeit, Erbrechen, Verstopfung, Leberstörungen, Herzschmerzen, Herzrhythmusstörungen, unregelmäßiger, zu langer oder mit zu hohem Blutverlust verbundener Menstruation, Gebärmutterleiden (reinigend, stärkend), Sterilität, Sexualstörungen, Leukorrhöe, Blutungen, Störungen der weiblichen Fortpflanzungsorgane, Schwangerschaftsleiden, Nervosität, Schlaflosigkeit, prämenstruellem Syndrom.

Haut/Haar: Rosenöl eignet sich für die Pflege aller Hauttypen, besonders der trockenen, empfindlichen und alternden Haut, es fördert die Zellerneuerung und dient als Hauttonikum. Es pflegt (und heilt) die (wunde) Haut von Kleinkindern.

Psyche: Bei Depressionen (auch Wochenbettdepression), Kummer, Leid, negativer Stimmungslage, Ängsten, Blockaden, innerer Verhärtung, mangelnder Liebesfähigkeit, Liebeskummer, Introvertiertheit, blockiertem Herzchakra.

Anmerkungen

Rosenöl ist eines der wertvollsten, teuersten und schönsten Öle mit vornehmlich heilsamen Wirkungen für Frauen und auf die Psyche – sein Duft gilt als die »Mutter der Düfte«. Er braucht nicht beschrieben zu werden, ist aber bei jeder Rosensorte anders. Sein Inhaltsstoff β-Damascenon zählt zu den geruchstärksten organischen Verbindungen.

Mit mehr als vierhundert chemischen Verbindungen ist es eines der komplexesten ätherischen Öle. Viele der Verbindungen sind bis heute nicht identifiziert, daher läßt sich ein naturgetreues Rosenöl synthetisch kaum herstellen, doch finden sich auf dem Markt aufgrund seiner Beliebtheit viele verfälschte Öle (mit Citronellol, Geraniol, Citronellylazetat und anderen Komponenten). Aufgrund ihres sehr rosenähnlichen Duftes können hervorragende Falsifikate nicht erkannt werden. Besonders bei diesem Öl ist man auf einen vertrauenswürdigen Lieferanten angewiesen.

Für ein Kilogramm Rosenöl benötigt man etwa fünftausend Kilogramm Blütenblätter, was seinen Preis rechtfertigt. Durch die Öffnung der Märkte des Ostens dringen wohl immer mehr preiswerte Öle nach Westeuropa, die unter dem üblichen Wert des Rosenöls angeboten werden, um den Bauern das Überleben zu sichern. Wenn Sie die Wahl zwischen einem Destillat oder Absolue haben, lassen Sie Ihre Nase entscheiden. Die Absolues duften deutlich wahrnehmbar schwerer und tiefgründiger als die Destillate. Absolues haben nach meiner Erfahrung auch eine stärkere Wirkung auf die Psyche.

Rosendüfte stimulieren die Ausschüttung von Endorphinen, die uns ein Gefühl der Entspannung bis Euphorie vermitteln. Darüber hinaus ist der Duft der Rose derjenige, der unsere Liebesfähigkeit anspricht, unser Herz öffnet und dessen Verletzungen heilen hilft.

Sie können Ihr wertvolles Rosenöl mit *Geranienöl* (von *Pelargonium graveolens*, der »Rosengeranie«, *Linaloe-Öl* oder *Palmarosaöl* strecken, um eine größere Menge Rosenduft zu erhalten. Oder Sie strecken 1 Milliliter Rosenöl mit 9 Milliliter Jojobaöl.

Auch in Hautölen und Cremes sind geringste Mengen

(2 bis 5 Tropfen auf 50 Gramm) ausreichend für gute Wirkungen. Für Kleinkinder bietet sich Rosenöl (mit Mandelöl oder Jojobaöl vermischt – 2 Tropfen auf 50 Milliliter) als Hautöl an, um ein Wundwerden zu verhindern. Die üblichen Entzündungen und Infektionen bleiben dann aus.

Für die therapeutische Behandlung in Form der Einnahme empfehle ich, auf das Aquarom auszuweichen.

Die Nutzung des durch Destillation gewonnenen Rosenöls als Aromaspender in der Küche ist bedenkenlos – eröffnet es doch viele Möglichkeiten.

Rosenholz

(*Aniba roseodora*)

Herkunft: Amazonasgebiet.
Gewinnung: Destillation der Rinde und des Holzes.
Merkmale: Dünnflüssig, gelblich.
Duft: Rosig, frisch.
Duftnote: Herznote.
Duftintensität: Mittel.
Qualität: Yin.
Element: Wasser.

Eigenschaften

Entspannend, hautpflegend, desodorierend, antibakteriell, bindegewebsstärkend.

Anmerkungen

Aufgrund der starken Dezimierung des Baumes wird *Linaloeholz-* oder *Ho-Blätteröl* empfohlen. Das Öl hat den gleichen rosigen Duft und wirkt ähnlich entspannend und hautpflegend.

Rosmarin

(*Rosmarinus officinalis*)

Herkunft: Tunesien, Marokko (Eukalyptol-Typ), Spanien, Italien (Kampfer-Borneol-Typ).

Gewinnung: Destillation der Blätter.
Merkmale: Dünnflüssig, klar.
Duft: Frisch, krautig, eukalyptusartig oder kampfrig.
Duftnote: Kopfnote.
Duftintensität: Mittel.
Qualität: Yang.
Elemente: Feuer (Körper) und Luft (Geist).

Eigenschaften

Anregend, nervenstärkend, wärmend, antiseptisch, krampflösend, gewebefestigend, herzstärkend, verdauungsfördernd, windtreibend, schweißtreibend, adstringierend, harnflußsteigernd (entwässernd), schmerzlindernd, blutdruckerhöhend.

Anwendungen

Körper: Bei Augentrübung, Kopfschmerzen, Migräne, Grippe, Schnupfen, Husten, Keuchhusten, Bronchitis, Asthma, Herzrhythmusstörungen, Herzschwäche, Verdauungsstörungen, Blähungen, Durchfall, Dickdarmentzündung, Gallensteinen, Gallenblasenentzündung, Leberentzündung, Gelbsucht, niedrigem Blutdruck, hohem Blutcholesterinspiegel, Nervenleiden, Rheuma, Gicht, allgemeiner körperlicher Schwäche, Schwindelanfällen, Bewußtlosigkeit.
Haut/Haar: Empfehlenswert auch gegen Haarausfall oder Schuppen, zur Haarpflege und Farbauffrischung von dunklem Haar, zur Wundheilung, allgemeinen Hautpflege, bei Krätze, Cellulite.
Geist: Bei mentaler Erschöpfung, Gedächtnisschwäche, Konzentrationsmangel, Verwirrung – es ist ein »Intelligenzöl«.

Anmerkungen

Rosmarinöl ist ein wichtiges Öl für die Aroma-Hausapotheke. Rosmarin gilt als der klassische Muntermacher für Körper und Geist. Es regt allgemein körperlich an und stärkt vor allem die Nerven. Einige Tropfen Rosmarinöl im morgendlichen Duschgel oder in der Bodylotion stimulieren Sie nachhaltig. Kompressen mit Rosmarinöl helfen bei Kopfschmerz und Migräne (jedoch nicht bei Bluthochdruck). Als Mittel zur Herzstärkung habe ich mit diesem Öl gute Erfahrungen gesammelt. Reiben Sie lediglich 3 Tropfen in die Haut über der Herzregion – besonders wenn Sie zu niedrigem Blutdruck tendieren.

Als Hautöl wirkt Rosmarinöl angenehm belebend und gibt der Haut Komplexität und frisches Aussehen, da es die Durchblutung fördert. Für die kurartige Einnahme wegen innerlicher Funktionsstörungen empfehle ich, das Aquarom zu nehmen.

Optimistische Berichte liegen für die Behandlung von Epilepsie vor, jedoch sollte dies erfahrenen Therapeuten vorbehalten sein.

Einschränkungen

Kontraindiziert bei Bluthochdruck. Nicht in großen Mengen während der Schwangerschaft anwenden. Wirkt sehr anregend im abendlichen Bad. Nierenschädigende Wirkung bei Einnahme hoher Dosen des Öls wird vermutet.

Salbei

(*Salvia officinalis* und *Salvia lavandulifolia*)

Herkunft: Ehemaliges Jugoslawien (Adriaraum), Bulgarien, Indien, Spanien.

Gewinnung: Destillation. der Blüten und Blätter.

Merkmale: Dünnflüssig, klar.

Duft: Frisch, krautig, kampferartig (bei Salbeiöl aus Spanien).

Duftnote: Kopfnote.
Duftintensität: Mittel.
Qualität: Yin.
Element: Luft.

Eigenschaften

Allgemein anregend, stärkend, krampflösend, uteruswirksam, antiseptisch, die Östrogenproduktion anregend, magenstärkend, regt die Nebennierentätigkeit an, steigert die Andrenalinausschüttung, entschlackend, blutdruckerhöhend, adstringierend, schweißregulierend, fiebersenkend.

Anwendungen

Körper: Bei Zahnfleischentzündung, Zahnschmerzen, Mundschleimhautentzündung, Kopfschmerzen, Halsentzündung, Kehlkopfentzündung, Bronchitis, Asthma, Lungenerkrankungen, träger Verdauung, Leberschwäche, Erkrankungen der Harnwege, Appetitmangel, Lähmungserscheinungen, Schlaganfall, schwacher oder ausbleibender Menstruation, Unfruchtbarkeit (Frauen), Östrogenmangel, Beschwerden im Klimakterium, Schweißausbrüchen, Schwächezuständen, zur Zahnfleischpflege, bei Mundgeschwüren, Leukorrhöe, Insektenstichen.

Haut/Haar: Ebenso bei trockener Haut, Durchblutungsschwäche, zur Hautstraffung, Wundheilung, bei Ekzemen, Haarausfall.

Geist: Bei Konzentrationsschwäche.

Anmerkungen

Salbei ist ein wertvolles Öl zur Linderung von Klimakteriumsbeschwerden, vor allem wegen seiner die Östrogenproduktion anregenden und schweißregulierenden Wirkung, darf aber nicht innerlich hochdosiert oder langfristig äußerlich in hoher Dosierung angewendet werden. Normale Dosierungen im Bad, bei der Massage oder in Körperölen sind nicht bedenklich. Zur Inhalation eignet es sich sehr gut bei akuten Infektionen der Atemwege. Als Hautöl ist es bei trockener Haut, die gleichzeitig gestrafft wird, zu empfehlen.

Der dalmatinische Salbei hat einen hohen Thujon-Anteil (bis zu 50 Prozent) und ist stark toxisch. Das preiswertere spanische Salbeiöl von *Salvia lavandulifolia* enthält mehr Kampfer und Eukalyptol und weniger Thujon. Es ist nicht so stark toxisch. Heilberufe werden diesen Salbei bevorzugen. Schließlich kann für kurartige Behandlungen das Aquarom genommen werden. Man kennt etwa 450 verschiedene Salbei-Arten.

Einschränkungen

Höchstens drei Tropfen täglich bei Einnahme. Kontraindiziert bei Epilepsie. Kann schon in geringsten Mengen epileptische Anfälle auslösen.

Sandelholz

(*Santalum album*)

Herkunft: Ostindien, Mysore.
Gewinnung: Destillation des Holzes.
Merkmale: Dickflüssig, gelblich. Bei niedrigen Temperaturen wird das Öl fest.
Duft: Exotisch, süß, holzig, harzig, leicht zitronig.
Duftnote: Fußnote.
Duftintensität: Stark bis mittel.
Qualität: Yang mit leichtem Yin.
Element: Erde.

Eigenschaften

Hautpflegend, schleimlösend, aphrodisierend, beruhigend, entspannend, antiseptisch, krampflösend, windtreibend, harntreibend, schweißregulierend, entzündungshemmend.

Anwendungen

Körper: Bei Schnupfen, Bronchitis, Husten, Kehlkopfentzündung, Verdauungsstörungen, Durchfall, Blähungen, Übelkeit, Erbrechen, Sodbrennen, Harnwegserkrankungen, Blasenentzündung, eitrigen Prozessen, Ausfluß, Irritationen und Entzündungen der männlichen Geschlechtsorgane, Gonorrhöe, Leukorrhöe, Progesteronmangel,

Unfruchtbarkeit, Nervosität, Streß, Schlaflosigkeit, Impotenz oder Frigidität.
Haut/Haar: Sandelholzöl eignet sich zur Pflege aller Hauttypen, besonders der trockenen und der unreinen Haut und hat sich bei Akne, Hautentzündung und Hautjucken bewährt.
Psyche: Bei Depressionen, Angst, fehlender Erdung.

Anmerkungen

Sandelholz ist ein umfassender Duft, der holzige, blumige und zitronige Noten in sich vereinigt. Im Osten ist Sandelholzöl als klassisches Meditationsöl bekannt, das zentriert und entspannt. Ich schätze es, da es eine Verbindung von erstem und siebtem Chakra herstellt. Es lenkt die Energie in das Wurzelchakra und in das Kronenchakra, was den Zustand des Ganz-Seins erzeugt. Sandelholzöl eignet sich besonders für die feinstoffliche Therapie.

Auf körperlicher Ebene empfiehlt es sich vor allem für Kehlkopfentzündungen (zur Inhalation), bei Nervosität und trockener Haut. Aufgrund seiner nervenberuhigenden und aphrodisierenden Wirkungen und da es die Energie in die rechte Gehirnhälfte verlagert, ist das Öl ein gutes Antistreßöl.

Sandelholz ist ursprünglich eine »Herrennote«, die aber unter Frauen immer mehr Zuspruch findet. Das ist für mich nicht verwunderlich, da das Öl männliche und weibliche Qualitäten aufweist. Es mischt sich ausgezeichnet mit allen Holz- und Blütendüften. Nicht zu verwechseln mit »Westindischem Sandelholzöl«, dem *Amyrisöl* (siehe *Amyris*).

Santolina

(*Santolina chamaecyparissus* – auch: Heiligenkraut)

Herkunft: Mittelmeerraum.
Gewinnung: Destillation der Blüten.
Merkmale: Gelblich, dickflüssig.
Duft: Warm, blumig-krautig.

Duftnote: Herznote.
Duftintensität: Mittel.
Qualität: Yin.
Elemente: Wasser und Erde.
Eigenschaften
Entspannend, entkrampfend, wurmtreibend, wärmend.
Anwendungen
Bis auf die sehr angenehm entspannenden Wirkungen in Bädern und beim Gebrauch in der Duftlampe sind bisher keine therapeutischen Anwendungen bekannt. Das Öl mischt sich sehr gut mit *Kamillenöl* und dem Öl anderer Blüten, es eignet sich als Duftkomponente für Winterdüfte und wärmende Massageöle.

Sassafras

(*Ocotea cymbarum*)
Herkunft: Brasilien, USA.
Gewinnung: Destillation der Wurzelrinde.
Merkmale: Dünnflüssig, klar.
Duft: Frisch, »grün«.
Duftnote: Herznote.
Eigenschaften
Allgemein anregend und stärkend, schweißtreibend, menstruationsfördernd.
Anwendungen
Körper: Bei allgemeiner körperlicher Schwäche, Blähungen, Rheuma, Gicht, Menstruation (fördernd, schmerzlindernd), Syphilis, Fieber, zur Rekonvaleszenz.
Haut/Haar: Allgemein bei Hautkrankheiten und Hautreizungen.
Geist: Bei mentaler Erschöpfung, Trägheit, Konzentrationsschwäche.
Einschränkungen
Kontraindiziert ist es bei Schwangerschaft. Es kann sensitive Haut irritieren. Das Öl ist stark toxisch (es enthält etwa

80 Prozent Safrol), deshalb keine Einnahme, keine langfristige äußerliche Anwendung. Nicht für Kinder anwenden. Nur erfahrene Therapeuten sollten Sassafrasöl einsetzen und nur in Notfällen. Sollte Laien im Laden nicht angeboten werden.

Schafgarbe

(*Achillea millefolium*)

Herkunft: Italien, ehemaliges Jugoslawien, Bulgarien, Ungarn, Rußland, Frankreich.
Gewinnung: Destillation der Blüten.
Merkmale: Dünnflüssig, blaugrün.
Duft: Süß-krautig, warm, harzig.
Duftnote: Herznote.
Duftintensität: Mittel.
Qualität: Yin.
Element: Wasser.

Eigenschaften

Allgemein tonisierend, uteruswirksam, krampflösend, antiseptisch, adstringierend, gefäßtonisierend, blutreinigend, harntreibend, blähungswidrig, entzündungshemmend, menstruationsregulierend.

Anwendungen

Körper: Bei körperlichen Schwächezuständen, Kopfschmerzen, während der Rekonvaleszenz, bei Krämpfen (speziell in Unterleib, von Magen, Darm, Galle), Magen- oder Darmschleimhautentzündung, während des Klimakteriums, bei ausbleibender oder schwacher Menstruation, Gebärmuttererkrankungen, Unterleibsentzündungen (Frauen), Zysten, Endometriose, Vaginitis, Durchblutungsstörungen, hormonellen Störungen (Frauen), prämenstruellem Syndrom, Ein-

schlafproblemen, Nervosität, Streß, Neuralgien, Hämorrhoiden, Blasen- und Nierenschwäche.
Haut/Haar: Eine entzündete, empfindliche Haut, Wunden, Geschwüre, Krampfadern, Ekzeme, geringer Haarwuchs und gereizte Kopfhaut lassen sich damit behandeln.
Geist: Bei Verwirrung, Ziellosigkeit, mangelnder Intuition, regt das sechste Chakra an.
Psyche: Bei Anspannung, leichten Depressionen, innerer Enge.

Anmerkungen

Die Schafgarbe ist ein klassisches Frauenheilmittel und harmonisiert das weibliche Hormonsystem. Ihr Öl hat einen hohen Azulen-Anteil und ist daher stark entzündungshemmend. Mischungen ätherischer Öle für die Behandlung von Frauenbeschwerden und Funktionsstörungen des Unterleibs ohne Schafgarbenöl sind kaum vorstellbar. Das Öl gehört unbedingt in die Aroma-Hausapotheke der Frau.

Es hat einen sehr angenehm süßlich-krautigen Duft. Ich schätze es für die feinstoffliche Arbeit zur Konzentration auf das »Dritte Auge« bei Verwirrung, scheinbar unlösbaren Problemen und fehlender Klarheit. Natürlich bietet es sich als Zugabe für Meditationsöle an.

Einschränkungen

Bei empfindlicher Haut ruft es – in einem Hautöl aufgetragen – bei starker Ultraviolettstrahlung phototoxische Reaktionen hervor.

Spearmint siehe Krauseminze

Speikenarde siehe Narde

Sternanis

(*Illicium verum*)

Herkunft: China und Hinterindien, Japan, Philippinen.
Merkmale: Dünnflüssig, farblos.
Übrige Angaben siehe *Anis*.

Anmerkungen
Das Sternanisöl ist preiswerter als *Anisöl* (siehe *Anis*) und wird gerne als Streckmittel für *Fenchelöl* genommen. Es erstarrt bereits bei etwa 14 Grad Celsius.
Einschränkungen
Siehe *Anis*.

Styrax
(*Liquidambar orientalis*)
Herkunft: Türkei.
Gewinnung: Destillation des Gummiharzes (Styrax) des Baums (Amberbaums).
Merkmale: Dünnflüssig, klar.
Duft: Balsamisch-süß, warm, blumig bis zimtartig mit leichter Gumminote.
Duftnote: Fußnote.
Duftintensität: Stark.
Qualität: Yang.
Element: Erde.
Anmerkungen
Styrax ist ein Balsam für die Seele. Es hat einen sehr beruhigenden, erdenden Duft zum »Abschalten« und für die Meditation. Das Öl harmonisiert bei starken psychischen Spannungen, erotisiert leicht und glättet die nervliche Anspannung. Das Harz wurde schon im alten Ägypten benutzt, damit die Trägerinnen des Duftes begehrenswert erschienen. Das Öl ist ein klassischer Fixator für Duftmischungen beziehungsweise Parfüms.

Ich empfehle das Öl für die feinstoffliche Therapie bei Verunreinigungen oder Schwäche der Aura. Aufgrund seiner leicht aphrodisierenden und entspannenden Wirkung hilft das Öl bei einem schwachem Sexchakra, also gestörter Sexualität, sein Duft ebenso bei Streßsituationen und damit verbundener Schlaflosigkeit und Impotenz.

Styrax ist ein langanhaltender Duft, der Kleider und Schränke angenehm riechen läßt. Es mischt sich ausgezeichnet mit allen Holz- und Blütennoten, *Labdanum*, *Benzoe* und *Weihrauch*.

Tagetes
(*Tagetes patula* und *Tagetes minuta, Tagetes glandulifera*)
Herkunft: Italien, Spanien, Südafrika, Brasilien.
Gewinnung: Destillation der blühenden Pflanze.
Merkmale: Dünnflüssig, gelblich.
Duft: Betörend süß, fruchtig, krautig.
Duftnote: Herznote.
Duftintensität: Mittel.
Qualität: Yang mit Yin.
Elemente: Wasser und Erde.

Eigenschaften
Antiseptisch, beruhigend, harmonisierend.

Anwendungen
Körper: Zur allgemeinen Hautpflege.
Psyche: Bei innerer Unruhe, Anspannung, Reizbarkeit, Verschlossenheit.

Anmerkungen
Es sind keine aromatherapeutischen Anwendungen bekannt. Das Öl eignet sich besonders für entspannende Duftmischungen für Bäder und Massagen. Hohe Dosierungen in der Duftlampe können leicht narkotisch wirken. Tagetesöl mischt sich ausgezeichnet mit blumigen Noten und duftet teilweise extrem süß. Daher sollte es beim Mischen vorsichtig dosiert werden.

Einschränkung
Hautreizend.

Tangerine

(*Citrus tangerina, Citrus spatafora*)

Sie ist gleichsam die amerikanische Variante der ostasiatischen *Mandarine*. Duft und Wirkungen siehe *Mandarine* und *Orange*.

Tanne

(*Abies alba, Abies grandis* und *Abies balsamea* – Edeltanne oder Weißtanne, Riesentanne und Balsamtanne)

Herkunft: Kanada, Frankreich, Österreich.
Gewinnung: Destillation der Zapfen, Nadeln und Zweige.
Merkmale: Dünnflüssig, klar.
Duft: Frisch, würzig, waldig. Je nach Art oder Herkunft des Baumes leicht unterschiedlich. Das Öl der Riesentanne (*Abies grandis*) und das der Douglasie (*Pseudotsuga menziesii*) duftet, anders als die übrigen Tannenöle, weich, balsamisch-süß und frisch.
Duftnote: Kopfnote.
Duftintensität: Schwach bis mittel.
Qualität: Yang.
Element: Luft.

Eigenschaften

Antiseptisch, schleimlösend, durchblutungsfördernd.

Anwendungen

Körper: Bei Erkältung, Muskelverspannung, Atemwegserkrankung.

Anmerkungen

Aus den verschiedensten Arten werden die leicht unterschiedlich duftenden Öle gewonnen, die ähnliche Wirkungen haben. Alle Tannendüfte eignen sich sehr für die Ionisierung, Reinigung und Erfrischung der Raumluft.

Alle Tannenöle sind sehr gute Öle für die Sauna. Sie sind hilfreich bei Infektionsgefahr durch Krankheitserreger in der Raumluft und für die Duftlampe, den Verdunster oder den Zerstäuber geeignet.

Tea-Tree (Teebaum)

(*Melaleuca alternifolia*)

Herkunft: Australien.
Gewinnung: Destillation der Blätter und jungen Zweige.
Merkmale: Dünnflüssig, klar.
Duft: Medizinisch, frisch, würzig.
Duftnote: Kopfnote.
Duftintensität: Schwach.
Qualität: Yang.
Elemente: Luft, Erde und Feuer.

Eigenschaften

Infektionshemmend, antiseptisch, antibakteriell, antiviral, pilztötend, wundheilend, allgemein anregend, schmerzstillend, entzündungshemmend.

Anwendungen

Körper: Bei Schmerzen (besonders Haut-, Hals-, Ohrenschmerzen), Stirnhöhleneiterung, Kehlkopfentzündung, Eiterungen allgemein (auflösende Wirkung), Infektionen der Harnwege, des Darmes, der Atemwege und der Vagina (*Candida albicans, Paronchyia* und *Monilia*), Mundschleimhautentzündung, Fußpilz (*Tinea*), Zahnfleischschwund, geschwächtem Immunsystem, Krebs oder Aids (als begleitende Therapie), Herpes, Mundgeschwüren, zur Neutralisierung von Strahlungsüberschuß.

Haut/Haar: Bei unreiner Haut, Abszeß, für die Wundheilung, bei Akne, Pickeln, Hautpilz, Flechten, Insektenstichen, Warzen, Geschwüren, Sonnenbrand, zur Hautreinigung, bei Juckreiz, Haarausfall, Schuppen, Schuppenflechte.

Geist: Bei mentaler Erschöpfung.

Anmerkungen

Tea-Tree-Öl ist ein wichtiges Heilöl für die Aroma-Hausapotheke. Es ist unentbehrlich zur unterstützenden Behandlung bei allen Infektionskrankheiten und bei einem schwachen Immunsystem. Es ist mit *Niauliöl* und *Cajeputöl* verwandt und wird oft damit verwechselt. Das Öl ist nicht toxisch und nur gering hautreizend bei sehr empfindlicher Haut.

Tea-Tree-Öl kann in Lotionen, Salben, Cremes, als Badezusatz und in Massageölen auch hochdosiert angewendet werden. Bei Einnahme hoher Dosen entstehen Nebenwirkungen: Diarrhöe mit entschlackender, reinigender Wirkung. Bei Schmerzen kann man das Öl pur auftragen. Bei Ohrenschmerzen empfiehlt es sich, je 1 Tropfen auf einem Wattebausch in jedes Ohr zu geben. Bei Halsschmerzen mit dem Öl gurgeln. Insektenstiche und Wunden können mit purem Öl bestrichen werden. Bei einer Infektion durch *Candida albicans* war Tea-Tree-Öl bei kurartiger Anwendung oral in hoher Verdünnung sehr erfolgreich. Bei Scheideninfektionen und -irritationen haben sich ebenfalls gute Erfolge eingestellt, indem Tea-Tree-Öl auf die Binden getropft oder in Spülungen eingesetzt wurde. Das Öl hilft in Verbindung mit Aloe vera, die Nebenwirkungen der Röntgenstrahlung zu mindern.

Tea-Tree-Öl ist ein guter Haushaltsreiniger (1 Milliliter auf 5 Liter Wasser). Als natürliches Mittel gegen Flöhe bei Haustieren (1 Milliliter auf 20 Liter Wasser) hat es sich bewährt. Ebenso ist es ameisenfeindlich (im Verhältnis 1 : 10 mit Wasser verdünnt), ohne die Insekten zu töten.

Terpentin

Stammpflanzen: Verschiedene Kiefernarten.
Herkunft: Nordamerika, Rußland, Europa.
Gewinnung: Destillation des Harzes (Terpentins) von Kiefern (manchmal auch anderen Nadelhölzern).
Merkmale: Dünnflüssig, klar.
Duft: Frisch, harzig, leicht medizinisch.
Duftnote: Kopfnote.
Duftintensität: Mittel.
Qualität: Yang.
Element: Erde.

Eigenschaften
Antiseptisch, blutstillend, krampflösend, wundheilend.
Anwendungen
Körper: Bei Bronchitis, Tuberkulose, Infektionen des Urogenitaltraktes, Weißfluß, Darmkrämpfen, Blähungen, Würmern, Gallensteinen, Neuralgien, Gicht, Rheuma, Ischias.
Haut/Haar: Ebenso für die Wundheilung, bei Krätze und bei Läusen.
Anmerkungen
Vom Handel selten angebotenes Öl. Außer von VALNET und PENOEL keine Anwendungen berichtet.

Thuja (Lebensbaum)

(*Thuja occidentalis*)
Herkunft: USA, Kanada.
Gewinnung: Destillation der Blätter und Zweigspitzen.
Merkmale: Dünnflüssig, klar.
Duft: Frisch, würzig, harzig.
Duftnote: Kopfnote.
Duftintensität: Mittel.
Qualität: Yang.
Elemente: Luft und Feuer.
Eigenschaften
Schleimlösend, harntreibend, schweißtreibend, entzündungshemmend.
Anwendungen
Körper: Bei Blasenentzündung, Prostatavergrößerung, Rheuma, Würmern, Krebs, zur Prophylaxe gegen Geschlechtskrankheiten, bei Genitalentzündung, Feigwarzen, Polypen, Gebärmutterentzündung, Eierstockentzündung, Zysten, Fibromen, Warzen.
Einschränkungen
Es handelt sich um ein stark toxisches Öl, das nur von erfahrenen Therapeuten angewendet und nicht zum allgemeinen

Verkauf angeboten werden sollte. Das Öl darf nicht eingenommen werden. Es ist nierenschädigend. Kinder dürfen damit nicht behandelt werden.

Es ist kontraindiziert bei Epilepsie und Schwangerschaft. Thuja kann starke Krämpfe auslösen. Auch für den äußerlichen Gebrauch ist es gering zu dosieren!

Thymian

(*Thymus vulgaris, Thymus serpyllum* – Gartenthymian und Feldthymian oder Quendel)

Herkunft: Spanien, Portugal, Marokko.
Gewinnung: Destillation der Blüten und Blätter.
Merkmale: Dünnflüssig, klar.
Duft: Scharf, würzig bis kräuterartig – je nach Art und Chemotyp verschieden.
Duftnote: Kopfnote.
Duftintensität: Stark.
Qualität: Yang.
Elemente: Feuer und Luft.

Eigenschaften

Allgemein anregend, antiseptisch, infektionshemmend, krampflösend, schleimlösend, nervenstärkend, harntreibend, schweißtreibend, blutdruckerhöhend, abwehrsteigernd.

Anwendungen

Körper: Bei schwachem Immunsystem, körperlicher Erschöpfung, Keuchhusten, Bronchitis, Tuberkulose, Asthma, Erkältung, Grippe, Stirnhöhlenkatarrh, Aphthen, Halsentzündung, Angina, Kreislaufstörungen, Darminfektionen, Infektionen der Harnwege, Würmern, ausbleiben-

der Menstruation, Rheuma, Gicht, Arthritis, Leukorrhöe, Mangel an weißen Blutkörperchen, Impotenz oder Frigidität, Schwäche männlicher Fortpflanzungsorgane, Mangel an Geschlechtshormonen.
Haut/Haar: Hilfreich ist es auch bei fetter, unreiner Haut, Akne, für die Mund- und Zahnfleischpflege, zur Wundheilung, bei Furunkeln, Krätze, Läusen, Seborrhöe, Schweißdrüsenabszessen, zur Hautentgiftung und Hautklärung.
Geist: Bei mentaler Erschöpfung oder Müdigkeit, Konzentrationsmangel, Lethargie.

Anmerkungen

Thymian ist eine alte Heilpflanze, deren Hauptwirkung in der Stärkung des Körpers, besonders des Immunsystems, liegt. Das Öl ist infektionshemmend und hat einen starken Bezug zu den Atemwegen, auf die es am stärksten wirkt. Alterserscheinungen, wie Gicht, Arthritis und Rheuma, sowie allgemeine Schwächezustände werden durch Bäder und Massagen mit Thymian gut behandelt. Als Hautöl fördert es die Entgiftung der Haut.

Wegen seiner Aggressivität dürfen bei den Anwendungen nur geringste Mengen genommen werden. So sind 2 Tropfen für eine Inhalation bereits völlig ausreichend. Die verschiedenen Arten und Chemotypen des Thymians haben aufgrund ihrer unterschiedlichen Zusammensetzung von Inhaltsstoffen verschieden dominante Wirkungen: *Thymus zygis* hat einen hohen Anteil an Thymol und Carvacrol, dadurch hat das Öl stark antibakterielle und infektionshemmende, aber auch sehr aggressive und hautreizende Eigenschaften. *Thymus serpyllum* enthält viel Citral, duftet daher auch zitroniger und ist stark schmerzlindernd, antiseptisch und hautreizend. Das Öl mit viel Linalool duftet blumiger, frischer und ist stark antiseptisch, mittelstark hautreizend. Das Öl von der Thymianart, die reichlich Geraniol aufweist, hat insgesamt mildere Wirkungen als alle anderen und ist dafür nur schwach hautreizend.

Einschränkungen
Kontraindiziert ist Thymianöl bei Schwangerschaft und Bluthochdruck. Es ist, wie erwähnt, stark bis schwach hautreizend und toxisch bei Einnahme hoher Dosen. Man sollte es äußerlich nicht langfristig anwenden (es schädigt die Leber).

Tolubalsam

(*Myroxylon balsamum*)
Herkunft: Tolu (Kolumbien), Venezuela, Brasilien, Antillen.
Gewinnung: Alkoholextrakt aus dem Baumharz.
Merkmale: Dünnflüssig, dunkel.
Duft: Hyanzinthenartig, vanilleartig, zimtig, süß.
Duftnote: Fußnote.
Duftintensität: Mittel.
Qualität: Yin und Yang ausgeglichen.
Element: Erde.
Anmerkungen
Das Öl verbreitet einen beruhigenden, entspannenden und erdenden Duft. Es ist gut bei Gefühlskälte, Aufregung, Stimmungstiefs und Streß und eignet sich besonders als Fixativ für Duftmischungen. Es harmoniert gut mit *Tonkaöl*, *Vanilleöl*, *Zimtöl* und anderen Ölen von Blüten und Hölzern.
Einschränkung
Keine Einnahme!

Tonkabohne

(*Dipteryx odorata*, *Dipteryx oppositifolia*)
Herkunft: Südamerika.
Gewinnung: Extraktion der Samen (»Bohnen«).
Merkmale: Pastös, ebenso flüssig, wenn in Jojobaöl beziehungsweise Alkohol gelöst, dunkelbraun.
Duft: Warm, süß, heuig, karamelartig.
Duftnote: Fußnote.

Duftintensität: Stark.
Qualität: Yang.
Element: Erde.

Anmerkungen

Tonkaöl hat einen ganz besonderen Duft, der sich bei Stimmungstiefs, Melancholie, Anspannungen, inneren Verhärtungen und tiefer Traurigkeit eignet. Das Öl hat in Verbindung mit Blütendüften auch eine sehr subtil erotisierende Note. Mit *Muskatellersalbei-Öl* und *Immortellenöl* gemischt ist es ideal für Traumreisen, Hypnosen und die Tiefenentspannung.

Das feste Tonkaöl kann, in warmem Jojobaöl oder Weingeist gelöst, gleichfalls in Duftlampen eingesetzt werden.

Einschränkung

Keine Einnahme!

Tuberose

(*Polianthes tuberosa*)

Herkunft: Frankreich, Italien, Spanien, Marokko, Indien, China, Malaysia.
Gewinnung: Enfleurage oder Extraktion der Blüten.
Merkmale: Dünnflüssig, klar bis gelblich.
Duft: Betäubend süß, orangenartig, blütig.
Duftnote: Fußnote.
Duftintensität: Sehr stark.
Qualität: Yin.
Element: Wasser.

Anmerkungen

Tuberosenöl beherbergt einen der teuersten Düfte mit starker Duftintensität. Bereits ein einziger Tropfen im Badewasser oder in der Duftlampe genügt, um Sie in einen völlig anderen Zustand zu versetzen: Sie fühlen sich sinnlich, entspannt, selbstzufrieden, weltvergessen … Außerdem ist das Öl eine kostbare Zutat zu orientalischen, schweren Parfüms mit starker Ausstrahlung.

Einschränkung
Keine Einnahme!

Vanille

(*Vanilla planifolia*)
Herkunft: Réunion, Komoren, Madagaskar, Mexiko.
Gewinnung: Extraktion der Schoten und anschließende Lösung in Alkohol.
Merkmale: Dünnflüssig, gelblich.
Duft: »Typisch Vanille«, warm, süß, balsamisch (der Alkoholgeruch verfliegt rasch).
Duftnote: Fußnote.
Duftintensität: Stark.
Qualität: Yin.
Element: Wasser.
Anmerkungen
Das Öl stellt eine interessante Komponente für Duftmischungen dar und gilt bei Kindern als beliebter Duft für die Duftlampe. Es wirkt entspannend und beruhigend bei Streß und Aufregung, stimmungsaufhellend und mental anregend bei Erschöpfung und Lethargie. Vanilleöl ist ideal zum Aromatisieren von Speisen anstelle des synthetischen Vanillin.

Veilchen

(*Viola odorata*)
Herkunft: Mittlerer Osten, Frankreich, Italien.
Gewinnung: Extraktion der Blätter.
Merkmale: Dünnflüssig, klar.
Duft: Süß, waldig, laubartig, grün.
Duftnote: Fußnote.
Duftintensität: Mittel.
Qualität: Yin.

Elemente: Wasser und Erde.

Eigenschaften

Nervenstärkend, beruhigend.

Anwendungen

Körper: Bei Kopfschmerz, Erkältung, Husten, Keuchhusten, Halsentzündung, Bronchitis, Blähungen, Verstopfung, inneren Geschwüren, Krebs, Nervosität.

Haut/Haar: Bei Hautentzündungen.

Psyche: Bei innerer Unruhe, Schwellenängsten, Zukunftsängsten, seelischer Verhärtung.

Anmerkungen

Echtes Veilchenöl ist selten zu finden und sehr teuer. Von therapeutischen Anwendungen wird selten berichtet. Das Öl hilft vor allem bei der psychotherapeutischen Arbeit, und zwar indem es Verhärtungen aufweicht und Ängste auflöst.

Einschränkung

Keine Einnahme.

Vetiver

(*Vetiveria zizanoides*)

Herkunft: Madagaskar.

Gewinnung: Destillation der Wurzeln.

Merkmale: Dickflüssig, dunkel, rotbraun.

Duft: Erdig, waldig, herb, moosig.

Duftnote: Fußnote.

Duftintensität: Stark.

Qualität: Yang (Psyche) und Yin (Körper).

Element: Erde.

Eigenschaften

Beruhigend, entspannend, nervenstärkend, östrogenartig, aphrodisierend, hautpflegend.

Anwendungen

Körper: Bei Streß, starker Nervosität, Nervenschwäche (stärkt das vegetative Nervensystem), Unfruchtbarkeit (es wirkt empfängnisfördernd), regt die Durchblutung des

Unterleibs an, bei zu saurem Scheidenmilieu, Östrogenmangel, Dickdarminfektionen und Dickdarmvergiftung, nervösem Darm.
Haut/Haare: Bei Hautfunktionsstörungen, alternder und trockener Haut.
Psyche: Bei Unsicherheit, mangelndem Selbstvertrauen, Entwurzelung, innerer Unruhe, Spannungszuständen, Angst. Es reguliert alle Chakras und stärkt das erste Chakra.

Anmerkungen

Vetiveröl ist ein stabilisierendes und zentrierendes Öl mit entspannender Wirkung auf die Psyche. Es gibt Halt bei Zerrissenheit und mangelndem Selbstvertrauen. Ich schätze es sehr für die Vermittlung von Tiefe und Erdhaftigkeit. Zusammen mit *Immortellenöl* und *Muskatellersalbei-Öl* kann es helfen, tiefe Schichten zu erreichen und unbewußte Muster oder Glaubenssätze bewußt und fühlbar zu machen. Im Hinblick auf das Feinstoffliche hat es große Bedeutung für das erste und zweite Chakra. In Verbindung mit *Sandelholzöl* und *Zedernholzöl* kann der Duft tief entspannen und Ängste lösen. Sein Duft ist allerdings gewöhnungsbedürftig und stößt anfänglich oft auf Ablehnung.

Seine Wirkungen auf körperlicher Ebene sind vor allem auf den Unterleib konzentriert – auf alles, was tief und unten sitzt – und ähnelt damit den Wirkungen auf die Psyche. So beeinflußt Vetiveröl auch die unteren Hautschichten regulierend und bietet sich vor allem zur Pflege der reifen Haut an. In bezug auf die Vagina sind seine Anwendungen umstritten: Einerseits soll es das Scheidenmilieu ausgleichen, wenn es zu sauer ist, andererseits wird berichtet, daß es wichtige Bakterien dieses Milieus angreift.

Wacholder

(Juniperus communis)

Herkunft: Frankreich, Griechenland, ehemaliges Jugoslawien.
Gewinnung: Destillation der Früchte.

Merkmale: Dünnflüssig, klar.
Duft: Würzig, grün, aromatisch.
Duftnote: Kopfnote.
Qualität: Yang.
Elemente: Feuer und Luft.

Eigenschaften

Antiseptisch, allgemein tonisierend und kräftigend, harntreibend, nervenstärkend, nierenwirksam, krampflösend, gewebefestigend und verengend, adstringierend, entgiftend, infektionshemmend, abführend, magenstärkend, verdauungsanregend, blutreinigend, tonisierend, aphrodisierend.

Anwendungen

Körper: Bei allgemeiner körperlicher Schwäche, Kehlkopfentzündung, Husten, Verdauungsstörungen, Verstopfung, Blähungen, Koliken, Magen- oder Darmkrämpfen, Nierensteinen, Leberentzündung, Blasenkatarrh, Würmern, zu starkem Harnfluß, Harnwegsentzündungen, Harnwegsinfektionen, schmerzhaftem Urinieren, Ausfluß, Blutvergiftung, ausbleibender oder schmerzhafter Menstruation, Erektionsschwäche, Spasmen, Rheuma, Gicht, Hämorrhoiden, Nervosität, Nervenschwäche.

Haut/Haar: Wacholderöl aktiviert einen trägen Stoffwechsel, ist günstig für die Hautpflege (wirkt hautstraffend und entgiftend), für die Hautreinigung, bei Hautentzündung, Wunden, zur Wundreinigung, bei Hautverletzungen, Akne, Ekzemen, Schuppenflechte, Hautgeschwüren, Cellulite.

Geist: Bei mentaler Erschöpfung, die mit Nervosität verbunden ist, bei Unklarheit, Ziellosigkeit.

Psyche: Bei Angst, Sorgen, Kummer, Schwächegefühl, negativer Stimmung, zur Reinigung der Aura.

Anmerkungen

Wacholder ist eine alte Heilpflanze, der man die Fähigkeit zur Vertreibung der bösen Geister nachsagt. Das beruht wohl auf seiner Wirkung bei der Desinfektion in der Raumluft und Harmonisierung der Schwingungen. Wacholderöl eignet sich deshalb sehr gut, um Räume im Hinblick auf die Schwingungen dessen, was dort geschah (etwa bei Neubezug einer Wohnung), oder der Person, die sich dort aufhielt, zu neutralisieren. Ich schätze es als Reinigungsmittel für die Aura, wenn sich zu viele Außeneinflüsse festgesetzt haben.

Auf mentaler Ebene stärkt es die Geisteskraft und Konzentration. Besonders bei Ziellosigkeit der Gedanken hilft Wacholderöl, wieder »klar« zu werden.

Auf körperlicher Ebene hat Wacholderöl großen Einfluß auf Heilungsvorgänge im Urogenitaltrakt. Auch Altersbeschwerden und Schwächezustände werden mit Wacholderöl gut behandelt. Das Öl wirkt klärend auf die Haut und ist für Gesichtsdampfbäder zu empfehlen. Auch bei Cellulite hat es gute Wirkungen.

Einschränkung

Kontraindiziert bei Schwangerschaft.

Weihrauch

(*Boswellia sacra, Boswellia carterii* und andere *Boswellia*-Arten)

Herkunft: Jemen, Somalia.
Gewinnung: Destillation des Baumharzes.
Merkmale: Dünnflüssig, klar bis gelblich.
Duft: Harzig, rauchig.
Duftnote: Fußnote.
Duftintensität: Stark.
Qualität: Yang.
Elemente: Feuer und Erde.

Eigenschaften

Entzündungshemmend, uteruswirksam, beruhigend, hautpflegend, gefäßverengend, antiseptisch, adstringierend, verdauungsfördernd, harntreibend, subtil aphrodisierend.

Anwendungen

Körper: Bei Bronchitis, Husten, Schnupfen, Verdauungsstörungen, Infektionen der Harnwege, der Blase oder der

Nieren, bei Leberstau, akuter Lebervergiftung, Gebärmutterleiden, Blutungen, Leukorrhöe, Gonorrhöe, Spermatorrhöe, zu langer oder zu starker Menstruation.
Haut/Haar: Es eignet sich zur Pflege der reiferen Haut (wirkt verjüngend), bei rauher, spröder Haut, bei Falten, für die Zellerneuerung und die Wundheilung bei Verletzungen.
Geist: Bei Verwirrung, Sorgen, unruhigem Geist.
Psyche: Bei Angst, emotionaler Verwirrung, Überreaktionen.

Anmerkungen

Weihrauch, einst mit Gold aufgewogen, ist der Duft der Besinnung und Innenschau. Der Duft erdet und gibt gleichzeitig kosmische Einsicht. Es ist ein traditioneller Duft für die Meditation, er verbindet das Grobe und Feinstoffliche.

Das Öl wird für die Pflege der reifen Haut empfohlen, da es zytopylaktisch und heilend wirkt. Für Frauen hat es Bedeutung bei Gebärmutterleiden und Blutungen, da es blutstillend wirkt.

Das indische Weihrauchöl (aus dem Harz der Art *Boswellia serrata* gewonnen) ist in Indien als Antirheumatikum und Hilfe bei Fettleibigkeit bekannt. Ursache ist die Boswellinsäure. Ein Nachweis, daß diese auch im sogenannten »Aden-Öl« oder »Erithrea-Öl« enthalten ist, konnte noch nicht erbracht werden.

Einschränkung

Kontraindiziert bei Schwangerschaft.

Wintergrün

(*Gaultheria procumbens*)

Wintergrünöl ist absolut toxisch. Nicht verwenden.

Ylang-Ylang

(*Cananga odorata*)

Herkunft: Komoren, Madagaskar, Haiti, Réunion, Philippinen, Indonesien (Java).

Gewinnung: Destillation der Blüten.
Merkmale: Dünnflüssig, gelblich.
Duft: Betörend süß, intensiv, blütig, schwer bis spritzig-scharf.
Duftnote: Fußnote.
Duftintensität: Sehr stark.
Qualität: Yin.
Element: Wasser.

Eigenschaften

Senkt den Adrenalinspiegel, herzberuhigend, atmungsberuhigend, blutdrucksenkend, aphrodisierend, antiseptisch, hautpflegend.

Anwendungen

Körper: Bei Bluthochdruck, Herzrasen oder Herzklopfen, Dyspnoe (Anhalten der Luft im Schlaf), Hyperventilation, Schlaflosigkeit, Nervosität, Impotenz oder Frigidität.
Haut/Haar: Bewährt hat es sich ebenso für die allgemeine Hautpflege, bei spröder, rauher Haut, zur Unterstützung der Zellerneuerung.
Psyche: Bei Aggressivität, Angst, Depressionen, Genußunfähigkeit, Liebesunfähigkeit.

Anmerkungen

Durch verschieden lange Destillation werden Qualitätsabstufungen erzielt: Die 24stündige Destillation ergibt das »Ylang-Ylang complet«, das weich und mild duftet und am teuersten ist. Bei kürzeren Destillationszeiten entsteht »Ylang-Ylang extra«, »Ylang-Ylang I«, »Ylang-Ylang II« und »Ylang-Ylang III«. Die Öle duften von »extra« nach »III« zunehmend scharf und werden immer preiswerter.

Ylang-Ylang-Öl hat einen betörenden bis narkotisierenden Duft, wenn es nicht gestreckt oder in geringer Dosierung angewendet wird. Es regt die Ausschüttung stimmungsaufhellender Endorphine an und eignet sich daher gut gegen Depressionen und Stimmungstiefs. Ich schätze es, weil sein Duft während der Massage, im Bad und bereits wenn er aus der Duftlampe strömt, eine völlige Veränderung des psychischen Zustands hin zur Entspannung bis zur Auflösung bewirken kann. Der Duft stärkt den Sinn für Schönheit und Zärtlichkeit.

Das Öl beeinflußt den Adrenalinspiegel, wirkt ebenfalls blutdrucksenkend, aphrodisierend und ist daher als Antistreßöl sehr geeignet – für Männer sollte es hierfür mit holzigen Noten gemischt werden, um der männlichen Duftkonditionierung zu entsprechen.

Ylang-Ylang ist ein langanhaltender Duft und eignet sich zur Beduftung von Wäsche und Schränken.

Ysop

(*Hyssopus officinalis*)

Herkunft: Mittelmeerraum, Indien.
Gewinnung: Destillation der Blütenknospen.
Merkmale: Dünnflüssig, klar.
Duft: Krautig, scharf, kampfrig-süß.
Duftnote: Herznote. Duftintensität: Mittel.
Qualität: Yin.
Element: Luft.

Eigenschaften

Blutdruckregulierend, allgemein kräftigend, schleimlösend, lungenwirksam, nervenstärkend, anregend, antiseptisch, appetitanregend, krampflösend, fiebersenkend, magenstärkend, harntreibend.

Anwendungen

Körper: Bei Erkältung, Schnupfen, Asthma, Grippe, Bronchitis, Keuchhusten, Atemnot, Tuberkulose, Entzündungen im Hals- oder Mundbereich, Ohrenentzündung, Fieber, Verdauungsstörungen, Würmern, Blähungen, Appetitmangel, Leukorrhöe, Kreislaufstörungen, Blutdruckschwankungen, ausbleibender Menstruation, für die Rekonvaleszenz.

Haut/Haar: Hilfreich ist es auch bei Hautentzündungen,

Wunden, Hautverletzungen, Prellungen, Quetschungen, Ekzemen, Herpes.
Geist: Bei mentaler Erschöpfung, Konzentrationsschwäche, Verwirrung, Kreativitätsmangel.

Anmerkungen

Ysopöl eignet sich besonders für Inhalationen bei Atemwegserkrankungen. Ich empfehle es außerdem für die Reinigung der Raumatmosphäre von negativen Schwingungen (gut ist die Verbindung mit *Wacholderöl* und *Salbei-Öl*). Sein Duft öffnet dem Geist neue Dimensionen. Ysopöl findet sich daher auch in meinen Meditationsmischungen. Es hat einen Bezug zum sechsten und siebten Chakra.

Einschränkungen

Kontraindiziert bei Bluthochdruck, Schwangerschaft und Epilepsie. Keine Einnahme, da toxisch. Nicht für Kinder. Das Öl ist vorsichtshalber von Laien nicht anzuwenden.

Zeder

(*Cedrus atlantica, Cedrus deodara* und *Cedrus brevifolia* – Atlas-Zeder, Himalaya-Zeder und Zypern-Zeder)

Herkunft: Marokko, Algerien, Südfrankreich (Atlas-Zeder); Himalaya (Himalaya-Zeder); Zypern (Zypern-Zeder)
Gewinnung: Destillation der Holzspäne oder des Sägemehls.
Merkmale: Dünnflüssig, gelblich.
Duft: Verschieden, je nach Herkunft – holzig, herb, nach »Bleistift« oder »Zigarrenkiste«, leicht kampfrig.
Duftnote: Fußnote.
Duftintensität: Mittel.
Qualität: Yin.
Element: Erde.

Eigenschaften

Hautpflegend, schleimlösend, beruhigend, blasenwirksam, haarstärkend, harntreibend, antiseptisch, adstringierend, verdauungsfördernd, den Lymphfluß anregend, insektenfeindlich, leicht aphrodisierend.

Anwendungen

Körper: Bei Schnupfen, Bronchitis, Harnwegsinfektionen, Blasenentzündung, Blasenschmerzen, Nierenbeckenentzündung, Nervosität, Nervenschmerzen, Gonorrhöe.

Haut/Haar: Es eignet sich für die allgemeine Hautpflege, bei fetter Haut, Hautentzündung, Akne, Schuppenflechte, Hautjucken, Ekzemen, für die allgemeine Haarpflege, bei fettem Haar, feinem Haar, Schuppen.

Psyche: Bei Depressionen, Angst, Irritationen, mangelnder Zentrierung, Ärger, Aggression.

Anmerkungen

Als »echte« Zeder gilt die Libanon-Zeder (*Cedrus libani*), die allerdings nur noch in einigen Parks der Welt steht, aber nicht als Rohstoff für ätherische Öle dienen kann. Verwandte dieser stolzen Bäume findet man in Marokko, Algerien und Südfrankreich. Die Himalaya-Zeder und die Zypern-Zeder gehören ebenfalls dazu. Die Zeder wird der Baum der Weisheit, des Wissens und der Gerechtigkeit genannt (im *Gilgamesch-Epos*).

Die nicht echten Zedernholzöle von den *Wacholder*arten *Juniperus virginiana* aus Virginia (USA) und *Juniperus mexicana* aus Texas (USA) duften nicht nur herber, sondern sind aufgrund ihrer Inhaltsstoffe als leicht menstruationsfördernd und bei hoher Einnahmedosis als toxisch eingestuft. Diese Öle sind während der Schwangerschaft völlig zu meiden und auch bei Epilepsie kontraindiziert.

Zedernholzöl, das von Arten der Gattung *Cedrus* stammt, empfiehlt sich besonders durch seinen zentrierenden und beruhigenden Einfluß. Es mischt sich sehr gut mit allen anderen Holzölen. Überhaupt scheint es seine vielfältigen Wirkungen – bis zur subtilen Stimulation der Libido – nur gemeinsam mit anderen Ölen zu erreichen. Seinen aphrodisierenden Effekt entfaltet es mit anderen erotisierenden Ölen

(Blütenölen); mit frisch duftenden Ölen (etwa von Zitrusfrüchten) gemischt, wirkt es hingegen sexuell beruhigend. Diese Doppelwirkung finden Sie auch bei vielen anderen Symptomen, für die Zedernholzöl als Heilmittel angeboten wird. – Sie brauchen das Zedernholzöl nur mit einem oder mehreren Ölen, die zu dem Symptom genannt werden, zu mischen. – Daher werden Sie Zedernholzöl auch oft in Duftmischungen antreffen und selten allein.

Das Schwergewicht der Anwendungen von Zedernholzöl liegt im Bereich der Schleimlösung im Atemwegsbereich und der Infektionshemmung im Blasenbereich. In einem Hautöl ist es angenehm adstringierend und gut für die ölige Haut. Zedernholzöl ist ein bevorzugter Duft für Herrennoten und After-shave-Lotionen. Es wirkt gut gegen Mücken und Motten (auf Duftstreifen oder Duftkissen in Schränken).

Einschränkungen

Kontraindiziert ist es bei Schwangerschaft und Epilepsie (wenn es, wie erwähnt, von *Juniperus virginiana* oder *Juniperus mexicana* stammt). In hoher Dosierung reizt es die Haut.

Zimt und Cassia

(*Cinnamomum ceylanicum*, *Cinnamomum aromaticum*, *Cinnamomum cassia*)

Herkunft: Sri Lanka, China, Südostasien.
Gewinnung: Destillation der Blätter (Blätteröl) oder Rinde (Rindenöl) des Ceylon-Zimtstrauches. Für *Cassiaöl* aus der Rinde (Rindenöl) oder den Blüten (Blütenöl) des chinesischen Cassiabaums.
Merkmale: Dünnflüssig, gelblich.
Duft: Warm, würzig, süßlich (Rindenöl herb).
Duftnote: Fußnote.
Duftintensität: Stark.
Qualität: Yang.
Element: Feuer.

Eigenschaften
Stark antiseptisch, fäulnishemmend (Darm), wärmend, anregend, herz- und nervenstärkend, adstringierend, aphrodisierend, blutstillend, kreislaufanregend, durchblutungsfördernd, krampflösend, menstruationsfördernd.
Anwendungen
Körper: bei allgemeiner körperlicher Schwäche, Erkältung, Grippe, Husten, Bronchitis, Verdauungsstörungen, Magenschwäche, Blähungen, Durchfall, Darmkrämpfen, Darmfäulnis, ausbleibender, schwacher oder schmerzhafter und mit hohem Blutverlust verbundener Menstruation, Muskelverhärtung, Kältegefühl, Blutungen, Impotenz oder Frigidität, Zahnfleischschwund, Zahnfleischbluten, Mundfäule, Nervenschwäche, Herzschwäche.
Haut/Haar: Es regt einen trägen Stoffwechsel an, hilft bei Krätze und gegen Läuse.
Psyche: Bei Gefühlskälte, Anspannung, Angst, Einsamkeit.
Anmerkungen
Cassiablütenöl aus China duftet süßer und schärfer als das von *Cinnamomum ceylanicum*. Zur Bekämpfung von Entzündungen und Infektionen ist Cassiaöl ohne Beimischung anderer Öle einzusetzen, da sich sonst seine Wirkung verringert. Zimtrindenöl ist sehr hautreizend, deshalb sollte man bei äußerlicher Behandlung (für Kosmetik, Bäder) auf das Zimtblätteröl ausweichen!

Zimtöl ist eines der stärksten antiseptisch wirkenden Öle und regt die Durchblutung stark an. Daher eignet es sich für Kältezustände, Kreislaufschwäche und Herzschwäche. Weil es die Durchblutung fördert, wirkt es auf körperlicher Ebene aphrodisierend und kann bei Impotenz helfen.

Als Hautöl ist es bei trägen Hautfunktionen und fahler Gesichtshaut gut, denken Sie jedoch an seinen starken Einfluß, und nehmen Sie sehr wenig Öl (3 Tropfen Zimtrindenöl beziehungsweise 6 Tropfen Zimtblätteröl auf 50 Gramm Creme oder fettes Öl).

Zimtöl verbreitet in Räumen im Winter eine warme, entspannte Atmosphäre und desinfiziert die Raumluft.

Einschränkungen

Kontraindiziert bei Schwangerschaft; wirkt außerdem toxisch, deshalb keine Einnahme.

Zirbelkiefer

(*Pinus cembra*)

Herkunft: Alpenländer.
Gewinnung: Destillation der Nadeln und jungen Triebe.
Merkmale: Dünnflüssig, klar.
Duft: Herb, würzig, holzig, balsamisch.
Duftnote: Kopfnote.
Duftintensität: Schwach.
Qualität: Yang.
Element: Luft.

Eigenschaften

Antiseptisch, schleimlösend, belebend.

Anwendungen

Körper: Bei Infektionen der Atemwege, Erkältung, Husten, Raucherhusten, Katarrh, Bronchitis, Muskelverspannung, Rheuma.
Haut/Haar: Haarausfall.
Geist: Bei Konzentrationsschwäche, mentaler Erschöpfung.
Psyche: Bei Angst, schwachem Selbstbewußtsein, mangelndem Durchsetzungswillen, Lethargie.

Anmerkungen

Zirbelkiefernöl eignet sich gut zur unterstützenden Behandlung aller Erkrankungen der Atemwege. Dabei brauchen Sie es lediglich in der Duftlampe hoch zu dosieren, um es gleichsam zu inhalieren.

Das Öl ist wertvoll für die Beduftung von Publikumsräumen, besonders wenn dort geraucht wird. Es ist ein idealer Duft bei Denkarbeit am Arbeitsplatz. Außerdem bietet es sich für die Sauna und Sportmassage an.

Zitrone

(*Citrus limon = Citrus limonum*)
Herkunft: Mittelmeerraum, USA.
Gewinnung: Pressen der Fruchtschale.
Merkmale: Dünnflüssig, gelblich.
Duft: Spritzig, frisch.
Duftnote: Kopfnote.
Duftintensität: Schwach
Qualität: Yang.
Element: Luft.

Eigenschaften

Stark antiseptisch, krampflösend, entschlackend, herzstärkend, fiebersenkend, nervenstärkend, harntreibend, blutbildend, blutstillend, entgiftend, entschlackend, lungenstärkend, verdauungsfördernd, blutdrucksenkend, kreislaufanregend, schweißhemmend.

Anwendungen

Körper: Bei allgemeiner körperlicher Schwäche, allen Infektionskrankheiten, Kopfschmerzen, Migräne, Sinusitis, Fieber, Grippe, Asthma, Angina, Verdauungsstörungen, Magengeschwüren, Magenübersäuerung, Erbrechen, Blähungen, Durchfall, Ruhr, Typhus, Würmern, Appetitmangel, Arterienverkalkung, Bluthochdruck, Blutmangel, Bluteindickung, Blutungen, übermäßiger Menstruation, Bluterkrankheit, Leberzirrhose, Leberfunktionsschwäche, Gelbsucht, Rheuma, Gicht, Arthritis, Gonorrhöe, Syphilis, Hämorrhoiden, zur Hormonregulierung durch Beeinflussung der Hypophyse.
Haut/Haar: Bei fetter, verstopfter Haut, Hautstraffung, Hautreinigung, Akne, Pickeln, Flechten, Krampfadern, Cellulite, Furunkeln, Ausschlag, Warzen, eiternden Wunden, Sommersprossen, Talgüberproduktion, Insektenstichen, brüchigen Fingernägeln.
Geist: Bei mentaler Erschöpfung, Konzentrationsschwäche, Verwirrung, Lethargie.

Anmerkungen
Ich schätze das Zitronenöl besonders wegen seiner kombinierten Wirkung bei körperlicher und geistiger Schwäche. Das Öl desinfiziert, reinigt und klärt Körper und Geist. Daher empfehle ich es auch für die Aroma-Hausapotheke. Sein Duft läßt Menschen sich selbst deutlich gesünder und wohler einschätzen. Somit führt bereits der Duft über den Geist zu Gesundheit und Wohlbefinden.

Viele Infektionskrankheiten werden beim Ausbruch etwas abgefangen, wenn Sie sich mit Zitronenöl umgeben: aus der Duftlampe, durch Inhalationen, im Bad (gering dosieren!). Gute Wirkungen lassen sich mit Zitronenöl bei Hormonunausgeglichenheiten erzielen, da der Duft regulierend auf die Hypophyse wirkt. Das dürfte besonders für Frauen interessant sein, die auf Hormonschwankungen deutlicher reagieren.

Nichts reinigt die Raumluft selbst von übelsten Gerüchen besser und läßt Räume und Luft einladender, »reiner« und »frischer« erscheinen als Zitronenöl.

Einschränkungen
Gelangt es in einem Hautöl auf die Haut, ruft es bei starker Ultraviolettstrahlung phototoxische Reaktionen hervor. Hautreizend – gering dosieren. Keine hochdosierte oder kurartige Einnahme.

Zwiebel

(*Allium cepa*)

Herkunft: Europa.
Gewinnung: Destillation der Zwiebel, also nur des unterirdischen Teils der Pflanze.
Merkmale: Dünnflüssig, klar bis gelblich.
Duft: »Typisch Zwiebel«, stechend, durchdringend.
Duftnote: Fußnote.
Duftintensität: Sehr stark.

Qualität: Yang.
Element: Feuer.

Eigenschaften

Allgemein anregend, stark antiseptisch, harntreibend, den Blutzuckerspiegel senkend, schleimlösend, hautpflegend, entwässernd, nervenstärkend.

Anwendungen

Körper: Bei allgemeiner körperlicher Schwäche, Stoffwechselstörungen, Flüssigkeitsstau im Körper, Migräne, Infektionen der Atemwege, Grippe, Verdauungsstörungen, Würmern, Durchfall, Drüsenfunktionsstörungen, Infektionen des Urogenitaltrakts, Arteriosklerose, Prostataerkrankungen, Lymphknotenentzündungen, zu hohem Blutzuckerspiegel (Diabetes), Rheuma, Arthritis, Gallensteinen, allgemeinen Alterserscheinungen.
Haut/Haar: Hilft bei Hautentzündungen, Abszessen, Furunkeln, Warzen, Sommersprossen, Nagelbettentzündungen, Insektenstichen.
Geist: Bei mentaler Erschöpfung.

Anmerkungen

Das Öl wird selten im Handel angeboten – im Bedarfsfall in Apotheken nachfragen. Es hat einen sehr intensiven, stechenden Duft, der jegliche Anwendung (außer der Einnahme in Kapseln) unmöglich erscheinen läßt. Die geöffnete Flasche am besten getrennt von anderen Ölen im Kühlschrank aufbewahren.

Zypresse

(*Cupressus sempervirens*)

Herkunft: Mittelmeerraum, Algerien.
Gewinnung: Destillation der schuppenförmigen Blätter und Zweigspitzen.
Merkmale: Dünnflüssig, klar.
Duft: Frisch, würzig, harzig.
Duftnote: Herznote.

Duftintensität: Schwach.
Qualität: Yang.
Element: Erde.

Eigenschaften

Blutstillend, gefäßverengend, uteruswirksam, östrogenartig, schleimlösend, antiseptisch, adstringierend, beruhigend, schweißhemmend, leberwirksam, venenstärkend, krampflösend, schmerzlindernd, nervenausgleichend.

Anwendungen

Körper: Bei Zahnfleischbluten, Asthma, Keuchhusten, Krampfhusten, Bluthusten, Grippe, Durchfall, Lebererkrankungen, Pfortaderverstopfung, Menstruation (überlanger, starker Blutung), Eierstockerkrankungen, Beschwerden im Klimakterium, Spasmen, Rheuma, Hämorrhoiden, Krampfadern, Bettnässen, eitrigen Prozessen, Nervosität.
Haut/Haar: Bei fetter Haut, Akne, starker Schweißproduktion, Schweißfüßen, zur Gewebestraffung, bei Cellulite und gegen Schuppen.
Psyche: Bei innerer Unruhe, Gereiztheit, Ziellosigkeit, mangelnder Zentrierung, Melancholie, mangelndem Selbstvertrauen, Hoffnungslosigkeit, Trauer, emotionalem Chaos.

Anmerkungen

Zypressenöl hat den Charakter des Holzes und des Blattes: Erde, Zentrierung und gleichzeitig das Grün der Hoffnung und Leichtigkeit. Sein Duft hilft bei Verlust des Selbstvertrauens, in den dunklen Stunden des Seins, der Trauer.

Auf körperlicher Ebene ist es empfehlenswert wegen seiner beruhigenden Wirkungen auf das Nervensystem, bei Krampfadern, Cellulite und starker Schweißabsonderung. Es mischt sich sehr gut mit anderen Holz- und Blattölen.

Einschränkung

Kontraindiziert bei Epilepsie.

Wichtigste Inhaltsstoffe ätherischer Öle

(Soweit bekannt und gesichert, die Prozentangaben gelten als Höchstwerte)

Ackerminzöl
70–95% Menthol; Pinen, Limonen, Eukalyptol, Carvacrol.

Amyrisöl
Elemol, Eudesmol, Agarofuran.

Angelikawurzelöl
40% Phellanderene, 3% Caryophyllen, Methylbutyrat, Lactone

Anisöl
80–90% *trans*-Anethol, 2% Methylchavicol (Estragol).

Basilikumöl (aus Frankreich)
30–45% Linalool, 25% Methylchavicol (Estragol), 5–7% Fenchylalkohol, 2–6% Eugenol, Citronellol, Kampfer, Cineol.

Basilikumöl (von den Komoren)
80–90% Methylchavicol (Estragol), Rest siehe oben.

Bayöl
35–40% Eugenol, 10–15% Chavicol, 30–35% Myrcene.

Benzoe
60–70% Coniferylbenzoat, 10–20% freie Benzoesäure, 2% Cinnamylbenzoat, 2% Vanillin.

Bergamottöl
30–40% Linalylazetat, 25–45% Terpene (Limonen), 10–20% Linalool, 5% Terpinen, 4% Pinen, Furanocumarine. Verlängerung mit limonenreichem *Orangenöl*, synthetischem Limonenöl oder isoliertem Linaool möglich.

Birkenrindenöl
Betula lenta: 96% Methylsalicylat.

Bohnenkrautöl
40–60% Carvacrol, 5–20% Linalool, 10–20% Cymol, 1–5% Thymol.

Cajeputöl
50–65% Cineol (Eukalyptol), 75% Pinen, 13% Cymen, 10% Terpineol, 5% Limonen, 4% Linalool, 2% Caryophyllen, Geraniol.

Cassia-Öl siehe *Zimtöl*

Cistrosenöl
Phenylpropanate, Cineol, Acetophenon, Fenchon, Thujon, Benzaldehyd, Tageton, Neral, Geranial, Hexenol.

Citronella
25–55% Citronellal, 25–45% Geraniol, 10–15% Citronellol Rosenalkohol), 6% Geranylacetat, Limonene, Linalool, Eugenol, Caryophyllen.

Dillöl
»Extra«, aus dem Kraut: 30–45% Carvon; »Standard«, aus dem Kraut: 25–30% Carvon; aus den Früchten: 40–60% Carvon, 40% Limonen, 5% Phellandren.

Eichenmoosöl
Phenolcarbonsäureester, Methyl-Orcincarboxylat.

Eisenkrautöl
40% Citral, 15% Limonen, 6% Eukalyptol, 8% Caryophyllen, 6% Rosenalkohole: Nerol, Geraniol, Citronellol.

Elemiöl
Phellandren, Carvon, Pinen, Limonen.

Estragonöl (aus Frankreich)
70% Estragol, Anethol, Myrcen, Pinen. Verlängerung mit *Fenchelöl*, *Basilikumöl* (von den Komoren), *Sternanisöl* oder Phellandren möglich.

Eukalyptusöl
70% 1,8-Cineol (Eukalyptol), 12% Pinen, Borneol, Carvon, Cymen, Limonen. Bei doppelter Destillation (Rektifizierung): bis zu 85% Cineol.

Fenchelöl
bitter (von *Foeniculum vulgare* ssp. *vulgare*): 55–75% *trans*-Anethol (süß), 10–15% Estragol, 12–22% Fenchon (bitter); **süß** (von *Foeniculum vulgare* var. *dulce*): ohne Fenchon.

Fichtenöl
Bornylazetat, Pinen, Camphen.

Galbanumöl
Sulfide, Pyrazine, Methylmacrolide, Limonen, Myrcen, Camphen.

Geranienöl
Alle Arten: 35–50% Citronellol, 5–15% Geraniol, 10% Isomenthon, 5–10% Tiglate. Darüber hinaus enthalten die zwei wichtigsten Geranienarten: *Pelargonium graveolens* – Acetaldehyd, Furfural, Citral, Myrcen, Phellandren, Caryophyllen, Sabinen, Terpineol; *Pelargonium odoratissimum* – Citronellol, Geraniol, Linalool, Phenylethylalkohol, Nerol.

Guajakholzöl
85% Guaiol-Sesquiterpenalkohol, Guajoxide.

Hyazinthenöl
Benzylalkohol, Hydrozimtalkohol, Benzylazetat, Zimtaldehyd, Eugenolderivate.

Immortellenöl
50% Nerylazetat, Nerol, Linalool, Eugenol, Carvacrol, Nerolidol, Terpineol, Angelikasäureester, Diketone.

Ingweröl
35–40% Zingiberen, 20% Curcumen, 8% Camphen, 5% Phellandren, 5% Citral.

Irisöl
Myristinsäure, 50% Irone.

Jasminöl
30–70% Benzylazetat, 10–20% Linalool, 3–10% Jasmon, Benzylbenzoat, Phenylazetat, Farnesol, Geraniol, Phytol, Indol, Vanillin und andere. Die Zusammensetzung der Inhaltsstoffe hängt sehr vom Anbaugebiet ab.

Kalmusöl
Indisches: bis zu 96% Asaron; europäisches: bis 10% Asaron; amerika-

nisches: 0% Asaron; ansonsten Pinen, Camphen, Eukalyptol, Sesquiterpene, Asarylaldehyd, *d*-Camphen, Eugenol, Methyleugenol.

Kamillenöl (von Blauer Kamille)
20–50% Bisabolol, 10% Dicykloether, 5% Chamazulen blau, Chamviolin, Farnesen, Nerolidol, Patchoulen, Furfural, Flavone.

Kamillenöl (von Römischer Kamille)
Angelikaester, Tiglinester, Isobuttersäureester.

Kampferöl
80% Kampfer, Borneol, Safrol.

Kardamomöl
25–40% Cineal (Eukalyptol), 35% Terpinylazetat, 10% Limonen, geringe Mengen an Sabinen, Pinen.

Karottensamenöl
50% Carotol, Daucen, Daucol, Geraniol, Caryophyllen, Pinen.

Kiefernöl
80% Monoterpene: Pinen, Caren, Phellandren; 7% Camphen, 5% Myrcen, 5% Bornylazetat.

Korianderöl
Bis zu 70% Linalool, 6% Pinen, Camphen, Phellandren, Campher, Terpinen, Geraniol, Carvon, Limonen, Decylaldehyd.

Krauseminzöl
50% Carvon, 15% Limonen, 7% Phellandren, 5% Menthon, wenig Pinen, Linalool, Cineol, Carveol, Geraniol.

Kreuzkümmelöl
20–30% Cuminaldehyd, 25% Terpinen, 15% Pinen, Anisaldehyd, Farnesol.

Kümmelöl
50–80% Carvon, 30–50% Limonen, Cuminderivate, Carveol.

Ladanumöl
Pinen, Camphen, Phellandren, Nerol, Geraniol, Geranylazetat, Linalool, Eugenol und viele andere.

Latschenkiefernöl
2–60% Phellandren, 25% Camphen, 20% Pinen, 10% Bornylazetat.

Lavandinöl
6% Kampfer, wenige Ester, ansonsten ähnlich dem Lavendelöl. Unterscheidung der Sorten: »Lavandin abrialis« – 30% Ester, 9% Kampfer. »Lavandin super« – 50% Ester, 5% Kampfer. »Lavandin grosso« – 30% Ester, 5% Kampfer.

Lavendelöl
Bis zu 60% Linalylazetat, bis zu 40% Linalool, 5% Terpinol, je 2% Ocimen, Borneol, Phellandren, Limonen, Caryophyllen, Pinen, Geraniol, Camphen, Nerol, Myrcen, Cymen, Cumarin, Lavandulol, Kampfer, Eukalyptol und viele andere.

Lemongrasöl
Von *Cymbopogon flexuosus*: 80% Citral, 0,5% Myrcen; von *Cymbopogon citratus*: 70% Citral, 15–20% Myrcen.

Limettenöl
Alle Arten: 50% Limonen.

Litsea-Öl
75% Citral, 9% Limonen, 4% Methylheptenon, 3% Myrcen, 2% Linalool, 2% Linalyazetat, 1,5% Geraniol, 1% Nerol, α-Pinene, Citronellal, Caryophyllen.

Lorbeeröl
30–55% Eukalyptol, bis 10% Eugenol, bis 20% Monoterpene (Pinen).

Majoranöl (süß)
25% Thujanol, 3–6% Ocimen, 5–25% Terpineol, bis zu 19% Geraniol, 10% Linalool, bis zu 5% Caryophyllen.

Mandarinenöl
80% Limonen, Dimethyl-anthranilat, Dodecenal, Methoxylthymol.

Melissenöl
Von echter Melisse: 50% Citral, 10% Caryophyllen, 3% Citronellal, Geraniol, Linalool, Nerol. Von Zitronenmelisse: 35% Citronellal, 15% Citral, 10% Geraniol, 15% Geranylazetat, 1% Caryophyllen.

Minzöle siehe Ackerminzöl, Krauseminzöl, Pfefferminzöl.

Muskatellersalbei-Öl
70% Linalylazetat, 20% Linalool, Benzylaldehyd, Pinen, Myrcen, Phellandren, Kampfer, Geraniol, Sclareol.

Muskatöl
70–90% Monoterpene (Pinen, Sabinen), 15% Myristicin.

Myrrhenöl
Pinen, Limonen, Cumin, Zimtaldehyde, Phenole.

Myrtenöl
30% Eukalyptol, 25% Myrtenazetat, 10% Myrtenol, Pinen, Camphen, Terpineol, Geraniol.

Nardenöl
30% Gurjunen, 30% Patchoulen, 8% Patchoulialkohol, Cineol, Camphen, Nardol, Pinen.

Narzissenöl
Linalool, Benzylalkohol, Benzylazetat, Zimtalkohol, Geraniol, Nerol, Indol, Pfirsichaldehyd und viele andere.

Nelkenöl
80–90% Eugenol, 10% Caryophyllen.

Neroliöl
30% Linalool, 7% Linalylazetat, 10% Nerol, 4% Phenylethylalkohol, 35% Limonen, Camphen, Pinen, Indol.

Niauliöl
60% Eukalyptol, 30% Terpineol, 10% Pinen.

Opoponaxöl
Bisabolen. Elemene, Santalene, Humulene, Cadinene.

Orangenöl, bitter
90% Limonen, meist Ester (5%).

Orangenöl, süß
90% Limonen, 2% Aldehyde.

Oreganoöl
Beste Qualität: 75% Carvacrol.

Palmarosaöl
80% Geraniol, Faresol, Sesquiterpene.

Pampelmusenöl
Bis zu 90% Terpene (Limonene), 2% Aldehyde.

Patchouliöl
40% Patchoulol, 20% Bulnesen, 16% Guajen, 7% Patchoulen.

Pennyroyalöl (Poleiminzöl)
60–95% Pulegon, Octanol, Menthon.

Petitgrainöl
Von *Citrus aurantium*, Bitterorange: 70% Linalylazetat, 20% Linalool; von *Citrus aurantium*, Orange: 50% Linalylazetat, 25% Linalool, geringfügig Terpineol, Geraniol, Phellandren, Limonen, Pinen, Nerol.

Pfefferminzöl
Aus den USA: 40–60% Menthol, 18% Menthon, 7% Cineol, 3% Menthofuran, 2% Isomenthon, 2% Limonene, 0,8% Pulegon.

Pfefferöl
Von *Piper nigrum:* 20% Sabinen, 20% Limonen, 20% Pinen, 15% Caryophyllen, Thujen, Myrcen, Phellandren, Eukalyptol, 12% Caren.

Rosenholzöl
70% Linalool, 10% Cineol, 2% Geraniol, Terpineol, 1% Citral.

Rosenöl
Von *Rosa damascena:* 40% Citronellol, 16% Paraffine, 14% Geraniol, 7% Nerol, 3% Phenylethylazetat, Rosenalkohole, Roseoxid, Rosenfuran, Neroloxid, Hexanal, β-Damascon, β-Damascenone, Phenylazetate, Butyrate, Veraianate, Capronate, Salicylate; von *Rosa centifolia:* 45–48% Phenylazetat, ansonsten ähnlich wie *Rosa damascena*.

Rosmarinöl
Eukalyptol-Typ (aus Tunesien, Marokko): 40% Cineol, 15% Kampfer, 11% Pinen, 5% Caryophyllen, 6% Borneol. Kampfer-Typ (aus Spanien): 25% Cineol, 30% Kampfer, 25% Pinen, 4% Caryophyllen, 2% Borneol.

Salbei-Öl
Vom Dalmatinischen Salbei: 50% Thujon, 7–20% Kampfer, 7–15% Eukalyptol.

Sandelholzöl
90% Terpenole (Santalol), Geraniol, Citronellol, Santalen, Phenole, Kresole, Fufurylpyrol.

Schafgarbenöl
40% Chamazulen, 18% Kampfer, 12% Sabinen, 10% Eukalyptol, 9% Isoartemisia-Keton, 8% Terpineol, Proazulene, Matricin.

Speiklavendelöl
45% Linalool, 13% Kampfer, kaum Ester, 30% Eukalyptol.

Tagetesöl
Von *Tagetes minuta*, Studentenblu-

me: 15% Tageton, 5% Ocimen, 17% Aromadendren.

Tannenöl
Von *Abies alba:* 35% Pinen, 25% Camphen, 30% Limonen, 15% Bornylazetat.

Tea-Tree-Öl
Eukalyptol, *p*-Cymen, Terpinen-4-ol, α-Terpineol, Myrtenazetat, Myrtenol, Kampfer, Camphen, Pinen, Borneol, Carvon.

Thujaöl
60% Thujon, Bornylazetat, Pinen, Terpineol, Eukalyptol, Kampfer, Camphen.

Thymianöl
Von *Thymus vulgaris:* 30–75% Thymol/Carvacrol, 2–13% Cineol, 6% Linalylazetat, Linalool; von *Thymus serpyllum:* Citral-Basis. Chemotypen: Thymol/Carvacrol, Linalool, Geraniol (Pflanzen wächst über 1000 Meter Höhe), α-Terpineol, Thymol-4 (4% Thymol), Eukalyptol (Pflanzen stammen aus Spanien).

Tolubalsamöl
Benzylcinnamat, Benzylbenzoat, Vanillin, Farnesol, Eugenol.

Tonkaöl
Kumarin.

Tuberosenöl
Kokosaldehyd, Pfirsichaldehyd, Benzylalkohol, Eugenol, Farnesol, Geraniol, Nerol, Methylanthranilat, Methylbenzoat und viele andere – es ist sehr komplex.

Vanilleöl
Vanillin, Heliotropin, Bourbonal, Guajakol und andere.

Veilchen(blätter)öl
Jononderivate, Phthalate, Curcumen, Zingiberen, Nonadienal, Nonandiol.

Vetiveröl
13% Vetivon, ansonsten Vetiverol, Vetivenol.

Wacholderöl
85% Pinen, 3% Terpineol, 3% Myrcen, 3% Limonen, Camphen, Borneol, Phellandren.

Weihrauchöl
Von Aden: 30–45% Pinen, 8% Cymen, 6% Verbenon, 1% Octylazetat. Von Erithrea: 4–5% Pinen, 52% Octylazetat, je 0,5% Cymen und Verbenon, 8% Octanal.

Ylang-Ylang-Öl
Linalool, Geraniol, Benzylalkohol, Nerolidol, Terpineol, Farnesol, Farnesen, Benzylsalicylat, Safrol, Eugenol, Menthylbenzoat, Kresol, Methylsalicylat, Caryophyllen, Cadinen.

Ysopöl
40–70% Pinocamphon, 10–20% Pinen, 10–15% Camphen, Caryophyllen.

Zedernholzöl
20–40% Cedrol, Cedren, Cedrenol, Thujon.

Zimtöl
Von *Cinnamomum ceylanicum* – Rindenöl: 65–75% Zimtaldehyd,

5% Eugenol, Benzylalkohol, Benzaldehyd, Cinnamylazetat, Caryophyllen; Blätteröl: 5–7% Zimtaldehyd, 75–90% Eugenol, 6% Caryophyllen, 2% Safrol.

Zirbelkiefernöl
80% Monoterpene: Pinen, Caren, Phellandren.

Zitronenöl
90% Limonen, 5% Citral, Linalool, Linalylazetat, Geranylazetat, Citronellal, Terpineol.

Zypressenöl
45% Pinen, 9% Borneol, 6% Terpineol, 6% Limonen, 6% Cedrol.

Wirkungen von Substanzen in ätherischen Ölen

Nachfolgend nenne ich beispielhaft einige bedeutsame Inhaltsstoffe und ihre Wirkungen. Die Einflüsse der Stoffklassen (zum Beispiel der Aldehyde) sind sehr generell und differieren bei jedem einzelnen Stoff (Stoffgruppen und Stoffe folgen gemeinsam in alphabetischer Reihenfolge).

Aldehyde
antiseptisch, antiviral, entzündungshemmend, beruhigend, hautreizend.

Alkohole
körperstärkend, das Immunsystem stabilisierend.

Anethol
sekretionsfördernd.

Apiol
harntreibend, krampflösend, nervenanregend, toxisch, stark abortiv.

Asaron
karzinogen, halluzinogen.

Bisabolol
entzündungshemmend.

Bornylazetat
stark krampflösend und leicht pilztötend.

Carotol
hautpflegend, hautberuhigend.

Carvacrol
anregend, bakterizid, das Immunsystem stärkend, leberschädigend bei Einnahme, hautreizend und leicht toxisch.

Carvon
schleimlösend, gewebebildend, neurotoxisch, toxisch.

Caryophyllen
antiviral, beruhigend.

Chamazulen
entzündungshemmend.

Cineole
stark schleimlösend.

Citral (= Neral und Geranial)
antiseptisch, antiviral, antitumoral, fungizid, entzündungshemmend, beruhigend, hautreizend.

Citronellal
antiseptisch, antiviral, entzündungshemmend, beruhigend, hautreizend.

Ester
stark krampflösend und leicht pilztötend.

Eugenol
anregend, bakterizid, stimuliert das Immunsystem, leberschädigend bei Einnahme, lokalanästhetisch.

Eukalyptol
stark schleimlösend.

Farnesol
bakteriostatisch, hautpflegend, desodorierend.

Geranial
antiseptisch, antiviral, entzündungshemmend, beruhigend, hautreizend.

Geranylazetat
stark krampflösend und leicht pilztötend.

Kampfer
anregend (Herz, Atmung).

Ketone
schleimlösend, die Gewebebildung fördernd, neurotoxisch, toxisch.

Linalool
allgemein tonisierend, bakterizid, antiviral und harntreibend.

Linalooloxid
stark schleimlösend.

Linalylazetat
stark krampflösend und leicht pilztötend.

Methylchavicol
krampflösend, schleimlösend, toxisch.

Myrcene
schmerzlindernd, enkephalinähnlich.

Myristicin
harntreibend, krampflösend, anregend für die Nerven, abortiv, toxisch, halluzinogen.

Neral
antiseptisch, antiviral, entzündungshemmend, beruhigend, hautreizend.

Nerol
allgemein tonisierend, bakterizid, antiviral und harntreibend.

Nerolidol
antiseptisch, desinfizierend.

Phenole
anregend, bakterizid, körperstärkend, stimulieren das Immunsystem, leberschädigend bei Einnahme, nicht länger als vier Wochen anwenden.

Pinocamphon
stärkend und regenerierend, aber

auch chronisch toxisch, nicht länger als vier Wochen anwenden.

Pulegon
schleimlösend, die Gewebebildung fördernd, toxisch.

Safrol
harntreibend, krampflösend, die Nerven anregend, abortiv, karzinogen.

Santalol
allgemein tonisierend, bakterizid, antiviral und harntreibend, desinfizierend (Harnwege).

Terpenalkohole
allgemein tonisierend, bakterizid, antiviral und harntreibend.

Terpene
hormonähnlich, verdauungsanregend.

Thujon
schleimlösend, die Gewebebildung fördernd, toxisch.

Thymol
schleimlösend, leicht chronisch toxisch, nicht länger als vier Wochen anwenden.

Valeranon
beruhigend, krampflösend.

Vetiverol
magenstärkend, blähungstreibend.

Vetiveron
magenstärkend, blähungstreibend.

Zimtaldeyhd
allgemein körperlich stimulierend, hautreizend, Allergie möglich, leicht toxisch.

Zingiberol
magenstärkend, blähungstreibend.

Aquarome – die sanften Schwestern der ätherischen Öle

Aquarome sind duftende Destillationswässer, die durch die Gewinnung ätherischer Öle als »Abfallprodukt« bei der Destillation entstehen. Hier verbinden sich die wasserlöslichen Bestandteile der ätherischen Öle mit dem Wasser und geben ihm die Heilkräfte der Öle.

Bisher waren sie Stiefkinder in der Aromatherapie, ja viele Anwender ätherischer Öle kennen die Bezeichnung »Aquarom« nicht. Der Begriff »Blütenwasser«, der gelegentlich gebraucht wird, mag zu Verwirrung führen, denn nicht nur Blüten werden destilliert. Rosenwasser ist vielen Menschen bekannt, da es einen Namen als Hauttonikum hat. Es kann auch schon von mancher Hausfrau als Zusatz bei der Zubereitung von Desserts oder Marzipan verwendet worden sein. Die Aquarome blicken auf eine lange Tradition zurück, wie man in alten Heilbüchern nachlesen kann. Bei den Persern, Griechen und Ägyptern galten sie schon früh als Heilmittel. Man setzte sie vor allem zur Hautpflege und Gesundheitsvorsorge ein. Dabei wurden destilliertes Wasser, Alkohol und ätherisches Öl lange miteinander verschüttelt. Pfefferminzwasser, das aus 1 Tropfen ätherischem Minzöl und 999 Tropfen warmem Wasser besteht, diente als Erkältungsmittel. Rosenöl – in einer Mischung von 4 Tropfen Rosenöl und 1 Liter Wasser – wurde bei Potenzstörungen empfohlen. Mit diesen Hinweisen habe ich bereits eine Möglichkeit erwähnt, wie Sie ein Aquarom selbst herstellen können.

Die Aquarome enthalten zwar nur geringste Mengen des ätherischen Öls, maximal 0,5 Gramm in 1 Liter, doch übernehmen sie die Schwingungen der Essenz, ähnlich wie bei den Bachblüten-Essenzen. Sie haben also die Energien und Wirkungen der ätherischen Öle, wenn auch in schwächerer Weise. Der Vorteil des Aquaroms liegt in seiner pflegenden, lindernden oder gar heilenden Wirkung, vor allem aber darin, daß seine Anwendung keine Schleimhautreizung, Verbrennung oder Verätzung sowie toxische Gefahren mit sich bringt. Daher eignen sich die sanften Schwestern der ätherischen Öle ausgezeichnet für langfristige Kuranwendungen. Erwarten Sie, wie gesagt, nicht die starke, »durchschlagende« Wirkung wie die der Öle. Die Haltbarkeit der Aquarome ist gering – nach Anbruch der Flasche beträgt sie höchstens drei Monate.

Fünfter Teil
Auswählen und mischen

Die Wahl des richtigen Dufts

Verschiedene Gesichtspunkte können die Wahl von ätherischen Ölen bestimmen. Dabei ist es bedeutsam, ob Sie sich lediglich einen schönen Duft für Ihre Räume wünschen, ein Badeöl, ein Naturparfüm oder eine angenehm duftende Aromakosmetik für Sie selbst zubereiten wollen oder ob Sie als Therapeut die Öle heilerisch anwenden und weitergeben. In diesem Buch werden Ihnen Arbeitsblätter angeboten, die Sie für Ihre Wahl und Mischung nutzen können.

Ihr Lieblingsduft

Was Ihnen gefällt, tut Ihnen gut. Das ist eine alte Erkenntnis, die auch auf Düfte zutrifft. Riechen Sie sich durch die Vielfalt der angebotenen ätherischen Öle, und Sie werden bemerken, daß es nur wenige Öle sind, die Sie momentan stark ansprechen. Diese erste Wahl wird sich im Laufe der Zeit verändern, entsprechend Ihrem körperlichen, geistigen und emotionalen Zustand, so daß Sie nach einer Weile eine stattliche Sammlung von Ölen besitzen. Nutzen Sie jede Gelegenheit, in Fachgeschäften immer wieder »reinzuschnuppern«, vielleicht finden Sie Zugang zu einem Duft, den Sie dem Namen nach bisher nie in Betracht gezogen haben.

Wie Sie Ihren Dufttyp finden

Suchen Sie nach einem Duft, der Ihre Persönlichkeit unterstreicht, dann helfen Ihnen die Einteilungen der Öle beziehungsweise ihrer Düfte nach verschiedenen Kriterien (entsprechende Listen finden Sie am Ende des Buches) und den Stimmungsbildern. Schreiben Sie nach Durchsicht der Listen die Namen der Öle Ihrer Wahl hier in die freien Felder:

- Yin/Yang (weiblich/männlich) ______________________________
- Element(e) (feurig, luftig, erdig, wäßrig) ______________________
- Farben (dominante Kleiderfarben) __________________________

  (oder Haarfarbe) ______________________________
- Sternzeichen (wenn Sie wissen, welches Zeichen Sie dominant sind)

  ____
- Kopfnote: spritziger, leichter Duft, allgemein anregend, mental belebend

  ____
- Herznote: mittelschwerer Duft, allgemein ausgleichend, gefühlsbetonend

  ____
- Fußnote: schwerer Duft, allgemein beruhigend, zentrierend und erdend

  ____

Jetzt haben Sie Ihre Auswahl getroffen. Streichen Sie Öle, die Sie nicht besitzen oder deren Duft Ihnen nicht zusagt. Reduzieren Sie die Anzahl auf drei bis fünf Öle. Meine Öle sind:

____

____

(Sie können diese Vorlage für Ihren Gebrauch kopieren.)

Diese Öle mischen Sie. Was Sie dabei beachten müssen, damit es gut duftet, erfahren Sie noch. Lesen Sie die Beschreibung des Öls, und sehen Sie, ob die dort genannten Symptome oder Befindlichkeiten auf Sie zutreffen. Meistens ist dem so.

Nach der Duftwirkung entscheiden

Stimmungsbild

Abbildung 13 zeigt Ihnen eine Möglichkeit, Düfte einmal aus einer anderen Sicht zu betrachten. Hier handelt es sich um die

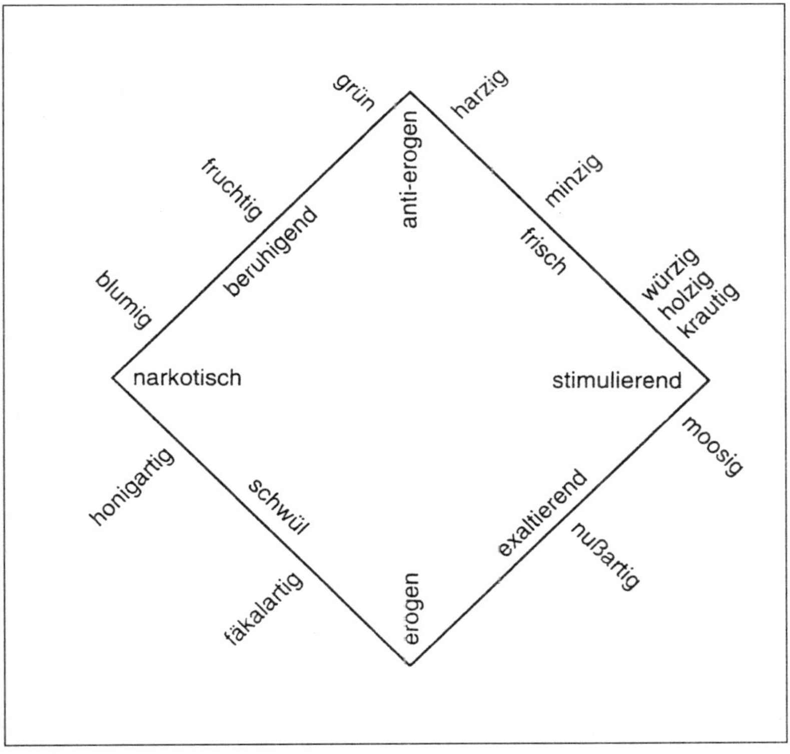

Abb. 13: Duftwirkungsschema
(Quelle: J. Stephan Jellinek, Parfüm – Der Traum im Flakon, Mosaik Verlag)

Stimmungen, die sich durch Düfte auf Sie übertragen können. Wählen Sie zum Beispiel moosige und würzige Düfte, werden Sie stimuliert, durch narkotisch-blumige aber narkotisiert und durch fruchtige grundsätzlich beruhigt. Entscheiden Sie selbst, was für Sie fruchtig und blütig duftet, oder orientieren Sie sich an der Übersicht der Duftarten im Anhang.

Yin oder Yang

Abgesehen von den therapeutischen Wirkungen der Yin oder Yang zugeordneten Öle können Sie die Einteilung im Anhang nutzen, um Ihre geistig-seelische Befindlichkeit durch die Wahl eines entsprechenden Öls zu steuern. »Yin-Öle« verstärken Ihre Weiblichkeit, Empfindsamkeit, Ihr Gefühlsleben, wirken allgemein entspannend und harmonisierend und dämpfen das logisch-pragmatische Denken. »Yang-Öle« verstärken Ihre männliche Seite, Ihr Durchsetzungsvermögen und wirken allgemein stärkend, energetisierend und regen das logische Denken an.

Die Elemente

Die auf die ätherischen Öle jeweils bezogenen Elemente haben einen geistig-seelischen Einfluß, selbst wenn Sie die Öle nur in der Duftlampe oder für Ihr Aromabad nehmen. Das Element Erde wirkt zentrierend, erdend und beruhigend, es lenkt Ihre Energie in den Unterleib – ist also gut für Zeiten der Verunsicherung, Haltlosigkeit und wenn Sie zu »kopfig« sind. Feuer wirkt stärkend, anregend, oftmals erotisierend und gibt Ihnen Selbstvertrauen sowie Durchsetzungsvermögen. Wasser sensibilisiert, öffnet das Herz und spricht Ihr Gefühlsleben an, läßt Sie weich und anpassungsfähig werden. Luft regt den Verstand an, gibt Ihnen Leichtigkeit und vermittelt Ihnen das Gefühl von Weite – es hilft gut bei »engen« Lebenssituationen. (Die Zuordnung der Öle zu den Elementen finden Sie im Anhang.)

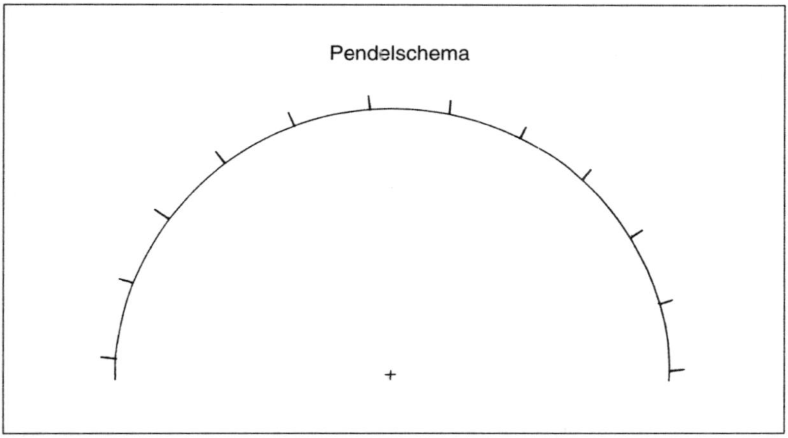

Abb. 14: Pendelschema

Kopfnote, Herznote, Fußnote

Zu jedem beschriebenen Öl ist die jeweilige Duftnote genannt. Diese Beurteilung hilft Ihnen auch, Wirkungen und Lebensdauer eines Öls einzuschätzen. (Eine zusammenfassende Übersicht siehe Anhang.)

Kopfnoten sind meist frische, zitrusartige, sich schnell verflüchtigende Öle mit einer sehr hohen Schwingungsanzahl. Sie entsprechen einer hellen Farbe und wirken vor allem auf die geistige Ebene: mental anregend, erfrischend, belebend, erhellend, raumbildend. Sie sind hilfreich, wenn es in Ihnen oder Ihren Räumen dunkel ist und bei langen Dunkelheitsperioden, in denen Sie zu Lethargie, Depressionen oder Stimmungstiefs tendieren.

Herznoten sind meist blütige, balsamische und sanfte Düfte sich mittelschnell verflüchtigender Öle mit einer mittleren Schwingungsanzahl. Sie entsprechen einer roten, rosa, orangeroten oder blauvioletten Farbe. Herznoten beeinflussen vor allem die Herzebene: Sie öffnen das Herz, erweitern und erleichtern den Zugang zu Ihren feinen Gefühlen, entspannen und harmonisieren die »rohen« Emotionen. Sie sind hilfreich bei Stimmungsschwankungen, Kreativitätsmangel und starker geistig-logischer Tätigkeit und lassen Sie wieder mit Ihrer Intuition in Kontakt kommen.

Fußnoten finden Sie unter den holzigen, schweren, harzigen, warmen Düften, die sich sehr langsam verflüchtigen und eine lange Schwingung (geringe Schwingungsanzahl) haben. Ihnen entsprechen die Farben Braun, Dunkelgrün, Dunkelrot oder Schwarz. Fußnoten wirken erdend, zentrierend, beruhigend und lenken Ihre Energie in den Unterleib, also weit weg vom Kopf. Sie stabilisieren vor allem im psychischen Bereich und geben Ihnen Erdverbundenheit, wenn Sie zu sehr »abgehoben« und in Ihren Gedanken leben.

Entscheidungshilfen

Sie können sich verschiedener Hilfen bedienen, um eine Auswahl zu treffen: meine »Duftkarten« (»Aromatherapie-Karten«, siehe Literaturverzeichnis), die Methode des Pendelns, kinesiologische Tests.

Welches Öl für welches Symptom?

Die Symptomregister im Anhang und Ausführungen im zweiten Teil erlauben Ihnen, schnell die richtigen Öle für ein Symptom zu finden. Sollten Sie noch keine Erfahrung mit den Ölen besitzen, lassen Sie sich von Ihrer Intuition leiten, um aus der Vielzahl von Ölen für einen Zustand das oder die richtigen auzuwählen. Dies gilt für Öle bei körperlichen Symptomen, geistigen und emotionalen Befindlichkeiten.

Dabei können Sie vor dem Problem stehen, mehrere Symptome zu haben oder vorzufinden. Ähnlich der Auswahl Ihres Lieblingsduftes suchen Sie sich für jedes einzelne

Symptom die entsprechenden Öle, erhalten so für jedes Symptom eine Mischung, oder Sie versuchen – als den Königsweg –, mit einer Kombination alle Symptome zu behandeln. Setzen Sie dabei die Ursache mehrerer Symptome an die erste Stelle, und reduzieren Sie so die Anzahl der den Symptomen zugeordneten Öle. Beispiel: Streß als Ursache mit seinen Folgeerscheinungen, das sind Verdauungsprobleme, Bluthochdruck oder Schulterverspannungen.

Bei einer ganzheitlichen Betrachtung von Problemen oder Befindlichkeiten wird Ihnen die Aufgabe, für geistige, seelische, emotionale und körperliche Symptome eine Kombination von möglichst wenigen Ölen und Anwendungen zu finden, als unlösbar erscheinen. Zur Entwicklung einer ganzheitlichen Kombination soll Ihnen das folgende Formblatt dienen. Schreiben Sie alle Symptome oder Zustände dort hinein, und suchen Sie nun aus dem Symptomverzeichnis die dort angebotenen Öle aus. Doppelnennungen können Sie sofort streichen, die verbliebenen Öle fügen Sie zu einer Kombination der meistgenannten Öle zusammen. Wenn Sie therapeutisch arbeiten, legen Sie sich für jeden Klienten ein Karteiblatt an und tragen die Mischungen dort ein, damit Sie später wissen, was Sie Ihrem Klienten mitgaben und eine Behandlung gegebenenfalls wiederholen können.

Zwei verschiedene Arbeitsblätter für die Wahl und Dosierung von Ölen, Mischungen und für Anwendungen (im Rahmen der Aromapflege) stehen Ihnen zur Verfügung.

Ganzheitliche Symptom- und Behandlungskombination

Ausgewählte Öle von

Primäre Beschwerden:

1. ______________________________

____

Sekundäre Beschwerden:

2. ______________________________
3. ______________________________
4. ______________________________

____

Geistig-seelischer Hintergrund:

____

Feinstofflicher Hintergrund:

____

Ergebnis

Auswahl für verschiedene Anwendungen:

1. ______________________________
2. ______________________________
3. ______________________________
4. ______________________________

Ganzheitliche Therapie

Mischung:

____

Anwendung:

____

Heimbehandlung:

____

____

____

____

____

(Sie können diese Vorlage für Ihren Gebrauch kopieren.)

Beispiel für eine ganzheitliche Symptom- und Behandlungskombination:

	Ausgewählte Öle von
Primäre Beschwerden:	
Schwache Durchblutung	*Wacholder, Rosmarin.*
Sekundäre Beschwerden:	
Krampfadern	*Zitrone, Wacholder, Rosmarin, Zypresse.*
Verdauungsbeschwerden	*Lavendel, Minze, Fenchel, Bergamotte.*
Muskelschmerzen	*Lavendel, Kamille, Rosmarin, Zitrone, Tea-Tree, Majoran, Eukalyptus.*
Geistig-seelischer Hintergrund:	
Schwacher Lebenswille, kein Durchsetzungsvermögen (Klarheit und Stärkung)	*Rosmarin, Zitrone, Wacholder.*
Feinstofflicher Hintergrund:	
Schwaches Solarplexuschakra	*Rosmarin, Zitrone, Estragon.*
Auswahl für verschiedene Anwendungen:	
Krampfadern und schwache Durchblutung	*2 Wacholder, 1 Lavendel, 1 Zitrone.*
Verdauungsbeschwerden	*2 Minze, 1 Zitrone.*
Muskelschmerzen	*2 Lavendel, 2 Wacholder, 2 Tea-Tree, 1 Zitrone.*
Ganzheitliche Mischung:	*2 Wacholder, 2 Minze, 1 Zitrone/Lavendel.*
Anwendung:	*Massage mit Mandelöl.*

Heimbehandlung: Aromabad mit 4 Tropfen 3mal wöchentlich; Körperöl für Krampfadern und Muskelschmerzen: 50 Milliliter Mandelöl mit 1 Prozent der Mischung, täglich auftragen (nicht direkt auf Krampfadern).

Auswahl und Dosierung von Heilölen

Symptome: Ätherische Öle/Aquarome:

1. ____________________
____
____
2. ____________________
____
____
3. ____________________
____
____
____

Ausgewählte Öle oder Aquarome mit Mengenangaben:

Anwendung 1 Anwendung 2 Anwendung 3

____
____
____
____
____

Anwendungen und Menge der Tropfen/Milliliter je Anwendung:

❑ Duftlampe ____________________
❑ Bad (Badezusatz: ______) ____________________
❑ Massage ____________________
❑ Inhalation ____________________
❑ Kompresse ____________________
❑ Einnahme: ____ Tropfen, ____× täglich, max. ____ Tage

Fertig gelöst in ❑ Alkohol ❑ dest. Wasser ❑ Glyzerin
Mischungsverhältnis: ____________________
Homöopathische Dosierung: D ____

Sonstiges:

(Sie können diese Vorlage für Ihren Gebrauch kopieren.)

Aromapflege

Hauttypen und Hautzustände:

❑ normal ❑ trocken ❑ wäßrig ❑ fettig
❑ Mischhaut

❑ empfindlich ❑ rauh ❑ spröde ❑ verhornt
❑ Infektion, welche? ❑ kalt ❑ warm ❑ heiß
Hautton: ❑ bleich ❑ hell ❑ dunkel
Gewebe: ❑ hart ❑ fest ❑ elastisch
❑ schwammig/wäßrig
Haarfarbe: ❑ weiß ❑ blond ❑ brünett
❑ schwarz
Haarzustand: ______________________
Besonderheiten: ______________________

Ätherische Öle/
Aquarome:
____
____
____
____
____
____
____
____
____
____
____

Krankheitssymptom(e) ______________________________
____
____
____

	Basisöl/Trägersubstanz		Ätherische Öle/Aquarome	
	Menge	Bezeichnung	Menge	Bezeichnung
Gesichtsöl:				
Gesichtscreme:				
Körperöl:				
Massageöl:				
Badeöl:				
Maske:				
Kompresse:				
Haarmittel:				
Sonstiges:				

(Sie können diese Vorlage für Ihren Gebrauch kopieren.)

Auf die Mischung kommt es an

Mehrere Öle wählen – Synergien bilden

Als wirkungsvoll haben sich Mischungen aus maximal drei Ölen für die Behandlung eines Symptoms herausgestellt, da die Öle einander durch wenn auch nur minimal verschiedene Inhaltsstoffe ergänzen und gemeinsam eine bessere Wirkung erzielen können. »Synergie« bedeutet, daß der Gesamteffekt zweier oder mehrerer Komponenten in gemeinsamer Aktion größer ist als die Summe ihrer Einzeleffekte. Das hat man bei ätherischen Ölen und anderen Naturheilmitteln beobachtet. Ein Vergleich: Zwei Menschen haben verschiedene Erfahrungen und Talente, die einzeln nur eine Reihe von Fähigkeiten ergeben. Würden wir die beiden Personen gleichsam verschmelzen (was bei harmonischer Teamarbeit, in harmonischen Beziehungen oder Gemeinwesen oft geschieht), könnte das neue Wesen wesentlich effektiver sein, da sich unvorhersehbare Kombinationen, Verstärkungen oder Ergänzungen der Erfahrungen und Fähigkeiten ergeben. Das Resultat wäre nicht $1 + 1 + 1 = 3$, sondern vielleicht 15. Aus zahlreichen Studien ist bekannt, daß Kombinationen von Ölen eine deutliche Steigerung der Wirkungen erbrachten: Die Mischungen waren zum Beispiel konzentrationsfördernder, antibakterieller, schmerzlindernder. Die Erfahrung zeigte, daß bei einer Kombination bis zu fünf Ölen eine Wirkungssteigerung erfolgt, darüber hinaus aber ein gegenteiliger Effekt erzielt wird. Ein gutes Beispiel ist ein harmonisch zusammengestelltes Parfüm – es duftet insgesamt ansprechender als seine einzelnen Bestandteile, die wir unter Umständen als unangenehm ablehnen würden.

Bei Mischungen ergibt sich eine weitere Nebenerscheinung: Öle können ihre Wirkungen durch Kombination mit anderen verändern oder verstärken – *Bergamottöl* ist eines der anpassungsfähigsten, *Lavendelöl* eines der verstärkendsten Öle. *Bergamottöl* erfrischt normalerweise den Geist,

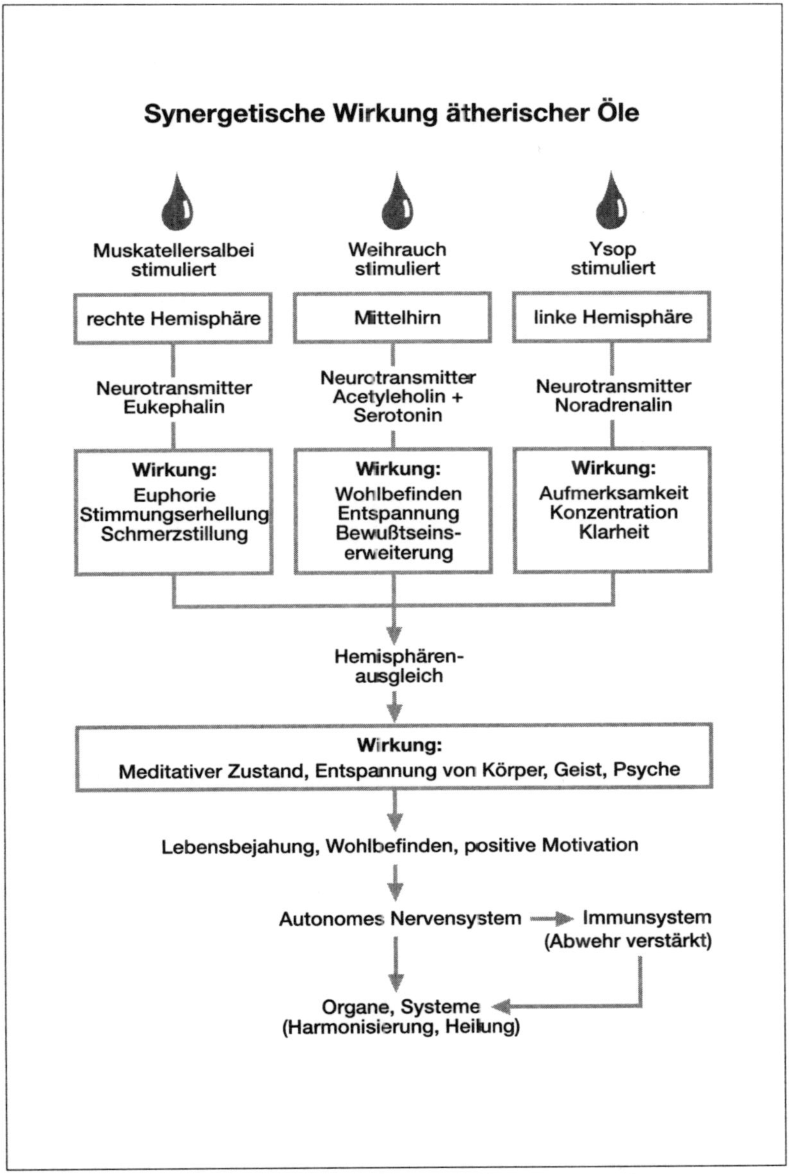

Abb. 15: Synergistische Wirkung ätherischer Öle auf das Gehirn

doch in Verbindung mit *Jasminöl* wirkt es erotisierend, mit *Tea-Tree-Öl* stark keimtötend. Ebenso wurde dies bei einer Verbindung von *Nelkenöl* und *Melissenöl* festgestellt. Das ätherische Öl ist für sich ja bereits eine synergistische Mischung von vielen Inhaltsstoffen, die allein keine der den Ölen zugeschriebenen Wirkungen hervorrufen könnte.

Mischtechnik

Das Mischen von Duftstoffen ist der schönste Bereich des Umgangs mit ätherischen Ölen. Hier stehen Ihnen unbegrenzte Möglichkeiten offen, völlig neue Düfte zu kreieren.

Grundsätzlich sollten keine Öle mit gegenteiligen Wirkungen zusammengefügt werden, es sei denn, Sie stellen eine Heilmischung her. Dabei kann es durchaus zu scheinbar widersprüchlichen Mischungen kommen, die aber in ihrer Gesamtheit eine stärkere Heilwirkung haben. Aber auch solche Mischungen sollten eine wohlriechende Duftkomposition ergeben. Wenn Sie beispielsweise ein Heilöl aus *Tea-Tree* und *Angelikawurzel* für die Massage oder das Aromabad herstellen, können Sie davon ausgehen, daß die Düfte anfänglich abgelehnt werden. Erst nach einigem Umgang mit ihnen flacht die Abneigung ab. Nach einer Weile und vor allem nach guten Resultaten werden selbst Düfte wie *Vetiver* und *Eichenmoos* akzeptiert oder als positiv bewertet. Hier ist es sinnvoll, die heilsamen, aber abgelehnten Düfte in »schöne« Düfte zu verpacken, wie bei einer Praline, in der billiger Schnaps, mit Zucker und Schokolade versüßt, genießbar gemacht wird.

Stellen Sie häufig oder große Mengen von Duftmischungen her, ist es wichtig, alle Mengen stets ordentlich aufzuschreiben. Auch wenn Sie als Therapeut Klienten Ölmischungen mitgeben, sind alle Komponenten zu notieren, damit Sie später wissen, was geholfen hat oder nicht, was zu einer Hautreizung oder Allergie führte und dergleichen. Um bei der Arbeit mit mehreren Ölen Verwechslungen zu vermeiden, ist es am besten, auch die Verschlüsse der Flaschen mit einem kleinen, runden Etikett zu kennzeichnen. Nichts ist ärgerlicher, als den Verschluß für das Fläschchen mit *Minzöl* auf das mit *Rosenöl* zu schrauben und später kein reines Rosenöl mehr zu haben!

Beginnen Sie mit einer Klärung, welches Resultat Sie erzielen wollen, und suchen Sie die dementsprechend wirkenden Öle aus. Ergibt sich eine große Anzahl, können Sie die Öle zum Beispiel in blumige, holzige, fruchtige Öle sortieren und aus diesen jene wählen, die Ihnen vom Duft her zusagen. Das bedeutet nicht, daß völlig gegensätzliche Düfte nicht miteinander gemischt werden könnten. Gerade der klare Gegensatz kann zu einer interessanten Spannung im Gesamtduft führen.

Beachten Sie die verschiedenen Duftintensitäten, die häufig mit den Duftnoten einhergehen: Düfte von duftintensiven Ölen (von *Minze, Vetiver, Jasmin, Eisenkraut*) zählen meist zum Bereich der Fuß- oder Kopfnoten. Schwach duftende Öle (wie *Kamille, Bergamotte, Wacholder*) liefern meistens Herznoten. Je intensiver ein Öl duftet, desto weniger werden Sie davon nehmen. Im allgemeinen werden Sie Ihre Mischungen aus weniger intensiv duftenden Ölen zusammenstellen.

Kopfnoten sind Düfte, die als erste Düfte (Anduft) wahrgenommen werden und sich schnell verflüchtigen. Öle, deren Duft zu den Kopfnoten zählt, werden einen kleinen Teil der Menge bilden. Düfte der Herznoten verflüchtigen sich nicht so schnell und werden nach den Kopfnoten wahrgenommen; die entsprechenden Öle werden den größten Anteil an der Gesamtmenge haben. Herznoten verbinden Kopf- und Fußnote. Die Fußnote bildet das Fundament der Komposition. Sie gibt ihr Körper und Halt. Zu den Fußnoten gehören meist holzige, schwere, süße oder balsamische Düfte von Baumholz, Flechten, Moosen, Wurzeln, Samen oder Blüten. Öle, die so duften, werden den geringsten Anteil an der Mischung haben. Eine Einteilung der Düfte nach Duftnoten finden Sie nachfolgend.

Einige Öle können mehrere Bereiche abdecken, so zum Beispiel das *Rosenöl*, das insgesamt bereits eine Kombination von über vierhundert Inhaltsstoffen und ausgewogene Mischung darstellt. Die Öle von *Ylang-Ylang*, von *Jasmin*, *Sandelholz*, *Hyzinthe*, *Tuberose*, *Mimose* und *Cistrose* können durch ihre Menge sowohl eine Herz- als auch Fußnote hervorbringen.

Intensiv duftende Öle wie das von *Vetiver*, *Blauer Kamille*, *Melisse*, *Eisenkraut*, *Minze*, *Citronella*, *Lemongrass* und *Moschuskörnern*, ebenso von *Eichenmoos* müssen Sie vorsichtig dosieren, da deren Düfte eine Mischung sehr schnell dominieren können. Die erforderliche Menge an ausgleichenden anderen Düften dürfte dann zu groß werden.

Anpassungsfähige Düfte wie *Lavendel*, *Bergamotte*, *Sandelholz* und *Zeder* erlauben nicht nur anderen Düften, sich zu entfalten, sondern unterstützen sie sogar.

Beginnen Sie damit, je 1 Tropfen oder Milliliter von jedem für die Mischung vorgesehenen Öl in eine leere, saubere Flasche oder einen Mischbehälter zu geben. Beschränken Sie sich anfänglich auf drei bis fünf Düfte. Diese Anzahl können selbst Anfänger noch handhaben. Bedenken Sie, daß sich Ihr Raum schnell mit den Düften anreichern wird und Sie sie möglicherweise bald nicht mehr unterscheiden können. Verschütteln Sie die Öle gründlich, prüfen Sie den Duft am besten durch einen Tropfen der Mischung auf einem duftfreien Papierstreifen, mit dem Sie vor Ihrer Nase fächeln. Halten Sie regelmäßige Duftpausen ein, damit sich der Geruchssinn wieder erholt (Sie erinnern sich: Adaption!). Zum Schluß können Sie mit einem Tropfen eines Öls mit sehr gegensätzlichem oder verstärkendem Duft das Gesamtbild Ihrer Mischung abrunden oder kontrastieren. Ihre fertige Öl- beziehungsweise Duftmischung sollte etwa 10 bis 14 Tage, bestenfalls einen Monat reifen. Das ist vor allem bedeutsam, wenn Sie kommerziell große Mengen herstellen. Der Duft wird sich verändern – daher der Rat, erst einmal eine geringe Menge herzustellen.

Duftmischungen					
Beispiel	Ylang-Ylang	Linaloe-holz	Minze	Vetiver	Benzoe
Duftebene	Fuß	Herz	Kopf	Fuß	Fuß
Intensität	stark	schwach	stark	stark	mittel
Teil	Blüte	Blatt	Blatt	Wurzel	Harz
Menge Tropfen/ml	1	6	1	1	3
ÖLE:					
Duftebene					
Intensität					
Teil der Pflanze					
Menge in Tropfen/ml					
ÖLE:					
Duftebene					
Intensität					
Teil der Pflanze					
Menge in Tropfen/ml					

Der Autor veranstaltet Seminare und Vorträge zu allen Themen dieses Buches, leitet Ausbildungen und arbeitet als Berater im Bereich der Aromatologie, Duftkonzeption und Raumbeduftung.
Für Informationen schreiben Sie an:

Erich Keller
Adling 29
D-85625 Glonn

Sechster Teil
Symptomregister: Ätherische Öle helfen heilen

Zahlen (Mengenangaben) ohne weiteren Hinweis auf die Maßeinheit geben die Anzahl der *Tropfen* an.

Körper

Allgemein

Abszeß, äußerlich
- **kalter:** Bergamotte, Bohnenkraut, Kamille, Knoblauch, Lavendel, Oregano, Tea-Tree, Thymian.
  Rezept für ein Hautöl:
  50 Milliliter Haselnußöl, je 10 Thymian, Bohnenkraut, Oregano; mehrfach täglich auftragen.
- **warmer:** Zwiebel.
  Anwendung: Kompresse.

Abwehrschwäche
Angelika, Ingwer, Rosmarin, Thymian, Tea-Tree, Salbei.
Anwendung: Inhalation, Bad, Massage.
Rezept für ein Bad: 3 Angelika, 2 Tea-Tree, 2 Thymian.

Aids, begleitende Therapie
Angelika, Knoblauch, Tea-Tree, Thymian, Zitrone, Zwiebel.
Anwendung: Bad, Massage.

Akne → Haut, S. 317 ff.

Alkoholvergiftung/Kater
Fenchel, Lavendel.
Anwendung: Bad, Einreibung, Einnahme (nur unter Kontrolle von Arzt oder Therapeut).
Rezept für die Einnahme (nur unter Kontrolle von Arzt oder Therapeut): 3× 2 Tropfen Fenchel täglich.
Für ein Entgiftungsbad/Muntermacher: 4 Wacholder, 2 Rosmarin, 2 Fenchel.

Allergie
Immortelle, Römische Kamille, Melisse, Vetiver.
Anwendung: Bad, Körperöl.

Alterserscheinungen
Knoblauch, Salbei, Thymian, Zitrone, Zwiebel.
Anwendung: Bad, Massage, auch Duftlampe.

Amenorrhöe
Angelika, Lavendel, Rosmarin.
Anwendung: Bad, Massage, Kompresse.

Analfisteln
Galbanum, Karotte, Lavendel, Zeder.
Anwendung: Einreibung, Sitzbad.

Anämie
Römische Kamille, Thymian, Zitrone.
Anwendung: Bad, Massage, Einnahme (nur unter Kontrolle von Arzt oder Therapeut).

Angina (durch Streptokokken): Bergamotte, Eukalyptus, Ingwer, Thymian, Zitrone.
Anwendung: Gurgeln, Einreibung.
Rezept für die Einreibung (Brust/Hals): 50 Milliliter Haselnußöl, 10 Eukalyptus, 10 Thymian.

Anspannung → Nervosität.

Aphthen
Bayölbaum, Bergamotte, Geranie, Lavendel, Cajeput, Myrrhe, Thymian.
Anwendung: Spülungen.
Rezept für die Spülung: je 1 Bayölbaum, Thymian, Lavendel; mehrfach täglich mit warmem Honigwasser vermischt.

Appetitmangel
Bergamotte, Eisenkraut, Estragon, Ingwer, Kardamom, Knoblauch, Koriander, Kümmel, Mandarine, Myrrhe, Oregano, Pampelmuse, Pfeffer, Salbei, Ysop, Zitrone.
Anwendung: Duftlampe, Bad, Massage, Einnahme (nur unter Kontrolle von Arzt oder Therapeut).
Rezept für die Einnahme (nur unter Kontrolle von Arzt oder Therapeut): 2 Bergamotte mit Honig, vor dem Essen.

Arteriosklerose
Knoblauch, Rosmarin, Wacholder, Zitrone, Zwiebel, Zypresse.
Anwendung: Einreibung (Körperöl), Massage, Bad.

Arthritis → Rheuma.

Arthrose
Fenchel, Ingwer, Majoran, Wacholder, Zitrone.
Anwendung: Einreibung (Körperöl), Massage, Bad.

Asthma
Anis, Benzoe, Eukalyptus, Knoblauch, Lavendel, Litsea, Majoran, Melisse, Minze, Myrte, Oregano, Poleiminze, Rosmarin, Salbei, Thymian, Ysop, Zitrone, Zypresse.
Anwendung: Inhalation, Einreibung, Bad.
Rezept für die Einreibung: 87 Milliliter Mandelöl, 6 Milliliter *Eucalyptus globulus*, 3 Milliliter Lavendel, je 2 Milliliter Majoran und Basilikum.

Für die Inhalation: 3 Ysop, 3 Lavendel; oder 5 Lavendel, 1 Minze.
Für die Duftlampe: 4 Ysop, 4 Minze; oder 6 Ysop.

Atemwegserkrankung
Poleiminze.

Atemwegsinfektion
Bergamotte, Cajeput, Latschenkiefer, Myrte, Zirbelkiefer, Zwiebel.
Anwendung: Inhalation, Einreibung im Brustbereich.

Augen, müde und entzündet
Lavendel, Römische Kamille, Muskatellersalbei, Rose.
Anwendung: Augenkompresse.
Rezept: Warme Kompresse mit 1 Rose oder Lavendel.

Augenlidentzündung
Geranie, Römische Kamille, Zitrone.
Anwendung: Augenkompresse.

Augentrübung
Rosmarin.
Anwendung: Augenkompresse.

Ausfluß
Geranie, Minze, Patchouli, Rose, Rosmarin, Sandelholz, Thuja, Wacholder, Weihrauch, Zeder, Zypresse.
Anwendung: Vaginalspülung, Sitzbad, Aromabinde, Aromatampon.

Bettnässen
Zypresse.
Anwendung: Bad, Sitzbad, Kompresse im Blasenbereich.

Bindegewebsentzündung
Römische Kamille, Lavendel, Rosmarin, Wacholder, Zitrone, Zypresse.

Bindegewebsschwäche
Geranie, Immortelle, Lemongrass, Minze, Myrte, Rose, Rosenholz, Rosmarin, Wacholder, Weihrauch, Zypresse.
Rezept für die Massage: 20 Orange, 5 Lemongras, 5 Zypresse (auf 50 Milliliter Mandelöl).

Bindehautentzündung
Geranie, Römische Kamille, Lavendel, Rose.
Anwendung: Augenkompresse.

Blähungen
Anis, Bergamotte, Bohnenkraut, Estragon, Fenchel, Ingwer, Römische Kamille, Kardamom, Knoblauch, Koriander, Kreuzkümmel, Kümmel, Lavendel, Majoran, Minze, Muskat, Muskatellersalbei, Myrrhe, Nelke, Orange, Oregano, Pfeffer, Poleiminze, Rosmarin, Sandelholz, Sassafras, Wacholder, Ysop, Zimt, Zitrone.
Anwendung: Kompresse, Massage, Einnahme (nur unter Kontrolle von Arzt oder Therapeut).

Blasenentzündung (Zystitis)

Cajeput, Eukalyptus, Fichte, Kiefer, Knoblauch, Lavendel, Myrte, Pampelmuse, Petersilie, Sandelholz (reizlindernd), Thymian, Thuja, Wacholder (entgiftend), Zeder, Zimt.
Anwendung: Sitzbad, Kompresse, Einnahme (nur unter Kontrolle von Arzt oder Therapeut).
Rezept für das Sitzbad: Je 2 Wacholder, Sandelholz, Eukalyptus.
Kompresse: 4 Lavendel, 1 Oregano, 1 Nelke.
Einnahme (nur unter Kontrolle von Arzt oder Therapeut): 3x 20 Tropfen täglich von Mischung aus 94 Milliliter reinem Wasser, 5 Milliliter Alkohol, 10 Lavendel, 10 Oregano, 10 Nelke.
Einreibung aus 20 Milliliter Jojobaöl, 2 Wacholder, 2 Eukalyptus, 2 Sandelholz mehrfach täglich äußerlich auftragen.
Grundsätzlich: Keine Seife zum Waschen.
Bei Fieber/Rückenschmerz Arzt aufsuchen, da Nierenentzündung möglich.

Blasenkatarrh

Bergamotte, Eukalyptus, Römische Kamille, Knoblauch, Lavendel, Sandelholz, Wacholder, Zeder.
Anwendung: Wie Blasenentzündung.

Blasenschmerzen beim Urinieren

Wacholder, Zeder.
Anwendung: Wie Blasenentzündung.

Blutarmut

Angelika, Blaue Kamille, Thymian, Zitrone.
Anwendung: Bad, Einnahme (nur unter Kontrolle von Arzt oder Therapeut).

Blutdruck, geringer

Kampfer, Rosmarin, Salbei, Thymian, Ysop.
Anwendung: Bad, Massage, Einreibung.

Blutdruck, hoher

Knoblauch, Lavendel, Litsea, Majoran, Melisse, Muskatellersalbei, Neroli, Ylang-Ylang, Ysop, Zitrone.
Anwendung: Bad, Massage, Einreibung.
Rezept für ein Bad: 4 Ylang-Ylang, 2 Majoran.

Bluterguß

Petersilie, Salbei.
Anwendung: Kalte Kompresse.
Siehe auch → Haut, S. 317 ff.

Blutgefäßentzündung

Römische Kamille, Zypresse.

Blutgefäßverengungen

Geranie, Zitrone, Zypresse.
Anwendung: Bad, Massage, Kompresse.

Bluthusten
Zypresse.
Anwendung: Kompresse, Einnahme (nur unter Kontrolle von Arzt oder Therapeut).

Blutung, äußerlich
Eukalyptus, Geranie, Rose, Zitrone.
Anwendung: Hautöl, pur auftragen.

Blutung, innerlich
Geranie, Rose, Schafgarbe, Weihrauch, Zimt, Zypresse.
Anwendung: Bad, Massage, Einnahme (nur unter Kontrolle von Arzt oder Therapeut).

Blutzuckerspiegel:
- **zu hoher**
  Cajeput, Geranie, Wacholder, Zwiebel.
- **zu niedriger**
  Eukalyptus, Myrrhe, Rosmarin.
  Anwendung: Bad, Massage, Einnahme (nur unter Kontrolle von Arzt oder Therapeut).

Brandwunden
→ Haut, S. 317 ff.

Brechreiz
Fenchel.
Anwendung: Einreibung im Bauchbereich, Einnahme (nur unter Kontrolle von Arzt oder Therapeut).

Bronchitis
Basilikum, Benzoe, Eukalyptus, Fichte, Immortelle, Kampfer, Knoblauch, Lavendel, Minze, Myrrhe, Myrte, Oregano, Poleiminze, Rosmarin, Salbei, Sandelholz, Thymian, Weihrauch, Ysop, Zeder, Zimt, Zirbelkiefer, Zitrone.
Anwendung: Einreibung im Brustbereich, Inhalation.

Brustentzündung (weibliche Brust)
Weihrauch.
Anwendung: Kompresse, Hautöl.

Cellulite
Fenchel, Lavendel, Orange, Oregano, Pampelmuse, Rosmarin, Salbei, Wacholder, Zitrone, Zypresse.
Anwendung: Bad, Massage, Einreibung.
Rezepte für Massageöl: 50 Milliliter Jojobaöl, 5 Zypresse, 10 Pampelmuse, 5 Rosmarin; oder 20 Zypresse, 20 Orange, 5 Salbei; oder 10 Zypresse, 3 Geranie, 2 Salbei; oder 15 Zitrone, 10 Zypresse.
Für ein Bad: 6 Wacholder, 2 Orange, 2 Zypresse, 2 Zitrone.

Cholera
Eukalyptus, Kampfer, Pfeffer, Pfefferminze.
Anwendung: Bad, Massage, Einnahme (nur unter Kontrolle von Arzt oder Therapeut).

Cholesterinspiegel, zu hoher

Knoblauch, Rosmarin.
Anwendung: Bad, Massage.

Cystitis

→ Blaseninfektion.

Darmfäulnis

Kardamom, Knoblauch, Koriander, Majoran, Zimt, Zitrone, Zwiebel.
Anwendung: Kompresse, Einreibung (Körperöl), Einnahme (nur unter Kontrolle von Arzt oder Therapeut).

Darmflora, geschädigte (durch Antibiotika)

Rose (Aquarom).
Anwendung: 3x 1 Eßlöffel Aquarom täglich bis maximal 3 Wochen.

Darminfektion

Immortelle, Knoblauch, Myrte, Tea-Tree, Thympian, Zwiebel.
Anwendung: Kompresse, Einreibung (Körperöl), Einnahme (nur wenn durch Arzt/Therapeut kontrolliert).

- **Hefepilzinfektion** (durch *Candida albicans*): Bergamotte, Bohnenkraut, Knoblauch, Tea-Tree.
  Anwendung: Einnahme (nur wenn durch Arzt/Therapeut kontrolliert).
  Rezept für die Einnahme:
  3× 3 Tropfen von einer Mischung aus 10 Teilen Tea-Tree, 1 Teil Bergamotte; maximal 3 Wochen.

Darmkolik

Anis, Benzoe, Bergamotte, Fenchel, Kardamom, Lavendel, Minze, Wacholder.
Anwendung: Kompresse, Einreibung (Körperöl), Sitzbad.

Darmparasiten

Bergamotte, Bohnenkraut, Estragon, Eukalyptus, Römische Kamille, Knoblauch, Kümmel, Melisse, Minze, Tea-Tree, Thymian, Wacholder, Ysop, Zitrone, Zwiebel.

Diabetes

Eukalyptus, Geranie, Wacholder, Zwiebel.
Anwendung: Einnahme (nur wenn durch Arzt/Therapeut kontrolliert), Bad.

Dickdarmentzündung

Bergamotte, Römische Kamille, Knoblauch, Lavendel, Pfeffer, Rosmarin.

Diphtherie

Bergamotte.
Anwendung: Bad, Massage, Kompresse.

Drüsenfunktionsstörungen

Zwiebel.
Anwendung: Kompresse, Bad, Einnahme (nur wenn durch Arzt/Therapeut kontrolliert).

Durchblutung, mangelhafte

Rosmarin, Salbei, Schafgarbe, Wacholder.

Anwendung: Bad, Massage, Körperöl, Kompresse.

Durchfall
Bohnenkraut, Eukalyptus, Geranie, Ingwer, Römische Kamille, Knoblauch, Kreuzkümmel, Lavendel, Melisse, Minze, Myrrhe, Nelke, Orange, Pfeffer, Rosmarin, Sandelholz, Wacholder, Zimt, Zitrone, Zwiebel, Zypresse.

Eierstockblutung
Geranie.

Eierstockentzündung
Schafgarbe, Thuja.

Eierstockerkrankung, allgemein
Schafgarbe, Zypresse.
Anwendung: Kompresse, Aromatampon, Sitzbad, Einreibung (Körperöl).

Eierstockzysten
Fenchel, Galbanum, Thuja, Ylang-Ylang, Zypresse.

Eisenmangel
Myrrhenstrauch.
Anwendung: Bad.

Ekzeme
Bergamotte, Cistrose, Geranie, Immortelle, Römische Kamille, Lavendel, Salbei, Wacholder, Ysop, Zeder.
Anwendung: Einreibung (Körperöl), Bad.
Rezept für die Einreibung:
50 Milliliter Aloe vera, 15 Lavendel, 10 Immortelle, 5 Zistrose. Mehrfach täglich einreiben.

Energiemangel
→ Schwächezustände.

Entzündungen, äußerlich
Lavendel, Römische Kamille, Minze, Muskatellersalbei, Myrrhe, Rose, Sandelholz.
Anwendung: In allen äußerlichen Anwendungen.

Epilepsie
Basilikum, Lavendel, Rosmarin. (Kontraindiziert: Kampfer, Salbei, Thuja, Ysop.)
Anwendung: Bad, Massage, Inhalation.

Erbrechen
Anis, Basilikum, Römische Kamille, Kampfer, Kardamom, Lavendel, Melisse, Minze, Pfeffer, Poleiminze, Rose, Sandelholz, Zitrone.
Anwendung: Kompresse, Einreibung (Körperöl), im Bauchbereich, Einnahme (nur wenn durch Arzt/Therapeut kontrolliert).

Erektionsschwäche
Bohnenkraut, Rosmarin, Wacholder.
Anwendung: Sitzbad, Bad, Massage, Kompresse.

Erkältung
Anis, Basilikum, Benzoe, Cajeput,

Eisenkraut, Eukalyptus, Immortelle, Ingwer, Römische Kamille, Kampfer, Knoblauch, Latschenkiefer, Lavendel, Lemongrass, Majoran, Melisse, Minze, Myrrhe, Niauli, Patchouli, Poleiminze, Rosmarin, Salbei, Thymian, Ysop, Zeder, Zimt, Zirbelkiefer.
Anwendung: Inhalation, Einreibung im Brustbereich, Wickel.
Rezept für ein Bad: 3 Lavendel, 2 Rosmarin, 2 Thymian (regt sehr an!).
Für die Duftlampe: 2 Minze, 2 Eukalyptus, 2 Rosmarin, 1 Zitrone; oder 1 Eukalyptus, 2 Salbei, 1 Latschenkiefer, 1 Rosmarin.

Erschöpfung:

– körperliche
Angelika, Bohnenkraut, Estragon, Ingwer, Knoblauch, Lavendel, Majoran, Muskatnuß, Nelke, Petersilie, Rosmarin, Salbei, Thymian, Wacholder, Ysop, Zimt.
Rezept für ein Fußbad: 5 Wacholder, 2 Lavendel, 2 Rosmarin.

– sexuelle
Bohnenkraut, Fichte, Ingwer, Zimt.
Anwendung: Bad, Massage, Einnahme (nur wenn durch Arzt/Therapeut kontrolliert).

Feigwarzen

Niauli.
Anwendung: Sitzbad, Aromatampon.

Fieber

Basilikum, Bergamotte, Eukalyptus, Ingwer, Römische Kamille, Kampfer, Melisse, Minze, Pfeffer, Sassafras, Tea-Tree, Ysop, Zitrone.
Anwendung: Wickel, Kompresse, Einreibung.
Kalter Fußwickel: 2 Eukalyptus, 2 Zitrone.
Kalte Stirnkompresse: 2 Zitrone, 1 Lavendel.

Fisteln

Lavendel, Myrte.
Anwendung: Spülung, Kompresse.

Flöhe

Eukalyptus, Geranie, Lavendel, Nelke, Rosmarin, Zitrone.
Anwendung: Haarwäsche, Haaröl, Einreibung, Bad.

Frigidität

Jasmin, Myrrhe, Rose, Vetiver (durchblutungsfördernd Unterleib).
Rezept für ein Bad: 5 Muskatellersalbei, 2 Jasmin, 1 Zimtbaum (Kassiaöl).

Fußnagelpilz, Fußpilz, Fußschweiß → Haut, S. 317 ff.

Gallenblasenentzündung

Fichte, Petersilie, Rose, Rosmarin.

Gallenkolik

Lavendel, Geranie.
Anwendung: Bad, Kompresse,

Einnahme (nur wenn durch Arzt/ Therapeut kontrolliert).

Gallensteine

Bergamotte, Eukalyptus, Geranie, Kiefer, Lavendel, Minze, Petersilie, Poleiminze, Rosmarin, Zwiebel. Rezept für die Einnahme (nur unter Kontrolle von Arzt oder Therapeut): Je 1 Geranie, Lavendel, Rosmarin, 3mal täglich einnehmen, maximal 3 Wochen.

Gastralgie

Römische Kamille, Pfefferminze.

Gastritis

Römische Kamille, Poleiminze.

Gebärmutterblutung

Geranie, Schafgarbe, Zypresse.

Gebärmutterentzündung

Thuja.

Gebärmutterkrebs

→ Krebs.

Gebärmutterleiden

Jasmin, Melisse, Muskatellersalbei, Myrrhe, Petersilie, Rose, Schafgarbe, Weihrauch, Zypresse.

Gelbsucht

Geranie, Römische Kamille, Rosmarin, Thymian, Zitrone, Zypresse.

Geschlechtsorgan-infektion

(Mann): Benzoe, Sandelholz, Thuja, Zwiebel.

Geschwüre:

– **Haut-**
Benzoe, Bergamotte, Cistrose, Eukalyptus, Geranie, Kampfer, Knoblauch, Labdanum, Lavendel, Muskatellersalbei, Myrrhe, Myrte, Wacholder.
Anwendung: In allen äußerlichen Anwendungen.

– **innere**
Geranie, Römische Kamille, Veilchen.
Anwendung: Einnahme (nur wenn durch Arzt/Therapeut kontrolliert), möglichst Aquarom.

– **Mund-**
Myrrhe, Poleiminze, Salbei, Tea-Tree.
Anwendung: Spülung, Mundwasser (1 Tropfen auf 1 Tasse Wasser).

Gicht

Benzoe, Cajeput, Fichte, Kampfer, Knoblauch, Rosmarin, Sassafras, Terpentin, Thymian, Wacholder, Zitrone.
Anwendung: Bad, Einreibung, Massage.

Gonorrhöe

Benzoe, Bergamotte, Eukalyptus, Jasmin, Knoblauch, Lavendel, Petersilie, Sandelholz, Wacholder, Weihrauch, Zeder, Zitrone.
Anwendung: Sitzbad, Wickel, Einnahme (nur unter Kontrolle von Arzt oder Therapeut).

Grippe

Basilikum, Eisenkraut, Eukalyptus, Fichte, Ingwer, Kiefer, Lavendel, Lemongrass, Minze, Myrte, Pfeffer, Rosmarin, Thymian, Ysop, Zimt, Zitrone, Zwiebel, Zypresse.
Anwendung: Wickel, Einreibung, Inhalation, Duftlampe, Bad.
Rezept für das Bad: 3 Lavendel, 2 Rosmarin, 2 Thymian (regt sehr an!).
Für die Duftlampe: 2 Minze, 2 Eukalyptus, 2 Rosmarin, 1 Zitrone; oder 1 Eukalyptus, 2 Salbei, 1 Latschenkiefer, 1 Rosmarin.
Für die Inhalation: 3 Kampfer, 1 Pfeffer, 1 Eukalyptus (bei starker Grippe).

Gürtelrose

Bergamotte, Eukalyptus, Geranie, Minze, Tea-Tree.
Anwendung: Bad, Einreibung (Körperöl), Wickel.

Halsentzündung

Bergamotte, Römische Kamille, Lavendel, Sandelholz, Tea-Tree, Thymian.
Rezept für die Inhalation: 3 Lavendel, 1 Thymian.
Für eine Gurgellösung: 200 MilliliterWasser, 2 Lavendel, 1 Römische Kamille.

Halsschmerzen

Lavendel, Sandelholz, Tea-Tree.
Rezept für die Gurgellösung: 1 Tasse warmes Wasser, 1 Sandelholz, 2 Tea-Tree.

Hämorrhoiden

Myrrhe, Wacholder, Zypresse.
Anwendung: Einreibung (Körperöl), Sitzbad.
Rezept für das Sitzbad: 5 Zypresse, 3 Wacholder, 3 Weihrauch.

Harnfluß, zu starker

Wacholder.

Harnwegsinfektion

Benzoe, Bergamotte, Cajeput, Eukalyptus, Fenchel, Geranie, Lavendel, Myrte, Petersilie, Salbei, Thymian, Wacholder, Weihrauch, Zitrone, Zwiebel.
Anwendung: Bad, Sitzbad, Einnahme (nur unter Kontrolle von Arzt oder Therapeut), Kompresse.

Heiserkeit

Jasmin, Myrrhe, Thymian, Zitrone, Zypresse.
Anwendung: Inhalation, Halskompresse.

Hepatitis → Gelbsucht.

Herpes, Genitalbereich

Bergamotte, Eukalyptus, Niauli, Pampelmuse, Tea-Tree.
Anwendung: Vaginalzäpfchen, Aromatampon, Salbe (bis 10%ig), Sitzbad.
Rezept für das Sitzbad: 6 Bergamotte, 3 Eukalyptus oder Melisse.

Herpes, Lippen

Bergamotte, Eukalyptus, Kampfer, Melisse, Pampelmuse, Tea-Tree, Ysop.

Anwendung: Öl pur oder in Salbe regelmäßig bei Streß oder extremer Sonnenstrahlung auftragen.

Herzklopfen
Lavendel, Melisse, Neroli, Ylang-Ylang.

Herzkranzerkrankungen
Litsea, Kampfer.

Herzrhythmusstörungen
Kampfer, Minze, Neroli, Rose, Rosmarin.

Herzschmerzen
Rose.

Herzschwäche, akutes Herzversagen
Kampfer, Kreuzkümmel, Rosmarin.
Anwendung: Einreibung (auch pur im Notfall), Kompresse.

Heuschnupfen
Kontraindiziert ist Minze.

Hexenschuß
Ingwer.
Anwendung: Bad, Einreibung (Körperöl), Kompresse.

Hodenentzündung
Zypresse.

Husten
Anis, Benzoe, Eukalyptus, Fichte, Jasmin, Kardamom, Majoran, Minze, Myrrhe, Myrte, Niauli, Pfeffer, Poleiminze, Rosmarin, Sandelholz, Thymian, Veilchen, Wacholder, Weihrauch, Ysop, Zimt, Zirbelkiefer, Zypresse.
Anwendung: Inhalation, Einreibung (Körperöl), Wickel.

Hyperventilation
Ylang-Ylang.
Anwendung: Inhalation, Einreibung (Körperöl).

Impotenz
Basilikum, Bohnenkraut, Fichte, Minze, Muskatnuß, Rosmarin, Thymian, Wacholder, Zimt (wirken wärmend auf die männlichen Geschlechtsorgane).
Rezept für ein Sitzbad:
6 Wacholder, 1 Pfeffer,
1 Bohnenkraut.

Infektionen
Angelika, Fichte, Immortelle, Knoblauch, Myrte, Nelke, Niauli, Oregano, Tea-Tree, Thymian, Weihrauch, Zimt, Zitrone, Zwiebel.
Anwendung: In allen Anwendungen.
Siehe auch → Virusinfektion.

Insektenstiche
Bohnenkraut, Knoblauch, Lavendel, Melisse, Nelke, Poleiminze, Salbei, Sassafras, Tea-Tree, Zitrone, Zwiebel.
Anwendung: Öle pur oder in Körperöl auftragen.

Ischias
Terpentin.
Anwendung: Bad, Einreibung (Körperöl).

Juckreiz:

– **Anus/Geschlechtsorgane**
Römische Kamille, Lavendel, Sandelholz, Zeder.
Anwendung: Alle äußerlichen Behandlungen.

– **Haut/Kopfhaut** → Haut, S. 317 ff.

Katarrh

Cajeput, Lavendel, Myrrhe, Poleiminze, Sandelholz, Zirbelkiefer.
Anwendung: Duftlampe, Inhalation, Kompresse, Einreibung (Körperöl), Wickel.

Kater → Alkoholvergiftung.

Kehlkopfentzündung

Benzoe, Cajeput, Lavendel, Salbei, Sandelholz, Wacholder, Weihrauch, Zwiebel.
Anwendung: Inhalation, Einreibung (Körperöl), Gurgellösung.

Keuchhusten

Basilikum, Lavendel, Myrte, Oregano, Poleiminze, Rosmarin, Thymian, Ysop, Zypresse.
Anwendung: Duftlampe, Inhalation, Kompresse, Einreibung (Körperöl), Wickel.

Klimakteriumsbeschwerden:

– **Austrocknung/Verhärtung der Vagina**
Melisse, Muskatellersalbei, Salbei.
Anwendung: Sitzbad, Aromatampon, Aromabinde.

– **Blutandrang im Unterbauch**
Rosmarin.
Anwendung: Kompresse, Bad.

– **Hitzewallung**
Salbei, Thymian, Zypresse.
Anwendung: Bad, Massage.

– **Schweißausbrüche**
Lavendel, Muskatellersalbei, Salbei, Zypresse.
Meiden, da schweißtreibend: Kampferbaum, Minze, Poleiminze, Rosmarin, Sassafras.

Koliken

Anis, Benzoe, Bergamotte, Fenchel, Römische Kamille, Kardamom, Lavendel, Majoran, Melisse, Minze, Muskatellersalbei, Pfeffer, Sandelholz, Wacholder, Ysop, Zimt.
Anwendung: Kompresse, Einreibung (Körperöl).
Rezept für eine heiße Kompresse:
2 Basilikum, 2 Rosmarin, 1 Fenchel.
Für ein Bad: 4 Muskatellersalbei, 2 Römische Kamille.

Kopfschmerzen

Cajeput, Jasmin, Römische Kamille, Lavendel, Lemongrass, Majoran, Melisse, Minze, Patchouli, Rose, Rosenholz, Rosmarin, Salbei, Zitrone.
Anwendung: Wickel, Einreibung, Inhalation, Kompresse (kalt), Duftlampe.
Rezept für die Duftlampe:
4 Melisse, 2 Minze, 2 Römische Kamille.

Für die kalte Kompresse: 4 Minze, 2 Lavendel.

Krampfadern

Bergamotte, Knoblauch, Zitrone, Zypresse.
Anwendung: Massage, Bad, Körperöl.
Rezept für das Massageöl:
100 Milliliter Mandelöl,
20 Rosmarin, 20 Wacholder,
10 Zitrone, täglich anwenden, aber nicht die Krampfader direkt stimulieren.

Krämpfe

Römische Kamille, Lavendel, Majoran, Muskatellersalbei, Neroliöl, Zypresse.
Anwendung: Kompresse, Einreibung (Körperöl), Einnahme (nur wenn durch Arzt/Therapeut kontrolliert).

Krebs (begleitende Therapie):

- **Immunstärkung**
  Estragon, Eukalyptus, Geranie, Knoblauch, Nelke, Petersilie, Tea-Tree, Thuja, Ysop, Zwiebel, Zypresse.
- **Gebärmutterkrebs**
  Bergamotte, Eukalyptus, Geranie.
- **Nebenwirkungen bei Strahlentherapie reduzierend**
  Eukalyptus, Nelke, Niauli, Tea-Tree.

Kreislaufstörungen

Knoblauch, Thymian, Ysop, Zypresse.
Anwendung: Bad, Massage, Einreibung (Körperöl), Duftlampe.

Kropf

→ Schilddrüsenvergrößerung.

Lähmungserscheinungen

Lavendel, Minze, Rosmarin, Salbei.
Anwendung: Einreibung (Körperöl), Kompresse.

Läuse/Filzläuse

Eukalyptus, Geranie, Lavendel, Lemongras, Nelke, Oregano, Rosmarin, Terpentin, Thymian, Zimt, Zitrone.
Anwendung: Einreibung (Körperöl), Bad.

Leberentzündung/-infektion

Karotte, Kiefer, Rosmarin, Salbei, Thymian, Zitrone, Zypresse.

Leberschwäche, Trägheit

Rose (Rosenöl und Rosenwasser), Rosmarin.

Leberstau

Immortelle, Zistrose.

Leberstörung

Römische Kamille, Rose, Rosmarin, Salbei, Thymian, Zitrone, Zypresse.

Lebervergiftung

Weihrauch.

Leberzirrhose

Wacholder, Rosmarin, Zitrone.
Anwendung: Kompresse, Einreibung (Körperöl), Bad, Einnahme (nur wenn durch Arzt/Therapeut kontrolliert).

Leukorrhöe (Weißfluß)
Benzoe, Bergamotte, Eukalyptus, Lavendel, Majoran, Muskatellersalbei, Myrrhe, Poleiminze, Rose, Rosmarin, Salbei, Sandelholz, Tea-Tree, Thymian, Vetiver, Weihrauch, Ysop, Zitrone.
Anwendung: Vaginalspülung, Sitzbad, Aromabinde, Aromatampon.

Leukozystose
Bergamotte, Römische Kamille, Lavendel.
Anwendung: Einnahme (nur wenn durch Arzt/Therapeut kontrolliert).

Lungenentzündung/ -infektion
Fichte, Kampferbaum.

Lymphknotenentzündung
Lavendel, Salbei, Wacholder, Zwiebel.

Lymphstau
Benzoe, Cistrose, Ingwer, Kampfer, Karotte, Orange, Pfeffer, Salbei, Wacholder, Zitrone, Zypresse (regen den Lymphfluß an).
Anwendung: Lymphdrainage, Massage, Bad.
Rezept für ein Massageöl zur Anregung des Lymphflusses: 89 Milliliter Mandelöl, 3 Milliliter Zimtrinde, je 2 Milliliter Pfeffer, Geranie, Martins Bartgras, je 1 Milliliter Lorbeer und Thymian.

Mageninfektion
Immortelle.

Magenkatarrh
Geranie.

Magenkrämpfe
Basilikum, Cajeput, Ingwer, Römische Kamille, Koriander, Kreuzkümmel, Kümmel, Majoran, Melisse, Minze, Muskatellersalbei, Orange, Zimt.

Magenschleimhautentzündung
Geranie, Römische Kamille, Poleiminze, Zitrone.

Magenschmerzen
Bohnenkraut, Estragon, Fenchel, Fichte, Geranie, Römische Kamille, Kampfer, Lemongrass, Minze, Patchouli, Rosmarin, Ysop, Zimt.

Magenschwäche
Bohnenkraut, Eisenkraut, Geranie, Kardamom, Lemongrass, Mandarine, Oregano, Salbei, Zimt.

Magenübersäuerung
Minze, Zitrone.
Anwendung: Kompresse, Einreibung (Körperöl), Einnahme (nur wenn durch Arzt/Therapeut kontrolliert).

Magersucht
Bergamotte, Pampelmuse.
Anwendung: Duftlampe, Bad, Einnahme (nur unter Kontrolle von Arzt oder Therapeut).
Rezept für das Bad: 2 Bergamotte, 2 Pampelmuse, regelmäßig.

Für die Duftlampe: 3 Vetiver, 3 Sandelholz, 4 Pampelmuse.
Rezept für die Einnahme (nur unter Kontrolle von Arzt oder Therapeut): 2mal täglich 1 Bergamotte mit Honigwasser oder Tee.

Mandelentzündung
Bergamotte, Thymian, Zimt.
Anwendung: Einreibung (Körperöl), Gurgellösung.

Masern
Eukalyptus.
Anwendung: Bad, Einreibung (Körperöl).

Menstruation:
- **mit starker Blutung**
  Geranie, Rose, Weihrauch, Zitrone, Zimt, Zypresse.
- **unregelmäßige**
  Angelika, Melisse, Muskatellersalbei, Rose, Salbei.
  Rezept für ein Sitzbad:
  4 Muskatellersalbei, 3 Melisse, 2 Rose.

Menstruationskrämpfe
Benzoe, Bergamotte, Ingwer, Jasmin, Römische Kamille, Karotte, Kümmel, Lavendel, Majoran, Melisse, Minze, Muskatellersalbei, Rose, Salbei, Sassafras, Tea-Tree, Ysop.
Rezept für heiße Kompresse (krampflösend und schmerzlindernd):
5 Muskatellersalbei, 3 Majoran, 1 Basilikum.

Menstruationsschmerzen
Cajeput, Römische Kamille, Karotte, Lavendel, Majoran, Melisse, Minze, Muskatellersalbei, Rose, Salbei, Wacholder, Zypresse.

Migräne
Anis, Basilikum, Eukalyptus, Immortelle, Römische Kamille, Lavendel, Lemongrass, Majoran, Melisse, Minze, Rosmarin, Zitrone, Zwiebel.
Anwendung: Kompresse, Einreibung, Fußbad.

Mittelohrentzündung
Eukalyptus, Lavendel, Tea-Tree.
Anwendung: Ohrentropfen, Kompresse.
Rezept für Ohrentropfen:
10 Eukalyptus, 5 Lavendel mit 10 Milliliter Jojobaöl mischen und davon 3 Tropfen mehrfach täglich in das Ohr geben. Ohr mit Watte verschließen. Oder: Öl auf Wattebausch in Ohr geben. Umgebung des Ohres mit Ölmischung einreiben.

Mundentzündung
Bergamotte, Ysop.

Mundgeruch
Bergamotte, Kardamom, Minze, Thymian.
Rezept für ein Mundwasser:
1 Minze, 1 Thymian, 1 Bergamotte auf 1/2 Liter Wasser.

Mundgeschwür
Myrrhenstrauch, Poleiminze, Salbei.

Mundschleimhautentzündung
Geranie, Myrrhe, Salbei, Tea-Tree, Zitrone.
Anwendung: Mundwasser, Gurgellösung.

Muskelkater
Lavendel, Mandarine, Pfeffer.
Rezept für ein Bad: 3 Rosmarin, 3 Majoran, 1 Lavendel.

Muskelschmerzen
Cajeput, Ingwer, Römische Kamille, Lavendel, Mandarine, Pfeffer, Rosmarin, Wacholder, Zitrone.
Anwendung: Bad, Einreibung, Kompresse, Massage.
Rezept für eine heiße Kompresse: 2 Römische Kamille, 2 Lavendel, 2 Muskatellersalbei; oder 6 Muskatellersalbei, 4 Orange, 1 Lavendel.
Für die Massage: 10 Wacholder, 8 Rosmarin, 2 Zitrone.
Bei Muskelschmerz durch starke körperliche Anstrengung: Hautöl – 2 Eßlöffel fettes Pflanzenöl, 5 Minze, 5 Ingwer, 5 Lavendel (lokale Anwendung); Aromabad – 6 Lavendel, 4 Eukalyptus, 4 Ingwer; heiße Kompresse – 2 Minze, 2 Lavendel, 1 Römische Kamille.

Muttermundentzündung
Geranie, Galbanum, Römische Kamille.
Anwendung: Sitzbad, Kompresse, Vaginalspülung, Aromatampon.

Nagelbettentzündung
→ Haut, S. 317 ff.

Nasenblutung
Weihrauch, Zitrone, Zypresse.
Anwendung: 1 Tropfen eines Öls in 1 Tasse kaltem Wasser gut verrühren, Wattebausch eintauchen und in die Nase drücken.

Nasennebenhöhleninfektion
→ Sinusitis.

Nasenverengung
Basilikum, Eukalyptus, Lavendel, Orange.
Anwendung: Inhalation, Nasenöl.
Rezept für die Inhalation: Je 1 Teil Eukalyptus, Orange, Basilikum, Lavendel mischen. Möglichst oft davon 5 Tropfen in Dampfinhalation anwenden. Zusätzlich 3mal täglich 2 bis 3 Teelöffel kalt inhalieren, 2 bis 4 Wochen.

Nebenhodenentzündung
Römische Kamille.

Nebennieren – Mangel an Kortikosteroiden
Patchouli.

Nebennieren – Überschuß an Kortikosteroiden
Geranie, Lavendel.

Nebennierenüberfunktion
(Adrenalinüberschuß)
Angelika, Myrte, Ylang-Ylang.

Nebennierenunterfunktion
(Adrenalinmangel)
Oregano.

Nebenschilddrüsenüberfunktion
Lavendel, Pampelmuse.

Nebenschilddrüsenunterfunktion
Zypresse.

Nervenschmerzen
Eukalyptus, Geranie, Römische Kamille, Koriander, Minze, Rosmarin.

Nervenschock
Melisse, Minze.
Siehe auch → Schock.

Nervenschwäche
(aufgrund emotionaler Belastung, Aufregung und Verwirrung)
Basilikum, Römische Kamille, Lavendel, Melisse, Muskatnuß, Muskatellersalbei, Wacholder, Rosmarin, Zypresse.

Nervenzerrüttung
Zypresse.

Nervenzusammenbruch
Melisse.
Anwendung: Duftlampe, Massage, Bad, Inhalation.

Nervosität/Streß/Anspannung
Angelika, Basilikum, Benzoe, Bergamotte, Geranie, Jasmin, Römische Kamille, Kampfer, Karotte, Lavendel, Majoran, Mandarine, Melisse, Muskatellersalbei, Muskatnuß, Narzisse, Neroli, Patchouli (starke Dosierung), Rose, Rosenholz, Sandelholz, Tolubalsam, Veilchen, Vetiver, Wacholder, Ylang-Ylang, Zeder, Zypresse.
Rezept für ein Bad: 4 Geranie, 3 Basilikum, 1 Neroli; oder 2 Rose, 7 Lavendel, 2 Neroli; oder 4 Lavendel, 2 Bergamotte, 3 Neroli, 1 Basilikum, 1 Ylang-Ylang; oder 4 Zypresse, 2 Zeder; oder 2 Sandelholz, 5 Zeder, 1 Lavendel.
Für die Duftlampe: 3 Geranie, 2 Basilikum, 1 Lavendel; oder 1 Jasmin, 3 Orange, 3 Zitrone; oder 4 Muskatellersalbei, 4 Lavendel; oder 4 Muskatellersalbei, 2 Majoran, 2 Rose, 2 Ylang-Ylang.
Siehe auch → Hilfen für die Psyche, »Anspannung«.

Neuralgie
Cajeput, Geranie.
Anwendung: Einreibung.

Nierenentzündung
Eukalyptus, Römische Kamille, Weihrauch, Zeder.

Nierensteine
Fenchel, Geranie, Knoblauch, Pfeffer, Wacholder.
Anwendung: Bad, Kompresse, Einreibung (Körperöl), Einnahme (nur wenn durch Arzt/Therapeut kontrolliert).

Ödem
Geranie, Knoblauch, Rosmarin, Zwiebel.
Anwendung: Einreibung (Körperöl).

Ohnmacht
Ingwer, Minze.
Anwendung: Inhalation.

Ohren
Basilikum, Cajeput, Römische Kamille, Lavendel, Myrte, Tea-Tree, Ysop.

Östrogenmangel
Angelika, Anis, Birke, Cajeput, Eukalyptus, Fenchel, Geranie, Koriander, Kümmel, Orange, Salbei, Vetiver, Ylang-Ylang, Zypresse, auch Thymian (Anregung der Nebennierentätigkeit).
Anwendung: Bad, Körperöl, Massage.

Östrogenüberschuß
Lemongras, Zitrone.

Parodontose
Orange, Tea-Tree.
Anwendung: Mundwasser, regelmäßig 1 Tropfen auf Zahnpasta.

Pfortaderverstopfung
Zypresse.

Pickel → Haut, S. 317 ff.

Polypen
Basilikum, Cajeput, Eukalyptus, Poleiminze, Rosmarin.
Anwendung: Inhalation, Nasenöl.
Rezept für die Inhalation: Je 3 Eukalyptus, Rosmarin, Poleiminze. Zusätzlich Kaltinhaltion einiger Tropfen der Mischung auf Taschentuch.
Außerdem 1 Tropfen der Mischung mit Honig lutschen; 3mal täglich, maximal 3 Wochen.

Prämenstruelles Syndrom
stimmungsaufhellend – Bergamotte, Muskatellersalbei, Pampelmuse, Rose; krampflösend – Jasmin, Römische Kamille, Lavendel, Muskatellersalbei, Schafgarbe; wassertreibend – Salbei, Wacholder, Ysop.
Anwendung: Sitzbad, Einreibung Unterleib und Lendenbereich, Massage, Kompresse.

Prellung/Quetschung
Fenchel, Kampfer, Lavendel, Lemongras, Petersilie, Salbei, Ysop.
Anwendung: Kalte Kompresse.
Rezept für die kalte Kompresse: 4 Kampfer, 2 Lemongras, 2 Lavendel; oder 2 Lavendel, 2 Fenchel.

Prostataentzündung
Römische Kamille.
Anwendung: Sitzbad, Kompresse, Einreibung (0,5 Prozent).

Prostataleiden, allgemein
Fichte, Jasmin, Zwiebel.

Prostatavergrößerung
Thuja, Wacholder.

Pruritus:
- **Haut**
  Römische Kamille, Lavendel, Minze, Sandelholz, Tea-Tree, Zeder.
- **Scheide**
  Bergamotte, Römische Kamille, Lavendel, Tea-Tree.
  Anwendung: Sitzbad, Vaginalspülung, Aromabinde, Aromatampon.

Siehe auch → Juckreiz.

Quetschung → Prellung.

Rachenentzündung
Cajeput, Eukalyptus, Geranie, Lavendel, Muskatellersalbei.
Anwendung: Inhalation, Gurgellösung.

Rekonvaleszenz
Angelika, Basilikum, Bergamotte, Muskatellersalbei, Nelke, Rosmarin, Sassafras, Thymian, Ysop, Zitrone.
Anwendung: Bad, Massage, Körperöl.

Rheuma
Citronella, Estragon, Eukalyptus (*Eucalyptus citriodora*), Fichte, Ingwer, Römische Kamille, Kampfer, Knoblauch, Koriander, Lavendel, Lemongrass, Majoran, Muskatnuß, Oregano, Pfeffer, Rosmarin, Sassafras, Thuja, Thymian, Wacholder, Zitrone, Zwiebel, Zypresse.
Anwendung: Bad, Massage, Einreibung.
Rezept für das Bad: 6 Rosmarin, 3 Eukalyptus, 2 Kampferbaum.
Für die Massage: 10 Kampferbaum, 15 Rosmarin, 10 Eukalyptus; oder 10 Wacholder, 10 Rosmarin, 5 Lavendel, 5 Zitrone.

Rückenschmerzen
Lavendel, Majoran, Pfeffer, Rosmarin.
Anwendung: Bad, Massage, Einreibung, Einnahme (nur wenn durch Arzt/Therapeut kontrolliert).

Scharlach
Eukalyptus.
Anwendung: Bad, Inhalation, Einreibung (Körperöl).

Schilddrüsenüberfunktion
Lavendel, Pampelmuse.

Schilddrüsen-unterfunktion
Rosmarin, Zitrone.

Schilddrüsenvergrößerung (Struma)
Rosmarin, Zitrone.
Anwendung: Einreibung (Körperöl), Kompresse, Einnahme (nur wenn durch Arzt/Therapeut kontrolliert).

Schlaflosigkeit
Basilikum, Bergamotte, Römische Kamille, Kampfer, Lavendel, Majoran, Melisse, Neroli, Orange, Rose, Sandelholz, Ylang-Ylang.
Anwendung: Duftlampe, Bad, Massage.
Rezept für die Duftlampe:
4 Römische Kamille, 2 Lavendel; oder 6 Majoran, 2 Rose.
Für das Bad: 4 Lavendel, 2 Majoran, 1 Muskatellersalbei; oder 4 Römische Kamille, 2 Lavendel, 1 Rose.

Schlaganfall
Salbei.
Anwendung: Inhalation, Bad, Massage.

Schleimbeutelentzündung
Römische Kamille.
Anwendung: Kalte Kompresse.

Schluckauf
Estragon, Kümmel.
Anwendung: Einreibung, Kompresse, Einnahme (nur wenn durch Arzt/Therapeut kontrolliert).

Schmerzen, allgemein
Bergamotte, Eukalyptus, Geranie, Ingwer, Kamille, Kampfer, Lavendel, Majoran, Minze, Muskatellersalbei, Nelke (besonders bei Zahnschmerzen), Rosmarin, Tea-Tree, Thymian.
Anwendung: Hautöl, Kompresse, pur auftragen nur bei Lavendel und Tea-Tree.
Rezept für Hautöl oder Salbe:
50 Milliliter fettes Pflanzenöl oder 50 Gramm gereinigtes Lanolin, 20 Gewürznelkenbaum, 20 Eukalyptus, 10 Tea-Tree.

Schnupfen
Eukalyptus, Fichte, Römische Kamille, Lavendel, Majoran, Myrrhe, Myrte, Rosmarin, Sandelholz, Pfeffer, Weihrauch, Ysop, Zeder.
Anwendung: Duftlampe, Inhalation, Einreibung (Körperöl), Wickel.

Schock
Kampfer, Melisse, Minze, Neroli.
Anwendung: Inhalation, Bad.
Rezept für die Inhalation:
4 Melisse, 1 Minze.
Für das Bad (bei Nervenschock):
4 Zypresse, 4 Zeder, 4 Vetiver.

Schwächezustände, körperliche
Angelika, Knoblauch, Rosmarin, Schafgarbe, Thymian, Zitrone, Zwiebel.
Anwendung: Bad, Massage, Einnahme (nur unter Kontrolle von Arzt oder Therapeut).
Rezept für die Einnahme (nur unter Kontrolle von Arzt oder Therapeut): 43 Milliliter Alkohol, je 1,5 Milliliter Rosmarin, Anis, Kümmel, Lorbeer, 2,5 Milliliter Wacholder; 2mal 2 Tropfen täglich, maximal 3 Wochen (nicht für Epileptiker und Schwangere!).
Oder (nur unter Kontrolle von Arzt oder Therapeut): Je 10 Ingwer,

Bohnenkraut, Lavandin, Majoran; 2mal 2 Tropfen täglich.
Für eine Bodylotion: 91 Milliliter Mandelöl, je 2 Milliliter Niaulibaum, 2 Milliliter Muskatnußbaum, 5 Milliliter Oregano.
Für das Bad: 5 Zirbelkiefer, 3 Zitrone, 1 Angelika; oder 5 Zirbelkiefer, 3 Zitrone.

Schwangerschafts-störungen

Geranie, Lavendel, Minze.
Anwendung: Bad, Massage, Kompresse.

Schwerhörigkeit

Bohnenkraut.
Anwendung und Rezept: 20 Tropfen in 0,2 Liter Wasser: mehrfach täglich in das Ohr träufeln. Oder 2 Bohnenkraut mit 1 Teelöffel fettem Johanniskrautöl auf Wattebausch in das Ohr geben.

Schwindel

Anis, Minze, Patchouli.
Anwendung: Duftlampe, Inhalation, Einnahme (nur wenn durch Arzt/Therapeut kontrolliert).

Schwitzen (zu starkes)

Benzoe, Bergamotte, Fichte, Lavendel, Muskatellersalbei, Rosenholz, Zypresse.
Anwendung: Bad, Massage, Einreibung (Körperöl).
Rezept für das Fußbad gegen Schweißfüße: 3 Lavendel, 3 Muskatellersalbei, 1 Zypresse.

Sexuelles Desinteresse

Cistrose, Jasmin, Karotte, Moschuskörner, Muskatellersalbei, Narzisse, Niauli (weckt Leidenschaft), Patchouli, Rose, Sandelholz, Tagetes (dem Körperduft ähnlich, schwül, sanft), Tonkabohne, Tuberose, Vetiver (sanft), Weihrauch (sanft), Ylang-Ylang, Zimt.
Anwendung: Duftlampe, Bad, Massage, Parfüm.
Rezept für die Duftlampe: 2 Moschuskörner, 4 Sandelholzbaum, 2 Ylang-Ylang; oder 3 Jasmin, 3 Muskatellersalbei, 1 Moschuskörner.
Für ein Bad: 3 Jasmin, 1 Rose, 1 Ylang-Ylang.

Sinusitis

Cajeput, Eukalyptus, Fichte, Knoblauch, Lavendel, Minze, Tea-Tree, Thymian, Zitrone.
Anwendung: Inhalation.
Rezept für die Inhalation: 3 Eukalyptus, 2 Tea-Tree, 1 Minze; oder 5 Tea-Tree, 3 Lavendel.

Sodbrennen

Kardamom, Koriander, Pfeffer, Sandelholz.
Anwendung: Kompresse, Einreibung im Bauchbereich, Einnahme (nur wenn durch Arzt/ Therapeut kontrolliert).

Sonnenbrand

Immortelle, Römische Kamille, Kampfer, Lavendel, Minze, Myrrhe, Tea-Tree.

Anwendung: Bad, Körperöl, Einreibung (mit Körperöl).

Sonnenstich
Lavendel, Melisse, Minze, Rose, Zitrone.
Anwendung: Bad, kalte Kompresse.
Rezept für die kalte Kompresse:
3 Rose, 1 Melisse, 1 Lavendel.

Spasmen
Bergamotte, Römische Kamille, Kardamom, Lavendel, Muskatellersalbei, Poleiminze, Rosmarin, Wacholder, Zypresse.
Anwendung: Kompresse, Bad, Einreibung (Körperöl).

Spermatorrhöe
Benzoe, Weihrauch.
Anwendung: Sitzbad.

Sterilität → Unfruchtbarkeit.

Stimmverlust
Lavendel, Thymian, Zitrone, Zypresse.
Anwendung: Duftlampe, Inhalation, Einreibung (Körperöl) im Halsbereich.

Stirnhöhleneiterung
Eukalyptus, Fichte, Lavendel, Minze, Myrte, Tea-Tree, Thymian, Zitrone.
Anwendung: Inhalation.

Stoffwechselstörung
Zwiebel.
Anwendung: Bad, Massage.

Strahlungsnebenwirkungen begrenzen
(bei Röntgenbehandlung):
Eukalyptus, Nelke, Niauli, Tea-Tree.
Anwendung: Bad, Massage.

Streß → Nervosität.

Struma
→ Schilddrüsenvergrößerung.

Syphilis
Petersilie, Zitrone.

Tripper → Gonorrhöe.

Tuberkulose
Bergamotte, Eukalyptus, Kampfer, Minze, Myrrhe, Oregano, Sandelholz, Thymian, Ysop.
Anwendung: Inhalation, Einreibung (Körperöl).

Tumor
Cajeput, Bergamotte, Römische Kamille, Zeder.
Anwendung: Bad, Massage, Kompresse.

Typhus
Zitrone.
Anwendung: Bad, Einnahme (nur wenn durch Arzt/Therapeut kontrolliert).

Übelkeit
Basilikum, Kardamom, Lavendel, Melisse, Minze, Pfeffer, Rose, Sandelholz.
Anwendung: Kompresse, Einreibung (Körperöl), Einnahme (nur wenn durch Arzt/Therapeut kontrolliert).

Überreiztheit

Lavendel, Myrrhe, Weihrauch, Vetiver, Ylang-Ylang.
Anwendung: Bad, Massage, Inhalation.

Unfruchtbarkeit

Eukalyptus, Muskatellersalbei.
Speziell für die Frau: Geranie, Rose, Salbei. Speziell für den Mann: Thymian, Wacholder.
Anwendung: Bad, Massage, Kompressen.

Urogenitaltrakt-Infektion

Bergamotte, Lavendel, Myrrhe, Myrte, Sandelholz, Tea-Tree, Thymian, Wacholder, Zeder, Zwiebel.
Anwendung: Bad, Kompresse, Einnahme (nur wenn durch Arzt/ Therapeut kontrolliert).

Vaginale Allergien

Kamille, Melisse, Vetiver.

Vaginale Infektion (Hefepilzbefall)

Bergamotte, Bohnenkraut, Knoblauch, Lavendel, Minze, Myrrhe, Rose, Schafgarbe, Tea-Tree, Zwiebel.
Anwendung: Vaginalspülung, Sitzbad, Aromatampon, Aromabinde, Einnahme (nur unter Kontrolle von Arzt/Therapeut).
Rezept für das Sitzbad: 2 Rose, 6 Schafgarbe; oder 2 Tea-Tree, 6 Schafgarbe; oder 3 Römische Kamille, 3 Tea-Tree, 1 Rose.
Für die Einnahme: 3mal 2 Kapseln täglich mit je 3 Tropfen von Mischung aus 10 Teilen Tea-Tree, 1 Teil Bohnenkraut.
Rezept für den Tampon: 5 Tropfen von Mischung aus 10 Milliliter Jojobaöl, 60 Tropfen Tea-Tree, 10 Tropfen Bohnenkraut.

Vaginale Infektion (Vaginitis)

Römische Kamille, Rose, Schafgarbe, Tea-Tree.
Anwendung: Vaginalspülung, Sitzbad, Aromatampon, Aromabinde, Einnahme (nur unter Kontrolle von Arzt oder Therapeut).

Vaginale Schwäche (allgemein)

Majoran.

Vegetative Dystonie

Estragon, Lemongras, Rosmarin.
Anwendung: Bad, Massage.

Venenschwäche

Zypresse.
Anwendung: Einreibung (Körperöl), Bad.

Verbrennungen

→ Haut, S. 317 ff.

Verdauungsstörungen

Angelika, Anis, Basilikum, Bergamotte, Bohnenkraut, Estragon, Eukalyptus, Fenchel, Ingwer, Kamille, Kardamom, Knoblauch, Koriander, Kreuzkümmel, Kümmel, Lavendel, Majoran, Mandarine, Melisse, Minze, Muskatnuß, Muskatellersalbei, Myrrhe, Nelke, Neroli,

Orange, Oregano, Rosmarin, Sandelholz, Wacholder, Weihrauch, Ysop, Zimt, Zitrone, Zwiebel.
Anwendung: Kompresse, Einreibung (Körperöl), Einnahme (nur wenn durch Arzt/Therapeut kontrolliert).

Vergiftung (allgemein)
Angelika (Magen/Darm, Stärkung der Körperabwehr), Birke (Cholesterin-/Harnstoffabbau), Immortelle, Knoblauch (Magen/Darm), Lavendel, Pfeffer, Thymian, Zitrone (allgemeine Entgiftung), Fenchel, Lavendel (Alkohol).
Anwendung: Bad, Massage, Kompresse, Einnahme (nur, wenn durch Arzt/Therapeut kontrolliert).

Verstauchung
Kampfer, Lavendel, Lemongrass.
Anwendung: Kompresse, Einreibung (Körperöl).

Verstopfung
Fenchel, Kümmel, Majoran, Pfeffer, Rose, Salbei, Wacholder.
Anwendung: Kompresse, Einreibung (Körperöl), Einnahme (nur wenn durch Arzt/Therapeut kontrolliert).

Virusinfektion
Bergamotte, Eukalyptus, Knoblauch, Tea-Tree, Thymian.
Anwendung: Bad, Massage, Inhalation, Einnahme (nur wenn durch Arzt/Therapeut kontrolliert).

Weißfluß
→ Leukorrhöe.

Windpocken
Eukalyptus, Römische Kamille, Minze, Schafgarbe.
Anwendung: Bad, Einreibung (Körperöl).

Würmer
Bergamotte, Bohnenkraut, Cajeput, Estragon, Eukalyptus, Römische Kamille, Kümmel, Melisse, Minze, Thymian, Wacholder, Ysop, Zitrone, Zwiebel.
Anwendung: Einnahme (nur wenn durch Arzt/Therapeut kontrolliert).

Wunden → Haut, S. 317 ff.

Zahnen
Römische Kamille.
Anwendung: Pur auftragen oder Kompresse.

Zahnfleischbluten
Myrrhe, Salbei, Tea-Tree, Thymian, Zitrone, Zypresse.

Zahnfleischentzündung
Nelke, Salbei, Tea-Tree, Thymian, Zitrone.

Zahnschmerzen
Cajeput, Römische Kamille, Muskatnuß, Nelke, Pfefferminze, Poleiminze, Salbei.
Anwendung: Pur auftragen oder Kompresse.

Zysten:
– **allgemein**
Thuja (Vorsicht toxisch).
– **Bartholinische Zyste**
Römische Kamille, Lavendel, Minze, Thymian.
Anwendung: Sitzbad, Kompresse mit Tonerde.

Haut

Anwendung generell: Aromabad, Hautöl, Körperöl (= Einreibungen), Gesichtspackung, Maske, Gesichtsdampfbad.

Abschürfungen
Nelke.

Akne
Bergamotte, Galbanum, Immortelle, Römische Kamille, Kampfer, Karotte, Lavendel, Niauli, Pfefferminze, Sandelholz, Schafgarbe, Tea-Tree, Thymian, Wacholder, Zeder, Zitrone.
Anwendung: Hautöl, Reinigungsmilch, Kompressen, Reinigungsmasken.
Rezept für ein Hautöl: 47 Milliliter Haselnußöl, 50 Tropfen = etwa 2,5 Milliliter Pfefferminze oft auftragen.
Für ein Gesichtsdampfbad: 2 Lavendel, 1 Zitrone, 1 Bergamotte; oder 5 Tea-Tree.

Aknewunden (heilend)
Neroli, Lavendel, Weizenkeimöl.

Aufgesprungene, rissige Haut
Benzoe, Blaue Kamille, Lavendel, Rose, Schafgarbe, Sandelholz.

Ausschlag
Römische Kamille, Zitrone.

Blasen
Eukalyptus.
Anwendung: In einem Hautöl oder pur auftragen.

Bluterguß, äußerlich
Fenchel, Lavendel, Petersilie, Rosmarin, Ysop.
Anwendung: 1 Liter sehr kaltes Wasser, 10 Ysop, 5 Lavendel; oder 50 Milliliter Mandelöl, 10 Rosmarin, 5 Ysop.
Kontraindiziert bei Epilepsie.

Brandwunden
→ Verbrennungen.

Dermatitis → Entzündungen.

Ekzeme:
- **blutende**
  Wie trockene Ekzeme, außerdem Myrrhe, Rose, Weihrauch.
- **feuchte**
  Wacholder.
- **trockene**
  Bergamotte, Geranie, Römische Kamille, Lavendel, Melisse.

Empfindliche Haut
Geranie, Jasmin, Römische Kamille, Karotte, Neroli, Rose.

Entzündungen
Cajeput, Cistrose, Geranie, Immortelle, Jasmin, Blaue Kamille, Karotte, Lavendel, Muskatellersalbei, Neroli, Pfefferminze, Sandelholz, Schafgarbe, Weihrauch, Ysop, Zeder, Zwiebel.

Rezept für ein Hautöl: 50 Milliliter Aloe vera oder Jojobaöl, 45 Tropfen ätherische Öle.
Für ein Gesichtsdampfbad: 2 Blaue Kamille oder Immortelle, 1 Rose.

Falten

Karotte, Neroli, Weihrauch.
Anwendung: Am besten mit warmer Kakaobutter oder Weizenkeimöl-Creme vermischt lokal auftragen.

Flechten

Cistrose, Geranie, Immortelle, Römische Kamille, Zitrone.
Rezept für die Einreibung: 50 Milliliter Aloe vera, 15 Römische Kamille, 10 Immortelle, 5 Zistrose; mehrfach täglich.

Furunkel

Bergamotte, Römische Kamille, Lavendel, Muskatellersalbei, Niauli, Thymian, Zitrone, Zwiebel.
Anwendung: Kompresse, Heilsalbe, Bad.

Fußnagelpilz

Lavendel, Myrrhe, Tea-Tree.
Rezept: Nagelunterseite und Umgebung mit einer Mischung aus 50 Milliliter Alkohol, 40 Tea-Tree, 10 Myrrhenstrauch, 15 Lavendel bestreichen; 2 Wochen lang morgens und abends. Danach wie Fußpilz weiterbehandeln. (Dieser Pilz ist sehr schwer zu bekämpfen.)
Anwendung: Allgemein für Fußbäder und Einreibungen.

Fußpilz

Lavendel, Myrrhe, Tea-Tree.
Rezept für ein Hautöl: 50 Milliliter Mandelöl oder Jojobaöl, 15 Lavendel, 15 Tea-Tree; zweimal täglich einreiben.
Siehe auch → Hautpilz.

Fußschweiß

Fichte, Zypresse.
Rezept für ein Fußbad: 4 Zypresse, 2 Fichte.
Rezept für ein Hautöl: 50 Milliliter Jojobaöl, 20 Zypresse, 10 Fichte.

Hautalterung

Fenchel, Narde, Neroli, Myrrhe, Patchouli, Vetiver, Weihrauch, Ylang-Ylang.
Rezept für ein Gesichtsdampfbad: 2 Vetiver, 2 Neroli.

Hautpilz

Bergamotte, Citronella, Eukalyptus, Lavendel, Myrrhenstrauch, Tea-Tree.
Rezept für ein Hautöl: 50 Milliliter Jojobaöl, 25 Tea-Tree, 10 Lavendel.
Für ein Bad: 10 Tea-Tree, 5 Lavendel, 3 Eßlöffel guter Honig.

Hautreizung/ gereizte Haut

Römische Kamille, Lavendel, Rose.
Rezept für ein Gesichtsdampfbad: 3 Rose, 1 Römische Kamille.

Hornhaut

Nelke.
Rezept für ein Hautöl oder eine Salbe: 3 Prozent (= 50 Milliliter)

Basisöl oder Salbe, 45 Tropfen ätherisches Öl.

Hühnerauge
Fenchel, Knoblauch, Lavendel.
Anwendung: Öl pur auftragen.

Juckreiz (Haut/Kopfhaut)
Benzoe, Römische Kamille, Lavendel, Pfefferminze, Sandelholz, Zeder, Zitrone.

Krätze
Bergamotte, Knoblauch, Lavendel, Nelke, Minze, Rosmarin, Terpentin, Thymian, Zimt.
Anwendung: Bad, Einreibung (Körperöl).

Nagelbettentzündung
Immortelle, Weihrauch, Zwiebel.
Anwendung: Öl pur auftupfen.

Pickel
Lavendel, Tea-Tree, Zitrone.
- Reinigung: Niauli, Pfefferminze, Rosmarin, Tea-Tree, Wacholder, Zitrone.

Schuppenflechte
Bergamotte, Cajeput, Cistrose, Immortelle, Karotte, Lavendel, Neroli, Wacholder, Zeder.
Rezept für ein Hautöl: 50 Milliliter Jojobaöl, 30 Karotte, 10 Cistrose. Wenn die Behandlung mit regelmäßiger Ultraviolettbestrahlung erfolgt keine Karotte (phototoxisch), aber 40 Zistrose anwenden.

Schwangerschaftsstreifen:
- **abheilend**
  Lavendel, Rose, Weihrauch.
  Rezept für ein Hautöl: 50 Milliliter Calendulaöl, 50 Milliliter Jojobaöl, 10 Lavendel, 8 Weihrauch, 8 Myrrhe, 4 Rose.
- **vorbeugend**
  Rose, Rosenholz, Linaloeholz.
  Rezept für ein Hautöl:
  50 Milliliter Weizenkeimöl,
  50 Milliliter Mandelöl,
  20 Rosenholz, 10 Rose.

Seborrhöe, ölige
Bergamotte, Geranie, Kampfer, Pfefferminze, Lavendel, Thymian, Zitrone.

Sommersprossen
Zitrone, Zwiebel.

Sonnenbrand
Immortelle, Römische Kamille, Kampfer, Lavendel, Myrrhe, Pfefferminze, Tea-Tree.
Rezept für ein Bad: 6 Lavendel, 2 Pfefferminze.
Für eine Lotion: 50 Milliliter Mandelöl, 15 Lavendel, 5 Pfefferminze, 5 Römische Kamille.

Verbrennungen
Eukalyptus, Geranie, Immortelle, Kamille, Kampfer, Lavendel, Myrte, Niauli.
Anwendung: Lavendel kann pur aufgetragen werden. Ansonsten Hautöl oder Salbe mit 3 Prozent ätherischem Öl.

Warzen
Knoblauch, Lavendel, Minze, Nelke, Thuja, Zitrone, Zwiebel.
Rezept: Je 1 Kampfer und Eukalyptus auftragen; täglich.

Wunden
Benzoe, Bergamotte, Bohnenkraut, Eukalyptus, Geranie, Kamille, Kampfer, Lavendel, Majoran, Muskatellersalbei, Myrrhe, Myrte, Patchouli, Rosmarin, Salbei, Tea-Tree, Thymian, Wacholder, Weihrauch, Ysop.
Anwendung: Hautöl mit 3 Prozent ätherischem Öl.

Geist

Anwendungen generell: Duftlampe, Beduftungsgeräte, trockene Inhalation, Aromabad.

Alpträume
Anis, Bergamotte, Römische Kamille, Mandarine, Melisse, Orange, Rose, Ylang-Ylang.

Entscheidungsschwäche
→ Unklarheit.

Erinnerungsvermögen, nachlassendes
Eisenkraut, Rosmarin, Salbei, Wacholder.

Erschöpfung, mentale
Basilikum, Eisenkraut, Koriander, Lemongras, Minze, Rosmarin, Ysop, Zitrone.

Konzentrationsschwäche
Basilikum, Bergamotte, Eisenkraut, Eukalyptus, Fichte, Kardamom, Lemongras, Limette, Litsea, Majoran, Myrte, Nelke, Pampelmuse, Patchouli, Petitgrain, Pfefferminze, Rosenholz, Rosmarin, Salbei, Speiklavendel, Thymian, Ysop, Wacholder, Zirbelkiefer, Zypresse, Zitrone.

Kreativität/Phantasie, zuwenig
Bergamotte, Eisenkraut, Hyazinthe, Iris, Jasmin, Limette, Muskatellersalbei, Muskatnußbaum, Myrte, Tolubalsam, Tonkabohne, Zimt.

Träumerischer Geist
Styrax, Tolubalsam.

Traumlosigkeit
Muskatnußbaum, Ylang-Ylang.

Unklarheit/ Entscheidungsschwäche
Eukalyptus, Fichte, Lavendel, Melisse, Minze, Nelke, Wacholder, Ysop.

Verwirrung
Bergamotte, Eisenkraut, Ingwer, Lorbeer, Melisse, Minze, Rosmarin, Ysop, Zitrone.

Psyche

Anwendungen generell: Duftlampe, Aromabad, Aromamassage, Körperöl, trockene Inhalation, Naturparfüm.

Aggression

Angelika, Sandelholz, Vanille, Ylang-Ylang, Zeder.

Angst

Angelika, Benzoe, Bergamotte, Geranie, Jasmin, Römische Kamille, Lavendel, Majoran, Mandarine, Melisse, Muskatellersalbei, Narzisse, Neroli, Orange, Pampelmuse, Patchouli, Rose, Sandelholz, Weihrauch, Ylang-Ylang, Ysop, Zypresse.
Rezept für ein Bad: 4 Melisse, 4 Basilikum; oder 4 Muskatellersalbei, 2 Pampelmuse; oder 4 Lavendel, 2 Jasmin, 4 Ylang-Ylang.
Für die Duftlampe: 1 Iris, 2 Muskatellersalbei, 2 Rose; oder 4 Melisse, 4 Basilikum, 1 Lemongrass; oder 4 Muskatellersalbei, 2 Bergamotte, 1 Orange.

Ängstlichkeit

Geranie, Muskatellersalbei, Orange, Pampelmuse.

Anspannung

Benzoe, Bergamotte, Cistrose, Eichenmoos, Fenchel, Honig-Absolue, Jasmin, Mimose, Muskatellersalbei, Myrrhe, Narde, Neroli, Rose, Rosenholz, Sandelholz, Schafgarbe, Styrax, Tolubalsam, Vetiver, Ylang-Ylang, Zeder. Siehe auch → Körper, »Nervosität«, Seite 309.

Antriebsschwäche →

Lethargie.

Ärger

Angelika, Benzoe, Eisenkraut, Galbanum, Geranie, Römische Kamille, Lavendel, Myrrhe, Myrte, Neroli, Rosenholz, Sandelholz, Ylang-Ylang.

Aufregung, starke

Angelika, Basilikum, Eichenmoos, Fenchel, Honig-Absolue, Lavendel, Mandarine, Myrte, Narde, Styrax, Ylang-Ylang.

Beunruhigung (unspezifische)

Benzoe, Bergamotte, Geranie, Jasmin, Römische Kamille, Majoran, Mandarine, Melisse, Mimose, Muskatellersalbei, Myrrhe, Myrte, Neroli, Orange, Patchouli, Rose, Rosenholz, Styrax, Veilchen, Vetiver, Weihrauch, Ylang-Ylang, Zeder, Zypresse.

Depression

Basilikum, Benzoe, Bergamotte, Iris, Jasmin, Blaue Kamille,

Lavendel, Melisse, Muskatellersalbei, Neroli, Pampelmuse, Rose, Weihrauch, Ylang-Ylang.
Rezept für ein Bad: 4 Melisse, 4 Basilikum; oder 4 Muskatellersalbei, 2 Pampelmuse; oder 4 Lavendel, 2 Jasmin, 4 Ylang-Ylang.
Für die Duftlampe: 4 Melisse, 4 Basilikum, 1 Lemongrass; oder 4 Muskatellersalbei, 2 Bergamotte, 1 Orange.

Disharmonie

Benzoe, Bergamotte, Eukalyptus (*Eucalyptus citriodora*), Geranie, Römische Kamille, Lavendel, Majoran, Mandarine, Melisse, Myrte, Orange, Petitgrain, Rosenholz, Sandelholz, Weihrauch, Zeder, Zirbelkiefer.

Durchsetzungsvermögen, mangelndes

Angelika, Rosmarin, Zirbelkiefer, Zitrone.

Engegefühl

Blaue Kamille, Lavendel, Muskatellersalbei, Weihrauch.

Enttäuschung

Myrte, Petitgrain, Rose, Zypresse.

Entwurzelung

Angelika, Eichenmoos, Immortelle, Patchouli, Sandelholz, Vetiver, Weihrauch, Zeder, Zypresse.

Exaltiertheit

(zu stark nach außen gehend): Cistrose, Immortelle, Zypresse.

Frigidität

→ Körper, allgemein, S. 293 ff.

Gefühlskälte

Cistrose, Fenchel, Geranie, Jasmin, Narzisse, Mimose, Patchouli, Rose, Tolubalsam, Tonkabohne.
Vanille, Ylang-Ylang.

Gefühlsschwankungen

Bergamotte, Geranie, Römische Kamille, Lavendel, Melisse, Orange, Rose, Rosenholzbaum, Weihrauch, Ysop, Zypresse.

Gelassenheit, mangelnde

Myrte.

Hysterie

Myrte, Neroli, Ylang-Ylang.

Impotenz

→ Körper, allgemein, S. 293 ff.

Introvertiertheit

(Scheu, Kontaktunfähigkeit, Berührungsängste):
Bergamotte, Eisenkraut, Jasmin, Muskatellersalbei, Pampelmuse, Neroli, Rose, Zimt.
Siehe auch → Scheu.

Isolationsgefühl

Sandelholz.

Krisen, überbrückend

Muskatellersalbei, alle stabilisierenden Öle.

Labilität, psychische
Myrte, Zypresse.

Lethargie
Eisenkraut, Eukalyptus, Kardamom, Lemongrass, Limette, Melisse, Muskatellersalbei, Pampelmuse, Rosmarin, Wacholder.

Melancholie
Basilikum, Bergamotte, Geranie, Lavendel, Melisse, Pampelmuse.

Mutlosigkeit
Angelika, Myrte, Pampelmuse, Rose, Wacholder, Zedernholz.
Siehe auch → Durchsetzungsvermögen, Selbstvertrauen.

Negatives Denken
Kiefer.

Panik
Jasmin.

Platzangst
Galbanum.

Reizbarkeit
Benzoe, Fenchel, Galbanum, Römische Kamille, Lavendel, Narzisse, Orange, Rosenholz, Styrax, Tolubalsam, Vanille.

Scheu
Jasmin, Muskatellersalbei, Patchouli, Ylang-Ylang
Siehe auch → Introvertiertheit.

Schock
Neroli, Rose.

Schuldgefühle
Kiefer.

Schwellenangst
Immortelle.

Selbstvertrauen, zuwenig
Bergamotte, Jasmin, Kiefer, Melisse, Narzisse, Pampelmuse, Rosmarin, Sandelholz, Ylang-Ylang, Zeder.

Sexuelles Desinteresse → Körper, allgemein, S. 293 ff.

Suchtentzug
Jasmin, Muskatellersalbei, Myrte, Rose, Ylang-Ylang.

Todesangst/-erlebnis
Myrte.

Trauer
Bergamotte, Melisse, Muskatellersalbei, Orange, Pampelmuse, Petitgrain, Rose, Zypresse.

Trauma, emotionales
Rose, Rosenholz, Weihrauch.

Ungeduld
Geranie, Myrte, Rose.

Unsicherheit
Angelika, Myrrhe, Sandelholz, Schafgarbe, Vetiver, Weihrauch, Ylang-Ylang, Zeder, Zypresse.

Unzufriedenheit
Kamille.

Verbissenheit
Orange.

Verhärtung
Cistrose, Galbanum, Honig-Absolue, Iris, Jasmin, Römische Kamille, Lavendel, Mimose, Muskatellersalbei, Narzisse, Rose.

Verletzbarkeit (Schutz)
Geranie, Iris, Myrte, Neroli, Rose.

Verschlossenheit
Bergamotte, Honig-Absolue, Jasmin, Melisse, Muskatellersalbei, Myrte, Pampelmuse, Rose, Tolubalsam, Ylang-Ylang.

Verzweiflung
Angelika (stärkend), Bergamotte, Jasmin, Muskatellersalbei, Neroli, Orange.

Wut
Benzoe, Römische Kamille, Lavendel, Majoran, Melisse, Myrrhe, Neroli, Rose, Vanille, Weihrauch, Ylang-Ylang.

Zorn → Wut.

Zweifel
Ylang-Ylang.

Raumklima und Raumluft

Anwendungen generell: Duftlampe, Beduftungsgeräte, Raumspray

Wirkung auf Raumluft

Desinfizierend
Eukalyptus, Lemongrass, Nelke, Niauli, Rosmarin, Tea-Tree, Thymian, Zimt, Zitrone.

Erfrischend
Bergamotte, Cajeput, Birke, Eukalyptus, Kampfer, Kiefer, Lemongrass, Limette, Litsea, Minze, Tanne, Zitrone.

Geruchsneutralisierend
Birke, Cajeput, Lavendel, Lemongrass, Minze, Ysop, Zirbelkiefer, Zimtbaum, Zitrone.

Insektenabweisend/-feindlich
Eukalyptus, Geranie, Lemongrass, Minze, Nelke, Zeder, Zypresse.

Schwingung

Harmonisierend
Myrte.

Neutralisierend
Salbei, Wacholder, Weihrauch.

Empfindung

Enge/Dunkelheit
Angelika, Eichenmoos, Karotte, Narde, Patchouli, Vetiver.

Frische
Basilikum, Bergamotte, Birke, Bohnenkraut, Citronella, Eisenkraut, Eukalyptus, Fichte, Kiefer, Lemongrass, Limette, Melisse, Minze, Pampelmuse, Tanne, Zitrone, Zypresse.

Kühle
Bergamotte-Minze, Birke, Cajeput, Eukalyptus, Kampfer, Kiefer, Minze, Tanne.

Wärme
Benzoe, Davana, Myrrhe, Nelke, Orange, Pfeffer, Sandelholz, Tolubalsam, Tonkabohne, Vanille, Weihrauch, Zimt.

Weite/Helle
Bergamotte, Birke, Eisenkraut, Fichte, Kiefer, Lavendel, Litsea, Melisse, Minze, Pampelmuse, Tanne.

Wirkung auf Allgemeinzustand

Ausgleichend
Davana, Geranie, Lavendel, Orange, Petitgrain, Sandelholz, Tagetes, Zeder.

Belebend
Eisenkraut, Eukalyptus, Ingwer, Kampfer, Kardamom, Kiefer, Koriander, Lorbeer, Minze, Nelke, Salbei, Tanne, Thymian, Wacholder, Ysop, Zimt.

Beruhigend
Basilikum, Benzoe, Bergamotte, Geranie, Römische Kamille, Lavendel, Linaloeholz, Majoran, Melisse, Myrrhe, Neroli, Orange, Patchouli, Rose, Sandelholz, Weihrauch, Ylang-Ylang, Zeder.

Stimmungsaufhellend
Bergamotte, Jasmin, Muskatellersalbei, Neroli, Pampelmuse, Rose, Ylang-Ylang.

Rezepte für die Duftlampe

Harmonisierung
3 Rose, 6 Lavendel.

Klarheit (Geist):
4 Ho-Blätter, 4 Bergamotte; oder 6 Melisse, 4 Bergamotte; oder 6 Zitrone, 2 Lemongrass, 2 Lavendel.

Konzentration
2 Zitrone, 1 Bergamotte, 4 Minze; oder 4 Lemongrass, 2 Minze, 2 Basilikum; oder 6 Minze, 2 Rosmarin.

Küchendünste
6 Zitrone, 4 Orange.

Meditation
6 Weihrauch, 1 Bergamotte, 1 Sandelholz.

Wachmacher
6 Bergamotte, 2 Neroli, 2 Eisenkraut.

Stimmungsaufhellung
5 Pampelmuse, 2 Ylang-Ylang, 2 Bergamotte.

Zentrierung
4 Vetiver, 2 Sandelholz, 2 Zypresse.

Notrufnummern

Vergiftungsberatungsstellen:

Deutschland
München 089 / 41 40 22 11
Hamburg 040 / 63 85 33 45

Schweiz
Zürich 01 / 2 51 66 66

Österreich
Wien 01 / 43 43 43

Anhang

Duftebenen

Fußnote (Basisnote)	**Herznote (Mittelnote)**	**Kopfnote**
Angelikawurzel	Anis	Bay
Benzoe	Basilikum	Bergamotte
Cassia	Bohnenkraut	Birke
Cistrose	Davana	Blutorange
Eichenmoos	Elemi	Cajeput
Galbanum	Fenchel	Citronella
Guajakholz	Geranie	Eisenkraut
Honig	Immortelle	Fichte
Hyazinthe	Kamille	Fichtennadel
Iris	Kardamom	Ingwer
Jasmin	Koriander	Kampfer
Johanniskraut	Kümmel	Kiefer
Kalmus	Labdanum	Lärche
Karottensamen	Lavandin	Latschenkiefer
Moschuskörner	Lavendel	Lemongrass
Myrrhe	Linaloeholz	Limette
Narde	Majoran	Litsea
Narzisse	Melisse	Lorbeer
Patchouli	Muskatellersalbei	Mandarine
Rose	Muskatnuß	Minze
Sandelholz	Myrte	Myrte
Styrax	Nelke	Niauli
Tolu	Neroli	Orange
Tonka	Opoponax	Pampelmuse
Tuberose	Oregano	Pfeffer
Vanille	Palmarosa	Rosmarin
Vetiver		

Fußnote (Basisnote)	**Herznote (Mittelnote)**	**Kopfnote**
Weihrauch	Petitgrain	Salbei
Ylang-Ylang	Rosenholz	Tea-Tree
Zeder	Schafgarbe	Thuja
Zimt	Tagetes	Thymian
	Veilchen	Zirbelkiefer
	Wacholder	Zitrone
	Ysop	
	Zypresse	

Duftarten

Die folgende Klassifizierung gebräuchlicher Düfte hilft, unter einer breiten Auswahl von Ölen auszuwählen, die einen gemeinsamen Effekt oder eine gemeinsame Duftkomponente haben und daher gut miteinander gemischt werden können.

anregend-erfrischend

Citronella
Eisenkraut
Eukalyptus
Fichte
Ingwer
Kampfer
Kardamom
Kiefer
Koriander
Lemongrass
Litsea
Lorbeer
Melisse
Minze
Nelke
Salbei
Tanne
Thymian
Wacholder
Ysop
Zimt
Zitrone

harmonisierend

Cistrose
Davana
Fenchel
Geranie
Lavendel
Linaloeholz
Narde
Neroli
Orange
Rosenholz
Sandelholz

entspannend

Basilikum
Bergamotte
Fenchel
Geranie
Jasmin
Kamille
Lavendel
Majoran
Melisse
Muskatellersalbei
Myrrhe
Neroli
Orange
Patchouli
Rose
Rosenholz
Sandelholz
Weihrauch

Ylang-Ylang
Zeder

euphorisierend

Jasmin
Muskatellersalbei
Orange
Pampelmuse
Ylang-Ylang

wärmevermittelnd

Benzoe
Fenchel
Myrrhe
Nelke
Orange
Patchouli
Pfeffer
Sandelholz
Vanille
Weihrauch
Zimt

kältevermittelnd

Birke
Cajeput
Eukalyptus
Fichte
Kampfer
Minze
Niauli
Tanne

narkotisch

Anis
Hyazinthe
Jasmin
Muskat
Muskatellersalbei
Tuberose
Ylang-Ylang

frisch

Basilikum
Bergamotte
Birke
Bohnenkraut
Citronella
Eisenkraut
Eukalyptus
Fichte
Kiefer
Lemongrass
Limette
Litsea
Mairose
Melisse
Minze
Pampelmuse
Tanne
Zitrone
Zypresse

blumig

Bergamotte
Citronella
Geranie
Hyazinthe
Jasmin
Lavendel
Linaloeholz
Narzisse
Neroli
Petitgrain
Rose
Rosenholz
Tuberose
Veilchen
Ylang-Ylang

heuartig

Muskatellersalbei
Tabak
Tonka

honigartig

Honig
Immortelle
Jasmin
Tuberose

hyazinthenartig

Hyazinthe
Narzisse
Styrax
Tolu

irisartig

Iris
Mimose
Veilchen

jasminartig

Jasmin
Ylang-Ylang

körperduftähnlich

Geranie
Karotte
Moschuskörner
Myrrhe
Styrax
Weihrauch
Zypresse

kräuterartig

Anis
Bohnenkraut
Estragon
Hyazinthe
Kamille
Majoran
Oregano
Patchouli
Salbei
Thymian
Veilchen
Wacholder

moosartig

Muskat
Nelke
Sandelholz
Vetiver
Ysop
Zeder

moos-/erd-/laubartig

Eichenmoos
Labdanum
Muskatellersalbei
Patchouli
Vetiver

moschusartig

Angelika
Karotte
Moschuskörner
Styrax

orangenartig

Blutorange
Mandarine
Neroli
Orange
Tuberose

pfeffrig/schimmelig

Patchouli
Pfeffer

rauchig

Birkenteer
Eichenmoos
Weihrauch

rosenartig

Citronella
Eukalyptus (von *Eucalyptus citriodora*)
Geranie
Linaloeholz
Rose
Rosenholz

süß

Anis
Basilikum
Benzoe
Bergamotte
Blutorange
Cassia
Citronella
Davana
Eisenkraut
Honig
Immortelle
Jasmin
Kamille, Blau
Lavendel
Mandarine
Myrrhe
Neroli
Orange
Sandelholz
Tuberose
Vanille
Ylang-Ylang
Ysop
Zimt

süß und schwer

Benzoe
Davana
Jasmin
Neroli
Patchouli
Rose
Styrax
Vanille
Ylang-Ylang

vanilleartig

Benzoe
Vanille

gewürzartig

Kardamom
Koriander
Muskat
Nelke
Pfeffer
Zimt

holzartig, waldig

Birke
Fichte
Tanne
Zeder
Zypresse

Duftintensität und Duftdauer

Diese Übersicht hilft Ihnen bei der Bestimmung der Mengen von Ölen, die Sie für Duftmischungen nehmen. Je intensiver ein Öl, desto weniger Tropfen werden Sie benötigen, um dessen Duft wahrzunehmen. Grundsätzlich sind intensive Düfte in hoher Dosierung Basisdüfte beziehungsweise Fußnoten, die als Fond einer Duftmischung genommen werden.

Die Intensität ist mit der Duftdauer eng gekoppelt: Die leichten Düfte verfliegen rasch, die starken Düfte sind langanhaltend. Sie können davon ausgehen, daß sich ein leichter Duft nach 2 bis 3 Stunden, ein mittelstarker Duft nach 4 bis 8 Stunden und ein starker Duft nach 2 bis 3 Tagen (in ungelüftetem Raum) nicht mehr wahrnehmen läßt. Manche der starken Düfte können noch nach Wochen in Kleidungsstücken, auf Duftfliesen oder anderen Gegenständen wahrgenommen werden. Sofern der Duft intensiv, aber kurzlebig ist, wird dies in der Tabelle angegeben.

schwach/kurz	*mittel/mittel*	*stark/lang*
Bergamotte	Angelika	Amyris
Birke	Anis	Basilikum
Bohnenkraut	Elemi	Benzoe
Cajeput	Fenchel	Cananga
Dill	Galbanum	Cistrose
Estragon	Geranie	Citronella (kurz)
Eukalyptus	Guajakholz	Davana
Fichte	Johanniskraut	Eichenmoos
Ingwer	Kakao	Eisenkraut
Kampfer	Kamille, Römische	Honig
Kardamom	Karotte	Hyazinthe
Kiefer	Kümmel	Iris
Kümmel	Labdanum	Jasmin
Limette	Lavendel	Kamille, Blaue (kurz)
Linaloeholz	Muskat	Knoblauch
Lorbeer	Muskatellersalbei	Koriander (kurz)
Majoran	Myrte	Lemongrass (kurz)
Mandarine	Neroli	Litsea (kurz)
Niauli	Opoponax	Melisse
Orange	Rosenholz	Mimose
Oregano	Rosmarin	Minze (kurz)
Palmarosa	Salbei	Moschuskörner

schwach/kurz	*mittel/mittel*	*stark/lang*
Pampelmuse	Schafgarbe	Myrrhe
Petersilie	Tagetes	Narde
Petitgrain	Tolubalsam	Narzisse
Pfeffer	Veilchen	Patschuli
Tanne	Wacholder	Rose
Tea-Tree	Ysop	Sandelholz
Thuja	Zirbelkiefer	Styrax
Zitrone		Thymian (kurz)
Zypresse		Tonka
		Tuberose
		Vanille
		Vetiver
		Weihrauch
		Ylang-Ylang
		Zeder
		Zimt

Zuordnung der Düfte zu den Hemisphären des Gehirns

Linke Gehirnhälfte	*Mittelhirn*	*Rechte Gehirnhälfte*
Angelika	Basilikum	Benzoe
Bergamotte	Cassia	Eukalyptus
Bohnenkraut	Elemi	Fenchel
Cistrose	Galbanum	Hyazinthe
Citronella	Honig	Jasmin
Eichenmoos	Iriswurzel	Kamille
Eisenkraut	Labdanum	Karotte
Fichte	Lärche	Lavandin
Immortelle	Mandarine	Lavendel
Ingwer	Muskatellersalbei	Minze
Kampfer	Muskatnuß	Orange
Kardamom	Myrrhe	Oregano
Kiefer	Narde	Palmarosa
Koriander	Opoponax	Pampelmuse
Kümmel	Neroli	Patchouli
Lemongrass	Sandelholz	Rose

Linke Gehirnhälfte	*Mittelhirn*	*Rechte Gehirnhälfte*
Linaloeholz	Styrax	Rosenholz
Lorbeer	Tuberose	Salbei
Nelke	Vanille	Tonka
Rosmarin	Veilchen	Vetiver
Schafgarbe	Weihrauch	Ylang-Ylang
Tanne		Zeder
Tea-Tree		Zimt
Thymian		
Wacholder		
Zypresse		
Zitrone		

Zuordnung der Öle zu den Elementen

Die Basis für die Zuordnung der Pflanzen und ihrer ätherischen Öle bilden Hinweise in der Pflanzenheilkunde und durch therapeutische Arbeit erkannte Wirkungen der Öle auf Körper, Geist oder Psyche. Dabei kann es zu verschiedenen Einschätzungen eines Öls kommen, das etwa auf den Körper stimulierend/reizend (= Feuer) und auf den Geist erweiternd, erfrischend (= Luft) wirkt – siehe Eisenkraut und Rosmarin. Einige stark duftende Öle wirken ungestreckt und pur erdend, zentrierend (Erde) und stark gestreckt sensibilisierend (Wasser). Solche Doppelzuordnungen sind beim jeweiligen Öl in Klammern angegeben, ebenso der besondere Wirkungsbereich.
(Die Namen sind hier nicht mit dem Zusatz »-Öl« versehen, sondern entsprechen denen im vierten Teil, Abschnitt »Ätherische Öle« – siehe dort –, so können Sie weitere Informationen zu dem jeweiligen Öl leicht auffinden.)

Erde	*Wasser*	*Luft*	*Feuer*
Amyris	Anis	Bergamotte	Ingwer (mental)
Angelika	Benzoe	Cajeput	Bohnenkraut
Basilikum	Cananga	Citronella	Cassia
Cistrose (pur)	Cistrose	Douglasie	Eisenkraut
Eichenmoos	(gestreckt)	Eisenkraut	(physisch)
Elemi	Davana	(mental)	Estragon
Galbanum	Fenchel	Eukalyptus	Ingwer (physisch)
Guajakholz	Geranie	(mental)	Kampfer
Immortelle	Honig-Absolue	Fichte	(physisch)

Erde	*Wasser*	*Luft*	*Feuer*
Iris (pur)	Hyazinthe	Kampfer (mental)	Kardamom
Karotte	Iris (stark gestreckt)	Kiefer (mental)	Kiefer (physisch)
Labdanum	Jasmin	Lavendel	Koriander
Moschuskörner	Kamille	Lemongrass (mental)	Kreuzkümmel
Muskatnuß (psychisch)	Linaloeholz	Limette	Kümmel
Myrrhe (psychisch)	Majoran	Litsea (mental)	Melisse (physisch)
Narde	Mandarine	Lorbeer (mental)	Myrrhe (physisch)
Opoponax	Martins Bartgras	Melisse (mental)	Nelke (physisch)
Oregano (psychisch)	Mimose	Minze	Oregano (physisch)
Patchouli	Narzisse	Muskateller-salbei	Pfeffer
Petersilie	Orange (physisch)	Myrte	Rosmarin (physisch)
Pomeranze	Pomeranze	Nelke (mental)	Thymian
Sandelholz	Rose	Niauli	Wacholder
Tolubalsam	Rosenholz	Orange (mental)	Weihrauch (physisch)
Tonkabohne	Schafgarbe	Pampelmuse	Zimt
Vetiver (psychisch)	Tagetes	Rosmarin (mental)	
Weihrauch (psychisch)	Tuberose	Salbei	
Zeder	Vanille	Tanne	
Zypresse	Veilchen	Tea-Tree	
	Vetiver (physisch)	Wacholder (mental)	
	Ylang-Ylang	Weihrauch (mental)	
		Ysop	
		Zitrone	

Zuordnung der Öle zu Yin und Yang

Die Doppelzuordnung bei Vetiveröl erfolgte, da es körperlich eine Yin- und psychisch eine Yang-Wirkung hat (besonders bei Frauen). Gewürznelkenöl wirkt beim jeweiligen Geschlecht oder Zustand entsprechend verstärkend. (Für die Namen gilt das bei der Zuordnung zu den Elementen Gesagte.)

Yang		*Yin*	
Amyris	Myrrhe	Birke	Rosenholz
Angelika	Myrte	Bohnenkraut	Salbei
Anis	Narde pur	Cananga	Schafgarbe
Basilikum	Nelke (bei Yang-Typ)	Cistrose (gestreckt)	Tuberose
Benzoe	Opoponax	Davana	Vanille
Bergamotte	Oregano	Elemi	Veilchen
Bohnenkraut	Pampelmuse	Eukalyptus	Vetiver (Körper)
Cajeput	Patchouli	Fenchel	Ylang-Ylang
Cistrose pur	Petersilie	Fichte	Ysop
Eichenmoos	Pfeffer	Geranie	Zeder
Eisenkraut	Rosmarin	Hyazinthe (gestreckt)	Zypresse
Estragon	Sandelholz	Jasmin gestreckt	*Ausgleichend*
Galbanum	Styrax	Kamille	Iris
Guajakholz	Tagetes	Kiefern	Lavendel
Hyazinthe pur	Tea-Tree	Latschenkiefer	Melisse
Ingwer	Thymian	Limette	Narde (gestreckt)
Jasmin pur	Tolubalsam	Linaloeholz	Neroli
Johanniskraut	Tonkabohne	Mandarine	
Kardamom	Vetiver (Psyche)	Martins Bartgras	
Koriander	Wacholder	Muskatellersalbei	
Karotte	Weihrauch	Narzisse	
Kümmel	Zimt	Nelke (bei Yin-Typ)	
Lemongrass	Zitrone	Niauli	
Linaloeholz		Orange	
Lorbeer		Petitgrain	
Majoran		Rose	
Mandarine			
Mimose			
Minze			
Moschuskörner			
Muskatnuß			

Zuordnung der Öle zu den Chakras

(Für die Namen gilt das bei der »Zuordnung der ätherischen Öle zu den Elementen« Erwähnte.)

Erstes Chakra	*zweites Chakra*	*drittes Chakra*	*viertes Chakra*
Angelika	Bohnenkraut	Estragon	Cistrose
Eichenmoos	Kardamom	Koriander	Geranie (Rosen-geranie)
Immortelle	Moschuskörner	Myrrhe	Hyazinthe
Narde	Patchouli	Oregano	Iris
Patchouli	Pfeffer	Rosmarin	Mimose
Sandelholz	Sandelholz	Salbei	Narzisse
Vetiver	Vetiver	Thymian	Neroli
Zimt	Ylang-Ylang	Zimtbaum	Rose
		Zitrone	Rosenholz
			Tuberose

fünftes Chakra	*sechstes Chakra*	*siebtes Chakra*
Anis	Eukalyptus	Kampfer
Bergamotte	Kamille, Blaue	Lavendel
Citronella	Lorbeer	Minze
Eisenkraut	Melisse	Myrrhe
Fenchel	Minze	Narde
Geranie	Muskatellersalbei	Sandelholz
Jasmin	Myrte	Styrax
Lemongrass	Schafgarbe	Weihrauch
Limette	Wacholder	Ysop
Pampelmuse		

Farbzuordnung ätherischer Öle

(Öle mit breitem Spektrum erscheinen bei mehreren Farben – Für die Namen gilt das bei der Zuordnung der Öle zu den Elementen Erwähnte.)

Blau	*Grün*	*Gelb*	*Rot*	*Braun*
Iris	Basilikum	Limette	Blutorange	Opoponax
Kamille, Blaue	Bohnenkraut	Mimose	Cassia	Patchouli
Kiefer	Douglasie	Pampelmuse	Geranie (*Pelargonium odoratissimum*)	Sandelholz
Latschenkiefer	Estragon	Vanille	Ingwer	Vetiver
Muskatellersalbei	Galbanum	Zitrone	Rose	Zeder
Myrte	Kamille, Wilde		Tuberose	
Tanne	Koriander	*Gelbgrün*	Ylang-Ylang	*Braunrot*
Ysop	Kümmel	Bergamotte	Zimt	Amyris
Zirbelkiefer	Majoran	Fenchel		Cassia
	Muskatnuß	Kamille, Römische	*Rosa*	Moschuskörner
Blaugrün	Niauli	Lemongrass	Geranie (*Pelargonium graveolens*)	Sandelholz
Fichte	Oregano	Limette	Linaloeholz	Styrax
Schafgarbe	Rosmarin	Litsea	Martins Bartgras	Tolubalsam
	Salbei	Pampelmuse	Rose	Tonkabohne
Blauviolett	Tea-Tree	Petitgrain	Rosenholz	Zimt
Lavendel	Wacholder			
Veilchen	Zypresse	*Orange*	*Rotbraun*	*Schwarz*
		Bergamotte	Benzoe	Eichenmoos
	Grünbraun	Mandarine	Cananga	Patchouli
	Angelika	Orange	Elemi	Vetiver
	Immortelle		Kardamom	
	Johannniskraut	*Orangerot*	Myrrhe	
	Narde	Cassia	Sandelholz	
	Weihrauch	Cistrose	Ylang-Ylang	
		Davana		
	Grünrot	Neroli		
	Citronella	Tagetes		
	Eisenkraut	Zimt		
	Melisse			

Einschränkungen und mögliche Nebenwirkungen

Die folgenden Einschränkungen und Nebenwirkungen gelten nur (!) für eine langfristige, hochdosierte äußerliche Anwendung oder hochdosierte einmalige beziehungsweise geringe kurartige Einnahme der ätherischen Öle. Bei Einschränkung bitte bei der Beschreibung des Öls nachlesen und auf ein anderes Öl ausweichen.

Angelika	HP	Litsea	H
Anis	Sch	Mandarine	HP
Basilikum	SchE	Melisse	SchH
Bay	PSch	Muskatnußbaum	Sch
Bergamotte	P	Myrrhe	Sch
Birke (*Betula lenta*)	⊠HKi	Nelke (Blätter)	Sch
Bohnenkraut	H	Nelken (Blüte)	SchH
Cajeput	H	Niaulibaum	H
Cassia	SchH	Opoponax	P
Cistrose	Sch	Orange	HP
Citronella	H	Oregano	SchH
Eisenkraut	SchHP	Petersilie	SchHP
Estragon	Sch	Petitgrainöl	P
Eukalyptus	H	Pfeffer	H
Fenchel	ESch	Pfefferminze	H
Ingwer	H	Poleiminze	⊠SchH
Juniperus virginiana	SchE	Rosmarin	Sch♥
(siehe Zeder)		Salbei	Sch♥EH
Kalmus	⊠H	Sassafras	⊠Sch
Kampfer	⊠SchHE	Schafgarbe	P
(weiß)	(SchHE)	Schopflavendel	Sch
Kardamom	H	Tagetes	H
Karotte	P	Thuja	⊠E
Koriander	HSch	Thymian	SchH♥
Krauseminze	H	Ysop	⊠Sch♥E
Kümmel	H	Zimtbaum	SchH
Lemongrass	H	Zitrone	HP
Limette (gepreßt)	P	Zypresse	E

H = hautirritierend/-reizend, P = phototoxisch bei starker UV-Strahlung, Sch = kontraindiziert bei Schwangerschaft, E = kontraindiziert bei Epilepsie, ♥ = kontraindiziert bei Bluthochdruck, ⊠ = Verbot für allgemeine Verbraucher/Laien

Ergänzende Literatur

Bücher

Fischer-Rizzi, Susanne: Aromamassage. Hugendubel, München 1993.

Gümbel, Dietrich: Gesunde Haut mit Heilkräuter-Essenzen. Haug Verlag, 3. Aufl., Heidelberg 1989.

H&R Buch Parfüm. Lexikon der Duftbausteine. Glöss Verlag, Hamburg 1991.

H&R Duftatlas Damen-Noten, Herren-Noten. Glöss Verlag, Hamburg 1991.

Jellinek, Paul: Die psychologischen Grundlagen der Parfümerie. Hüthig Verlag, 3. verb. u. erw. Aufl., Heidelberg 1992.

Keller, Erich: Das Handbuch der ätherischen Öle. Goldmann Verlag, München 1990.

Keller, Erich: Essenzen der Schönheit. Goldmann Verlag, München 1990.

Keller, Erich: Duft und Gemüt. Fischer Druck, Münsingen 1991.

Keller, Erich: Erlebnis Aromatherapie. Goldmann Verlag (TB-Ausgabe von *Duft und Gemüt*), München 1993.

Keller, Erich: Astrodüfte. Goldmann Verlag, München 1995.

Keller, Erich: Aromatherapie-Karten. Urania Verlag, Neuhausen 1994.

Kettenring, Maria: Die Aromaküche. Joy Verlag Sulzberg 1994.

Lidell, Lucinda u. a.: Massage. Mosaik Verlag, München 1985.

Mertz, Bernd A.: Das Handbuch der Astromedizin. Gesundheit im Horoskop. Ariston Verlag, Genf/München 1991.

Nissim, Rina: Naturheilkunde in der Gynäkologie. Orlanda Frauenverlag, 7. Aufl., Berlin 1992.

Ohloff, Günther: Riechstoffe und Geruchssinn. Springer Verlag, Berlin u.a. 1990.

Tisserand, Robert: Aroma-Therapie. Bauer Verlag, 5. Aufl., Freiburg 1989.

Toller, Steve van/George Dodd: Perfumery. The Psychology and Biology of Fragrance. Chapman & Hall, London.

Valnet, Jean: Aromatherapie. Heyne Verlag, München 1986.

Zeitschriften

Forum (Forum Essentia, Panoramastraße 17, D-85665 Moosach).

International Journal of Aromatherapy (Aromatherapy Publications, P.O. Box 746, Hove, E. Sussex, BN3 3XA, England).

Beide Zeitschriften erscheinen vierteljährlich.